*L*ittoral

Do Pai

*L*ittoral

Do Pai

Companhia de Freud
editora

TÍTULO ORIGINAL
REVUE DE PSYCHANALYSE – *du père*
Publicação da École lacanienne de psychanalyse
E.P.E.L.

EDITORAÇÃO ELETRÔNICA
FA - Editoração Eletrônica

TRADUÇÃO
Procopio Abreu

REVISÃO
Sandra Regina Felgueiras

AUTOR
Vários

FICHA CATALOGRÁFICA

L781

Litoral: do pai / Joseph Moingt... [et al.]. – Rio de Janeiro: Campo Matêmico, 2002.
380 p. ; 23 cm.

ISBN 85-85717-61-0

1. Psicanálise. 2. Paternidade – Aspectos psicológicos. I, Moingt, Joseph.

CDD-150.195

Companhia de Freud
editora

ENDEREÇO PARA CORRESPONDÊNCIA
Rua da Candelária, 86 - 6º andar
Tel.: (21) 2263-3960 • (21) 2263-3891
Centro - Rio de Janeiro
e-mail: tereza@ism.com.br

Índice

Religião e paternidade

Joseph Moingt

PODEMOS SUSTENTAR como postulado de pesquisa que a atribuição a Deus, por Jesus, do nome de "Pai" num duplo sentido – "meu Pai e vosso Pai" – teve forte influência sobre a consciência da paternidade – sobre sua representação simbólica e sobre sua experiência funcional – na sociedade ocidental, tão intimamente ligada à história do cristianismo.

Meu propósito vai limitar-se à influência da teologia da paternidade divina sobre a ética da paternidade humana. Mais precisamente, da atribuição a Deus de uma dupla paternidade, adotiva para com os homens, natural para com Cristo, uma estando ligada à outra, que relação se segue, no plano ético, entre a relação simbólica de paternidade e a função sexual do engendramento?

Mesmo assim delimitado, o assunto não poderá ser tratado com a proporção satisfatória nem do lado teológico, tendo em vista o tamanho e a complexidade do discurso histórico sobre a paternidade de Deus, nem do lado ético, pois o vínculo entre a paternidade divina e a paternidade humana não foi bem formalizado nem analisado pelos teólogos ou moralistas cristãos. Teremos, pois, que nos contentar, de um lado, com alusões históricas sem referências eruditas, do outro, em esclarecer analogias de sentidos e homologias de estruturas.

Minha exposição tratará sucessivamente da adoção divina dos homens, com sua incidência sobre a representação simbólica da paternidade, depois da geração divina de Cristo e suas repercussões em ética sexual.

I

1. A paternidade de Deus não é uma descoberta do cristianismo. A Grécia antiga – para não procurar mais longe nem em outro lugar – chamava Zeus "Pai dos deuses", "Pai dos homens", "Pai de todas as coisas", "Pai do mundo", "Pai todo-poderoso" *(Pater pantocrator)* – este último nome, tomado de Platão, devia entrar mais tarde no primeiro artigo do Credo cristão. Mesmo pronunciado com piedade, esse nome não estabelecia nenhum vínculo de relação pessoal entre Deus e os indivíduos. Numa época em que não se sabia explicar o processo biológico da geração (quem dirá como de uma gota de esperma pode nascer um homem?, pergunta um filósofo cristão do século II), o nome de "pai" dado a Deus só faz reconhecer seu papel criador ou demiúrgico, sua função cosmológica de fonte da energia vital e de toda fecundidade. O vínculo entre o culto e os ciclos naturais da fecundidade é bem conhecido. Émile Benveniste estabeleceu o parentesco semiótico entre o título divino de *kurios* e o verbo *kuéin* – estar grávida, ligação que mistura a função paterna e a função materna da divindade, gorda dos germes de vida com os quais ela semeia o cosmos. O resultado é que todo ato de engendramento é obra comum de Deus e do homem: a pro-criação é a substituição de Deus pelo homem na liturgia cósmica da fecundação e do homem por Deus como potência de vivificação. As prostituições sagradas que se desenrolavam ritualmente em torno dos templos e dos altos lugares dos cultos, e que deviam encher de horror os judeus, depois os cristãos, eram a celebração lúdica dessa colusão de Deus e do homem, do sagrado e do sexual, na festa da vida. Os transbordamentos sexuais dos deuses e das deusas, que enchem os relatos mitológicos – outro lugar comum da polêmica judia e cristã contra o paganismo –, eram igualmente a expressão mítica da generosidade e da *hubris* da potência vital que tem sua fonte na divindade e seu órgão no sexo.

Uma ética decorria dessa simbolização religiosa da sexualidade. Ela não consistia em pôr uma relação de meio a fim entre o ato sexual e a geração nem entre esta e o exercício da paternidade. Ela encontrava sua norma no acordo imediato existente entre a saciação do desejo, a plenitude do ato de virilidade e a grande lei da natureza, sua pulsão vital, a *homme*. Moral hedonista que não ensombrecia com sentimento algum de culpa a festa dos corpos e encontrava sua expressão estética na estatuária do belo corpo nu. Moral estreita, com certeza, moral que tolerava ou acarretava muitas aberrações, que julgamos imorais e que talvez fossem apenas amorais, resultantes do não-investimento da consciência moral nas relações interpessoais ligadas à sexualidade. Não mais que a atribuição da paternidade a Deus criava vínculos pessoais entre ele e o homem, não mais o engendramento punha necessariamente um vínculo ético pessoal do pai ao filho, não mais, aliás, que do marido à mulher. O vínculo sexual permanecia imerso na comunhão com o cosmos. De mais bom grado, era fora do vínculo sexual que a paternidade tomava consciência de si mesma: na Grécia, na relação mestre-discípulo, que é o engendramento à vida do espírito; em Roma, na prática da adoção, engendramento à vida cívica da *gente*.

2. Diferente era a noção de paternidade divina na religião do Antigo Testamento. Sabemos que o Deus de Israel, antes de tomar o nome de Yahvé, viera da Mesopotâmia para Canaã com tribos seminômades que estavam ligadas ao clã de Terah, pai de Abraão. Em virtude de suas origens, não era um deus da terra, a fertilidade cósmica não fazia parte de seus atributos. Nos países do Oriente Médio, ao lado dos deuses ouranianos todo-poderosos, que cuidavam dos grandes assuntos do universo e dos impérios e a quem eram prestados cultos oficiais em templos suntuosos, existia, então, uma classe de pequenos deuses trabalhadores, que nem tinham nome, que cuidavam dos assuntos de uma família ou de um clã, dos quais recebiam em troca um culto doméstico, e que estavam ligados a este clã por uma espécie de aliança; eram chamados pelo nome do cliente: deus de um homem, deus de fulano, Deus de Abraão. Muito mais tarde, depois de expulsar os deuses de Canaã e de ter-se tornado o deus de um grande povo, de um reino, Yahvé fez-se reconhecer como o mestre do céu e da terra no mesmo nível que os grandes deuses, ou, antes, como o único verdadeiro Deus. Entretanto, embora tenha feito dom, a seu povo, de uma terra cuja posse ele lhe garantia mediante a fidelidade à sua aliança, Yahvé ficou sendo para Israel o Deus dos Pais, Deus da Aliança, Deus da história, de uma história comum, Deus da promessa e do futuro; não se tornou o deus da fecundidade cósmica e

sempre recusou os atos do culto que podiam com isso se assemelhar. A relação do homem com Deus passava, assim, do plano cosmológico ao plano antropológico. O vínculo com o Deus dos Pais passava pelo vínculo de cada indivíduo com seu pai e com a estirpe de seus pais e pelas estruturas de parentesco familiar e patriarcal.

O resultado foi uma mudança na consciência ética da paternidade e da sexualidade. O ato sexual não encontra mais sua justificação e sua norma no mero cumprimento da genitalidade, e sim em sua finalidade, a qual é histórica antes de ser biológica: pois, se é importante deixar uma descendência atrás de si, é, antes de tudo, para transmitir-lhe a aliança e a promessa de que seus descendentes terão o encargo, por sua vez, de passar a outros. Uma finalidade religiosa de ordem histórica liga a ética do casamento à lei religiosa e a submete aos interditos da aliança: o casamento com mulheres alógenas é proibido por causa do risco de idolatria; o adultério, o divórcio, por perturbarem a ordem social sobre a qual repousa a aliança. A mesma finalidade religiosa impõe por lei ética que o ato sexual seja ordenado para seu cumprimento biológico: o onanismo conjugal é reprovado. O que não entra nessa finalidade está frustrado de justificação ética e esta frustração engendra um sentimento de culpa: assim para as relações sexuais fora do casamento, mas também para o prazer sexual buscado por si mesmo no casamento. O corpo perde sua inocência, a nudez torna-se objeto de vergonha (o pudor é um sentimento religioso), o prazer do corpo cai no universo do erro. Tudo isso – bem atestado pela mais antiga literatura rabínica – nos afasta evidentemente das margens éticas da Grécia.

A ética judia da paternidade se inscreve igualmente no prolongamento da relação com o Deus dos Pais. O pai é responsável por seu filho para com seus próprios pais e responsável pela lei dos pais para com seu filho: não há real face a face pai-filho. A paternidade é a transmissão de um depósito sagrado. Ela sacraliza o pai ao conferir-lhe o caráter de representante da lei dos pais, caráter que é como uma máscara sobre sua pessoa. Ela tem, pois, por primeiro efeito, submeter o filho a essa lei: a relação do filho com o pai é identificada à sua relação com a lei. O filho só sairá de tutela quando também receber o encargo de impor a um filho o mesmo fardo, isto é, reproduzir o mesmo modelo parental. Ética eminentemente masculina: "Não cobiçarás a mulher do próximo, nem seu campo, nem seu boi: nada do que é dele". Privilegia a linha patriarcal da transmissão da herança, do *pater familias* ao primogênito. A paternidade permanece no nível de uma transmissão linear entre gerações; um excesso de mediações pesadas – vínculos à terra, à lei, ao culto, ao povo – impede-a de elevar-se ao nível de uma verdadeira comunicação recíproca entre indivíduos. A paternidade ainda não resulta de uma ética da liberdade e do sujeito. Ela se desprendeu da ordem cósmica, mas permanece profundamente tributária da comunhão com um corpo social.

II

3. Uma nova mudança na ética da paternidade será possível quando a relação com Deus cessar de passar pela relação com o pai, isto é, quando aparecer uma consciência nova da paternidade de Deus, inspiradora de um novo modelo de paternidade. Esta mudança vai acontecer com Cristo ou a partir dele, pois o vínculo do cristão com Deus passa diretamente por Cristo, visando assim não mais o Deus dos Pais, mas o Deus-Pai de Jesus Cristo. Mas, antes de examinar o que acontece com e o que decorre da paternidade de Deus para com Cristo, convém examinar qual é a relação de Jesus com Deus, sua religião própria, e o que ela revela da paternidade de Deus para com os homens, bem como suas conseqüências éticas.

Jesus mal invoca Deus enquanto Deus de seus pais, Deus de Abraão e de Jacó, uma única vez o nome da aliança é posto em seus lábios (e ainda se trata de uma aliança nova); ele não teme afastar-se das tradições religiosas de seu povo, quase nunca traz à memória os altos feitos da história de Israel; lembra-se, por outro lado, de tudo o que seu povo apagara de sua memória coletiva, dos crimes que cometera e dos castigos que sofrera; anuncia que sua doutrina dividirá as famílias da mesma forma que está naquele momento desestabilizando a sociedade judia. Por isso, ao dar a Deus o nome de Pai, de uma maneira característica que devia impressionar seus discípulos e até as multidões, ele não o faz a título de membro do povo eleito, invocando tradições e prerrogativas paternas, mas a um título bem pessoal, invocando uma vocação bem singular, pondo-se à parte e afastado do povo, voltando-se para o futuro e não para o passado. O nome de Pai que ele dá a Deus lhe serve para singularizar sua pessoa e para libertar seu destino da lei comum; ele põe sua liberdade em ser o Filho.

São Paulo vai disso tirar uma conclusão importante, a saber, que Cristo libertou os que crêem da obediência à lei e que a salvação vem da fé e não da lei. Ele não chega a cortar definitivamente os laços com a história de Israel, mas explica que os que crêem passam a ser os herdeiros das promessas feitas a Abraão, não pela descendência carnal nem pelo pertencimento ritual à sua posteridade, mas pela fé somente. Este primado dado à fé colocava o princípio de uma religião realmente universal. Novidade considerável: pela primeira vez na história, era dada a uma religião a possibilidade de romper seus vínculos com um povo, uma raça, uma terra, uma cultura, uma língua, um passado, de reunir homens de qualquer raça e cultura e de espalhar-se, não pelo constrangimento do costume, da lei dos Pais, mas ao endereçar-se à liberdade dos indivíduos: "Foi para a liberdade que fostes chamados" por Cristo, diz Paulo aos cristãos de Galácia.

Essa liberdade manifestou-se imediatamente no plano da relação pai-filho. Já que a fé dá àquele que crê, como diz São João, "o poder de tornar-se filho de Deus", a livre aceitação dessa paternidade divina eletiva dá aos indivíduos o poder de se livrarem dos constrangimentos da paternidade natural. No final do século II, um teólogo latino (Tertuliano de Cartago) escreveu que os cristãos são os mais livres de todos os homens, já que a fé lhes dá o poder de escolher o pai que lhes é recusado pela natureza; um teólogo grego (Clemente de Alexandria) canta a alegria de estar livre do costume, isto é, da lei dos pais, pela fé. De fato, antes de se generalizar, por volta do século V, o costume de batizar as crianças no nascimento, os filhos dos cristãos serão os únicos, entre as outras crianças pagãs ou judias, cujo nascimento será exonerado dos signos rituais que acorrentam de antemão a liberdade dos filhos à religião dos pais.

A noção da paternidade divina adotiva para com os homens, aliada a outra idéia religiosa, escatológica, devia ter influência direta, embora negativa, sobre o ato de paternidade tomado em si mesmo: se o "querer do homem", segundo a expressão de São João, é impotente em produzir filhos de Deus, por que engendrar? Durante os dois primeiros séculos, a maioria dos cristãos espera a vinda iminente do reino de Deus em que, como ensinara Jesus, os homens não terão mais de se casar nem de procriar. A proximidade do fim suprimia a justificação ética da procriação tal como fora legada pelo judaísmo: a cadeia da transmissão podia parar, já que a realização da promessa era iminente. Acontecia, então, um fato de grande novidade histórica e cultural: muitos cristãos tomaram a via ou da virgindade e do celibato ou da continência após viuvez ou até no casamento. Este movimento não parou quando cessou essa espera, por volta do fim do século III, pois a questão do porquê da procriação continuava sendo colocada. Lia-se no Gênese que Deus dera o comando aos homens para que se multiplicassem para povoar a terra e dominá-la. Mas pensava-se que esse objetivo estava doravante amplamente atingido. Se, pois, a finalidade histórica e religiosa do povoamento da terra desaparecia, qual era a justificação ética da procriação e do casamento? Só se encontrava uma: a satisfação do apetite sexual na decência e no respeito pela ordem social. Subentendido: se não tivermos a força de "conter", de reprimir o instinto sexual. A resposta não implicava, deve-se sublinhar, a idéia de que o estado de casamento é mau em si, de que todo ato sexual é pecado por natureza: estas opiniões foram por certo sustentadas, mas sempre rejeitadas como heréticas pela tradição eclesiástica. Essa resposta não deixava de consagrar a tese da inferioridade ética do casamento e da procriação em relação ao celibato e à continência.

Resultado negativo, mas não unicamente negativo. Pela primeira vez, com efeito, o ato de paternidade se achava, em princípio, conscientemente liberado da obrigação natural de proporcionar uma descendência à sua raça ou de trabalhar pela propagação da espécie. Agora existe a possibilidade de não mais colocá-lo como um simples meio em vista de um fim exterior, como uma simples correia de transmissão, de desprendê-lo de sua imersão no cosmo ou na raça e considerá-lo em si e para si, isto é, elevá-lo ao nível simbólico das relações pessoais e gratuitas homem-mulher e pais-filhos, distintas das relações naturais e específicas genitor-genitora e procriador-progenitura. Essa simbolização da paternidade está em si bem de acordo, no plano teológico, com o apelo que Deus dirige aos homens para que se tornem seus filhos, isto é, para que se elevem do plano da necessidade para o plano da gratuidade, uma vez que ele mesmo, já "pai dos homens" pelo ato natural de tê-los engendrado à vida, exprime o desejo de assim se tornar de outra maneira, superior porque livre e pessoal, o desejo de se tornar pai por um ato de adoção. – Mas outras considerações teológicas iam impedir a tradução desse princípio nas mentalidades e nos fatos.

4. Esses fatores teológicos dizem respeito principalmente à geração de Cristo, sua geração humana primeiramente, divina depois.

A concepção virginal de Jesus, contada nos Evangelhos, jamais foi objeto de debates entre os cristãos. Ela é entendida no sentido de que Jesus, vindo ao mundo como o próprio Filho de Deus, não podia receber o princípio da existência de nenhum outro a não ser de Deus. Paternidade divina e paternidade humana achavam-se postas em concorrência, uma excluindo a outra, no mesmo plano, o da transmissão da substância e não de uma comunicação entre pessoas, o plano da necessidade e não da gratuidade. Poderia ter sido diferente. A paternidade de Deus para com os homens, embora adotiva e situada no nível das relações espirituais (como a do mestre e do discípulo entre os gregos), era, no entanto, entendida como produzindo a participação do homem na natureza divina. Nos Evangelhos, Jesus situa, da mesma forma, sua relação com o Pai no plano da vocação e da missão, do amor e da obediência, da intimidade, e isso não o impede de mostrar que essa relação é sem igual e como tal incomunicável. Mas a vontade de diferenciar absolutamente o caso de Jesus do caso dos outros homens levava invencivelmente a trancar a paternidade de Deus para com Jesus no conceito de substância, da *ousia*.

Esse motivo não era de natureza a fazer evoluir o conceito de paternidade humana. Outro motivo a ele se acrescentou por volta do final do século IV: a doutrina do pecado original, concebido como um pecado de natureza. Aí, ainda, a compreensão poderia ter sido diferente, pois era bem sabido que a culpa está ligada a um ato de vontade. Mas parecia, então, que a redenção pela morte de Cristo não teria sido absolutamente necessária para todos os homens caso houvessem tido a possibilidade de evitar o pecado. Aqui, de novo um *a priori* teológico insuficientemente crítico levou a conceber o pecado original como um fato e uma lei de natureza e a explicá-lo apelando para o princípio de transmissão da natureza, para o ato de geração. Acrescentava-se que o nascimento humano de Jesus havia escapado à lei de propagação universal desse pecado precisamente por causa de sua concepção virginal. O ato de geração viu-se ao mesmo tempo acoplado ao pecado e até manchado de pecado pelo consentimento na volúpia do ato. Assim, o prazer do corpo e o desejo do prazer eram culpados e a paternidade só podia se salvar, no registro da ética, ficando novamente sob a necessidade da lei natural que liga a propagação da espécie ao instinto sexual. A razão teológica impedia a simbolização da paternidade.

Os debates, que aconteceram ao longo dos séculos IV e V e para além, sobre a geração divina de Cristo tomado como Verbo e Filho eterno de Deus deviam orientar a reflexão teológica em direção às relações recíprocas entre pessoas divinas. O que de fato aconteceu, mas após ter tão fortemente integrado essas relações à substancialidade do ser divino que será impossível depois desprendê-las para colocá-las em sua pura intersubjetividade.

Sabia-se bem que a substância de Deus é infinitamente diferente da do homem e, portanto, também o ato de geração. Muitos tendiam a concebê-lo em Deus como um dom de amor, uma troca, a impressão de uma semelhança, a comunicação da glória e do todo-poder divinos. Mas teve-se medo de deixar subsistir entre Pai e Filho, entre o doador e o donatário, uma diferença, ou pelo menos uma distância e uma desigualdade. Decidiu-se, pois, que a geração divina devia, num primeiro tempo, ser entendida conforme sua verdade essencial, isto é, no que ela tem de semelhante com a geração humana e animal: a transmissão da substância; e que as correções e negações próprias a dela afastar as representações materiais seriam trazidas somente num segundo tempo. Assim foi definida, no Concílio de Nicéia, a "consubstancialidade" do Filho ao Pai. – A teologia ancorava-se solidamente na filosofia grega da essência; tomava o partido da substancialidade do ente, mas em detrimento do ato do sujeito e da subjetividade do ato de existir para outrem.

A dificuldade logo se manifestou; em que consiste essa geração enquanto ato pessoal do Pai, ou é ela apenas um ato da natureza divina? O Pai engendra por necessidade de natureza ou por vontade de amor? Se respondêssemos que por necessidade, Deus parecia submetido a uma lei de natureza como as criaturas à lei de sua espécie e o papel do amor desaparecia. Se respondêssemos que por vontade, o nascimento do Filho parecia manchado de gratuidade e, logo, de contingência. Tomou-se o partido de não decidir e de responder: Deus engendra a um só tempo por necessidade e por vontade, por ato de natureza e por decisão de amor. A resposta evitava a armadilha do dilema mas não esclarecia muito o conceito de paternidade. Na Idade Média, a teoria das relações subsistentes fará avançar bem o problema, mas sem conseguir estudá-lo a fundo; e colocar-se-á o princípio de que a unidade da substância impõe e estende sua lei por todo lugar onde a distinção das pessoas a isso não fizer obstáculo. A teologia permanecia fiel ao preconceito de início, que dá prioridade ao em-si sobre o para-si e o para-outrem.

A contradição a que se chegava pode ser resumida brutalmente como se segue: os Evangelhos mostram Deus em sua relação com Cristo em postura de pai e muito pouco de genitor; a teologia faz o inverso. Na pessoa e no ensino de Jesus, revela-se um conceito de paternidade que liberta a relação de Deus com os homens dos pesos e dos constrangimentos do cosmos e da raça e a eleva à simbólica do dom e do contradom; esse modelo poderia ter sido utilizado para repensar o conceito da geração humana; foi, inversamente, tomado como modelo para resolver os problemas teológicos da geração divina e a relação de paternidade permaneceu identificada à função de reprodução da espécie.

5. Meu propósito não é evidentemente criticar antigos modos de problematização teológica, que talvez não pudessem ser diferentes, tendo em vista a cultura do tempo, mas sublinhar uma analogia entre esses modos de pensar e a maneira como hoje são tratados, no ensino oficial da moral católica, certos problemas que giram em torno do mesmo conceito de paternidade: coabitação antes do casamento, contracepção, paternidade responsável, inseminação artificial, etc. Sobre todos estes pontos os moralistas estão em plena pesquisa, mas as posições oficiais não variam muito: o critério ético é sempre a conformidade do comportamento sexual com a estabilidade e a reprodução da ordem familiar e social, e a conformidade do ato sexual com sua finalidade genética, que é a reprodução da espécie.

Não se admite, é claro, erigir o biológico em princípio ético, pois sabe-se bem que o valor ético de um ato está ligado à intenção do sujeito! Mas, se não é a ordem sociobiológica que valoriza o ato, é ela pelo menos que circunscreve o campo fora do qual não se concebe que um ato sexual possa tomar valor ético. É a geração que estabelece as normas da paternidade. A transmissão da substância e da ordem social é mais forte que a gratuidade das trocas.

Não se deve ignorar a grandeza dessa moral católica. Ela pensa que a nobreza ética do homem está em responsabilizar-se pelo sociobiológico de que a pessoa é oriunda. Vários fenômenos contemporâneos mostram que essa preocupação não é vã. Mas sua rigidez impede de entender e de apreciar em seu justo valor certos deslocamentos éticos que ocorrem nos dias de hoje. Por exemplo, a moral católica retomou por sua conta o conceito de paternidade responsável; mas a decisão responsável de não-paternidade é condenada, ao passo que a paternidade irresponsável não o é. Todo ato que se opõe à fecundação é proibido, mas a busca de uma fecundação fora da relação conjugal (I.A.C.) ou fora do casal (I.A.D.) o é igualmente. Estas contradições mostram que a moral católica tem dificuldade em apreciar a intencionalidade ética do ato sexual quando ele se exerce fora de um campo sociobiológico predeterminado. Ela tem dificuldade de compreender a relação sexual colocada por si mesma: como linguagem simbólica, desejo de reconhecimento, dom gratuito, busca do outro, ruptura do fechamento em seu corpo próprio, organização de uma comunidade de tempo e de espaço. A paternidade é entendida enquanto encargo inerente ao ato de geração ou resultando dele: ela não é apreendida como existência relacional que inclui a relação com o ausente, o filho já nascido ou por nascer, na relação do pai com a mãe.

Finalmente, o pai permanece o homem da raça e da lei; é pai porque transmite e para transmitir; sua individualidade não é levada em conta. É contra isso que muitos hoje se insurgem. É difícil dizer o que significam e aonde conduzem, tanto no plano ético quanto cultural e social, as tendências que separam sexualidade e genitalidade. Convém ao menos, antes de condená-los seguindo preconceitos antigos, procurar entender esses deslocamentos, se quisermos orientá-los em vez de sofrê-los passivamente. A teologia tem sua responsabilidade na rigidez da moral católica a este respeito. Mas também pode contribuir para fazê-la evoluir, voltando à figura evangélica do Pai: um Pai que é a figura do desejo e a libertação da lei dos pais, um Pai, como souberam dizer antigos teólogos, que não é pai apenas porque engendra, mas que engendra porque é Pai.

Há um irredutível do *sinthoma*?

Marie-Madeleine Chatel

JAMES JOYCE NÃO SERIA louco, apesar da foraclusão do Nome do Pai que teria orientado seu caso. Seu *sinthoma* teria compensado a carência radical do Pai. Pelo menos é assim que Lacan interpreta o caso Joyce para ilustrar o que é o *sinthoma*[1]. Eis algo que renova a clínica psicanalítica.

Joyce teria visado, por sua arte, "do mais perto possível"[2], o *sinthoma*, uma vez que ele é irredutível à análise.

Proponho fazer uma distinção entre os *sintomas* mórbidos, que são metáforas que visam manter articulado o desejo do sujeito, e o que chamaremos com Lacan o *sinthoma*, escrito de acordo com a antiga ortografia, cuja função é ilustrada por Joyce em sua arte de escrita, que seria aquilo que, para além dos *sintomas*, constitui o irredutível. Escrevamos: dos *sintomas* ao *sinthoma*.

Quanto ao caso Joyce, sigamos a análise dele feita por Lacan: este diz que ele "estava carregado de pai"[3], que "era feito da mesma matéria que ele"[4]. *Ulisses* é o testemunho daquilo por que Joyce permanece en-

---

[1] J. Lacan, *Joyce, o sinthoma*, Seminário XXIII, 1975-76 (inédito).

[2] "Joyce, de modo privilegiado, parece ter visado, por sua arte, o quarto termo, essencial ao nó, ao ponto de aproximar-se dele o mais perto possível", J. Lacan, ibid., de 9-12-1975, e também: "uma vez que ele avança de modo bem especialmente artista... é o *sinthoma* tal que não há nada a fazer para analisá-lo", ibid., de 16-02-1976.

[3] Ibid., Seminário de 18-11-1975.

[4] Ibid., Seminário de 13-01-1976.

raizado em seu pai[5]. A relação que liga o pai ao filho seria uma relação sadomasoquista tal que Joyce pensava ser chamado a uma missão de redenção.

A fantasia do redentor era, parece, a resposta do vínculo perverso sadomasoquista entre o filho e o pai[6].

Essa *père-version* põe o filho em posição de ter uma "missão", por não ter recebido do pai a transmissão do falo[7].

Joyce sentia-se imperativamente chamado a ilustrar, por sua arte, seu próprio nome, a ilustrar assim sua família e, mais ainda, "o espírito incriado de sua raça"[8], o que nos mostra a amplidão da fantasia da missão.

Sob o termo *père-version*, de que se trata? Joyce não era um perverso no sentido em que temos o hábito, na clínica, de utilizar este termo. Lacan interroga essa eventualidade, serve-se de um indício para provar que ele não é perverso no sentido da estrutura clínica. Encontramos um relato em que Joyce fora espancado a porretadas e não gozara (não obtivera do outro o gozo de ser espancado). Ao contrário, sem ressentimento algum, experimentara mais que um nojo, a sensação de que seu corpo ia embora como uma "casca", sensação do corpo tornado estranho, que se desprende[9].

Lacan evidencia esse ponto como indício de um ponto de falha radical do narcisismo de James Joyce e sua interpretação consiste em dizer que a arte de escrita produzida por Joyce ao longo de sua obra tinha por função "corrigir" essa falha, "compensando-a". Dar consistência a seu nome para ilustrar sua raça e corrigir seu narcisismo em perigo é a mesma coisa. Sua arte, segundo Lacan, dava corpo ao nome e ao corpo a um só tempo, em compensação de um pai absolutamente carente.

---

[5] Ibid., Seminário de 13-01-1976.

[6] "O pensamento de ser o redentor é o protótipo do que escrevo *père-version*. É na medida em que há relação de filho a pai, e isso há muito tempo, que surgiu a idéia maluca do redentor". Ibid., Seminário de 10-02-1976.

[7] Ibid., Seminário de 10-02-1976.

[8] J. Joyce, *Retrato do artista quando jovem*, citado por J. Lacan no Seminário de 18-11-1975, op. cit.

[9] J. Lacan, op. cit., Seminário de 11-05-1976.

Quais são as particularidades da escrita de Joyce? Uma escrita extraordinariamente enigmática que contém jogos de linguagem rigorosos não só em sua língua, o inglês, mas também nas outras línguas, e referências (por exemplo religiosas, ou na ordem do saber) ao infinito. Por intermédio da escrita, interroga Lacan, "tratava-se de libertar-se do parasita da fala ou, ao contrário, de deixar-se invadir pelas propriedades fonemáticas, pela polifonia da fala?"[10].

É uma questão que nos interessa no campo da clínica psicanalítica por ser decisiva para saber se Joyce estava submetido a um automatismo mental ou se, ao contrário, no sentido proposto por Lacan, sua escrita teria mudado a coisa por essa invenção inteiramente particular que faz de Joyce alguém que não era louco. Não teria sido louco graças à sua arte. Em todo caso, sua arte era fabricação de artifício sobre o que a língua permite, autoriza, como equívoco das homofonias, com o que isso comporta como efeito de gozo fálico. Era uma trucagem com gozar na passagem entre o símbolo fonético e a escrita. Sua arte de escrita tinha por função fazer como uma trança, digamos, "ajuntar" elementos dissociados, artifício necessário para a manutenção de uma subjetividade. Digamos que Joyce é o exemplo do *artista radical*.

Joyce não era louco porque era artista. Essa proposição de Lacan sobre a função do *sinthoma* traz um elemento absolutamente novo à clínica psicanalítica da psicose; ela opera uma distinção entre aquele que não é louco porque pôde compensar pelo achado de um artifício especial à particularidade de seu caso e aquele que caiu na psicose.

A questão aqui colocada é complexa, ela implica outra: é possível situar, na clínica psicanalítica das neuroses, essa função do *sinthoma*, já que a análise pode, em princípio, reduzir os sintomas?

Por certo, a análise faz cair os sintomas neuróticos, está demonstrado em muitos casos. Proponho sustentar aqui que há um resto sintomático que é da mesma ordem que o *sinthoma*-arte de Joyce. Trata-se, pois, de uma generalização da tese segundo a qual Joyce é o caso que ilustra mais de perto o que o *sinthoma* tem de irredutível.

★ ★ ★

---

[10] Ibid., Seminário de 17-02-1976.

Vou servir-me do caso do pequeno Hans, porque é conhecido de todos, mas também o escolho por me permitir ilustrar o que a experiência mostra.

Hans encontra "o cavalo" (o significante "cavalo"), é um achado, para transformar sua angústia em fobia, angústia desencadeada pelo gozo que lhe proporcionam suas ereções insensatas no período do nascimento de sua irmã pequena. Insensatas, porque nada do que lhe dizem, particularmente a mãe, o livra dessa irrupção de gozo, nada a nomeia, nem a diz (guardo, por enquanto, os dois termos).

O achado da fobia suplementa o não dito materno, ali onde o gozo é entrevisto. O que fez borda ao gozo foi a angústia.

Graças às entrevistas entre Hans e o pai e, para além, com Freud, opera-se um trabalho que podemos chamar analítico. O cavalo é o lugar de passagem das substituições, sabemos que ele assume todas as espécies de significações, até permitir uma substituição suficiente que desassujeita Hans a ponto de tornar a fobia caduca, inútil. Freud interpreta a operação do bombeiro hidráulico do sonho como substituição de falo necessária a seu devir menino. Na verdade, é do "traseiro" que se trata, ficando mais perto do sonho, digamos que ele troca de assento. Hans, pelo trabalho da fobia, troca de assento[11].

O que desvela esse trabalho ao longo do qual Hans utiliza todos os elementos simbólicos e imaginários que encontra para tirar sentido de sua "burrice"? O que emerge é que, apesar do que ele diz, seu pai não tem a consistência de um rival. Por quê? Porque talvez ele não deseje a mãe efetivamente, única condição, parece, para ser sentido como rival por seu filho e dar corpo à castração, logo, à simbolização das ereções.

Que o pai não tenha desejado a mãe, que tenha fingido ser rival ao acusar pedagogicamente o filho de tomá-la dele, embora seja para junto de sua própria mãe que ele o leva, eis um aspecto da versão do pai de Hans.

O sintoma-fobia fez seu trabalho de suprir a falha de um pai que tivesse a pele do rival, nada mais. Mas resta a sexualidade de Hans; para além do "cavalo", digamos, Hans sempre terá uma sexualidade de "ca-

[11] Cf. Comentário de J. Lacan no Seminário inédito *A relação de objeto*, 22-05-1957.

valeiro" apaixonado por mulheres fálicas desejando produzir filhos imaginários[12]. É aí que, a meu ver, jaz um ponto de irredutível, o jeito que a sexualidade vai tomar, isto é, a relação com uma mulher limitada por um ponto de impossível determinado pela história das gerações na qual Hans tomou lugar, o que chamo o ponto *sinthoma*.

Se Lacan vê justo, ao dizer que provavelmente Hans seria oriundo de um desejo entre a mãe e a avó paterna[13], esta última tendo talvez encarnado a figura fálica, não se vê como o desejo do pai poderia ter conseguido abrir uma passagem consistente que permitisse a Hans subjetivar sua castração. Para além do cavalo, há a forma particular da sexualidade de Hans, "o cavaleiro", incontornável, pois efeito do que superdetermina Hans a agarrar-se ao Simbólico. É isso que chamarei, neste caso de neurótico, o *sinthoma* para além dos *sintomas*. Talvez o lado artista de Hans esteja amarrado a isso; em todo caso, podemos estabelecer essa hipótese.

O trabalho de uma psicanálise seria a passagem dos sintomas mórbidos ao *sinthoma*, bagaço da estrutura particular de um sujeito, lugar de sua sexualidade. A juntura da operação é a *père-version*, que quer dizer: versão do pai ou versão rumo ao pai[14].

De que se trata com a perversão do pai? Será o gozo efetivo, recebido do papai? Será o efeito de gozo ali onde pai é esperado e faltou como falóforo? Lembremos que Freud teve de abandonar a teoria da sedução em proveito da teoria da fantasia por ter sido obrigado a acusar todos os pais de neuróticos de terem agido como perversos[15]. O que prova que é o que se afigura como "*père-version*" para um sujeito que deve ser situado na raiz do sintoma.

Hoje costumamos mais dizer que "a *père-version*" é o jeito erotizado tomado pelo vínculo necessário do sujeito ao Simbólico.

No caso de Joyce, o vínculo de "mesma matéria" com o pai seria, segundo Lacan, essa relação sadomasoquista, única relação com o pai,

---

[12] Ibid., Seminário de 26-06-1957.

[13] Ibid.

[14] J. Lacan, op. cit., Seminário de 18-11-1975.

[15] S. Freud, "Cartas a Fliess", Carta nº 69, *Naissance de la psychanalyse*, P.U.F., Paris, 1956.

sinal da demissão do pai como portador do significante falo. Esse vínculo "perverso" teria sido o suporte da compensação.

No caso de Hans, diferentemente de Joyce, *do pai* funcionou como operação de transmissão do significante falo, mas pelas mulheres; para ele, não há falo senão da mãe. Seria a versão do pai de Hans em sua vertente intransponível, que evoquei mais acima a respeito da sexualidade reduzida ao "cavaleiro de mulheres fálicas".

A fobia que por certo supriu a inconsistência do pai, nem por isso forneceu a operação do desejo do pai que é o dom fálico, que permite subjetivar a castração. Em suma, o sintoma fóbico, sobretudo com o trabalho que se segue, permite as mediações imaginárias úteis para fazer funcionar o que, do pai simbólico, já estava ali potencialmente, possível em razão do vínculo das mulheres e nada mais.

* * *

Segundo Lacan, a operação da *metáfora paterna* efetuada pelo desejo da mãe realizava-se para o sujeito se o pai estivesse primeiramente presente, mas "velado"[16] na fala da mãe, depois "revelado"[17], intervindo "revestido do significante da metáfora" sob a forma de seu desejo pela mãe efetivo no trio. É o complexo de Édipo.

Hoje diríamos que essa forma é a mais desejável forma de *père-version*[18] para introduzir o filho na lógica fálica com suas conseqüências de identificação sexual, essencialmente. Estamos acostumados, na clínica, a considerar que esse agenciamento é uma chance para o sujeito e que é raro. Em suma, seria o agenciamento comportando um pai que convém, como Winnicott pôde dizer: uma mãe suficientemente boa ("good enough")!

---

[16] J. Lacan, *Les Formations de l'Inconscient*. Seminário inédito, 1957-58, Aulas de 15 e 22-01-1958.

[17] Ibid.

[18] J. Lacan, *R.S.I.*, Seminário inédito de 21-01-1975: "*Père-version*, única garantia de sua função de pai a qual é a função do sintoma..."; e também: "Pouco importa que ele tenha sintomas se ele a isso acrescenta o da *père-version* paterna, isto é, que a causa disso seja uma mulher que lhe é proporcionada para dar-lhe filhos e que com estes ele tenha cuidado paterno"... "Isto é, o justo meio-deus".

O que podemos chamar *père-version* é que a operação mais ou menos fracassada da introdução de um filho na lógica fálica, que é a lógica da fala, toma forma particular em cada caso, ainda que nela possamos descobrir tipos (histéricos, obsessivos, etc).

O pai simbólico está, de certo modo, realizado, encarnado sob a forma de um gozar; é uma passagem obrigatória a que não escapa o sujeito. Em suma, ele passa por aquilo que o vínculo ao Simbólico comporta de gozar[19] que tem a ver com o pai. É isso, parece-me, a *père-version* de que o irredutível faz a única corda que sustenta um sujeito.

Para cada sujeito particular que não é louco, há um nó a ser situado, entre um ponto de horror (digamos que o gozo é entrevisto) e um malogro na relação da seqüência das gerações com o Simbólico. O sujeito em análise o enuncia em termos de "erro". "O erro" com que ele vai rotular uma falsificação, às vezes um não-dito sobre a paternidade de um antecedente, uma manipulação na função das gerações, um morto a substituir ou a ressuscitar, etc. Esse ponto de horror, ponto de excesso de gozo, está, no primeiro tempo de uma cura, travestido pela fantasia de que ele é a força (o exemplo do Redentor em Joyce é caricatural). O *sinthoma* é a maneira como o sujeito negocia, gere, utiliza esse gozo que o determina, para agüentar rebatendo-o. Rebatê-lo, por exemplo, é a arte de Joyce, achado de escrita, invenção. Rebatê-lo é a aptidão de Hans em encontrar "o cavalo" que faz a angústia virar fobia e, para além do "cavalo", a aptidão em fazer algo com o irredutível de seu caso, que se manifesta sob a forma da particularidade de sua sexualidade.

O *sinthoma* bloqueia esse ponto de excesso de gozo (o objeto *a* sob a forma do mais-de-gozar). Ou esse bloqueio se opera pelo recalque porque esse gozo não está barrado pelos ditos, digamos que não está nomeado, ele deriva conforme as leis do significante[20] e emerge sob a forma dos sintomas neuróticos (fobia, conversão, obsessão...). Ou então

---

[19] "Defino o sintoma pela maneira como cada um goza do Inconsciente na medida em que o Inconsciente o determina", J. Lacan, Seminário de 18-02-1975, op. cit.

[20] Freud descobriu que a formação dos sintomas neuróticos obedece às mesmas leis que as do sonho (condensação e deslocamento) e que a escolha particular do sintoma é um compromisso ligado a uma exigência de superdeterminação. Cf. *Estudos sobre a histeria, Traumdeutung, Introdução à Psicanálise.*

esse bloqueio se opera com modos de fazer quando o recalque está reduzido a seu osso, a seu umbigo irredutível. O *sinthoma* faz laço, sutura, ali onde há hiato, malogro, risco de abolição subjetiva.

O trabalho da análise no divã é extração de sentido com efeitos de gozo fálico pelos jogos equívocos da fala até o aperto de um ponto de real da estrutura do sujeito. Em suma, o *sinthoma* é a resposta particular do recalque originário, que é estrutural.

O sujeito neurótico, quando leva sua análise até ali, encontra um obstáculo intransponível que não é mais abordado sob a forma da queixa de impotência, mas de um ponto de impossível em que há colocação à prova da relação com o outro sexo, tentativa de gozar de outra maneira, tentativa de ir além daquilo que se afigura como relação repetitiva, sintomática. Ele encontra nesse ponto de colocação à prova uma fragilidade, algo como um risco de abolição do vínculo. Nesse ponto, ele às vezes inventa algo.

Essa invenção pode ser a guinada ao devir psicanalista ou ao devir artista, ou algum outro empreendimento. Nessa guinada, quando acontece, creio que se pode situar o que Lacan chamou: *identificação ao sinthoma*[21]. O analisando encontra algo para fazer com o jeito particular de seu *sinthoma*, de certa maneira é a isso levado. É o que chamamos *autorizar-se*. Poderíamos dizer para alguns: *autor'izar-se*. Com efeito, nesse ponto de fragilidade, como que um empuxo a eles se impõe, a necessidade de escrever. É preciso dizer.

Para alguns, isso tomará a forma de enredos, canções, filmes, fotos, romances. Segundo o exato ponto do irredutível da *père-version*, o que ele rotulou como *gozo do pai*. É isso que vai decidir a erótica em jogo na produção. A invenção contra o gozo em ação na *père-version* e ao mesmo tempo esta é dele o motor, a mola propulsora (é o caso para Joyce). As aptidões, as inspirações, o talento no artista oriundo de uma psicanálise ultrapassam o que seria aptidão dominada ou pedido de reconhecimento. O eu [*moi*] aí está em eclipse quanto a essa invenção.

[21] J. Lacan, *L'insu que sait de l'une-bévue s'aile a mourre*. Seminário XXIV, inédito, de 16-11-1976.

Nessa guinada à invenção, o paciente está confrontado com uma posição ética, ele se experimenta como *o único* a fazer frente ao que ele encontra como procedimentos. Único a sustentar o rigor das fabricações de língua que ele opera. É preciso fazê-lo.

Para aquele que vira analista, parece que a versão do pai não consistiu, como é o caso para o artista, num aumento, pelo gozo do papai[22], do ponto onde o gozo do Outro é entrevisto. Nesse ponto de fragilidade onde o repouso se impõe, a necessidade de dizer conjuga-se com o saber. Ou, antes, o impossível de dizer reencontra o impossível de saber.

⋆ ⋆ ⋆

Digamos, para concluir, que uma psicanálise, em sua operação, tem função de *sinthoma*, vale dizer que se desprende aquilo que da *père-version* permanece irredutível sob a forma da maneira de rebatê-la (ou de girar em volta), fazendo dela a mola propulsora da invenção[23]. Rebatê-la e servir-se dela a um só tempo.

A função de *sinthoma*, segundo Lacan, "corrige" ou "compensa" um ponto de malogro do nó do sujeito. Formulemos a hipótese de que essa função seria a torção necessária para falicizar o gozo.

O sujeito não tem escolha, os achados sintomáticos que ele produz estão regrados pela porta estreita de seu *sinthoma*. Invenções de artifícios fabricadas sobre o que a língua permite de equívoco (entre o que se ouve do que se diz e o que se escreve), que tem efeito de gozo fálico. Essas invenções devem ser situadas no registro da escrita mais que do chiste. Caso se limite a seu *sinthoma*, o processo insiste mais e mais.

A invenção do nó borromeano é a última escrita sintomática de Lacan. Ele disse que "o real era sua resposta sintomática" à invenção

[22] O filho como "objeto" do gozo do pai.

[23] Seria errado pensar isso sob a forma de um processo cronológico, linear. Fazer com o *sinthoma* não acontece forçosamente durante a cura, às vezes só depois. Não é raro constatar a função *sinthoma* fora de toda psicanálise e, às vezes, protegendo o sujeito contra o avanço de uma doença psicossomática.

freudiana do Inconsciente[24]. Penso que essa escrita é uma ferramenta que renova a abordagem da clínica psicanalítica: ela é conveniente para marcar onde situar os pontos de malogro do nó de um sujeito e de suas conseqüências sob a forma da *père-version*.

O quadro dessa contribuição não permite interrogar em detalhes a pertinência dessa escrita, todo o trabalho está para fazer, parece fecundo no sentido de distinguir ainda mais as particularidades da clínica.

A teoria da metáfora paterna, que, em suma, não precisava da *père-version*, já que a operação do Nome do Pai coincidia com o Simbólico, fazia com que *nomeá-lo* fosse operação implícita na operação do Simbólico. Ora, a metáfora e a nomeação não são a mesma coisa[25]. A hipótese segundo a qual o *sinthoma* repara um ponto de malogro da estrutura em todo sujeito torna explícita a necessidade da função do Nome como diferente da função da metáfora. Digamos, para acabar, que a função do Nome é função de *sinthoma*, necessária à manutenção do sujeito. O *sinthoma* seria, para um sujeito, o modo particular de inscrever a função do Nome, ou, ainda, o *sinthoma* teria por função nomear Com um Nome do Pai o ponto real onde o gozo do Outro é entrevisto (*à-père-su*)*.

---

[24] J. Lacan, Seminário de 13-04-1976, op. cit. Digamos, para prolongar essas palavras, que o *sinthoma*, como quarto essencial ao nó, é a resposta de Lacan à invenção freudiana do complexo de Édipo. Estamos abordando com a "resposta sintomática" a questão da transmissão da psicanálise cujo modo seria de *sinthoma* a *sinthoma*.

[25] Cf. fim do Seminário *R.S.I.* (op. cit.), particularmente as lições de 15-04-75 e de 13-05-75.

* Jogo homofônico: *entr'aperçue* [entrevisto] e *à-père-su* [a pai conhecido]. (NT)

Pai, então não vês que estou queimando?

Guy Le Gaufey

Os INÍCIOS DO PAI NA PSICANÁLISE têm duas entradas: do lado pátio, Freud, um pouco estupefato, observa os estragos neuróticos que nomeadamente questionam o pai enquanto pessoa vivente e desejante. Do lado jardim, o mesmo Freud está, no mesmo período, observando em sua própria pessoa o alvoroço que a morte de um pai pode ocasionar. De um lado, o pai, herói libidinoso; do outro, sua indestrutível efígie, talhada no mármore do luto.

Digamos logo de saída: foi o primeiro quem não agüentou. Que fossem em carne e osso, esses pais libidinosos, era com efeito bem possível, era mesmo altamente verossímil, mas nada mais. A única coisa certa era que *aquilo* era dito deles. E Freud o hipnotizador estava bem colocado para saber que só se passa do *dito* ao *crédito* seguindo as vias, mais ou menos diretas, da sugestão. Ora, se há uma coisa que a interpretação nascente dos sonhos ensinava a Freud naquele momento é que não se passa linearmente de um dito a suas significações, a não ser tomando por nada os recalques, as transferências; em suma: a descoberta do inconsciente. Entre a teoria traumática da sedução, que lhe revelavam seus talentos de Sherlock Holmes, e o prosseguimento de sua descoberta, Freud não demorou a escolher: impossível confiar sem olhar mais a fundo o testemunho das histéricas.

O que se deve bem notar é que, com esta escolha, Freud nada mais tem em comum com o herói de Conan Doyle, cuja ambição suprema, aliás, não era tanto estabelecer a verdade quanto extirpar as forças do mal

(Moriarty). E só aqueles e aquelas que querem a qualquer preço ver em Freud um justiceiro, um cavaleiro andante, sentem-se muito tristes por ele não ter prosseguido exatamente na via da teoria traumática. Ele fecha os olhos, dizem, ele que estava tão perto de dizer enfim a torpeza, o erro profundo dos pais... Sim, decididamente, por mais audacioso que ele tenha sido: Freud salva o pai!

Vejamos com calma a questão e observemos que, ao moderar a intrepidez de suas investigações policiais, Freud abandona o cachimbo, a seringa, a coca... e até o Dr. Watson-Fliess com, por único viático, uma séria questão nas mãos: não mais "De quem a culpa?", mas "O que há de verdade nisso tudo? O que é um pai?"; pois, se ele suspende seu julgamento sobre a culpa efetiva dos pais, não é para absolvê-los. A outros fazer reinar a justiça; para Freud, é preciso saber.

O sonho – "via real" ao menos para ele – com efeito lhe ensinou que, se um acontecimento recente de fato está sempre na origem do sonho, ele não pode valer como único princípio explicativo. Entre o acontecimento e a reação sintomática (que não é o arco reflexo), há necessariamente toda a espessura do aparelho psíquico, o estado dos diferentes trilhamentos em perpétua modificação (até mesmo bagunçado pela irrupção de dados corporais novos como a puberdade). Na verdade, organizando toda essa massa, há o complexo de Édipo.

Visto a importância crucial do Édipo na estruturação da vida amorosa infantil, e visto a posição perfeitamente identificável do pai no assunto na primeira olhada (ele está morto), poderíamos ter imaginado enterrada a questão colocada pela teoria da sedução. O que é um pai? É aquele que tem o encargo de sustentar o interdito do incesto. É humano que ele nem sempre esteja à altura de tal encargo, mas isso não altera em nada a função de que ele é o argumento.

Esse pai edipiano, já trazido por Freud da tragédia ao complexo, *Totem e tabu* o propulsa ao céu do mito. Não é mais, com efeito, o pai apenas dos Labdacidas, pobre família de triste destino, mas o de toda a família humana que é então colocado em posição de *Pater Noster.*

Mas o assassinato que está no centro do mito não *atinge* o pai, e sim o *instaura.* Antes do assassinato, é por excelência o tempo mítico, e Freud precisa de todos os recursos, aliás frágeis, da antropologia de sua época para dar um pouco de consistência a este um-pai, este humano que não teria a sombra de um *alter ego*. Após o assassinato, por outro lado, é o tempo histórico, o tempo violentamente orientado da culpa e da religião. Mas o instante do assassinato? Em que tempo devemos alinhá-lo? Aí está a aresta viva da tentativa de Freud, que só encontramos na última página da obra.

Já que o pai morto – para o qual os filhos doravante enlanguescem, animados por essa indestrutível *Vatersehnsucht* – é um pai eminentemente simbólico, por que não sustentar que seu assassinato é da mesma ordem? Que sua morte tenha sido ardentemente desejada bastaria bem para que, sua morte efetiva sobrevindo mais ou menos naturalmente, o esquema geral de *Totem e tabu* permanecesse válido. O luto pode bem ir até a melancolia sem que um assassinato seja perpetrado a ponto de que a justiça tenha que se apossar dele. Freud, aliás, se faz ele mesmo advogado do diabo, fingindo passar a perna em Jung, que o havia explicitamente prevenido: "Você já cometeu um erro ao tomar as fantasias dos histéricos por realidades, não reedite tal engano!". E, com efeito, Freud nota bem que, para os neuróticos como para os primitivos, que dão, ambos, uma "superestima extraordinária" a seus atos psíquicos, um voto de morte vale assassinato. Por que então não convir que a realidade psíquica bastaria para explicar isso tudo? "O argumento, embora forte", escreve Freud, "não é, no entanto, decisivo".

Então? Realidade psíquica ou realidade histórica do assassinato do pai? Tal é o dilema que arranca de Freud esta frase: "Estamos aqui diante de uma decisão que não nos é realmente fácil de tomar". Esta diferença, diz ele, "que outros consideram fundamental" (sigam seu olhar: outros, *der Anderen*, é Jung), esta diferença não é essencial. Se seguirmos os neuróticos obsessivos, não é verdade que só tenham que se defender da mera realidade psíquica de seus impulsos. Mais de uma vez, pelo menos na infância, eles traduziram (*umsetzen*) estes impulsos em atos. Para os primitivos, pior ainda: o ato é neles um *ersatz* da idéia. Se, pois, "no começo era o ato", não podemos – a despeito do caráter abrupto da fórmula gœtheana – escolher entre realidade psíquica e realidade material ou histórica. *Non liquet.*

Não é claro, pois, se Freud pode isolar nitidamente o pai simbólico como sendo o resultado, o produto do assassinato, ele tem dificuldade para diferenciar o pai-de-antes-do-assassinato do pai-do-instante-do-assassinato. Estes dois não param de estar em dupla exposição, e é só ao se dar uma espécie de profundidade de campo – a história (individual ou global) – que ele pode propor uma distinção, de resto extremamente fugaz. A dificuldade se deve, então, ao fato de que ele só tem duas categorias (realidade psíquica e realidade material ou histórica) para três objetos. Por aí se repete traço a traço a problemática da teoria da sedução, mas levada aqui à transparência da épura.

Observemos bem que aquele que chamarei daqui por diante o morto-pai, aquele do instante-do-assassinato, tem um estatuto de junta que articularia aquele que *impede* gozar das mães e aquele que *proíbe* gozar delas. Entre o impedidor de gozar e o Grande Proibidor, entre (para empregar termos lévi-straussianos) o cru e o cozido, entre o mel e as cinzas, em pleno coração das maneiras da mesa, há este objeto que colocamos totemicamente para comer: o morto-pai, de bem nítidos relentos eucarísticos. A questão com a qual se choca Freud, com efeito, é tramada da mesma maneira que aquela que se referia à presença real no mistério da transubstanciação: come-se pai, ou semblante do pai? E lembrem-se de passagem (toco apenas de leve) do profundo mistério, freudiano este, da primeira identificação: qual é, pois, esse pai que incorporamos? Não é o pai morto que fará o supereu pós-edipiano. Não é tampouco o pai amado e odiado: é um outro, é outra coisa.

Essa outra coisa, Freud a coloca de novo sobre sua mesa de trabalho em 1923, retificando sua teoria da organização genital infantil pela afirmação do primado do falo. Se menina e menino entram e saem diferentemente do assunto edipiano, ambos têm de resolver à sua maneira uma mesma operação, a qual não chama mais o personagem do pai da mesma maneira que precedentemente. É, doravante, por razões de estrita lógica que o Édipo, sejam quais forem os modos sob os quais ele se apresenta, conduz necessariamente à hipótese da castração. Nesse percurso, o pai não é mais essencialmente impedidor ou proibidor: ele não é mais senão um elemento do cálculo que bloqueia o sujeito na perspectiva da castração. Freud escreve (sublinhando-o): "Parece-me apenas que só podemos apreciar corretamente a importância do complexo de castração levando em consideração sua formação na fase do primado do falo". É, de qualquer modo, dizer claramente que, antes de 1923, o próprio Freud não dava ao complexo de castração seu lugar nodal no desenrolar do assunto edipiano.

Mas, a partir daí, o jogo dos investimentos libidinais nas pessoas parentais deixa então entrever um quarto termo que vai vir deixar com quatro ângulos a por demais célebre e algo simples triangulação edipiana. Esse falo, com efeito, se pode, sob certas luzes, continuar a aparecer como o apanágio do pai, nem por isso se confunde mais com ele, não mais que não se confunde com o órgão peniano. Ele é, doravante, o nome do que desliza ao longo da equação simbólica na qual, no dizer de Freud, o pênis equivale ao filho desejado do pai, que equivale ao excremento, ao seio materno e, mais adiante ainda, à separação em relação ao corpo materno. O falo é o nome que põe em série o que Freud chama então "as representações de danos narcísicos por perda corporal". A libra de carne do *Mercador de Veneza*. Não é mais aí uma positividade localizável, mas bem antes o polichinelo que os malabaristas trocam entre si na cena familiar.

E, de fato, existem outras vias, mais clínicas que as que segui até o presente, para localizar não esse ser, mas esse acontecimento que chamei o morto-pai. O morto-pai, com efeito, é o que surge, o que cai do encontro com um pai, uma vez que é um *encontro fracassado*. Quando o filho – menina ou menino – corre em direção ao pai para, diria eu, tocar nele o ponto vivo da paternidade, o pai como *causa* no processo da filiação, acontece correntemente de ele ou ela malograrem, e este malogro *é* o assassinato do pai. Não, portanto, sei lá que agressividade de rivalidade edipiana – em que nossos modernos psicólogos se apressam em ver um "assassinato simbólico" que emanciparia a criança da tutela paterna –, mas um *encontro fracassado*, algo que não advém e que, a este título, produz uma espécie de estrago inteiramente essencial no processo da subjetividade.

Para convencê-los disso, relatarei primeiramente um contra-exemplo, algo que não ousarei chamar um encontro bem sucedido, é verdade, mas – obrigado que sou a empregar aqui duplas negações – um não-encontro-fracassado. Um paciente conta a seguinte anedota: criança, ele se esmerava em jogar a mãe contra o pai e em produzir violentas cenas de família. Clássico. Um dia, então, quando escutava no corredor, com o coração batendo, a altercação ritual – suficientemente viva naquele dia para que boa parte da louça se fosse –, viu sair o pai furioso, o qual, ao se dar conta de que seu rebento estivera escutando desde o início, falou-lhe nestes termos: "Pestinha, conseguiu de novo!". Desastroso êxito, com efeito, que não deixava a seu instigador muita chance de suspender um pouquinho que fosse a tutela materna, onipresente nesta história, como se pode imaginar. A própria possibilidade de metaforizar o desejo materno é aqui entravada por esse pai que não cessa de responder "Presente" a todos os encontros que seu filho, ansiosamente, lhe arruma. Falta... de *inadvertência.* Manutenção, em qualquer ocasião, do *adversus*, do face a face. *Adversa* (em latim): as coisas infelizes, a infelicidade. Isso não descola.

O ensino de Lacan veio retomar as coisas no ponto onde Freud as havia deixado, bem discretamente sem dúvida, já que nenhum de seus alunos diretos soube fazer outra coisa a não ser desviar-se dele. Foi só isolando a função imaginária do falo ($-\varphi$) que Lacan pôde dar seu assento à operação simbólica da castração (comumente lançada na frustração) e, com isso, dar de novo um pouco de ar à questão de Freud sobre o que há de real no pai. Ao conjugar a triangulação fálica imaginária (mãe-filho-falo) e a triangulação simbólica edipiana (pai-mãe-filho), Lacan verdadeiramente soldou o complexo de Édipo e o complexo de castração. Com o esquema R, que escreve esta operação, Pai e falo imaginário estão perfeitamente diferenciados, o que permite colocar a questão de suas relações, sem esmagá-la rápido demais sob uma pretensa identidade, aquela mesma sugerida pela histeria.

Ao simplesmente desprender o pai de sua identidade edipiana, Lacan pôde *difratar* a pessoa do pai nas três categorias de imaginário, simbólico e real, com as quais conseguiu sustentar o assunto edipiano sem sacrificar a perspectiva do primado do falo. São essas três categorias que permitem hoje, na leitura que lhes proponho do mito do pai, que eu não deixe de lado o morto-pai, esse enigmático instante em que o pai imaginário vira pai simbólico. Entre o *bon vivant* e o bem-morto, entre aquele que não cessa de não ser (pai imaginário) e aquele que não cessa de ser (paradoxalmente, o pai morto, eternizado pela culpa dos filhos), há aquele que cessa de não ser; que, por não ser, cessa.

Este, este espectro hamlético, de pura contingência – que tento manter por um instante sob a luz dos projetores –, não está aqui convocado com o único fim de aperfeiçoar a harmonia da teoria psicanalítica. Ele é um ponto nodal de toda trajetória subjetiva, aquele ponto de pura contingência que o trabalho do luto se obstina em apagar, não sem conseguí-lo, aliás.

Mas não bastam contra-exemplos, que nos desorientam com freqüência no jogo complicado das negações sucessivas. Temos, com efeito, que dar ao encontro fracassado sua qualidade de acontecimento efetivo para medir o alcance do que é o advento de um morto-pai e não nos contentarmos em ver aí um simples "deixar para mais tarde" daquilo que, lamentavelmente, não teria advindo, ainda.

Pois há uma coisa que não pode de modo algum advir como tal em nosso mundo empírico, embora até seja essencial à inteligência que temos dessa mesma realidade empírica, e é o que chamamos uma *causa material*.

Newton pôde bem esclarecer a *causa formal* da queda dos corpos e disso propor uma escrita quantitativa que convém à experiência. Mas não mais a ele que a outros a *gravitação* como *causa material* apareceu. Ela escapava tão necessariamente à investigação humana que terá sido preciso, todo o tempo em que ela dominou o pensamento científico, localizá-la no entendimento divino, para grande escândalo dos cartesianos que não queriam mais ouvir falar daquele *Deus ex machina* em pleno coração da racionalidade científica.

Foi porque o sujeito, tal como Lacan nos ensinou a ouvi-lo, está consubstancialmente ligado à noção de causa (e de causa material) que o morto-pai é, dizia eu, recolocado no fio da tradição freudiana, não como mito, mas como acontecimento. Não se encontra mais um pai real do que não se encontra a gravitação. E repousar-se no veredito que instaura o "genitor" como pai real – não digo que está errado –é entregar-se sem limite à falácia científica. Os cientistas gostam de ontologizar seu discurso e de fazer crer que as causas formais com que eles efetuam seus cálculos e suas experiências são causas materiais. Não é nada disso, e a instrução sexual levada até a gametogênese não parece ter machucado muito as teorias sexuais infantis que, estas, tratam seriamente da questão da causa material da filiação.

É o que torna particular seu trágico, que sempre procuramos temperar guardando apenas o cômico, até mesmo o lado farsa de seus achados. Como são engenhosas essas queridas crianças! De fato são, na medida da angústia que as retém à beira desse buraco da causa cujos efeitos conhecem.

O que coloca de modo bem cru a questão de saber, em cada caso, até onde um pai pode se oferecer como suporte de tal acontecimento, que o eclipsa e o excede enquanto pessoa na exata medida em que a função paterna como instalação da categoria da causa encontra um jeito de entrar em jogo para o sujeito.

"O pai enquanto pai" – para retomar aí uma fórmula de Lacan – queima do mesmo fogo que o filho, em não poder içar-se, *enquanto sujeito*, à altura deste saber singular, ou seja: que "*ele*" é inconsciente. (Outra leitura do "*Ele* estava morto e *ele* não sabia disso").

Do pai que pretenderia ser, nesse lugar, uma causa consciente de si mesma (cume da impostura; Lacan, de novo: "que os pais fiquem, antes, um pouco mais atrás de todos os *Magister*") a tal outro para quem todas as evasivas da neurose são boas para evitar essa postura de onde seu ser sairia machucado, a paleta clínica é seguramente rica de muitas nuanças.

É verdade que está aí em jogo a relação do pai com sua própria morte, a qual nada mais tem aqui de "simbólico". Ao irmos para a morada do pai – *ad patrem*, – bem rápido nos achamos... *ad patres*.

Foi o que os grandes da literatura de todos os tempos buscaram transmitir, tanto é viva a emoção suscitada em todo sujeito ao abordar essa zona-limite onde a paternidade se conjuga com a morte. Dos *Irmãos Kamarazov* a *Hamlet* – passando pelos *Thibault* de Roger Martin du Gard –, é sempre apenas bem perto de seu desaparecimento que é esperada de um pai sua verdade de pai. Ao dizê-la – se a isto se arriscar –, ele também a perde. Mas devemos a Shakespeare ter sabido nos fazer ouvir o equívoco, até mesmo o *qüiproquó* final, ao emprestar ao pai esta fala de que não se sabe – de que não se saberá – se é a confissão de um puro reconhecimento, solta de qualquer jeito à beira do único verdadeiro buraco, ou, ao contrário, o enunciado vingador da lei do talião: *"Tu quoque, mi filii!"*.

Do pai incorporado ao sinthoma

Jean-Jacques Moscovitz

SE A FUNÇÃO DO PAI, COMO propriamente a da articulação na fala, é de substituição de um significante por outro, ela se efetua também do pai em relação a si mesmo. O insondável da questão daquilo que começa é o próprio do enigma do pai em face do que vem à existência, enigma tão presente que sujeito algum, neurótico, analista, ou portador de outra etiqueta relacionada com o inconsciente, no sentido de Freud, parece evitar acúmulo ou perda de dossiês, documentos, textos a respeito "do-pai".

Por isso eu gostaria de associar o título de minha proposta ao do colóquio "Littoral" no fato de que o partitivo marcado pelo traço de união acrescentado em "do-pai" vem fazer com que se revele a estrutura de parte "de pai", da ordem do Um, disjuntivo de todo o resto da fala. Função que faz com que fiquem juntos, ou seja, nem dispersos, nem confundidos, falo, mãe, filho (Cf. esquema aqui).

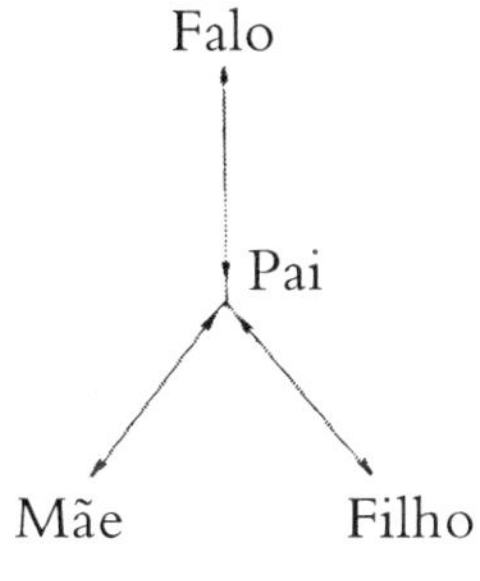

Este Um separador é o que faz resto com tudo o que é fala, ele é constitutivo da estrutura, não só do Édipo, mas também do inconsciente em seu estatuto de linguagem.

E se este "do-pai" inspira a dizer aqui, ele inspira a querer tudo dizer sobre o pai, como se o Um, como buraco, que é da ordem do real e que move toda questão do pai, exigisse dizer tudo, de uma vez só, daquilo que é estrutura a partir desse mesmo real.

Nessa conjunção abusiva, numa equivalência quase sempre evidente demais entre pai e fala, inversão incessante, imediata, implícita entre Nome do Pai e Pai do Nome, o analista é convidado a intervir. Pois, de fato ou de direito, rápido demais lhe é proposto, sobretudo hoje em dia, servir de apoio a este "puro-cristal-estrutura", reunindo de modo por demais simplista pai e fala, confundindo-os num caos originário, algazarra, em lugar de reserva de enigmas, de amor e de ódio (o famoso narcisismo primário), a ponto de encher de mistérios a prática da psicanálise.

Prática que não pede tanto, já que, precisamente, e é esta a questão pela qual entro neste colóquio, a prática, por causa da dinâmica que lhe é singular, interroga o advindo à existência e as modalidades de aplicação desse puro-cristal-estrutura. Ou seja, colocar a questão do imaginário, a questão do corpo como relação possível com o pai: aquela, por exemplo, inscrita nos manuais de psicanálise na rubrica "Figuras do pai".

Um documento, tomado da arte cinematográfica, vai nos esclarecer e colocar tal abordagem do-pai: é o *Popeye* de Altman. Nele são mostrados os efeitos, cômicos por certo, da estupidez, da estupefação, do estupor provocados no sujeito pelo significante, se o imaginário não vier tamponar, conter os efeitos do real em contato direto com o simbólico. O significante pai, como Nome-do-Pai, indica que o lugar do lugar desse nome está sempre vazio. Vazio como o Outro, como o céu.

Assim, Popeye, em seu estupor, diante da realidade do Um separador, lança: "onde cê não tá, papai Popa?" (onde você não está, papai?). Ele vai então encontrar *seu* pai em *seu* lugar, sob a forma de um tipo amarrado no fundo de um porão de navio, como todos; ao procurá-lo, enfim, em lugar nenhum, encontra-o por toda parte, isto é, no simbólico, reduzido a fazer rito, idolação do símbolo da ausência, aqui marcado pelo fato de procurar para não encontrar.

Pai e filho uma vez separados se reencontram, mediação um do outro, se apreendem em lugar de sacanas comuns, ou seja, com tudo o que é preciso para não ficarem estupefatos demais pelo real da fala.

Aí surge a questão do trauma, pelo desejo do pai, o flagrante delito de pai. O pai, no nível de seu corpo, só poderá ser reconhecido pelos efeitos que comete no corpo de uma jovem, Dora por exemplo (Freud, *As cinco psicanálises*).

Daí, o esquecimento está quase assegurado, tal que, se Dora, de seu corpo, pode ser sujeito do inconsciente e nele pôr assim sintomas, é em razão desse desejo do-pai. O sem-corpo do pai é o lugar de um pudor, próprio ao significante, ao não poder dizer-se ele mesmo. Pois o desejo do-pai funda o discurso histérico, e a histérica faz desejar, sem saber disso, o pai, numa ida-e-volta própria à estrutura pudica do significante, pudor entre significante e corpo. Impossível articulação de uma relação sexual qualquer.

É esta a questão do autor de uma criação que não pode fazer desejar a não ser à sua revelia, pois nenhuma medida, nenhum cálculo pode limitar o impossível próprio à relação de equivalência sem confusão entre o Um separador, disjuntivo, e o discurso histérico que daí advém.

Pois, se a função do pai é de imediato equivalente ao puro simbólico da estrutura pudica do significante, colocam-se as questões da existência e da alternativa entre duas orientações que estão noduladas:

– ou bem, e é a primeira, em que o real do pai, mantendo juntos, nem dispersos nem confundidos, falo, mãe, filho, faz com que a falta fálica seja garantida: saber que a psicanálise não nos abandonará, que estaremos no rito do significante, a idolação desse puro-cristal-estrutura;

– ou então, a segunda, é a questão do imaginário da figura do pai como processo dinâmico, como índice do real que decorre apenas do fato da prática da psicanálise.

Como então apontar, agora, essa necessidade da articulação do imaginário em sua relação com a estrutura?

Um contra-exemplo vai nos esclarecer. O documento é aqui o seguinte: "por que estamos na terra?" é uma questão colocada em trabalho por um teólogo no colóquio "Confrontos" de 1982. "Se estamos na terra, então é que papai e mamãe tiveram relações sexuais, fizeram amor juntos", etc, era então formulado como proposta.

Há aí um apelo ao bom senso, ao imaginário, que parece sempre ir para cima, para o religioso. Ora, isso chega rápido a um teto, sob a forma, por exemplo, de um presente do céu. Ora, o céu está vazio, ainda que a parte fóbica, presente em toda neurose, venha indicar o risco de que ele não esteja mais...

Se fizéssemos jogar nesta frase a implicação lógica como a negação, rapidamente chegaríamos à transparência da fórmula, do gênero: se não estamos na terra, é então que papai e mamãe se encontraram; ou, se estamos na terra, é que papai e mamãe não se encontraram, etc.

A psicanálise mostra bem que, se estamos na terra, é em razão da apreensão recíproca do significante em relação ao vivo e não de uma relação angélica com a castração, ou com a relação sexual que a isso suplementa. Caso contrário, não haveria necessidade alguma de psicanálise para chegar à razão de estarmos em nossa terra...

Outros documentos poderiam indicar a atualidade da questão do pai. Assim, o Congresso de Montreal das línguas românicas (*Revue française de psychanalyse*, nº 5, 1982) mostrou bem que a questão do pai, em sua atualidade, estava fundamentalmente ligada à ética da psicanálise em que os elementos em jogo numa cura têm a ver com as próprias falhas inerentes à estrutura que os sustenta.

Outros exemplos existem, tais como a questão da I.A.D., levantada em nosso colóquio, em sua relação com o pai genitor e o Nome do Pai, ou ainda o fato de que nossos colegas, num outro colóquio hoje mesmo, têm por tema "o Estrangeiro", vale dizer, colocar a questão da diferença entre recém-chegado e alteridade.

Ou, ainda, a questão do achatamento do imaginário no discurso político, em que a imagem televisionada, por exemplo, é investida como objeto real em nossa realidade, embora se trate simplesmente da idolação da técnica, ou seja, bugiganga...

O que nomeamos psicanálise, hoje? Eis a questão própria a um colóquio sobre o pai. Como, com efeito, colocar a questão do pai num colóquio?

Isso permite precisar as condições simbólicas, de discurso, da experiência psicanalítica?

A questão do-pai verifica que as condições da prática são Real, Imaginário, Simbólico, ou são elas também o Édipo, a transferência, a castração? Com efeito, há preeminência do ensino de Jacques Lacan sobre o de Freud?

Mas, se do-pai vem colocar aos analistas a questão do que eles fazem na prática, esta questão pode ser devolvida. Com efeito, a prática verifica "do pai"? O "do-pai" emoldurado, iluminado pela psicanálise melhor ou mais que alhures? As condições da experiência psicanalítica são causas ou conseqüências da questão do-pai? Eis toda uma série de problemáticas aqui colocadas em desordem. Vou tentar esclarecê-las por um documento a mais.

Trata-se de um riso de crianças assistindo ao filme de Spilberg, *E.T.* (o extraterrestre), acontecido quando a maioria das crianças da sala de espetáculos constata que Eliott (o herói do filme já é literalmente E.T.) se identifica e salva um certo extraterrestre em enorme perigo.

A presença no relato de *E.T.* vai gradualmente estar em lugar de pai imaginário, real, simbólico... e outros. (Lacan dizia após R.S.I., "um dois três", depois será "quatro cinco seis"). Spilberg apresenta nosso E.T. numa fragilidade física extrema (não parece ele com um feto?): corpo como lugar da agressão, tal como as doenças graves indicam, em que o corpo se torna inimigo do sujeito.

E.T. é presentificado sob a forma de um sapo, de um porco muito embaraçados consigo mesmos.

O riso, que predomina, portanto, nas crianças bem mais que nos adultos presentes na sala de espetáculos, acontece quando essa presença é revelada como semelhante em lugar de semblante. E.T. em lugar de semblante autoriza, com esse sinal feito com um dedo bizarramente peniano, a relação de próximo a próximo, fundada na igualdade diante da fala como portadora de significações.

É dado lugar à fala na troca daqueles que se reconhecem semelhantes e que são, no entanto, muito dessemelhantes quanto à imagem real. O riso assina esse pacto com essa face monstro do animal-pai chegando à fala.

Aí, E.T. é como o gafanhoto peregrino descrito por Lacan a propósito do estádio do espelho: vindo de sua casa, a ela deve retornar. Eliott e E.T. são iguais, de mesmo caráter gregário.

Surge então o avesso da questão "de onde vêm os filhos?", sob a forma de "aonde vai um pai?". À morte, diz Freud.

O fim do relato se marca de saída, quando é dito a Eliott: "estou sempre contigo".

Mas, antes, ele está necessariamente morto. Há aí o do-pai que acaba por penetrar na morte como questão, como puro simbólico.

Isso é bem marcado, feericamente, já que E.T. dá novamente vida a Eliott, vida no sentido do desejo, já que o sinal da ressurreição é que uma flor murcha reviva.

Sinal de que E.T. morreu, que ele está em lugar de pai, e que ele sabe disso, por uma vez, ao contrário do que Freud nos ensina em seu sonho famoso, que um "pai havia morrido e que não sabia disso...".

Mas é, de qualquer forma, aí, a partida para sua "home" e a declaração de amor do filho pelo pai, pai escondido no fundo do inconsciente do sujeito, esquecido sob a forma de um deus estelar, cósmico. (Declínio do complexo de Édipo no sentido de Freud). Assim, espécie de animal a ser abatido de início, rastro de alteridade em seguida, E.T. acaba sendo imaginarizado sob a forma dessa figura de pai com a qual um pacto se concluiu: o riso de crianças assistindo ao espetáculo mostra isso. Figura em forma de rã, de porco, é também um símbolo U.S. muito singular, um automóvel com um fogo enorme a piscar no lugar do coração, parecendo um feto.

No plano estrutural, o impacto do simbólico quer que E.T. aprenda a falar por letras, inscrições que lhe são mostradas por Eliott e seus amigos, como mediação da fala entre pai e filhos, entre escrita e leitura.

O que evoca a "Carta ao pai" de Franz Kafka. Franz Kafka, com efeito, ensina a seu pai, em lugar de ingênuo, a existência da neurose, do eu [*moi*], do inconsciente, ali onde o filho como mediação da fala pode distribuí-la ao pai, que evidentemente dela se apossa como de todo o resto.

No plano dito imaginário, o pai, na realidade de Eliott, deixou a família, está ausente, foi para o México com Sally, sua bela. E essa ausência realizada, obrigada do pai é a causa do relato que disso é feito e implica que Eliott invente para si E.T., em lugar de pai.

No plano do real, é por esse meio, sonho, fantasia, que o real do corpo do pai é interrogado, e é interrogado pelo sadismo dos sábios médicos que tomam E.T. como presa do desejo deles de saber e revelam que esse estranho está em exclusão com Outro radical, diferente da estranheza, e que eles devem fazê-lo entrar na ordem simbólica deles. Assim, um tira não vai dizer que faz uma eternidade, dez anos, que ele também está esperando E.T.? Por aí mesmo, ó quanto, surge a aspiração do encontro com o Outro quando se trata da questão do pai...

Com esse documento, agora pode ser abordada a relação entre prática da psicanálise e o pai como questão.

Para isso, temos que abordar a relação do pai com a morte, saber o encobrimento da questão do-pai na questão da morte. Já descrevemos isso acima, é a inversão da questão "de onde vêm os filhos" numa inscrição que é a seguinte: como começam a neurose, o inconsciente, a fala? – onde a palavra "como"*, dizia Aragon, é a palavra mais bonita da língua francesa, pois evoca precisamente a própria existência da metáfora.

Essa antecedência primeira, de pura lógica, do como isso começa, é própria à função de substituição da metáfora paterna no Édipo, no sentido estrutural.

Um exemplo do que chamamos "festa dos pais" nos esclarece, com efeito: um filho escreve ao pai, por ocasião dessa festa, que o único presente que ele pode lhe dar é lhe escrever que existe uma festa dos pais, ou seja, que haja existência! Esta existência se escreve, por exemplo, "era uma vez", que se repete e em que se coloca, por um lado, a primeira simbolização da mãe articulando ou sua presença ou o aniquilamento da mãe, de seu corpo e do filho; e, por outro, a ausência do pai como pai primordial, próprio à sua morte articulada precisamente à sua repetição como malogro do encontro com este "era uma vez" um pai primordial.

É esta a questão do pai ideal como pai morto.

Esta questão do-pai articula questão da morte e questão do corpo e tem por nome, na psicanálise, "incorporação" do pai ideal (*Einverleibung*), primeira identificação no sentido de Freud.

É a aporia de toda identificação possível para o ser do sujeito, para o qual não existe mais nenhum além.

Se é o deus dos filósofos, que se situaria sempre no céu, para Freud ele é trazido à terra e se chama o pai primordial. Função radicalmente

* *Comme*, conjunção. (NT)

outra, de ser vínculo disjuntivo, particular a este Um separador, significante da articulação significante como tal.

Essa identificação participa da transmissão de Eros como instinto, parte de imortalidade da libido, parte da relação entre vivente e significante.

É no que a libido pode afigurar-se imortal, mas, se a mediação da fala de filho a filho, de sujeito a sujeito, pode ver inscrever-se a articulação significante como possível, isso só pode ser assim graças ao que Freud intitula "banquete totêmico", ou seja, a devoração do pai primordial dito pai da horda. Ora, parece-me que a pulsão oral só está aí interessada, para Freud, como operador permitindo a instalação de uma metáfora, aquela precisamente da antecedência mais antecedente que seja.

Pois essa identificação de ser a ser é tal que clínica alguma pode torná-la perceptível, que ela não é pulsional. Ela evoca o corpo como distribuído sob a forma de um vínculo de amor ao pai, mas que precisamente ocupa o lugar de um significante, o do vínculo primeiro ao significante da articulação, significante que ainda não vai produzir sujeito algum, pois nenhuma subjetividade pode testemunhar isso, essa incorporação.

O que abre a necessidade da topologia, já que ela faz surgir a questão da suposição como tal de um sujeito de antes de qualquer questão do sujeito, como outro lugar com sua lógica: topologia que abre a questão do ser do sujeito enquanto falta primeira na fala, falta primeira em concordância com aquela ausência radical do-pai, no início. Não foi isso que pôde fazer falar de pessimismo ou de ateísmo em Freud? O monoteísmo de seu "Moisés" não significa a inexistência de Deus, daí a necessidade de sua escrita sob a forma desse Um separador, que indica que, se realmente houvesse Um, cada um então teria um e seríamos todos politeístas...

Essa falta furta-se no número e funda o sucessor pelo fato da recorrência dessa falta.

Falta: o que falta ao significante e requer sua articulação a outros significantes, e que só pode fazer Um na ordem desse disjuntivo com função de se-parar*.

---

* Lacan identifica a origem de *séparer* em *se parere*, parir-se. (NT)

Saber que a incorporação da questão do ser do sujeito abre para a questão da incorporação da topologia inerente à linguagem. Ela se define como singular não só a essa falta primeira, mas à marca que a isso responde.

A topologia permitiria, então, fazer proceder a psicanálise mais do lado da ciência, em cujo cortejo ela estaria, do que na ordem do mito ou da religião?

O inconsciente, assim, não se definiria como o rastro que o marca e por essa falta primeira que funda esse próprio rastro?

A saber, que a partir dessa identificação toda primordial e das duas outras (traço unário na dialética fálica do ter ou do ser e identificação histérica de desejo a desejo) agencia-se a função fálica que é a assunção pelo sujeito das vias da sexuação próprias a seu sexo.

A suposição da antecedência dessa toda primeira identificação com o pai incorporado, marcada por seu recorte primordial, vai então persistir em todo significante, seja ele qual for, uma vez a organização do eu [*moi*] acabada. É isto que Jacques Lacan, penso, chama *sinthoma* em relação ao sintoma, em razão do ato de nomeação do sintoma mórbido no neurótico em significante, significante como elemento constitutivo do discurso do sujeito.

Por essa antecedência, haveria equivalência, ou seja, relação entre os sexos, que é transportada ao nível das outras identificações. Assim, o sintoma do homem vai ser "a mulher", da mesma forma que, para a mulher, o homem está "mal acabado".

Minha hipótese é, então, a seguinte: haveria uma quarta identificação formada pelo conjunto da nodulação das três identificações de Freud. Ousemos chamá-la identificação à estrutura articulada àquela falta primeira em que o pai primordial estaria em oposição não simétrica, mas polar ao sintoma. Sintoma que para o analista se torna *sinthoma* e equivale então à prática da psicanálise. O que é tal que a prática da análise vai implicar para o analista, queira ele ou não, ver-se em posição de complementação não homogênea ao sintoma do neurótico.

É assim, por exemplo, que deveria ser entendida esta frase de Jacques Lacan: "O pai enquanto pai, isto é, nenhum ser consciente" (Seminário *Os fundamentos da psicanálise*, p. 58); ele é inconsciente..., não há análise do pai. A saber, que as condições da prática da psicanálise equivalem à presença do analista como manifestação do inconsciente. Esta articulação, tal como acabo de descrevê-la entre *sinthoma* e pai, a partir do que o inconsciente começa, especifica a psicanálise como disciplina totalmente diferente de todas aquelas que se vangloriam do termo inconsciente no sentido de Freud.

Em razão dessa perda primordial no início, inerente à identificação primeira que inicia as outras e as atravessa, surge o fato de que todo significante veiculará essa iniciação primeira ao não poder significar-se ele mesmo, marcado que está por esse recorte inaugural. Assim, o sujeito vai responder ao que o marca por aquilo que falta ao significante.

E, se a prática da psicanálise equivale à prática do sujeito como sujeito do inconsciente, é preciso analista para situar seus efeitos.

Mas essa perda iniciante como causa do inconsciente não é o objeto pequeno *a*, mas da ordem do apulsional como a própria incorporação.

Pois a função *sinthoma* do pai é apulsional em razão do malogro na repetição do encontro com o real.

Eis como me parece poder se articular a função do pai à questão da prática da psicanálise, prática a ser sempre situada numa dinâmica, a ser reinventada sem cessar pois ligada à função do imaginário, como tentei mostrar com a figura do pai exemplificada em *E.T.*

A figura do pai precisamente como faceta da fantasia mostra o não-representável da estrutura em causa na prática e, no entanto, requer sua suposição, que é a do real, real que pela prática se acha indicado.

O que tem conseqüências no nível da prática, ou seja, da interpretação psicanalítica.

A interpretação, com efeito, se articula nesse ponto de encontro entre sintoma e pai, definidos acima. E ela implica, por parte do analista, um silêncio das pulsões, idêntico ao da incorporação do pai, e até uma desintricação temporal dos diferentes circuitos pulsionais.

Saber que o analista não pode de modo algum dar privilégio a tal ou tal circuito pulsional em vez de a outro, ou a tal ou tal objeto pequeno *a* em vez de a outro, a não ser ao risco de pesar na cura de modo irremediável. Ele está, com efeito, em lugar de semblante de objeto pequeno *a* e não como objeto pequeno *a* propriamente dito.

Assim "O homem dos lobos", com o incidente do brilho no nariz, mostra a prática de Freud como equivalente à complementação não-homogênea ao sintoma do Homem dos lobos. Sintoma do Homem dos lobos que está ali por não ter acesso à castração no sentido do recalque. É isso que Freud chama *Verwerfung* (foraclusão do significante do nome do pai no sentido de Lacan), *Verwerfung* que é manifestada sob a forma da insurreição do olhar como objeto pequeno *(a)* em 1923, durante o episódio do brilho no nariz. Episódio que é propriamente a réplica à prática de Freud, que ele havia efetuado dez anos antes e que era a seguinte: levar a interpretação sobre o fim da cura, por uma data antecipada, ao fim do próprio processo, espécie de cena primitiva colocada no futuro, em lugar de re-edição de uma cena primitiva suposta no passado.

Em 1923, o episódio da verruga no nariz no Homem dos lobos (cf. sua mãe voltando da Rússia com uma mancha no rosto, o rosto de Freud, ele mesmo doente) vai ser marcado por uma insurreição do objeto pequeno (*a*), mostrando que Freud não pudera designar o olhar como objeto pequeno (*a*) apesar de seus trabalhos, tanto na cena primitiva quanto nas pulsões exibicionistas *voyeuristas* de sua *Metapsicologia*, em 1915.

Precisamente o fato de que a articulação pai-sinthoma não pôde ser inscrita (foraclusão) vem especificar que Freud privilegiou, contra a vontade, um circuito pulsional, o olhar, um objeto, o objeto pequeno (*a*) como olhar, sem sabê-lo.

Aí está a confirmação de que a interpretação só pode apoiar-se nessa articulação pai-sinthoma como tentei defini-la. Ora, foi isso que não pôde acontecer no caso do Homem dos lobos.

A saber, que a prática equivale à inscrição das condições simbólicas da própria prática. Condições que são inerentes à posição, por parte do psicanalista (como função), de ser o lugar de um silêncio das pulsões, silêncio equivalente ao da estrutura. A posição está propriamente ligada à desintricação dos diferentes objetos pequeno (*a*): o que poderíamos chamar incorporação da própria função analista. Assim, a interpretação[1] aca-

---

[1] Esse trabalho, ligando sincronicamente interpretação, simbolização, nomeação, está aqui apenas esboçado, e iria requerer, em particular, sua articulação à experiência da prática da psicanálise pelo analista, ou seja, aquele que dela tem o exercício. A *nomea-*

ba por se distinguir da simbolização pelo fato de que esta seria o trabalho tangencial rumo ao *sinthoma*, ao passo que a nomeação seria a designação dos operadores na cura de tal ou tal analisando. O que nos permite concluir para dizer que não há limite para uma psicanálise, mas que há apenas analistas limitados em razão de seu limite em poder designar tal ou tal operador que faz prática analítica em tal ou tal cura. Assim, a incorporação aparece como corte puro da fala, que o objeto pequeno *a* pode vir tocar, mas ao qual a incorporação, articulação, sinthoma-pai não se identifica, e sim dele se distingue radicalmente, já que ela é da ordem daquele furo verdadeiro, ao qual o objeto pequeno (*a*), na melhor das hipóteses, poderia fazer borda.

ção, por exemplo, ultrapassa sua função de *designação* de operador, pois revela que este "operador" está em lugar de significante produzido pela própria prática, forçamento simbólico, erigindo tal conceito, tal palavra, tal movimento, etc... no nível do significante, ou seja, tendo por efeito colocar, sem cessar, o analista diante de sua posição de sujeito de sua divisão, espécie de re-nomeação do analista em razão de sua prática, em que se desdobra sua função de "só autorizar-se por ele mesmo".

Dupla filiação e identidades
"Quando passam os homens..."

Marie-Lorraine Pradelles

Pequena história de nome[1]:

"Havia um que se chamava *Lagarde* [sentinela]. Os alemães chegaram e traduziram seu nome *Wache* [sentinela]. Os franceses voltaram. Chamaram-no *Vache* [vaca]. Os alemães invadiram novamente. De *Vache* ele passou a *Kuhe* [vaca]. Os franceses ganharam de novo. Ele agora se chama *Ku* [bunda]".

Sobre histórias de transformação de nomes, engraçadas ou trágicas, reais ou inventadas, os habitantes da bacia carbonífera da Lorena são inesgotáveis. Elas parecem ser a um só tempo o sinal e o produto de uma história particularmente movimentada, escrita em termos de invasões e desmembramentos sucessivos que sacudiram essa região fronteiriça ao longo dos séculos. Já no século XVII, o Padre Caussin, confessor de Luís XIV, afirmava[2]: "Só as grandes infelicidades da Lorena ultrapassaram as de Jerusalém".

---

[1] Esta história inventada circula sob forma de *witz* na Alsácia e na Lorena germanófonas. Ela tem, no entanto, fundamentos bem reais na obrigação que havia de "germanizar" ou de "afrancesar" os nomes de família, ruas, até aldeias às vezes, ao sabor das sucessivas ocupações.

[2] J. Rohr, *Forbach et son arrondissement.* Collection historique: Monographies lorraines, Fascículo 39, 1957, impressa pela cooperativa de edição e impressão, 30, rue Mazelle, Metz.

No coração da Lorena germanófona, ladeada a nordeste por Bélgica, Luxemburgo e Alemanha, a bacia carbonífera é a parte francesa de uma jazida que se prolonga do outro lado da fronteira no Sarre. No século V, uma fronteira lingüística, resultado de conflitos ou de contatos antigos entre influências francas e germânicas e influências românicas, desenha-se, separando a Lorena de dialeto germânico a noroeste da Lorena de dialeto românico a sudoeste. Essa fronteira lingüística, que não mudou muito de lugar até os dias de hoje, atravessa toda a Europa ocidental sem jamais coincidir com uma fronteira política.

A situação geográfica dessa região nas províncias fronteiriças da França e a riqueza de seu subsolo, explorado industrialmente desde a segunda metade do século XIX, fizeram dessa terra um lugar de disputas econômicas e políticas que se traduziu, em 150 anos, por 7 mudanças de fronteira e 5 mudanças de pertencimento a um Estado. Um mineiro resume assim essa situação: "Em 1870, meu avô, que era francês, foi feito prisioneiro pelos alemães. Em 1918, meu pai, que era alemão, foi feito prisioneiro pelos franceses. Em 1939, fui convocado para o exército francês. Em 1940, fui feito prisioneiro pelos alemães. Em 1942, fui convocado como '*Malgré nous*'* na Wehrmacht. Em maio de 45, fui feito prisioneiro pelos americanos. Nós sempre terminamos no uniforme do prisioneiro", acrescentava com humor meio amargo.

Como, para os habitantes dessa região, se coloca a questão da identidade nacional e regional, isto é, de modo mais preciso, o fato de se dizer "francês" ou "loreno", foi o que tentei entender a partir de um trabalho de pesquisa genealógica, efetuado numa comuna situada a três quilômetros da fronteira alemã. Esse trabalho se apóia essencialmente nos dizeres (ditos?) das pessoas entrevistadas, homens e mulheres, cada uma delas estando livre para reconstruir sua genealogia tal como a entendia. As entrevistas se desenrolavam por várias semanas, na maioria dos casos os homens, de uma sessão à outra, enriqueciam, completavam sua genealogia por uma pesquisa nos arquivos ou por consulta familiar, como se ficasse impossível para a pessoa comprometida nessa elaboração deixar furos do não sabido.

---

* Contra a vontade. (NT)

Reorganizando a história, selecionando as lembranças, provocando as rememorações[3], o discurso genealógico mostra a maneira como cada um se inscreve em seu sistema de parentesco e o que vai funcionar como ponto de identificatório que permita definir-se em termos de identidade coletiva ou pessoal. Se cada discurso é singular em sua forma e seu conteúdo, é possível, no entanto, situar os elementos que se repetem de um relato a outro. Assim, o conjunto dos dados evidencia a importância da dupla filiação quanto à construção dessas identidades nacionais e regionais:

– a inscrição do sujeito em estirpe paterna tem por eixo a identificação com o nome de família e veremos que este está em relação direta com as afirmações relativas à sua identidade nacional;

– a inscrição em estirpe materna evidencia um investimento das práticas sociais intimamente ligadas à transmissão dos bens. As identidades regionais vão sustentar-se mais particularmente pelas identificações com a estirpe materna.

Estamos, portanto, em presença de duas estirpes cuja diferença se exprime não só pela linguagem e pelos investimentos afetivos, mas se sustenta, por outro lado, em uma diferenciação jurídica (transmissão de nome, de um lado, transmissão de bens, do outro). Podemos estabelecer a hipótese de que foi graças a essa dupla inscrição que os lorenos puderam enfrentar da forma mais "econômica" possível as vicissitudes acarretadas pelas sucessivas perturbações da história dessa região.

1. A filiação em linha paterna

É em termos de lista-inventário que os homens vão falar de sua genealogia: lista às vezes interminável de nomes (até 12 gerações citadas), de datas, lugares, ofícios. A árvore genealógica se apresenta como um "ordenamento gráfico"[4], como a apresentação de um saber do entrevistado sobre sua família:

---

[3] F. Zonabend, *La mémoire longue*, P.U.F., Paris, 1980.

[4] J. Goody, *La raison graphique*, Tradução e apresentação de Jean Bazin e Alban Bensa, Coleção: Le sens commun, Editions de Minuit, Paris, 1979.

> Pierre Meyer, pregueiro, nascido em 1840, em Grosstroff, morto em 1910, esposo de Barbe Muller, nascida em 1845, em Grosstroff, morta em 1920, pai de Pierre Meyer, mineiro, nascido em 1867, em Grosstroff, morto em 1935, esposo de...

As informações são dadas separadas de qualquer contexto social, cada termo estando a um só tempo numa relação de descontinuidade (a lista pode parar em qualquer lugar) mas também de equivalência com o termo precedente (que Pierre esteja no lugar de Paul ou de Joseph não muda nada no conjunto). Só a datação, às vezes, permite diferenciar as gerações em que prenomes e ofícios se repetem de uma linha a outra. É em termos contáveis que a genealogia se expressa. Com efeito, remontar até os ancestrais fundadores, o objetivo é este. Se as pesquisas se focalizam na linha dos ascendentes, no eixo da filiação direta, elas privilegiam antes de mais nada os ascendentes machos, isto é, os portadores de nomes, aqueles que se encadeiam em linha agnatícia.

É na origem desse nome de família que as pesquisas vão estar centradas. Tratar-se-á de encontrar para esse significante um significado derradeiro, incontestável, que vai fazer o papel de fundação quanto à construção da identidade do sujeito. Quando é encontrado, esse significado remete, e não é um acaso, muito mais a um nome de lugar que a um nome de ofício. Ele se torna o lugar de origem, "o furo de onde se sai".

"O senhor que é entendido, quem devemos procurar para encontrar um nome?", perguntava-me com ansiedade um homem que havia listado sua genealogia em estirpe paterna até a nona geração. Não era manifestamente seu nome que estava perdido, mas, na verdade, ele mesmo, através daquela busca, na medida em que lhe parecia que aquele nome desprovido de qualquer significado – "a gente não sabe o que isso quer dizer", dizia ele no início da entrevista – em nada podia representá-lo.

Nessa maneira de falar da genealogia, cada geração é considerada como o elo de uma corrente. Nenhum elo tem importância em si mesmo. Está ali apenas para constituir a corrente, para permitir encontrar o começo desta: "Pierre é o pai de Louis, que é o pai de Arthur, que é o pai de Joseph...". Este tempo da genealogia é um tempo que conta os golpes numa tentativa um pouco desesperada de reencontrar o primeiro golpe, o golpe originário fundador de toda a estirpe.

Como se constitui essa lista? Pela compilação de arquivos exclusivamente. Neles encontramos aquelas listas-inventários de que eu falava acima. A escrita chama a escrita. Se certos membros da família podem trazer elementos orais de informação, estes só são aceitos após verificação meticulosa. O documento arquivado fica sendo a única fonte de saber, na medida em que, legitimado, ele também legitima. Mas legitima o quê?

Durante uma entrevista, certa mulher, Dubois de seu nome de solteira e cujo berço de família situava-se, conforme dizia, no sul da França, evoca seu pai. Explica que este, muito patriota, desertara do exército alemão em 1914 para juntar-se às linhas francesas. Seu marido presente intervém então – "Ele estava consciente de que não tinha nome alemão", observa, "ele dificilmente podia destoar!" (Só é possível cantar no tom quando se está nos galhos de sua árvore genealógica, declarava Max Jacob). O que esse homem introduzia com essa reflexão é que, sob pena de destoar, só podia haver adequação, equivalência entre um nome dito de sonoridade francesa e uma atitude, um comportamento, qualquer que fosse, por outro lado, a história real dessa família que vivera quase dois séculos na Alemanha. O tempo e a história se confundem, então, em proveito de um lugar de origem mítica ou real de que a consonância francesa do nome seria portadora. É esse nome remetendo a esse lugar de origem que permitiria à pessoa reconhecer-se sob a nomeação seguinte: "ser francês". Se esse nome não é, em todos os casos, o nome do pai, ele acaba sendo, às vezes, o nome de solteira de uma avó; no entanto, ele sempre está em estirpe paterna. Por outro lado, só os homens podem ser designados como "o lugar de encarnação" desse "ser francês", já que são eles que transmitem o nome. Uma mulher de 70 anos conta que no tempo dos alemães o nome Brun de sua família fora germanizado sob a forma de Braun. "Foi preciso", diz ela, "pagar, e caro, em 1920, para pegarmos nosso nome de volta. O pai pagou para os rapazes, mas não para as moças. Ele disse: não vale a pena, já que elas devem mudar de nome..."; e ela ainda sentia, 60 anos mais tarde, grande amargura por isso.

Nessa região submetida a tão rápidas mudanças de nacionalidade, o nome, já que sugere, por sua forma vogal, uma terra de origem situada "no interior" da França, vai servir de ponto de referência indiscutível. Com efeito, reconhecido como francês, ele vai dar sua legitimação ao conjunto dos discursos e dos atos referentes à afirmação de sua identidade nacional.

2. *A filiação em linha materna*

"Minha mãe era lorena dos dois lados. Dá para ancorar. A gente se sente loreno de boa cepa", declara uma mulher. Se é no nome de família que se escora a "francidade", é numa relação direta com a mãe e a terra que se ancora o sentimento de identidade regional "ser loreno". Nessa região tão fortemente industrializada, a terra está onipresente no discurso. Ainda mais presente em palavras por estar se tornando cada vez mais ausente na realidade, primeiro roída pelas beiradas antes de 1939, depois literalmente engolida, após 1946, pela construção de novos conjuntos habitacionais para abrigar as ondas sucessivas de trabalhadores estrangeiros. Na comuna, a abertura de poços de mina após a guerra de 1940 e a rarefação das terras modificam a estrutura social da aldeia, antes centrada numa cooperação original entre os poucos grandes agricultores e o conjunto da população, cujos chefes de família eram quase todos operários-camponeses. Estes últimos vão pouco a pouco perdendo este duplo nome. Eram as mulheres que asseguravam o enorme trabalho diário de cuidado das terras. Atualmente, se as superfícies cultiváveis diminuíram muito, o investimento afetivo, intacto ele, está focalizado no que chamei os 3T (em referência aos 3K): o teto, isto é, a casa, a terra agora representada pela ou pelas hortas (uma família pode possuir várias) e o túmulo, a um só tempo *vitrine* social – "mostra-se melhor o *status* no cemitério do que em casa" – e sinal tangível de pertencimento a esta terra.

Lugares privilegiados da atividade das mulheres, são elas quem garantem a transmissão deles, não em função de regras abstratas instituídas, mas de acordo com condutas, práticas, usos. Com efeito, do modo de transmissão dos bens pode-se depreender uma regra de atribuição da casa familiar inteiramente característica, não em estirpe paterna, mas em estirpe feminina: de mãe a filha ou de avó a neta. Essa regra tem sua origem numa "conduta de obrigação de assistência" de uma filha para com os pais, em particular para com a própria mãe. Essa obrigação de assistência é imperativa. No plano do parentesco, ela desenha uma linha de demarcação muito nítida entre a filiação e os aliados, entre as filhas e as noras. Uma mulher explicava que quando ia fazer faxina na casa de sua sogra era obrigada a fechar as ventanas para lavar os vidros: "os vizinhos não deviam", diz ela, "perceber que era a nora quem vinha ajudar. É uma vergonha, pois é a filha quem tem de fazer isso. Não posso tampouco trabalhar no jardim ou ir fazer compras. Só limpar o interior". Quando os pais ficam velhos, uma das filhas permanece em casa e cuida deles até a morte. Em acordo com os irmãos e irmãs, é ela quem herda a casa.

Eis um relato bem típico de transmissão de casas em 4 gerações, contado por uma jovem mulher:

"Meus bisavós maternos compraram esta casa por volta de 1860. Minha avó tomou conta dos pais até a morte deles e herdou a casa. Minha mãe era herdeira, mas, como meus pais tiveram 4 filhos, eles construíram outra casa num terreno pertencente aos pais de minha mãe. Eu é que vim morar com meus avós após meu casamento. Herdei esta casa. Quando meus avós ficaram velhos demais, minha mãe levou-os para morar com ela. Depois da morte deles e de meu pai, minha mãe foi para o andar de cima e minha irmã tomou o lugar de minha mãe. É ela quem vai ficar com a casa".

Não é, pois, espantoso que o lugar de residência seja de forte tendência matriarcal, os homens indo morar na casa dos sogros.

Da mesma forma que para as casas e os jardins, são as mulheres que devem cuidar dos túmulos. Atualmente, quase todos em pedra de granito negro, maciços, luxuosos, são objeto de cuidados atentos no domingo após a missa e até, com freqüência, durante a semana. Retirar as flores murchas, arrancar o mato, vigiar a ferrugem nas coroas artificiais ("mancham"), lavar o granito com bastante água. "Nas aldeias", diz-se, "a lembrança dos mortos é cultivada". A pesquisa revela que, na maioria dos casos, em duas gerações, a transmissão das concessões se efetua em estirpe materna. A filha é preferencialmente enterrada no túmulo da mãe, o marido seguindo o movimento. Como durante a vida, após a morte o lugar de residência também está marcado por forte matrilocalidade.

Quando passam os homens... ficam as mulheres. Presos entre duas fronteiras, uma lingüística, outra nacional, como se está preso entre dois fogos, submetidos a mudanças de nacionalidade, de língua oficial, de regras sociais, expulsos, reintegrados, os habitantes da bacia carbonífera da Lorena parecem ter criado pontos identificatórios que os particularizam, em conveniência com uma estrutura de parentesco original. Os homens passam, tombam "nos campos de honra", as mulheres ficam, asseguram a transmissão das casas, das terras, dos túmulos de uma geração à outra.

Para além dos sentimentos de cada um e das referências às normas sociais, o que os estudos genealógicos permitem evidenciar são significantes que servem, para um sujeito, como pontos de referência na constituição de suas identidades. Estas estão primeiro ancoradas na ordem simbólica representada pelo sistema do parentesco.

"Não Um sem o Outro", ou: o gozo que não era necessário ("Fratura IV")

Irène Diamantis

A Benjamin

Quanto ao que acontece com o ser, nada em conseqüência pode ser dito a não ser mediante desvios em impasse, demonstrações de impossibilidade lógica; o que é do ser, de um ser que se colocaria como absoluto, nunca é senão a fratura, a quebra, a interrupção da fórmula ser salvo, uma vez que o ser sexuado está interessado no gozo.

J. Lacan, *Encore.*

É EM TORNO DESTE IMPASSE, destas demonstrações de impossibilidade lógica, desta "fratura", que retomarei a questão "do pai".

Designar "do pai", ou então "ser pai" enquanto "objeto de cuidados maternos" pode parecer deslocado, e não é sob este ângulo que a posição costuma ser encarada. Mas eu gostaria de lembrar que a especificidade de nosso trabalho nas curas, no que um analista pode entender através do que ele escuta, não é nada senão o que ele pode elaborar e que não está já escrito nos livros. A este título, nossa elaboração de analista tem lugar particular, em relação a outras ciências, e não pode constituir-se em teoria adquirida para ser operante nas curas.

Se os cálculos lógicos que venho utilizando amplamente há vários anos obedecem a regras de cálculo que são inabaláveis, do ponto de vista de seu resultado, seria absurdo imaginar que os desenvolvimentos aos quais esses cálculos dão seqüência sejam tomados como tais.

Por "ser pai", indico um momento particular e não comprometo, nesse trabalho, o que acontece com a significação do Nome do Pai. Esclareço uma posição estrutural de uma maior proximidade (lógica) com o grande Outro, trata-se de uma temporalidade lógica; convém ser prudente, assim que se enuncia Pai ou Mãe, quanto aos riscos que isso poderia comportar de trazer imaginário ou opiniões. Meu propósito é situar um tempo lógico: quando e em que condições literais pode surgir "do Pai", num tempo de abertura-fechamento do sistema Inconsciente?

Entretanto, retomemos o que Lacan escreve como condição formal necessária para inscrever a função do Nome-do-Pai. No seminário *Ainda*, a respeito das fórmulas "Homem" da sexuação, sem pressagiar atributos anatômicos masculinos, ele inscreve as condições literais exigíveis para quem ocupa essa posição. O que se escreve assim:

$\exists x \overline{\Phi X}$	Existe um x tal que não Φx
e	Todos dizem sim
$\forall x \Phi x$	para todo x Φ x.

A propósito da primeira fórmula, ele escreve: "É pela função fálica que o homem como *Todo* toma sua inscrição, exceto que essa função encontra seu limite em um x pelo que a *Totalidade* é negada: *é isso o que chamamos a função do pai*" (itálicos meus). Lacan é preciso: a função do pai é designada, literalmente, por esse x que nega a totalidade – diríamos "Ao-menos-um-que-diz-não".

Convém lembrar que essa segunda fórmula não toma sentido, existência e função senão a partir da primeira, a da Totalidade (*todos os x*).

Antecipo de algumas páginas para indicar que há, entre essas duas fórmulas, uma relação de *alienação* (vel inclusivo). De minha parte, designo essa função do Nome-do-Pai como: *a Fratura máxima em relação à Totalidade*. Esta Totalidade também é aqui designada como lugar das fórmulas atômicas, sem articulação sintáxica, lugar dos cálculos positivos que não conhecem a contradição[1].

Citemos ainda esse mesmo seminário: "O Todo (totalidade) repousa apenas sobre a exceção colocada como termo, é o que ameaça, constitui e nega integralmente a totalidade"; é também o que funda essa totalidade... a qual pertence ao domínio do estritamente impensável e só pode aparecer no sistema consciente transformada por meio terminal do símbolo da negação. Pois, exceto negar dizendo, estando no "dizer que

[1] Reportar-se a "Fracture I", "Atome Anatomie", Cercle freudien.

não", não podemos fazer passar impossível, ou estritamente impensável, isto é, em terminologia lacaniana, fazer com que isso "cesse de não se escrever".

Nesse lugar da "função do pai", da existência do "ao-menos-um-que-diz-não", a Inconsistência e a Trivialidade não são diferenciadas. É em torno do termo lógico "trivialidade" que situamos esse momento lógico do "ser pai" – vamos voltar a isso.

Esse esclarecimento gira em torno do eixo de diferenciação ou não diferenciação do ser e do dizer[2]. Embora não seja diretamente meu propósito, isso sugere uma das diferenças em relação às formulas "Mulher" da sexuação, que se escrevem assim:

	$\overline{\exists x}\ \overline{\Phi x}$	Não existe quem não
e		
	$\overline{\forall x}\ \Phi x$	Não todas x Φ x

Estas duas fórmulas se enunciam: "não quem não" e "Não todas"; elas colocam um lugar, em termos de existência, de ser. Trata-se, como escreve Lacan: "de colocar ou não, ou então de não ser", da Totalidade. É uma problemática ontológica que as diferencia das fórmulas "Homem" da sexuação. O que supõe "de ser" em relação à totalidade e não de "dizer que não". As fórmulas "Homem" da sexuação contêm para o dizer a fórmula do "Ao menos uma existência que se inscreve para o dizer", como lembra Lacan[3]: "O próprio do dito é o ser, ao passo que dizer é existir em relação a algum dito".

É a partir de uma existência lógica que Lacan instrui a função do Nome-do-Pai. O que diferenciamos como "ser pai" será enquanto *a situação de um sujeito no discurso do Outro*, que chamamos tempo lógico, que faz "ser pai" sem pressagiar o que será sua função.

É necessário lembrar, para a clareza de meu propósito, a diferença que faço entre o grande Outro, o grande Outro absoluto e a introdução do "eventualmente, a mãe" – este "eventualmente, a mãe" marca, como

---

[2] Cf. igualmente "Atome, Anatomie".
[3] J. Lacan, *Encore*, Le Seuil, Paris, 1975.

indiquei em "Fratura I", a temporalidade lógica. Posso apenas desejar que a isso se reportem.

Como essa "realidade" *ser pai* pode ser abordada? Como um sujeito pode nela se situar no discurso do Outro?

Essa "realidade", como sublinha Lacan, só pode ser abordada com os *aparelhos do gozo* – e só estou tratando disso aqui: a saber, com quais aparelhos do gozo essa "realidade" "ser pai" se constrói? Aparece-desaparece ela?

Por isso é que trato apenas de um tempo lógico e de uma função que aparece-desaparece. Como, neste nível, é possível falar de uma realidade? Como é possível falar de um lugar onde "nada ainda é"[4] (lugar da totalidade), pois, se nada ainda não é, isso não pode ser uma "realidade".

Retomemos este trajeto lógico para podermos "dizer que não", o que é necessário para que haja fala. Quais são as condições para dizer, ou então: *como excluir para que Todo não seja possível?*

O que se passa para um homem? A partir de que vai ele situar-se para ser pai? No nível das condições literais do " $\forall x\ \Phi\ x$ (Todos dizem sim, ou todos os x, sem exceção alguma), lugar onde "nada ainda não é": lugar atômico sem articulação sintáxica (é o dizer que vai tornar as coisas anatômicas); como excluir, a partir de cálculos que não conhecem a contradição? Trata-se, nesses lugares, dos conectores positivos, que não fazem sair do que é e que, como escreve Pierre Lavalle, "não dão acesso algum ao que não é".

Será em torno dos termos Inconsistência e Trivialidade, termos que têm suas regras em lógica, e daqueles do "dizer" e do "ser" que articularei este "ser pai". É a partir desse trabalho matemático de Pierre Lavalle que trago meus próprios desenvolvimentos. Dele tomo emprestado e devo-lhe muito.

Quando tudo é consistente, não há razão para enunciar, é um lugar de pré-inscrição onde ainda não se pode falar de ato de inscrição. Por outro lado, para poder enunciar, há condições precisas[5].

---

[4] Isto está desenvolvido em "Fracture I".

[5] Pedirei ao leitor para se reportar ao trabalho de Pierre Lavalle, e "Fracture I".

Vou tentar produzir um exemplo concreto para a clareza das coisas. Voltaremos em seguida à trivialidade e suas conseqüências teóricas. Quando o Jurídico trata esta questão do "ser pai", daquilo que inscreve no registro de estado civil o pai, o Jurídico trata esta questão, mas não assume o que acontece com a significação da função do Nome do pai no sentido do "como excluir para que Todo não seja possível". Isto é, retoma uma operação de recalque, no sentido de: "o que vai criar o recalque no bebê"? Lacan lembra em *Ainda* que o recalque ocorre apenas quando o bebê fala. Recalque necessário para passar do "ser pai" à função do Nome do Pai – eis o que estrutura essa "realidade" em termos de gozo, que situarei como inaugural da realidade "ser pai" – em termos de "gozo que não era necessário", isto é, antes que se fale: esse gozo é o que vai permitir o recalque[6]. Como, a partir da Totalidade, isso se fratura, isso se rompe até inscrever ou não "dizer que não"?

Qual seria a verdade a ser excluída, recalcada, mentida, alienada para poder "dizer que não" e inscrever a função do Nome-do-Pai?

Tomo aqui o termo "verdade" em sua acepção lacaniana do dizer ou poder dizer coisas falsas para fazer passar coisas verdadeiras, ou, ainda, da possibilidade de estar na neurose (sistema em que aparecem conectores negativos e permite assim a inscrição de uma inconsistência).

Que realidade enfrenta um homem quando surge "ser pai" no nível do gozo?

Tomarei exemplo do ato do casamento para demonstrar de que operação de fratura pode se tratar. O que é gerido pelo ato do casamento em sua jurisdição?

Não é, por certo, um acaso se a legislação que é a nossa tem as maiores dificuldades para decidir a respeito do ato de casamento, se se trata de um contrato ou de uma instituição. O que estaria garantido de exclusão e o que deveria ser excluído?

Observemos a partir de que um indivíduo, um "ser falante" começaria a pensar que vai ser pai. Observemos isso clinicamente no sentido dessa espantosa distância, diante de um morto, do que representa a "morte clínica" para aquele que tem de fazer disso a leitura e daquilo que ela

[6] Não posso aqui desenvolver esta proposta, que faço em outro lugar. (A ser publicado).

brutalmente representa para um próximo, essa insustentável sensação de impossível provocada pelo anúncio ou pela visão imediata da morte de um ser querido; esse impossível que surge como grito do fundo do ser, paradoxalmente a despeito das cruzinhas, se ouso dizer, marcadas que afirmam, confirmam a morte clínica.

Retomemos essa hesitação dos juristas, do ponto de vista do estatuto a ser dado ao casamento, e perguntemo-nos: por quê? Contrato ou instituição, tenderíamos mais para esta acepção no sentido etimológico do que tal ato instrui como procedimento.

O que advém juridicamente? Um homem não dá seu nome a uma mulher, isso não corresponde a nenhuma realidade jurídica, ela o porta, ou pode portá-lo, mas não o possui; na verdade, uma mulher dele pode ter o gozo, mas trata-se apenas de um costume; se dele tem o usufruto e não a propriedade, isso não está inscrito em lugar algum no contrato. Até nova ordem, trata-se de uma tolerância. Eles têm, um e outro, servidões que deveriam antes ser alinhadas do lado do contrato, servidões estas que variam de acordo com os países e os modos, como morar sob o mesmo teto, etc.

Mas o que, a meus olhos, constitui a instituição fundamental disso e que inaugura o ato jurídico do casamento como instituição, e não como contrato (pois, se isso fosse um contrato, que se efetua de antemão, isso traria alguns problemas), o que se institui é que um homem *dá seu nome para todos os filhos futuros* até que a morte aconteça, ou então, salvo prova em contrário, ou para formulá-lo de outra maneira, até um "dizer que não". Isso ocorre "sem ver" e *de antemão.*

Eis o que instrui, institucionaliza o casamento: "ser pai" de antemão, se não há prova em contrário. O que eu gostaria de notar aqui é qual real, qual Impossível se trata de excluir? O que está assim fraturado, no sentido de uma simbolização futura?

Retomemos o que enunciávamos anteriormente: se tal ato não está colocado, o que poderia estar ameaçado, o que está inteiramente excluído em tal procedimento? O que está instruído de antemão? Trata-se disto: *que seja um enunciado que o faça pai.* Que um enunciado, um dizer "faça ser" é um gozo que foi levado em conta pelo recalque, há muito tempo, quando o bebê era "objeto de cuidados maternos"; são os avatares desse gozo que constituem o próprio lugar da fobia e da perversão na falha do recalque que me preocupam. Neste sentido, o casamento "representa" para o Pai uma instituição de visada simbolizante. Vou um pouco além do que se trata em lógica quando um *dizer faz ser*, e que chamo ser "objeto de cuidados maternos", no sentido do primeiro objeto em que o entende Freud.

Paremos um instante e consideremos o que acontece quando essa inscrição não foi colocada de antemão.

Quando, dizemos, uma mulher diz a um homem "Vais ser pai", ou então "Espero um filho teu", que se trate de um anúncio surpreendente, até mesmo catastrófico, ou então de um projeto comum, não muda nada nisto: imaginemos, por um instante, uma cena em que uma mulher anuncia isso no momento em que um homem abre o jornal, ela lhe anuncia após ter esperado que ele o abrisse, quando, sentado confortavelmente, este se prepara para lê-lo; ocorre que, entre o momento em que ele abre aquelas belas folhas e o momento em que lê, nada aconteceu, não há nada de mudado antes de ele começar a ler, nada se passou antes ou depois de dois gestos dos mais anódinos; e, no entanto, "um dizer faz ser".

Se posso permitir-me um passo suplementar, direi que nesse instante esse homem está violentamente mergulhado nos estados que constituem os estados limites da neurose em que: "um dizer faz ser". Se o dizer faz ser, como sublinha Pierre Lavalle, "não há razão para enunciar". Trata-se, no caso, de um ponto de virulência, no sentido do virulento de que fala Lacan no seminário sobre os quatro conceitos quando ele fala do poder virulento, punctiforme e separador do olhar.

Quando um "dizer faz ser", obtém-se nos cálculos lógicos o que é chamado um *efeito de fechamento*: isto é, *que não há mais razão para enunciar*.

Clinicamente, isto tem por efeito recolocar um sujeito num estado arcaico em que qualquer conteúdo faz ser: "ser objeto de cuidados maternos"; lembro o que escrevi anteriormente a respeito do rochedo originário[7], em ligação direta com o grande Outro absoluto antes da inter-

[7] I. Diamantis, "Le roc originaire à propos de la phobie", *Cahiers Confrontation*, sur Psychanalyse et Apocalypse.

venção, num tempo lógico, do "eventualmente, a mãe"[8] como primeira fratura. Nesse lugar, predomina a pulsão escópica.

É nesse tempo lógico que as mães, com o olhar e os cuidados, constroem o espaço de gozo do bebê, num recorte arbitrário, numa colocação em circuito, em erogeneização do universo pulsional do filho. Nesse tempo, é inteiramente adequado falar de anonimato do gozo, que entendemos assim: "ser transportado sem nada dizer". Ainda estamos longe do que constitui uma identificação sexual – em termos freudianos, tratar-se-ia: do que pode ser excluído daquilo que pode ser e não excluído daquilo que pode ser dito[9].

Voltemos à questão da Inconsistência e da Trivialidade para a qual tomo dois exemplos e as definições propostas por Pierre Lavalle, embora me permita certas liberdades e certos prolongamentos.

No que concerne à Inconsistência, retomarei o exemplo de Pierre Lavalle. Diremos que, no caso da Inconsistência, o outro só pode responder: "é isso mesmo!". Mais tecnicamente, basta que um conector seja negativo para que permita a inscrição de uma inconsistência; isto poderia corresponder a uma pré-inscrição antes de falarmos. Muito banalmente, não dizer nada, "nada" poder dizer.

No que concerne à Trivialidade, digamos simplesmente, o fato de "dizer qualquer coisa", o conteúdo é indiferente, mas há razão para enunciar o que o diferencia do primeiro.

Suponhamos, para ilustrar isso, uma criancinha a quem, antes mesmo de ter aberto a boca, a mãe, aqui confundida com o lugar do grande Outro e não ainda "eventualmente", respondesse "é isso mesmo!", ou então, e, neste caso, isso dá no mesmo, "todos dizem sim" ($\forall x \Phi x$). Neste ponto, não há razão para dizer, pois uma confirmação é obtida *antes de dizer*. Não há razão para enunciar, só a captação do olhar do Outro confirma, o escópico produz aqui seu efeito de asserção. O olhar confirma.

Não há razão para dizer, pois uma confirmação é obtida antes. Se não há razão para dizer, há certamente razão para *gozar*. Aqui, neste tem-

[8] Cf. "Fracture II" (a ser publicado em *Cahiers Confrontation*).

[9] Isto representa dois modos de acesso ao símbolo da negação: exclusão e atenuação.

po lógico, aparece o gozo "que não era necessário" como ato inaugural, verdadeira colocação em erogeneização pelo olhar da "realidade do corpo", puro arbitrário, mãe está aqui confundido com o grande Outro sem procedimento algum, negociação, dialética. Como muito bem enuncia a publicidade "Deixe-se transportar!"[10], obtém-se um efeito de certeza, pois não há ainda a possibilidade de pressuposto, ou de suspensão das evidências. A certeza que um sujeito adquire nesse estádio é uma *certeza sobre seu gozo*. Não há aquele lugar de suspensão de certeza; o se, a condicional é o mínimo para começar a fragmentar.

Trata-se do "este então" (de gozo)[11]. É este obstáculo intransponível do "este então" do gozo que não seria preciso, como diz Lacan, "não seria preciso que fosse este" para poder "dizer".

Em lógica, isso se chama obter um efeito de fechamento imediatamente, em termos freudianos pode-se falar disso em termos de fixação. Ainda não há a possibilidade de enunciar.

O segundo exemplo põe em jogo a Trivialidade: "se qualquer coisa, este então"; é a partir do grande Outro que se acrescenta "eventualmente", a mãe. O que vai permitir um remanejamento do material, uma reinscrição. É o início da identificação sexual e da entrada em negociação dialética com *quem sabe*[12], é o lugar que começa a criar recalque. Este "eventualmente" produz seu arrombamento. Neste tempo lógico, suponhamos que o filho diga, mas diga *qualquer coisa* (Trivialidade), e que a isso a mãe responda: "é isso mesmo!". ($\forall$ x Φ x).

Há uma diferença em relação ao primeiro exemplo, já que aqui, para obter uma resposta *Ainda é preciso que ele diga*: como escreve Pierre Lavalle, "o que quer que ele diga, o outro confirma tudo o que ele pode dizer; o conteúdo é indiferente". Convém começar a dizer, vale dizer que o ato de inscrição é indispensável ao efeito de fechamento.

---

[10] Estabeleço, por outro lado, o vínculo entre a fobia dos transportes e algo a respeito da fobia perversão. É nesse lugar que as duas se conjugam e que se coloca a questão do erotismo.

[11] Cf. "Le roc originaire" sobre a função do "se... então" como uma das possibilidades de criar negação, uma das maneiras de excluir (excluir o que pode ser).

[12] Para maiores detalhes, cf. "Fracture I" e "II".

Temos aqui uma segunda condição literal do *efeito de fechamento* em lógica, que identifico ao *gozo que não era necessário*. Neste tempo, não se pode pretender que não há razão para enunciar. Seja qual for a fórmula dada (dizer qualquer coisa), o seqüente é provável. O conteúdo afunda na indiferença. Para obter a confirmação e o que ela veicula de gozo, vale dizer que o escópico erotiza o invocante para ele mesmo[13]. Se, como escreve P. Lavalle, "para poder dizer, o que é dito não deve ser indiferente, falar, aqui, será sempre para não dizer nada, mas também é a mesma coisa, todo enunciado torna-se fato, o outro confirma tudo o que ele pode dizer; basta, portanto, dizer para que seja: *dizer faz ser*... A enunciação se esvazia, assim, de seu conteúdo para encher-se de ser".

Quando se fala assim, tudo o que se pode dizer é: "A enunciação aqui não faz mais dizer, mas ser".

É a partir dessas posições que articulo o que é ser objeto de "cuidados maternos".

Talvez vocês assim tenham a idéia do que se recalca no ato do casamento a partir dessas duas posições em que "ser pai" está ameaçado. Vamos voltar a isso.

É também a partir desses dois tempos lógicos que situarei o que Lacan pôde articular sobre o modelo dialético da necessidade, da demanda e do desejo: em *l'Etourdit*, ele conjuga a demanda e o desejo, apontando o que constitui o registro do desejo: "não é isso" (ao menos um que diz não)...

Entre "é isso mesmo" ($\forall x \, \Phi x$) e "não é isso" ($\overline{\exists x} \, \overline{\Phi x}$) situa-se o que chamo recalque do gozo "que não era necessário", efetua-se a possibilidade de dizer, quando a enunciação não é mais indiferente. É nesse nível de trabalho analítico que se efetua a descolagem do ser e do dizer (sistema secundário).

Dizíamos acima – a respeito do "ser pai" – que um "dizer faz ser"; ora, se pude escrever em outra parte[14] que, para uma mulher, estar grávida e ter um filho constituíam dois projetos diferentes, para um pai sustentarei que esperar um filho e *fazer surgir mãe*, sob a forma enunciada acima,

[13] O seqüente provável aqui é o gozo.

[14] I. Diamantis, "Une presque-île", *Lettres de l'E.F.P.*, nº 22.

isto é, tornar-se de novo "o objeto de cuidados maternos", colocar-se sob o efeito de qualquer enunciado que faz ser (pai), constitui um dos tempos lógicos violento, virulento, para que se faça pai. Isto tem conseqüências sobre o modo como ele assumirá a função do Nome do Pai ($\exists\ x\ \overline{\Phi\ x}$), isto é, estamos agora em condição de retomar plenamente a fórmula da sexuação posição "Homem".

"$\forall x\ \Phi\ x$, fórmula do grande Outro antes da intervenção do "eventualmente, a mãe", lugar do gozo, dos conectores positivos em que "não se corre o risco de asserção nula de um ato", lugar de "benefício primário", que nodula com a segunda fórmula: $\exists\ x\ \overline{\Phi\ x}$. (Existe ao menos um que diz não, lugar da função do pai).

Vínculo que marca estas duas etapas extremas das condições literais da fala, a universal e a particular. Para as fórmulas Homem, o vínculo que estabeleço entre ser pai e a função do nome pai, isto é, da operação de fratura operada entre essas etapas extremas, é uma relação *de alienação do Não Um* ($\exists\ x\ \overline{\Phi\ x}$) *sem o Outro.*

Se Um, então o Outro, ou então este (o gozo que não era necessário). Assim é que não há efetuação da função do Nome do Pai sem essa etapa de tornar-se novamente "o objeto de cuidados maternos", isto é, de voltar a um estado anterior que ameaça (no sentido lógico), a um remanejamento das possibilidades de inscrição, de reinscrição.

Por isso é que se assiste a possibilidades de sideração, de horror ou de superinvestimento da mulher grávida para um homem – quando este está em condição de fazer ressurgir a maneira como terá vivido seus próprios estados de gozo com sua mãe, maneira que se acha assim reativada e recolocada em jogo. "Ser pai" inaugura-se aqui ao fazer surgir uma renegociação com a mãe. Isto é, uma re-fratura com $\forall\ x\ \Phi\ x$, uma re-possibilidade de negociação.

Gostaria de fazer aqui alusão às conseqüências clínicas que existem em assim tomar as coisas. Por exemplo, esclareçamos o que se pode dizer do Pai ou da função em que nos colocamos para "falar" (entendo, por aí, as diferentes posições conforme a ausência, a progressão, depois o aparecimento do símbolo da negação). Freud e Lacan colocaram o problema a respeito da histérica como sustentáculo do desejo do pai. Ora, acontece que a fórmula do "Não todas" ($\overline{\forall}\ x\ \Phi\ x$) se situa na maior proximidade lógica quanto à fórmula da função do pai ($\exists\ x\ \overline{\Phi\ x}$).

Tudo isso se mantém, mas podemos apreciar os estragos efetuados nas análises se lá não olharmos mais de perto quando a mãe confirma *a todo momento* a autoridade do pai, ou então quando um analista faz para a mãe, ou para o filho, uma referência histérica ao pai, sob o modo de um recurso à autoridade ou à "lei do pai", e confirma tudo o que ele pode dizer. Há aí uma obturação da função do pai. O mesmo ocorre se este "se identificar" com qualquer um de seus próprios enunciados; o Pai é deslocado para aquele estado arcaico *em que todo enunciado o faz ser.* Há aí uma incompreensão da teoria lacaniana; tomar as coisas assim não pode reinstaurar a questão do Pai. Ao contrário, ela o obtura e não sustenta a questão. O que tem por efeito "fixar" o que acontece com o pai numa relação de horror-gozo no lugar da *trivialidade.* É o que pode confirmar um homem em todo o horror do gozo, e deixá-lo impotente... quanto à fala! Isto é, na impossibilidade de arriscar um ato de asserção nula (benefício secundário) como condição para dizer na neurose.

Terminarei por uma observação que não posso aqui desenvolver sem tornar mais pesada minha proposta, mas que me parece necessária como prolongamento das relações mantidas pela Inconsistência e a Trivialidade conforme dispomos ou não da negação.

"Nada dizer" e "dizer qualquer coisa" – do ponto de vista dos cálculos – dá exatamente no *mesmo quando dispomos do símbolo da negação.*

Que implicação ou o que isso indica, para um analista? Isso indica, por exemplo, que o campo próprio da neurose está constituído pela seguinte necessidade: que "nada dizer" e "tudo dizer" sejam a mesma coisa; em outras palavras, a neurose só pode constituir-se de um registro em que tudo dizer é fraturado, recalcado – e que não há mais a possibilidade de "tudo dizer" quando dispomos do sistema da negação.

Disso deduziremos que o recalque passa pela necessidade lógica de "tudo dizer" como diferenciado de "nada dizer". (Quando não dispomos da negação, Inconsistência e Trivialidade são diferenciadas).

É a partir desse rompimento[15] do "eventualmente, a mãe" que vai surgir este obstáculo intransponível do "*este... então*". Esta Trivialidade

[15] Que não está aqui desenvolvido.

"então qualquer coisa" vem tomar o lugar do gozo que não era necessário, é a insistência deste que se vai recalcar. Consideramos aqui a Trivialidade como antecedente lógico à possibilidade de fraturas das inscrições. Contrariamente ao estádio sem negação, "nada dizer" e "tudo dizer" sem fragmentação têm de ser diferentes. Eles têm por função constituir a realidade, mais a realidade psíquica; em outras palavras, assegurar o tempo de passagem do "nada ainda não é", não está fraturado, excluído, a "tudo *pode* ser": lugar do tudo dizer. Lugar do possível da ameaça ou da contingência, da condicional como início da suspensão das certezas, e *se* é o mínimo para sair das fórmulas atômicas, para começar a "tudo dizer" *como gozo e efeito de fechamento*; ele produz, a partir deste "tudo pode ser", um apagamento, uma outra possibilidade que o fechamento. Colocamos a introdução do *se* e da *suspensão das certezas* como ato de recalque. A suspensão das certezas é condição formal do recalque do gozo. Trata-se de recalcar uma certeza pois, quando isso não se fecha do ponto de vista das escritas, pode aparecer perplexidade. Por outro lado, o que há razão para enunciar no sistema consciente e nas neuroses de transferência se diria "não tudo", ao passo que para o sistema inconsciente: no caso do Tudo, não há razão para enunciar.

Prosseguir e sustentar enquanto analista a questão do pai não é possível sem levar em consideração esses dois pólos do "não Um sem o Outro" em sua relação de alienação própria a criar o recalque – que abre à significação da função do Nome do Pai. Pois, se não Um sem o Outro, é impossível de ambos os lados.

A propósito de adoção

José Attal

OS PROBLEMAS COLOCADOS PELA questão da adoção são delicados por inúmeras razões. Um psicanalista, solicitado num certo campo, não pode, sem certas precauções, generalizar o que ele identifica. Portanto, é evidente que o que vai estar aqui em questão não se aplica a todas crianças adotadas. Para estas crianças, no entanto, uma constante aí está que merece ser questionada. Antes, indicarei que o interesse que dou à elaboração clínica desses casos está inteiramente em concordância com a história recente da psicanálise na França, mais precisamente, com o ponto sobre o qual alguns de nós caíram em desacordo após uma série de divergências, ponto que concerne a toda a questão da nomeação. Não se trata aí de abrir de novo o debate, mas, simplesmente, a propósito das crianças adotadas, de formular esta questão de outra maneira. Já que, por definição, uma criança adotada é re-nomeada, como um sujeito pode aceitar ser nomeado por um nome que ele sabe que deveria ter sido outro? Como um sujeito pode aceitar ser adotado, tendo em vista o que se deve bem chamar um forçamento no nível do real, no sentido de que não lhe pedem a opinião (opor-me-ão que sempre se pede a opinião à criança, quando é possível. A isto responderei que perguntar a uma criança abandonada se ela quer um pai ou uma mãe é estar seguro da resposta. Por outro lado, nunca veio à mente de alguém perguntar à criança se ela queria chamar-se X ou Y dali por diante.)

Isto estando colocado, formulo uma resposta: *é pela fabricação de um sintoma idêntico ao de um dos dois pais adotivos que o sujeito torna efetiva sua própria adoção.* O que formulo aí foi-me sugerido pela repetição dos mesmos fatos ao longo das curas de crianças adotadas. Em todo caso, vemos qual problema clínico está colocado ao analista pelo fato de estar em presença de um sintoma que convém "proteger". Meço o lado particular, no plano analítico, de tal formulação: "proteger um sintoma", mas se a fabricação de um sintoma, nas condições que descrevo, vem marcar que um sujeito criança torna efetiva sua adoção, o que significaria desejar desfazê-lo dele[1] ?

Emprego a palavra sintoma, embora em verdade se trate da retomada pela criança, por sua própria conta (deve-se dizer em seu nome), *de um traço, de um único traço sintomático* de um dos dois pais adotivos.

Pode-se aí situar o mecanismo que Freud descreve como sendo a segunda identificação[2], identificação com um traço, qualificado por Lacan de traço unário[3], como a famosa tosse de Dora[4]. Identificação que Freud nos diz ser "parcial, altamente limitada, que toma apenas um único traço da pessoa tomada como objeto". Além disso, ela está sempre ligada ao abandono ou à perda de um objeto amado. Esta última parte da definição toma ressonância muito particular quando pensamos na criança adotada.

Essa espécie de identificação é um momento bem central, coincidindo com aquele em que o sujeito *cessa de fingir* ser a criança verdadeira (que só é o negativo da fantasia de abandono de toda criança). Essa identificação (que ainda podemos qualificar de sintoma no sentido de sintoma de uma adoção), que viria marcar que o sujeito torna efetiva sua adoção, significa no mesmo tempo uma adoção, pelo sujeito, de seus pais e de seu nome[5].

---

1 Acessoriamente, este ponto evoca uma das diferenças que pode haver entre uma análise de criança e uma análise de adulto, que recuso, de minha parte, considerar como estritamente equivalentes.
Vai ser preciso, um dia, abrir o debate.

2 S. Freud, "A identificação", *Ensaios de psicanálise.* Mais particularmente a tradução feita por E. Porge e E. Legroux nas *Cartas da E.F.P.*, nº 17 de março de 1976.

3 J. Lacan, Seminário sobre *A identificação* (1961-62), inédito.

4 S. Freud, "Dora – fragmentos de uma análise de histeria". Exemplo de Dora imitando a tosse de seu pai, citado por Freud em seu texto sobre a identificação.

5 Talvez fosse preciso nuançar mais as coisas, notadamente no nível da idade do sujeito no momento de sua adoção. Mas mantenho minha tese mesmo nos casos em que a criança é adotada há poucos dias. Que se pense, por exemplo, na espantosa semelhança física que existe com freqüência entre uma criança adotada e um de seus pais adotivos.

Duas coisas devem ser acrescentadas a crédito dessa tese. A primeira é que esse momento surge acompanhado de uma *modificação radical* de toda a sintomatologia presente até ali e que levara a que se procurasse o psicanalista. Abre-se então acesso a uma problemática edipiana, digamos clássica, com seus avatares e benefícios. A segunda, em negativo do que precede, concerne aos casos em que essa identificação não existe ou não acontece. Estes casos sempre mostram crianças sem nenhum ponto para ancorar, à deriva, com todas as ressonâncias imagináveis no campo social (atividades delituosas mais ou menos marcadas, toxicomania, condutas perversas, etc), isto podendo explodir após longos anos de inibição em todos os campos.

O aparecimento dessa identificação não deixa de ser acompanhado de uma mudança de discurso dos pais adotivos em relação à criança. Por exemplo, uma mãe asmática, falando da asma recente de seu filho adotado, dizia "é normal, já que é hereditário".

Quando procuramos na literatura psicanalítica um esclarecimento sobre esta questão precisa da adoção, procuramos muito tempo e em vão. Parece que, quanto a este ponto, os analistas sucumbiram à tentação pedagógica. Poderíamos reunir tudo isso numa obra coletiva cujo título seria: "Conselhos aos pais adotivos". Há muito pouco de exagero nessa frase. Um exemplo: em *O conhecimento da criança pela psicanálise*[6], Michel Soule resolve a questão com uma frase: "as crianças adotadas são comparáveis às crianças pelo sangue"; por se interessarem muito mais pelos pais adotivos, no que ele chama "a transgressão da esterilidade"!

Mais sério o pequenino fragmento clínico encontrado num livro de Françoise Dolto[7], transcrição de seu seminário sobre a psicanálise de crianças. Trata-se de um menino adotado cuja consulta é motivada por sua "tendência a imitar o pai no nível dos tiques e das manias". Este exemplo é interessante, já que surge após uma questão colocada por uma ouvinte, logo, com um caráter bem espontâneo, sem premeditação e ilustrando exatamente o que nos ocupa, a saber, a identificação com algo da ordem do traço no outro; aqui, o pai adotivo. Françoise Dolto faz

---

[6] M. Soule et S. Lebovici, *La connaissance de l'enfant par la psychanalyse*, P.U.F.

[7] F. Dolto, *Séminaire de psychanalyse d'enfants*, Seuil.

disso uma leitura particular que eu gostaria de discutir. Com efeito, ela interpreta isso ao menino da seguinte maneira: diz-lhe que ele *está fingindo* crer que o pai adotivo é seu verdadeiro pai; o que provoca esta réplica do menino: "bom, *se for verdade* não preciso ter tiques como ele". O condicional deste enunciado, "se for verdade", não remete, como comenta F. Dolto, ao "fingir crer que", mas à seguinte enunciação: "*se for verdade que meu pai adotivo é meu verdadeiro pai*, não preciso ter tiques como ele"; o que muda tudo. Fica claro, com efeito, já que F. Dolto sublinha em sua interpretação a dimensão do semblante, que o menino lhe responde que seu sintoma vem antes significar uma renúncia a fingir crer nisso.

O que nos leva a interrogar o lugar ocupado pela criança adotada: lugar que é o de um outro, outro não advindo. Isto daqui por diante vai servir de real para ele. Esse lugar se repete para ele com uma imputação de seu nome próprio. É conhecida a importância do nome para um sujeito. O nome próprio especifica como tal o enraizamento do sujeito. Um nome próprio, dizia Lacan, é um *traço distintivo*; ele tem função de significante em estado puro[8], e a função do significante é ser o ponto de amarra de algo de onde o sujeito se constitui. Esta dimensão é vital para um ser falante, única condição para lhe permitir não ficar completamente à deriva. A criança adotada é colocada na posição de amarrar-se a uma corrente que não é genealogicamente a sua; nem todas podem (a metáfora que surge com freqüência a este respeito é a de enxerto). Essa amarração é, então, o efeito de um nome aceito, de uma nomeação homologada?

Esta nomeação, em todo caso, faz, em troca, alguém pai. Pois, se é verdade que podemos *a minima* dizer que é o nascimento de um filho que torna uma mulher mãe, é uma questão bem diferente saber quem faz o pai. Seu lugar está com certeza do lado do nome. Nome dado ao filho que ele homologa ter feito, que ele, logo, literalmente adota como sendo seu.

A adoção não é outra maneira de fabricar pai para duas partes em presença?

---

[8] J. Lacan, Seminário *A identificação*, de 10-1-62: "O que é o nome próprio? Parece que a coisa não se entrega na primeira abordagem, mas ao tentarmos resolver esta questão tivemos a surpresa de encontrar a função do significante talvez em estado puro".

O amor de Fromm*

Miguel Felipe Sosa

ERICH FROMM RESIDIU NO MÉXICO; lá viveu durante 25 anos mais ou menos, desde 1949 até 1973, lá criou raízes graças ao início da prática analítica nesse país e graças à fundação de uma Sociedade de Psicanálise dotada de seu Instituto de ensino correspondente, formalmente independentes da I.P.A.

O grupo frommiano foi o primeiro a se organizar. Precedeu, então, a Associação Psicanalítica Mexicana, cujos futuros fundadores estavam no exterior (Argentina e E.U.A.), fazendo sua formação analítica, quando Fromm chegou ao México.

Desde essa época o frommismo vem formando uma parte proeminente, florescente do movimento psicanalítico mexicano e da cultura nacional. As traduções espanholas de seus livros são editadas e reeditadas em abundância.

Esses textos, especialmente os textos "psicanalíticos", revelam um estilo muito particular de leitura da obra freudiana e, logo, de relações com Freud e com a psicanálise cujo interesse, nessa ocasião, poderia ser o de nos fornecer um caso exemplar da posição que impede o retorno a Freud.

Proponho nomear, talvez provisoriamente, "inquisitorial" esse estilo de leitura, considerando que se trata, como vamos ver, de salvaguar-

* *El amor de Fromm*, traduzido do espanhol por Erik Porge.

dar uma ortodoxia e de denunciar as heresias. A este respeito, Erik Porge chamou minha atenção, a respeito de Joana d'Arc, sobre o fato de que a inquisição fabricava casos para a fogueira!

Numa carta endereçada a Martin Jay, citada por um de seus discípulos[1], Fromm escreve: "Nunca abandonei o freudismo, a não ser que identifiquemos Freud à sua teoria da libido. Considero que a realização fundamental de Freud é seu conceito do inconsciente; suas manifestações na neurose, nos sonhos, etc. A resistência e seu conceito dinâmico do caráter. Esses conceitos conservaram para mim sua importância fundamental em toda minha obra, e dizer que porque recusei a teoria da libido renunciei ao freudismo é uma declaração muito draconiana, possível somente do ponto de vista do freudismo ortodoxo. De qualquer modo, nunca renunciei à psicanálise. Eu nunca quis formar uma escola própria; fui afastado como membro da Associação Psicanalítica Internacional, à qual eu havia pertencido e ainda sou membro da Washington Psychanalytic Association (em 1971) que é uma instituição freudiana. Sempre critiquei a ortodoxia freudiana e os métodos burocráticos da organização internacional freudiana, mas toda a minha obra teórica está baseada no que considero como as descobertas mais importantes de Freud, à exceção da metapsicologia".

Por conseguinte, Fromm é tão "freudiano" quanto a I.P.A., mas se opõe à ortodoxia e ao burocratismo da Internacional; o que não basta para superar as posições por ele criticadas. É necessário, então, que interroguemos os textos frommianos no intuito de examinar qual é a via escolhida por Fromm que lhe permite reivindicar para si mesmo o termo "freudiano".

Começaremos com um livro publicado em 1959, *A missão de Sigmund Freud: uma análise de sua personalidade e de sua influência.* Fromm nele afirma: "a força mais notável e provavelmente a de maior intensidade emocional em Freud foi *sua paixão pela verdade e sua fé inabalável na*

---

[1] *Erich Fromm y el psicoanalisis humanista.* Volume coordenado por S. Millán e S.G. de Millán, Siglo XXI, México, 1981, pp. 226-7.

razão"[2]. Entretanto, Fromm imediatamente assinala um "fator negativo" do caráter de Freud que limitou sua paixão pela verdade: "a falta de calor emocional, de contato, de amor e, acima de tudo, de prazer pela vida"[3].

Mais ainda, "considerando o conjunto de sua personalidade, ele não sentia segurança no amor, só a encontrava no conhecimento e devia conquistar intelectualmente o mundo caso quisesse libertar-se da dúvida e do sentimento do fracasso"[4].

E ainda: "Para ele a razão se limitava ao pensamento. Os sentimentos e as emoções eram irracionais por si mesmos e, em conseqüência, inferiores ao pensamento"[5].

Tal hierarquização do pensamento seria, na obra de Freud, uma herança recebida dos filósofos iluministas que "não viram", como vira Spinoza, que os afetos como o pensamento podiam ser racionais ou irracionais e que o desenvolvimento completo do homem requer a evolução racional das *duas coisas a um só tempo*, do pensamento e dos afetos"[6].

Num outro livro, *A linguagem esquecida*, publicado em 1951, Fromm pretende demonstrar não só como se transmitem os limites pessoais de Freud a suas interpretações e concepções teóricas sobre os sonhos, mas ainda nos dá uma "interpretação" que diria toda a verdade a respeito de Freud.

---

[2] E. Fromm, *La Misión de S. Freud*, Fondo de Cultura Economica, México, 1981, p. 17, sublinhado pelo autor. *La mission de Sigmund Freud: une analyse de sa personnalité et de son influence*, Editions Complexes, 1975, pp. 7-8. Traduzimos as citações de Fromm de acordo com o texto espanhol; esta tradução difere com freqüência, em sua literalidade, da tradução francesa publicada de que damos a referência. Além das escolhas de tradução, deve-se também levar em conta que as traduções francesas traduzem diretamente do inglês do texto original ao francês, ao passo que nossa tradução traduz um texto espanhol que já é, ele mesmo, a tradução de um texto inglês. Esta observação vale para todas as citações de Fromm.

[3] Ibid., esp., p. 20: franc., p. 10.

[4] Ibid., esp., p. 21; franc., p. 11.

[5] Ibid., esp., p. 22, sublinhado pelo autor; franc., p. 12.

[6] Ibid., esp., p. 22, sublinhado pelo autor; franc., p. 12.

Fromm transforma a afirmação freudiana segundo a qual o sonho é uma realização distorcida[7] de um desejo reprimido ou recalcado[8] na seguinte: "Freud reafirmou categoricamente e com certa rigidez uma das mais antigas teorias: aquela segundo a qual o sonho é a satisfação de paixões irracionais recalcadas durante a vida de vigília[9]".

Nosso "devoto" (é o que *Fromm* significa em alemão) propõe, em lugar disso, uma formulação mais completa: "os sonhos são expressões cheias de sentidos e de significações de toda espécie de atividades mentais que ocorrem quando dormimos"[10]. Ou também: "o sono tem uma função ambígua. A falta de contato com a civilização provoca o comparecimento do pior e *também* do melhor que está em nós; logo, se sonhamos, podemos ser menos inteligentes, menos sábios e menos decentes, mas também podemos ser melhores e mais bem comportados que quando estamos acordados"[11].

Vale a pena citar *in extenso* "a ampliação" frommiana da análise do sonho da monografia botânica que é um exemplo de interpretação simbólica cujo texto está incluso em *A linguagem esquecida*: "O inconvenien-

---

[7] *Realización desfigurada*. *Realización* é a tradução espanhola segundo Laplanche e Pontalis de *Erfüllung*. *Entretanto*, em sua tradução das *Obras completas* de Freud (Amorrortu editores, Buenos Aires), Etcheverry escolhe *Cumplimiento* para *Erfüllung* (Notar-se-á, de passagem, que os leitores de língua espanhola têm a chance de ter duas edições diferentes das *Obras completas* de Freud. Na França, nem mesmo temos uma: é por isso que se anuncia que ela vai ser definitiva!). A tradução francesa habitual de *Erfüllung* é *Cumprimento* [Accomplissement]; é a que retomamos.
Desfigurada provém de *Desfiguración*, que é a tradução por Etcheverry de *Entstellung*. Para Laplanche e Pontalis, a tradução espanhola de *Entstellung* é *Déformación*; e a tradução francesa: *Deformação* [Déformation]. De nossa parte, optamos por *Distorção* [Distorsion] e nos justificamos em Littoral, n° 10, nota p. 31.

[8] *Suprimido o reprimido*. A tradução aceita, em espanhol, de *Verdrängung* é *Represión*. Por outro lado, para *Unterdrückung* (literalmente "*pôr nos debaixos*" e para o qual em francês foi proposto *passar em silêncio* [passer sous silence] em Littoral n° 1, p. 162), Laplanche e Pontalis passam para o espanhol *Supresión* e Etcheverry, este, propõe *Sofocación*. Não tendo discutido este ponto de tradução com M. Sosa, limitamo-nos à tradução habitual.

[9] E. Fromm, *El lenguaje olvidado*, Hachette, Buenos Aires, 1980, p. 28. *Le language oublié*, Payot, Paris, 1980, p. 26.

[10] Ibid., esp., p. 38; franc., p. 26.

[11] Ibid., esp., p. 36; franc., p. 35.

te do exemplo reside no fato de que Freud se abstém de nos dar uma interpretação ampliada e menciona um único desejo expresso no sonho, o de justificar-se apontando suas realizações. Se não insistíssemos, repito, para que todos os sonhos expressassem satisfações de desejos e se admitíssemos que eles podem exprimir todas as espécies de atividades mentais, chegaríamos a uma interpretação bem diferente. O símbolo central do sonho é a flor seca. Uma flor seca e cuidadosamente conservada contém um elemento de contradição. É uma flor, algo que representa vida e beleza, mas, estando seca, ela perdeu essa propriedade e transformou-se num objeto de impassível estudo científico. As associações de Freud sobre o sonho apontam essa contradição no símbolo. Freud diz que a flor, o ciclâmen, cuja monografia ele viu na vitrine da livraria, é a flor favorita de sua esposa e se censura por não se lembrar com mais freqüência de levar flores para a mulher. Em outros termos, a monografia sobre o ciclâmen desperta nele a sensação de que ele não satisfaz este aspecto da vida que é simbolizado pelo amor e pela ternura. As associações suplementares indicam todas a mesma coisa, sua ambição. A monografia lembra a ele suas pesquisas sobre a cocaína e o ressentimento por não ter dado valor à sua descoberta. Lembra-se da decepção que sofreu seu ego diante da falta de confiança do diretor do Colégio em sua capacidade de colaborar na limpeza do herbário. E as pranchas coloridas lembram a ele outro golpe vivido por seu ego, a brincadeira do colega por ele ter errado uma das pranchas coloridas.

O sonho parece, portanto, exprimir um conflito que Freud sente intensamente ao sonhá-lo, ao passo que não o conhece no estado de vigília. Ele se censura por ter negligenciado esse aspecto da vida expresso pela flor e por sua esposa, em benefício de sua ambição e de sua orientação parcial intelectual e científica para com a vida. Na realidade, o sonho exprime uma profunda contradição na personalidade total e na obra de Freud. O tema principal de seu interesse e de seus estudos são o amor e o sexo. Mas ele é puritano; se há algo que reconhecemos nele, é uma aversão vitoriana ao sexo e ao prazer, combinada com uma tolerância triste com a fraqueza do homem nesse terreno. Freud secou a flor em vez de deixá-la viva; converteu o sexo e o amor num objeto de inspeção e de especulação científica. O sonho é a expressão do grande paradoxo de

Freud: ele não é, como quase sempre se acreditou de modo errôneo, o representante da 'atmosfera imoral de Viena, sensual e frívola', mas, bem antes, pelo contrário, um puritano que pôde escrever tão livremente sobre o sexo e o amor porque os havia colocado num herbário. Sua própria interpretação tende a ocultar este conflito ao decifrar de modo errôneo a significação do sonho[12]".

Numa obra posterior, de 1979, Fromm vai mais longe ainda na interpretação do mesmo sonho: "O que fez Freud, então, do amor e da alegria? Ele os transformou em objetos de investigação científica; o amor e a alegria foram retirados da flor que agora está seca e é objeto de investigação. Que coisa poderia ser mais característica da vida inteira de Freud? Ele transformou o amor (em seus próprios termos de sexualidade) num objeto de observação científica e com isso ele secou e perdeu sua significação como experiência humana. O amor é um objeto da ciência e não uma experiência humana; é o que Freud exprime de maneira muito clara em seu sonho e, no entanto, pela acumulação de associações, uma após a outra, que não chegam a praticamente nada, ele consegue dissimular a tomada de consciência da significação do sonho: a transformação do amor que provém da vida num objeto para a ciência. Esse sonho, assim como muitos outros, é um exemplo da forma pela qual Freud, graças a inumeráveis associações, consegue freqüentemente dissimular a significação real do sonho, por não desejar ver essa significação. Em outros termos, o método das associações intermináveis de Freud é uma expressão de resistência contra a compreensão de seus sonhos[13]".

Assim, dando mostras de devoção excepcional, em outras palavras, honrando seu nome próprio, Fromm nos oferece sua compreensão total, não só de uma formação conhecida do inconsciente de Freud, como o sonho da monografia botânica, mas também daquilo que ele chama "a missão" de Freud e da psicanálise. Trata-se de nada menos que reformar o mundo graças à produção de sujeitos humanizados, completos, equi-

---

[12] Ibid., esp., pp. 73-74; franc., p. 75.

[13] E. Fromm, *Grandeza y limitaciones del pensamiento de Freud*, Siglo XXI, México, 1981, p. 101, *Grandeur et limites de la pensée freudienne*, Robert Lafont, Paris, 1980, p. 124.

librados, maduros, revolucionários, livres, capazes de amar. É o papel ao qual Freud estava destinado. Não pôde realizá-lo totalmente por causa de suas "resistências" e de sua ideologia "patriarcal-burguesa".

Fromm o afirma com todas as letras: "Freud perseguia também um outro objetivo, objetivo que não teve um homem como Darwin: o de transformar o mundo. Sob o disfarce de médico e sábio, ele foi um dos grandes reformadores do mundo do início do século XX[14]".

E num outro parágrafo: "é só entendendo essa aspiração de trazer uma nova mensagem à humanidade, não uma mensagem feliz, mas realista, que se pode entender sua criação [de Deus]: o movimento psicanalítico"[15].

No último capítulo de *A missão de S. Freud*, Fromm escreve: "Tentei demonstrar que a psicanálise foi concebida e desenvolvida como um movimento semi-religioso, baseado numa teoria psicológica e dotado de uma psicoterapia. O que em si é perfeitamente legítimo. As críticas formuladas nestas páginas têm por alvo os erros e os limites inerentes ao caminho seguido pela psicanálise. Em primeiro lugar, ela sofreu da mesma falha que pretende tratar: o recalque. Nem Freud nem seus discípulos admitiam dos outros e deles mesmos que perseguissem um objetivo que não fosse científico. Recalcavam a ambição que tinham de conquistar o mundo com um ideal messiânico de salvação e, assim, caíam em ambigüidades e numa falta de probidade que costumam ser a conseqüência do dito recalque. A segunda falha do movimento foi seu caráter autoritário e fanático, que impediu o desenvolvimento frutuoso da teoria do homem e conduziu ao estabelecimento de uma burocracia entrincheirada que herdou os despojos de Freud sem possuir sua capacidade criativa nem o radicalismo de sua concepção original[16]".

Por que Fromm mantém sua adesão ao "freudismo" tornando público seu pertencimento a uma instituição que chama "freudiana"? Por que conserva ele o termo "psicanálise" para designar sua prática?

---

[14] Id., *La misión de S. Freud*, p. 83. *La mission de Sigmund Freud*, p. 75.

[15] Ibid., esp., p. 82; franc., p. 75.

[16] Ibid., esp., p. 105; franc., p. 98.

É necessário explicar que para se referir à prática clínica dos discípulos de Fromm a palavra "psicanálise" ou "psicanalista" simplesmente costuma não bastar. É preciso completá-la com outra palavra: humanista ou simplesmente frommiano. Neste objetivo, o termo "freudiano" permanece absolutamente excluído.

Surge o problema daquilo que entra em jogo ao ser necessário acrescentar ao termo "psicanálise" ou "psicanalista" outros termos tais como "freudiano", "lacaniano", "kleiniano", "frommiano", etc, para que ninguém duvide de que psicanálise ou de que psicanalista se trata. Em outras palavras, qual é a necessidade de unificar sob um mesmo nome tantas "psicanálises" se podemos reconhecer divergências fundamentais, ou, em alguns casos, incompatibilidades irreconciliáveis entre si?

Essa modalidade de nomeação mantém certa analogia com o uso do que é conhecido como "duplo nome [de família]"[17]. Em alguns países de língua espanhola, é freqüente que o nome [de família] se forme utilizando o nome [de família] paterno seguido do nome [de família] materno. Assim se garante (ao menos no México) que um tal não é filho de pai desconhecido e, além disso, que a união dos pais é legal. Em outras palavras, os procriadores como os descendentes evitam toda suspeita de origem ilegítima, já que nada falta ao nome do pai.

Essa breve nota nos permite considerar, ao menos enquanto hipótese de trabalho, a utilização dos termos "kleiniano", "frommiano", "lacaniano", etc, como o que completaria, na dimensão dos ideais, a psicanálise e o analista.

A psicanálise humanista, em conseqüência, realiza uma síntese entre o freudismo, o marxismo e uma religião não teísta cujo objetivo seria permitir que os sujeitos se libertassem definitivamente das correntes da ilusão.

Fromm encontra uma referência fundamental para sua "síntese" no que concerne à psicanálise em *O eu e o id* [Le moi et le ça]: "O desenvolvimento do eu progride do reconhecimento dos instintos (sic) à dominação deles, da obediência à inibição deles. O supereu, sendo em parte uma formação de reação contra os processos instintivos (sic) do id, participa

---

[17] *Apellido.* Senão, quando há *nome*, trata-se de *nombre.*

muito dessa realização. *A psicanálise é o instrumento destinado à conquista do id"*. "Freud exprime aqui um objetivo ético-religioso, a vitória da razão sobre a paixão[18]".

É claro que para fundar seu empreendimento Fromm dispõe de outras referências extraídas muito seletivamente da obra de Freud. Não podiam faltar comentários sobre o entusiasmo que provocaram em Freud certos personagens como Aníbal, Napoleão e Massena; sobre sua amizade juvenil com Henri Braun, que acabará se tornando líder socialista na Alemanha; ou sobre o fato de se dedicar a Moisés. Também não falta a referência à carta de 13 de janeiro de 1910, endereçada a Jung, na qual Freud expõe sua idéia "ainda não madura" de considerar a possibilidade de adesão da comunidade analítica à Fraternidade Internacional para a Ética e a Cultura, "um grupo maior com um ideal prático de trabalho". Esse projeto, e nesse ponto Fromm faz uma utilização preciosa de um comentário de Jones, esse projeto, portanto, "foi rapidamente substituído pela organização de uma sociedade puramente psicanalítica"[19].

Não se trata, pois, do fato de o projeto de Fromm não ter apoios na obra de Freud. Mas, para encontrá-los, ele deve fazer uma seleção meticulosa dos textos freudianos, convertendo a inibição, o sintoma e a angústia em erros ou crenças falsas que poderiam ser corrigidas se fossem substituídas pelas "verdades" frommianas. Dessa maneira, a versão frommiana da psicanálise teria superado "o recalque", os "erros" e os "limites" de Freud.

Por outro lado, pode-se afirmar que Fromm responde até as derradeiras conseqüências às indicações de Freud (isto é, a um pedido de Freud) relativas aos objetivos da organização do movimento psicanalítico internacional.

Assim, Fromm salva Freud e o substitui como autor da versão completa e definitiva da psicanálise. Por conseguinte, o retorno a Freud é não necessário.

---

[18] E. Fromm, *La Misión*... op. cit., esp., p. 92, sublinhado pelo autor; franc., p. 84. A citação de Freud, que traduzimos em francês, seguindo o texto espanhol, se afasta em vários pontos do texto original alemão (*GW*, 13, p. 186, Fischer Verlag).

[19] Ibid., esp., p. 76; franc., p. 69.

Não me parece que a posição que implica um respeito cuidadoso pelo cumprimento fiel das indicações de Lacan seja fundamentalmente distinta da posição de Fromm. Por exemplo, num texto publicado no número 9 (abril de 1982, p. 10) de *La lettre mensuelle* da École de la cause freudienne, num texto intitulado "Dados sobre o passe", J.-A. Miller afirma: "o fato de que [...] não está em discussão. Trata-se aí de uma indicação expressa de Lacan".

Ainda que todas as indicações de Lacan tenham sido pertinentes, o que é, sem dúvida alguma, uma suposição abusiva, não é necessário que sejam recebidas como ordens eternas por todos os analistas sensíveis a seu ensino.

Parece-me que, na estrutura do raciocínio de Miller, podemos reconhecer a mesma coisa que no empreendimento frommiano: uma militância cujo objetivo seria salvar o pai, seja ele Freud ou Lacan.

E não se trata, é claro, de um "limite" nem de um "erro" de Fromm, de Miller ou de quem quer que seja; não se trata tampouco de enviá-los à fogueira[20].

[20] Este trabalho se situa no contexto de um projeto de ensino sobre a transferência, o passe e o *acting out*, cujo desenrolar terá lugar na Cidade do México, neste ano de 83-84.

Procissão do boi gordo, século XIX (col. B.N.)

Uma mulher teve de calá-lo

Jean Allouch

Um tem o desejo, o outro, a realização.

Albert Cohen, *Solal.*

A QUE SE DEVE A ESPÉCIE de incompatibilidade (diversamente vivida sob o modo do pavor, do horror, da angústia, do aniquilamento) que às vezes surge quando estão conjugadas a ordem familiar e a ordem, problemática, do sexual? Em que, por exemplo, toda manifestação de gozo sexual por demais patente numa figura parental provoca, para dizê-lo *a minima*, um recuo da criança, uma destituição de sua posição familiar que, na maioria do tempo, pode lhe parecer evidente?

O incesto só seria esse interdito fundador que dizem que ele é porque cobriria a impossibilidade, para quem se submete ao significante, de lidar diretamente com o gozo do Outro na medida em que encarnado pelo ou pelos pais?

Estas questões são abruptas. Por isso adotaremos o viés de uma leitura, de um caso, para abordá-las.

Escolho estudar aqui uma das figuras maiores da feminilidade; ela recebeu diversos nomes desde sua rotulação literária no século XIX: a *cortesã*, por certo, mas também a *lorette**, a *semimundana*, a *moça de mármore*, mais simplesmente a *Dama*, ou, termos ainda em uso nas intimidades do casamento moderno, a *mariposa* ou a *cocotte*. Talvez esta Dama não seja tanto quanto diz Brassens "do tempo de outrora"**. Com Dumas filho,

* Jovem elegante e fácil. (NT)

** Poema de François Villon (século XV), *La Ballade des Dames du Temps de jadis* [A balada das damas do tempo de outrora], musicado por Georges Brassens. (NT) ela se especializa em Dama das Camélias tornada, pela graça de Verdi, a Traviata, não a desgarrada, mas a desviada, aquela que não tomou o caminho certo.

Estou certo de que dispomos da serenidade que convém para a análise dessa postura feminina; nenhuma das mulheres aqui presentes pode ser outra coisa senão eminentemente honrada. Nem por isso se pode dizer que aquela mais em regra com a legalidade não saiba, ou, pelo menos, não sinta que a Traviata lhe diz respeito. Minha experiência com a psicanálise mostra-me isso com freqüência. Mas, se quiserem um indício imediato, vão encontrá-lo facilmente nesta espécie de mutação, tão súbita quanto indefensável, em que a mais respeitável pode virar bicho mal fica sabendo que há algo de que poderia apropriar-se nos restos de uma cortesã ao se tornar patente o fracasso desta, ainda que só porque ela acaba de ser ceifada pela morte. A fetichização destes restos é da mesma ordem e provoca as mesmas desordens que a fetichização dos objetos do ídolo para aqueles que B. Lapointe nomeia seus "zelosos fãs"*.

Qual é a razão desta escolha da Traviata?

Parto disto que hoje constato na psicanálise, do esquecimento (sempre iminente, quase sempre realizado) pelo qual o termo "Sujeito" se acha disjunto do que ele quer dizer de assujeitamento. Esse assujeitamento do sujeito deve-se ao fato de ele ser apenas suposto ao significante. Mas como se explica que interroguemos tão pouco o estatuto desse sujeitamento, e, especialmente, em que ele se distingue (se tal é bem o caso) do modo de assujeitamento dado a ler pela psicose paranóica[1]?

A figura da Traviata importa por tornar presente um modo de sujeitamento ao significante que, ao subscrever a uma *père-version*, adultera o desejo que essa père-version vem refrear, ao ceder esse desejo a outra mulher, aquela que seria toda beleza e pureza e que escaparia (porque continuaria protegida contra o pai, sob a lei do pai) a essa

---

* Em francês, um trocadilho: *ses zèles fans* [seus zelosos fãs] e *ses éléphants* [seus elefantes], de Boby Lapointe, cantor humorista francês. (NT)

[1] O presente estudo encontra assim seu relevo na proximidade de contraste valorizado por sua conjunção ao "*discord* [amálgama de discurso e desacordo] paranóico". Cf. "Du discord paranoïaque". *Littoral* nº 3-4, 5 e 6.

maldição que faz com que só-depois a virgindade nunca pareça ser outra coisa senão a do vício.

Mas a questão do porquê desta escolha se coloca também em comparação a figuras vizinhas. Houve seres vivos para encarnar essa figura: Marie Duplessis, amante de Dumas, mas também de Franz Liszt após muitos outros, La Pomaré, que Baudelaire instala por um tempo em sua casa, Guiseppina Stepponi que seu amante, Verdi, nomeava "Pepina" e que, esta, consegue sua mutação de respeitosa em respeitável (caso que está longe de ser único); que tiveram por sua vez suas dublês na literatura: Josepha Mirah, heroína de Balzac e primeira intitulada "Damas das Camélias", Marguerite Gauthier, a heroína de Dumas, e, com muitas outras ainda, Violeta Valery, chamada "a Traviata". A propósito dessa "*opera semiseria*" (designação em que podem ler o semidizer da verdade – não se falou, a propósito da Traviata, de ópera verdade?), Proust declarava: "Verdi deu à Dama das Camélias o estilo que lhe faltava". Esta apreciação autorizada nos põe na via do que será preciso delimitar, contanto que nos lembremos aqui, com Lacan, de que *o estilo é o objeto*. Passando da aventura vivida ao romance, depois deste, através da peneira do teatro, à ópera, a Dama das Camélias, ao mesmo tempo que é renomeada como Traviata, encontra seu objeto parcial. É esta "a fábrica do caso", um aperto do objeto, produto de sucessivas retomadas. A última deve, pois, ser privilegiada como a mais suscetível de nos revelar a função do objeto.

Não se pode pura e simplesmente identificar uma "Dama das Camélias" a uma puta; esta Dama por certo se prostitui, ninguém ignora isto; mas há este traço que a singulariza: seu estatuto de prostituta de luxo não a impede de ser tratada com todas as atenções devidas a uma Dama. É levada ao teatro, é uma honra ser convidado a freqüentar seus salões, ela recebe presentes suntuosos e até se arruinam por ela, o que mostra bem que estes presentes são outra coisa que a gorjeta deixada a uma prostituta. Em suma, esta Dama é honrada, muito embora sua sexualidade esteja dedicada aos que oferecem mais.

A oposição puta/burguesa é subvertida na figura da Dama das Camélias. Se uma oferece o corpo abertamente, embora garanta ao cliente que ele não vai estar às voltas com o que esse corpo poderia manifestar de gozo, a outra pode, porventura, deixar-se levar a esse gozo, mas ao preço de não o confessar publicamente. A propósito de camélias, Dumas dá uma piscada de olhos ao leitor quando escreve: "Durante vinte e cinco dias do mês, as camélias eram brancas e durante cinco eram vermelhas; nunca se soube a razão dessa variedade de cores, que assinalo sem poder explicar...". A oposição branco/vermelho deveria hoje ser transcrita como de verde/vermelho dos sinais de trânsito, se essa transcrição não deixasse escapar a virgindade designada no branco e que permanece sensível, muito embora o exercício do sexo esteja exposto. "Via-se que ela ainda estava na virgindade do vício", nota o Armand de Dumas. Há uma virgindade do vício, uma inocência para além das condenações morais; a virgindade não pode ser privilégio da donzela.

Num pequeno discurso aos psiquiatras em data de 1969, Lacan fala do estatuto do sexual em psicanálise ao explicar que não se trata de modo algum do sexual em geral, de hormônios ou de cromossomos, que se trata não do gene, mas do que incomoda* na "confissão do sujeito enquanto atribuído de um sexo". As camélias brancas e vermelhas são um modo dessa confissão e se o que chamávamos, não faz tanto tempo assim, uma "mosca", com a qual a mulher mais honrada podia legitimamente enfeitar-se, esteve por certo tempo em lugar de camélia, essas moscas hoje desapareceram! Nosso modernismo enraiveceu-se**: é esta a operação que ele designa, sem a mínima ironia, como "liberação sexual". A liberação sexual é o interdito do inseto!

E agora que sabem que mosca me morde, vamos poder percorrer esta ópera que Verdi privilegiava, quando, respondendo à questão sobre qual de suas obras ele punha em primeiro lugar, replicava: "Como profissional, *Rigoletto*, mas, como amante, gosto mais do que tudo da *Traviata*". Ora, que não haja relação sexual quer dizer que em nossa atribuição sexuada, somos, cada um, cada uma, um amante.

A questão é esta: o que conduziu esta mulher, Violeta, a não conseguir familiarizar a confissão de seu sexo? O que produziu esta disjunção,

---

* *Il s'agit non pas du gène* [trata-se não do gene] *mais de ce qui gêne* [mas do que incomoda]. (NT)

** *Il a pris la mouche* [lit. ele pegou a mosca]: enraivecer. (NT) nela mantida, do sexual e do familiar? Por que, em outros termos, ela teve que calar seu desejo? E se de-votar à sexualidade?

★ ★ ★

Em Verdi, a ópera é de outro feitio que em Wagner. Cada um foi decerto porta-voz de um povo; Verdi vai mesmo até oferecer seu nome próprio ao povo italiano, em luta por sua autonomia: "Viva Verdi", a inscrição que se podia ler até nos muros das cidades sob dominação austríaca, escrevia com efeito, numa notável transliteração, "Viva Victor Emmanuel Rei d'Itália". Mas não se vai tratar da mesma ópera na Alemanha e na Itália. Notou-se, na minha opinião a justo título, que a ópera wagneriana caracterizava-se por uma dada configuração que, uma vez instalada, não era objeto de modificação alguma, não se transformava, mas se aprofundava em intensidade e tomava toda a sua amplitude na apoteose final. Em Verdi, a instalação primeira sofre remanejamentos cuja importância é tal que podemos falar, com o próprio autor, de uma seqüência de *posições*. O que será, para nós, um primeiro ponto de referência; distinguiremos três sucessivas configurações articuladas entre si. A leitura deverá fazer valer a razão dessas articulações.

Essas três posições correspondem às três festas, a primeira e a terceira na casa de Violeta, a segunda na casa de sua amiga Flora.

Também poderíamos falar de três "banquetes". Não só porque essas festas assim são ditas no libreto, mas porque isso vem nos sugerir que esse gênero de assembléia talvez seja a versão moderna do banquete grego, aquele de que Platão nos deu um testemunho insubstituível. Lacan pontua o testemunho de Platão distinguindo o tempo em que se faz o elogio do amor, em que se fala dele evitando beber demais, daquele inaugurado pela entrada de Alcibíades e seu bando de beberrões, que é aquilo a partir de que não vai mais tratar-se tanto de falar de amor quanto de vivê-lo, isto é, de saber quem ama quem, e a que título (a título de amante, de *erastes*, ou de amado, de *erômenos*). Pois bem, o banquete moderno, tal como nos é apresentado pela *Traviata*, está de imediato no mesmo nível dessa segunda fase do *Banquete* de Platão.

A palavra de ordem do banquete moderno é "gozemos". Notem que não é um puro gozar, um "*goder*" mas um *querer gozar*, uma tentativa de "aproveitar" (4)[2], de aumentar com isso (6) o gozo. Chamarei *êxtimo* o campo desenhado por essa visada, pois quanto mais se é numeroso, mais se ri, e o gozo nutre-se mais ainda do superlativo da exterioridade (na efetuação sadeana disto, o gozo obtido é tanto maior porquanto aumenta o número de corpos em jogo na partida).

Quanto a isto, a doença de Violeta, a morte que ela sabe próxima tem valor metonímico; ela torna presente o que é verdadeiro para todos e que cada um sabe: que a vida é efêmera, a morte sempre suscetível de surgir no instante seguinte. É daí que se origina, como resposta, a exigência "de aproveitar".

No entanto, sua colocação em ato encontra um limite, aquele que faz do carnaval um tempo que nunca é senão de exceção. E a morte, que comanda o gozo, não cessa de aí se manifestar como o que vem temperar, interromper, cortar essa visada de um mais de gozar. Já na abertura da *Traviata*, há a linha melódica dos violinos que cai sem parar. A colocação em ato, enquanto tal, não se mantém.

Pode-se, aliás, subscrever o que todos parecem aceitar, a saber, que "o amor no meio das taças" teria "beijos mais ardentes" (42)? Quando o pequeno deus Eros arremessa suas flechas no seio desse estetismo, seu limite interno torna-se patente. Está claro, com efeito, que essa visada de um sempre mais de gozar não pode obter *todo gozo*, já que, se este gozo é tanto maior porquanto o número dos parceiros é elevado, lhe escapa necessariamente esse gozo que faz questão, ao oposto, da eleição de um só, aquele proporcionado pelo amor na medida em que a fidelidade é para ele uma alegria. Há um gozar, uma alegria da fidelidade amorosa. É impossível, aliás, distinguir radicalmente gozo e alegria: é a mesma palavra, o *goder* italiano, o *gocer* espanhol, o *joy* dos trovadores, que designa uma experiência que é indissociavelmente "gozo" e "alegria". Deveríamos dizer em francês uma "*gozia*"*.

---

[2] Os números entre parênteses remetem à numeração do libreto tal como é dada pela *L'avant-scène opéra*, abril de 1983.

* Em francês, *une joué*, amálgama de *jouissance* [gozo] e *joie* [alegria]. (NT)

É porque a visada de um sempre mais de *gozia* só pode virar as costas a essa *gozia* do amor de um único que, ao longo desse primeiro banquete, surge outra cena, a do *íntimo* com o encontro amoroso de Alfredo e Violeta. "Estávamos brincando", responde Violeta ao convidado que vem interromper o encontro, que vem assim marcar que só pode estar em questão no banquete moderno jantar e brincar* e que já aparece como um importuno em relação a essa intimidade ainda frágil em seu comportamento. Ela lhe responde, num registro que é o seu, algo que ele pode entender; mas o importante é que ela conta com essa compreensão para afastá-lo de sua intimidade com Alfredo e que ela desenha assim a fronteira dessa intimidade no tempo mesmo em que ela o produz como importuno. Estamos de fato, aqui, num outro registro, já que no campo do estetismo não há importuno, todos são bem-vindos... exceto o amor; com ele, de fato, não se brinca**!

O campo do êxtimo vai manter-se ao longo dos três atos da *Traviata*: o segundo banquete, na casa de Flora, é apenas a repetição do primeiro e o terceiro, o do carnaval, só fará aprofundar o estetismo ao aumentar tanto quanto possível – a toda a população – o número dos festeiros. Mas há, por outro lado, uma modificação notável das relações topológicas do êxtimo e do íntimo; no primeiro ato, acabamos de ver, o íntimo abre seu território no lugar mesmo do êxtimo; depois, no segundo ato, o único com seus dois quadros a tornar presente outro lugar, haveria, quase circunscrito, um campo próprio ao íntimo; emprego aqui o condicional, pois Violeta bem cedo é detentora de uma carta de Flora convidando-a para o segundo banquete; no terceiro ato, as relações do íntimo e do êxtimo estarão emolduradas de um lado ao outro por uma janela, e a morte de Violeta terá por corolário exato, através dessa janela aberta, o triunfo do boi gordo: *a intimidade máxima coincide com a maior extimidade.*

★ ★ ★

* Em francês: *Dîner et badiner.* (NT)

** Alusão à peça de Marivaux (século XVIII) *On ne badine pas avec l'amour* [Não se brinca com o amor]. (NT)

Mas voltemos ao primeiro ato. Falar de "encontro amoroso" é geral demais. Que acontecimento teve lugar?

Violeta, ao longo desse primeiro banquete, recebe uma carta de amor. Não se vê de imediato que se trata bem disso, pois nossa alfabesteira diariamente vem nos sugerir que uma carta deve apresentar-se como um certo rabisco em papel. Tem-se então a maior dificuldade em admitir que há escrita na fala, que um objeto ou um gesto, em certas condições, *deve* ser considerado como um escrito. Por que essa carta de amor não podia ter a forma de um bilhete apaixonado? Vamos entendê-lo facilmente colocando-nos por um instante na posição de Alfredo. Eis que um rapaz avista, num camarote no teatro, uma mulher por quem fica instantaneamente apaixonado; essa visão o coloca na posição do *erastes*. Mas essa mulher é uma cortesã; *ele sabe disso*. Como significar-lhe seu amor? Como fazer com que entenda que esse amor é de outra têmpera que aquilo com o que ela está por demais habituada? Ele poderia facilmente ir vê-la e fazer-lhe sua declaração; ou fazer chegar até ela um bilhete. Mas isso em nada o distinguiria dos habituais amantes; isso ela conhece! Era preciso então que a carta de amor tomasse certo viés para ter uma chance de atingir sua destinatária. Qual foi esse viés? Pois bem, é aí que poderíamos ver esclarecer-se aquilo de que se trata a título da transferência. Esse viés é, de fato, com muita exatidão, um *agieren* freudiano no sentido em que esse termo designa em Freud, Lacan o mostrou, a equivalência da transferência e do *acting out*. Alfredo, durante um ano inteiro, vai diariamente saber notícias da saúde de seu *erômenos* que ele sabe estar enfraquecida. É muito discreto em seu agir, de uma discrição que é aquela mesma da carta; é até provável que Violeta não esteja a par desse agir. Mas quando, durante esse banquete, fica sabendo disso, logo sabe que está às voltas com um amor diferente daquele, engolido e protetor, que lhe oferece o barão. "Não fizestes tanto" (22), diz ela a este último, embora até, ao lhe apresentarem Alfredo, tenham o cuidado de lhe precisar que ele a adora "como os outros".

Houve psicanalistas que lamentaram a transferência e até, o que é o cúmulo, que denunciaram uma transferência; o agir incomoda na medida em que aparece como um enfraquecimento do *Durcharbeitung*; esquece-se de que ele foi, desde seu nascimento em Freud, rotulado como um modo deste último. Tapam-se, então, seus efeitos, limitam-se suas manifestações, de que se faz uma bipartição em "positivas" ou "negativas", o que propriamente falando não tem sentido algum: a transferência negativa não é mais "negativa" do que é "positiva" a transferência assim dita. O processo da transferência é de *amódio*; mas, curiosamente, esta nomeação do *amódio* por Lacan não é muito lembrada. Assim, o medo do agir não deixa ver que a transferência é de escrita, que é um modo do *escrever-se*, como é patente com o agir de Alfredo. É igualmente patente aqui que a transferência é o que se põe em relevo no agir quando o *escrever-se* não tem outra via.

Como Violeta vai responder a essa carta de amor? Sua resposta intervém no momento em que a visada de um mais-de-gozar, para ela no fundo de seu poço, aparece pelo que ela também é, a saber, uma iniciativa propriamente suicida. No grau zero dessa visada, cada um se vê isolado, e Violeta assim está, com efeito, seus convidados passaram à mesa. Ela faz então uma experiência que acaba sendo, com seus dois tempos, a do estádio do espelho. Sua imagem no espelho parece ser para ela a de uma mulher já tomada pela morte, quando, ao se virar, pode ver-se como a vê Alfredo, isto é, como alguém a quem não está proibido tomar conta de si.

A partir daí a posição de Violeta vira ao avesso. Como ela acolheu a carta de amor de Alfredo nela reconhecendo outra coisa que uma brincadeira a mais, sua experiência do espelho *com Alfredo* é para ela um trampolim a partir do qual ela cessa de estar na postura do *erômenos* (a da cortesã, que seria melhor chamada "*cortejada*"), fazendo de Alfredo seu eleito, seu único, seu *erômenos*. Ei-la *erastes*, desejante. "*Esser amata amando*" (ser amada amando), canta ela então. É a formulação mais concisa possível do desejo do *erastes*. Ela se põe, em conseqüência, na escola de sua falta, assume o papel ativo que Lacan, em seu comentário do *Banquete*, rotula como propriamente falando feminino; ela opta por uma "retirada" (a palavra é dela) no campo, rompe com os amigos, doa seu dinheiro à vida comum com Alfredo, marcando assim que está renunciando definitivamente à postura de mulher teúda e manteúda.

O primeiro banquete vê assim nascer a significação do amor com essa báscula, essa "inversão" (cf. Lacan) de Violeta de *erômenos* em *erastes* (movimento idêntico ao de Alceste com seu marido, ou de Aquiles com Pátroclos); assim se delimita o campo de uma intimidade: a amante e o amado marcam encontro para um tempo em que a camélia que ela lhe oferece não estará mais branca ou vermelha, mas *murcha*, isto é (por enquanto, pois este "murcho" está superdeterminado, terá outro valor no terceiro ato), tendo perdido seu valor de signo de uma sexualidade feminina ofertada aos mais "galantes".

* * *

Entendemos, a partir disso que situamos, por que a intervenção da *père-version* não pode ser tomada como pura e simplesmente exterior ao duo Alfredo e Violeta; ela não vem colocar em xeque o amor deles sem encontrar, *nele*, o apoio que fizesse sua eficácia. Esse apoio se deve ao fato de que o *erastes*, como o *erômenos*, só advém como posição subjetiva ao implicar um *ele não sabe*, um, o primeiro, o que lhe falta, e o outro, o que ele detém.

Este *ele não sabe* é fundamental. É ao notar que Édipo "não sabe" quem são sua mãe e seu pai que Lacan justifica Freud por ter escolhido essa tragédia, em vez de numerosos relatos comportando os mesmos mitemas, para nomear seu complexo nodal. Em *a Traviata*, é esse saber insabido, *na medida em que não pode ser abandonado*, que fará pivô de um a outro dos três banquetes.

Qual é esse saber? Só vamos sabê-lo *a posteriori*, a partir da intervenção da *père-version*.

Após a paquera, quando a camareira anuncia a Violeta uma visita, há qüiproquó, mal-entendido que, como é sempre o caso do mal-entendido, cai justo. Ela espera um homem de negócios, mas responde sem nenhuma hesitação, quando lhe anunciam uma visita, que o homem que se apresentará "será aquele" (138) que ela espera. Ele, aliás, não é menos afirmativo e lhe diz "sem meias palavras" não "eu sou o pai de Alfredo", como traduz a legenda do filme de Zefirelli, e sim "você vê em mim o pai de Alfredo" [141] (*D'Alfredo il padre in me vedette*). E não é tudo; muito rapidamente vai revelar-se que não só é ele quem ela espera, mas que ela espera por isso; ela espera seu pedido de que ela lhe sacrifique seu amor: "Eu estava esperando isso", diz ela, "eu estava feliz demais" (156). Ela sabe de imediato que é ali que ela tem encontro consigo mesma, que este encontro consigo mesma na resposta que ela dará à versão do pai será aquele em que vai estar em jogo seu destino.

Vemos aqui como a tradução de tudo isto numa luta de uma mulher contra os valores burgueses se desvia do assunto, aliás ao preço de manter-se afastado de uma leitura do que é dito. E a sagacidade de um R. Barthes fracassa (cf. suas *Mitologias*) diante da Dama das Camélias.

Eis então essa figura paterna enunciando sua versão. Qual é essa versão? Como vamos situá-la?

Estamos aqui no caso de ter de entender o termo "versão" em seu sentido primeiro, aquele que lhe dá a etimologia. *Vertere* é "virar"; fala-se, em obstetrícia, de uma "versão" da criança para designar sua posição no útero; o obstetra procede a "manobras de versão" quando faz com que a criança tome a posição que, de seu ponto de vista de obstetra, convém. Aqui, a versão do pai deve tanto mais ser situada como uma "manobra de versão", uma maneira de fazer virar a ação; portanto, a ação, com efeito, vira, como todos os comentadores notaram, a partir de sua intervenção. A ópera verdiana, seguida de posições diferentes, articula um número reduzido de versões.

O que fará pivô, ponto de Arquimedes, para essa segunda virada? Seria rápido demais – e errôneo – identificar essa versão do pai a seu desejo. Trata-se de um pedido na *père-version*; Germont o diz claramente: "Peço um sacrifício" (155). Esse pedido é formulado, mas também utilizado. O pai fará tudo o que está em seu poder, usará dos meios mais sumários, os mais usados para que cada um se dobre a seu pedido. Ei-lo, pois, contando a Violeta sua versão dos fatos, uma história a um só tempo rocambolesca e bufona. Sua filha, irmã de Alfredo, ama um "nobre coração" que ela deve logo esposar. As rosas do amor desabrocham entre os noivos. Mas o que faz este caro noivo? Pois bem, simplesmente uma chantagem a um só tempo à sua futura e a seu futuro sogro! Se Alfredo não romper com Violeta, ele romperá seu noivado (159).

Essa versão não fica de pé. Comporta até numerosas contradições. É tão nobre assim o coração que se entrega a tal chantagem? E esse amor entre os noivos que parece acomodar, é ele tão feliz quanto o pai acha que é? Cúmplice, a filha é tão pura assim? Que pai é este que se dobra à chantagem sem outra forma de processo? Violeta tem entre as mãos, como ele afirma, a possibilidade de transformar em espinhos as rosas de um amor já suspeito, de início venal?

O notável é que ninguém coloca essas questões. Violeta não interroga a consistência dessa *père-version*. Talvez seja porque a cortesã quer crer, ainda que perdidamente, na possível existência de uma pura jovem. Pouco importa, aliás, o motivo. O fato de a *père-version* ser, fora de análise, uma versão *não lida* é um traço que lhe é tão característico que se poderia até fazer uma definição disso: quando uma versão é deixada tal qual, apostem que ela vale como *père-version*, vocês vão ter então bem poucas chances de passar perto do que lhe dá seu peso.

A versão do pai se desdobra aqui num registro que é o da negociação, do compromisso, da manobra, do arranjo (*à la* Kazan), em suma, da intersubjetividade. Lacan dizia desse registro que sua exclusão é condição de possibilidade de uma psicanálise efetiva (cf. seminário sobre a transferência). Não se trata um processo de *amódio* pela negociação.

Violeta, portanto, não remete o pai à sua cara versão. Seu *dizer que não* cede na articulação precisa em que Germont, que se apresenta a ela como nada menos que um enviado de Deus, lhe declara que sua ligação com Alfredo não pode, seja qual for a sinceridade dos sentimentos de ambos, ser bendita. *E vero!* (É verdade!), responde ela; e para ela tudo começa e tudo acaba ali. Ou, pelo menos, quase tudo.

Há, com efeito, um resto onde mora o *dizer que não* de Violeta. É verdade que ela se compromete a sacrificar esse amor para sempre não bendito ao dos noivos, a fazer existir aquela jovem tão bela e pura (tão bela épura), mas de uma pureza doravante manchada pelo próprio sacrifício que lhe terá sido consentido; por isso é que convém ela saber desse sacrifício, e Alfredo também dele saber. "Morrerei... morrerei... mas que ao menos (é este o resto) ele não maldiga minha memória" (190), "Que saiba o sacrifício que cumpro por amor" (192).

O sacrifício de Violeta seria absoluto, sua adesão à *père-version* total se ela não fizesse questão que Alfredo, e através dele qualquer um, soubesse. Mas ela faz questão disso! Vai até obtê-lo, e Germont, neste ponto, não está à altura do que pede, já que aceita e vai até contribuir para a colocação desse saber em circulação.

Há, decerto, um precedente célebre, já que o Deus dos cristãos, embora obtenha de seu filho que ele também subscreva a seu pedido de sacrifício, não opera sem fazer com que esse sacrifício seja conhecido. Por que não teria ele sacrificado o filho sem que ninguém, pelo menos na terra, o soubesse? No dia do juízo final todos teriam ficado muito surpresos ao saber que ele fora salvo! Isto sim teria sido uma boa nova! Notem que, ao construir esta ficção de outro cristianismo, faço apenas dar seu alcance mais geral a um caso que os teólogos efetivamente discutiram, já que, o sacrifício do filho sendo um acontecimento histórico, foi necessário perguntar-se se ele tinha valor retroativo, se dizia respeito também àqueles que, tendo vivido antes dessa data memorável e não tendo nunca ouvido falar do acontecimento, não estavam em condição de responder a isso como é indicado. Da mesma forma Kierkegaard, fascinado pelo sacrifício de Abraão, nele não viu outra coisa que o irredutível paradoxo de uma fé inigualável, pois deixava de notar que essa fascinação mesma que o saber do sacrifício nele produzia era um de seus dados.

Pelo cumprimento de seu sacrifício no terceiro ato, Violeta se acha, *erômenos*, uma amada; mas ela nem por isso volta a seu ponto de partida, já que de seu amor por Alfredo ela vai manter o traço da eleição de um só: Deus seria seu *erastes*.

Por isso o recuo de Germont não muda nada no que vai acontecer com o próprio sacrifício. Primeiramente enviado de Deus, Germont poderá tanto mais facilmente reconhecer "o mal que ele cometeu" (446) porquanto Deus, dali por diante, garante a continuação.

---

[3] Damos de quebra aqui a fórmula de outra figura dessa clínica da *père-version*. Este texto é extraído de Solal (Albert Cohen, Gallimard, p. 237):

> – Quinze dias atrás vim te ver com toda a alegria de meu coração. Prometeras que virias e nada! A alegria de teu pai, no dia seguinte. Desde as oito horas da manhã ele te esperou, pobre velho pai, com sua roupa dos dias de festa! E não vieste. Te esperamos, esperamos. De noite, ele teve um ataque. Durante quinze dias cuidei dele. Eu aproveitava os momentos em que ele dormia para te escrever. Sem resposta. Teus empregados me impediram de entrar, eu, eu que fui teu pai, que te carreguei nos braços, nos passeios às segundas na fortaleza, minhas

A diferença entre a *père-version* cristã e a que está em ação na *Traviata*[3] deve-se à posição de origem do saber insabido. No primeiro caso, é Deus quem faz questão de que se saiba que houve execução de seu pedido de um sacrifício, ao passo que no segundo é de seu *erômenos* sacrificado que parte a exigência de *fazer saber*. (É verdade que com a divinação do filho essa diferença se atenua.).

O fazer saber de Violeta acontece em dois tempos. Há, primeiro, durante o segundo banquete, a cena, pública, de casal entre os apaixonados, a separação virtual durante a qual ela lhe diz do modo mais claro possível: "De fugir de ti fiz o juramento sagrado" (339); mas esta mensagem não chega a seu destinatário, já que, interrogando "A quem? Diga, quem ousou?", ele logo imagina que se trata de Douphol, o antigo protetor, ela simplesmente lhe respondera: "Aquele que tinha pleno direito disso".

É este o segundo mal-entendido sobre a pessoa com o qual nos vemos às voltas. Aí também o mal-entendido se afigura um bem-entendido, já que, para Alfredo, é de fato Douphol enquanto amigo das cortesãs (como Dumas filho se dizia "amigo das mulheres") que é o rival mais suscetível de destruir o amor deles ao fazer com que Violeta caia de novo na postura de cortesã de onde sua carta de amor soubera livrá-la.

Que eu saiba pelo menos, a cena de casal não interessou muito ao psicanalista. Entretanto, não é que ele não esteja às voltas com isso em seu consultório! Como ele responde a isso, já que sua conclusão mais comum, a saber, o "roça-roça" genital, está excluído? A cena de casal é o diálogo amoroso mais suscetível de valorizá-lo como um diálogo de

---

> esperanças em ti, tudo, tudo. Teus empregados, gentios, mandaram-me embora de tua casa! Na minha velhice! Teu pai quis sair do quarto, e quer te ver agora. Sol, é pecado fazer sofrer dois velhos, perdidos nesta cidade grande. Ó Sol, sente teu coração de filho e não comete este pecado. Recebe teu pai. Os velhos têm poucos anos de vida. Ó Sol, que Deus me inspire! Os dois velhos que somos, ele e eu, deram-se as mãos ontem à noite e choraram no quarto escuro. Ó Sol, volta a ti, à tua nação santa, ao povo eleito, ó meu filho!

Com este efeito, talvez inelutável, do dizer que não do filho quando o pai (aqui curiosamente não desdobrado mas redobrado) não pode mais duvidar disso: "Ele" – o pai, portanto – "esquentara uma lâmina de ferro no braseiro e a aproximara dos olhos. Não confessara a ninguém este castigo. Uma faixa nos olhos escondera a chaga e o próprio Salatiel" – logo, o outro velho – "não imaginara a verdade".

surdos; ela é o modo mais depurado de troca amorosa daquilo que chamamos a compreensão. É que cada um dos parceiros gira ali em torno de sua fantasia fundamental. Reinterpretando uma última vez a punção da escrita da fantasia $ ◊ a, Lacan rotulava-a como um "turbilhão". Na cena de casal, cada um está às voltas apenas com seu próprio turbilhão.

Quando estamos num turbilhão, não permanecemos nele muito tempo! Ou saímos dele, e é o que eu chamava a saída mais comum da cena de casal, aquela pela qual a fantasia consegue novamente realizar sua função de *tornar o desejo apto ao prazer*, ou ele nos absorve, como é o caso aqui para Alfredo e Violeta. Alfredo, seguindo o pendor de seu próprio turbilhão, num gesto de destruição radical de seu amor por Violeta, joga a seus pés uma bolsa. Pública é sua carta de ruptura: "Cortesã queres ser, pois bem, cortesã serás! E mesmo nosso amor, doravante atingido pelo *a posteriori* desta carta que agora te envio, não terá assim escapado a essa maldição de que te tornas, ao recusá-lo, a cúmplice". Alfredo não vê que, assim fazendo, se presta e se dobra à versão do pai: sua política do pior empurra Violeta para seu próprio turbilhão ao levá-la a lhe dizer que ama Douphol, isto é, a lhe formular aquilo mesmo que Germont lhe havia sugerido dizer a seu filho a fim de obter a ruptura deles.

Assim, o filho, após ter primeiramente recusado a *père-version* quando o pai, dirigindo-se *diretamente* a ele, lhe propunha vir fazer o luto de seu amor no casulo de sua infância, agora a isso subscreve sem saber e pelo viés de seu amor por uma mulher. O que nos convida a querer saber o que Freud dava como limite incontornável da psicanálise: *Penisneid* de um lado e recusa da feminilidade do outro. Faz questão, nessa maneira de colocar o problema dos limites da análise, essa própria divisão, uma vez que ela se dá, *a priori*, e mantém separados os termos "homem" e "mulher". Vemos aqui Alfredo primeiramente recusar, recusar-se à versão de um homem, seu pai; mas nisso consente, para isso contribui finalmente pelo viés de Violeta. Estamos, pois, às voltas não com um problema clivado em dois ramos, mas com algo que se apresenta em cada caso com ao menos quatro termos, já que aos apaixonados e à figura do pai é preciso acrescentar a da morte.

Após terem estado por um breve tempo disjuntos, no início do segundo ato, os registros do êxtimo e do íntimo cruzam-se novamente. Mas, nesse segundo banquete, é o íntimo que predomina, que intimida o êxtimo; a reunião dos gozadores provisoriamente cessa de valer como tal para assumir a função de um público (cf. a importância desta instância para o chiste tal como Freud lhe constrói as coordenadas), a função do coro na tragédia antiga, testemunha ativa, agindo, julgando. Violeta é apoiada na prova que ela sustenta, o ignóbil insultador Alfredo é condenado, até excluído da companhia. Germont pai está, daqui por diante, integrado a esse público, e o fato de ele não mais reconhecer em Alfredo seu filho só faz repetir o ostracismo de que este é objeto e com o qual todos concordam.

* * *

O terceiro banquete é o da ruptura real. A função do público nele é garantida pelas poucas pessoas (a camareira, o doutor, Alfredo, Georges Germont – cujo prenome aparece pela primeira vez) que, na câmara mortuária, são as testemunhas doravante impotentes do cumprimento do sacrifício de Violeta. Os gozadores aí reencontraram o povo, todos festejam o triunfo do boi gordo.

Diríamos agora disjuntos o íntimo e o êxtimo, já que se acham de um lado a outro de uma janela, se esta janela não devesse ser, como a do sonho do Homem dos lobos, o que dá sua moldura à fantasia, aquela à qual se iguala Violeta com o sacrifício de seu amor e de sua vida.

O círculo se fecha do primeiro ao terceiro banquete. É agora o verdadeiro cumprimento – o *Wunscherfüllung* real – do encontro anunciado no primeiro ato com o encontro da camélia murcha. "As rosas de meu rosto já empalideceram", nota lucidamente Violeta. A camélia murcha não é mais aqui sinal de sua renúncia a uma vida de cortesã, mas sinal *daquilo que ela é* para aquele com quem ela tem encontro. Não Alfredo, tornado público, mas Deus o Pai. Seu derradeiro pedido é que ele a acolha enquanto camélia murcha, que ele a deseje como aquela que lhe faz dom de sua sexualidade, que ele a ame tomando esse pedido que ela lhe dirige como objeto de seu divino desejo. "Ah! sorri ao desejo da desviada! Ah! perdoa-a, acolha-a, meu Deus" (398). A camélia murcha nunca chegará, para Violeta, ao estatuto de um significante; ela não cessará de não se escrever.

O fechamento do círculo se confirma também, no tempo de sua agonia, no percurso ao avesso, e por conseguinte na decomposição de sua experiência do espelho, inaugural de seu amor por Alfredo. Agora sozinha a lá contemplar seu rosto pálido – aquele mesmo traço que lhe aparecia no espelho antes que Alfredo a olhasse de outro jeito –, não há mais reversão possível ao apoio de outro olhar. E, ao enfim se apresentar, Alfredo só pode vê-la como ela mesma se viu e como só uma divina *père-version* pode lá encontrar seu *erômenos.*

Ora, na extrema proximidade de seu encontro com Deus, *ela encontra enfim seu nome.* Traviata, Desviada; este nome aparece pela primeira vez quando ela dirige sua última prece a Deus. Só Deus pode ser este pai a quem ela dizia: "Como filha, tomai-me em vossos braços" (186). Só ele, com efeito, tem o poder de proceder à metamorfose da desviada em anjo, já que é como anjo que ela tem seu lugar na *père-version.* Já o enviado de Deus lhe pedira para ser "o anjo consolador" de sua família (177); mas a Deus só cabe dar-lhe, como ela agora diz, seu lugar "no céu, entre os anjos" (450).

Está ali, com efeito, sua vida. E no que será sua última palavra, em seu "Estou voltando à vida, Oh alegria!" (459), seria inconveniente entender por parte de Piave, o libretista, uma cláusula de estilo, ou ainda a expressão de sei lá que "melhor do fim". Não. Ela, com efeito, volta à vida que foi a sua, a de seu delírio, daquele delírio que se reconhece enfim nesta última enunciação, cuja fórmula é decerto bem simples: "As filhas são anjos de um pai divino".

O equívoco, em francês, da palavra "filha"* tem aqui todo seu alcance. Esta fórmula revela também que a *père-version* é bem a de Violeta. E o sacrifício de sua posição de *erastes* aparece *a posteriori* como o resto caído de *sua fidelidade* à fórmula de seu delírio.

Assim, haverá outra jovem pura, mas que poderá, esta, conjugar família e sexualidade, sexualidade e pureza: "Caso uma jovem pura", diz

* *Une fille* é tanto uma filha quanto uma moça ou uma menina. (NT)

ela a Alfredo, "na flor de seus anos, te der seu coração... Que seja tua esposa... Assim o quero... Dá-lhe este retrato: dize-lhe que é presente daquela que, nos céus, entre os anjos, reza por ela e por ti". (450). Violeta produz seu sacrifício no real como condição de possibilidade, mas para outras moças, do que lhe foi, a ela, recusado.

A realidade psíquica se confirma aqui como realidade religiosa (Lacan). Violeta, Cristo feminino, consagra por seu sacrifício a pureza reencontrada das jovens.

É este o alcance da intimidade superlativa e delirante da filha com o pai. Mas é neste extremo que confinam intimidade e extimidade: na moldura da janela, algo se esclarece quanto à *père-version*, a versão da exceção. É, com efeito, no momento preciso de sua nomeação como Traviata que o êxtimo faz irrupção com a Bacanal. "Lugar ao quadrúpede Senhor da festa" (399). Ao sacrifício da desviada corresponde o triunfo do boi gordo. Ora, nem Piave nem Dumas inventaram isso. *A agonia de Marie Duplessis durante o Carnaval é um acontecimento real.*

Com essa articulação do sacrifício e daquele de que ele é o triunfo, o delírio de Violeta torna-se "falante" para qualquer um. Não tem o mesmo alcance Deus sacrificar o filho ou a filha! O sacrifício da filha revela Deus como Boi gordo. A Traviata pagou caro por essa revelação que ela produz sem saber, mas que nem por isso deixa de ser seu derradeiro *dizer que não* à *père-version.*

Houve, durante o segundo banquete, o que erradamente se crê ser um intervalo, a saber, uma presentificação (admiravelmente traduzida por Zefirelli) do que são, na Espanha, as relações amorosas. A mulher espanhola só opera sua reversão de *erômenos* em *erastes* quando o toureiro tiver cumprido, a seu pedido, uma proeza tauromáquica. Mas, em Paris, "os corações são mais ternos, basta (a eles) brincar" (272). No entanto, em Paris como alhures, não é possível dispensar-se de responder à *père-version.* Na morte do boi gordo, a rotulação de Deus como um boi gordo, Violeta tornará para nós manifesto seu *dizer que não* à *père-version.*

O Boi gordo é o "senhor do açougue" (399): quanto mais gordo está, mais estão felizes nos matadouros, mais é amado, isto é, mais é comido. É esta a lógica da *père-version*: por pouco que se ceda em seu *dizer que não*, não se terá outra escolha a não ser devorar o pai ou ser devorado por ele; "pai" de Strindberg confirma isso[4].

O pai é um objeto oral. Por isso é que com a voz de Violeta, "a preciosa voz de Violeta", escreve André Tubeuf[5] (!), com a voz de Violeta no ponto preciso em que ela se apaga na irrepresentável voz do pai, Verdi dá, com efeito, seu objeto parcial à Dama das Camélias. É enfim por isso, com *Totem e tabu*, que Freud dá uma versão *mais fraca* da *père-version*, porque mais bem simbolizada que a do Deus dos cristãos.

* * *

Podemos obter, talvez, um grau superior desse enfraquecimento? Não se pode desprezar o que está em jogo aqui. Com a dissolução da E.F.P. veio de fato à luz (é um dos frutos maiores dessa dissolução) um modo novo de "terminação" da análise, especialmente da didática, que não é propriamente falando o modo, reconhecido, da identificação ao analista, mas que se apresenta como a adoção de sua *père-version*. Existe outra saída, outra *sortise*[*], um fechamento possível, ao menos em certos casos?

Num texto de 1893 (*Um caso de sugestão por hipnose, G.W.* I, pp. 3 a 17, *St. Ed.* I, pp. 117 a 128), Freud apresenta e discute o caso que ele diz ter sido para ele a oportunidade de compreender pela primeira vez o nascimento dos sintomas histéricos. Dá, então, uma definição da histeria que, por causa da nomeação por Lacan da *père-version*, assume hoje todo seu alcance. A histeria, escreve Freud sublinhando-o, é uma "perversão da vontade".

Em que, portanto, a vontade do pai deve ser privilegiada como particularmente suscetível de intervir como aquela "*contra-vontade*" (Freud) na origem da histeria? O que levou Violeta a engolfar-se em sua *père-version*, embora até tivesse chegado à posição do *erastes*, de desejante? Como a *père-version* pôde produzir a adulteração de seu desejo?

---

[4] August Strindberg, *Théâtre complet*, t. 2, L'Arche, Paris, 1982.

[5] André Tubeuf, in *L'avant-scène*, abril 1983.

[*] Amálgama a partir de *sortie* [saída] e *bêtise* [bobagem]. (NT)

Responder que Deus o pai, e não Alfredo, se dirige, nela, à sua fantasia fundamental só valerá se conseguirmos dizer, daí, por que essa fantasia (vimos que era de incorporação do pai como voz, razão determinante da nomeação do terceiro ato como terceiro "banquete") abandona seu desejo, por que não está a serviço de sua identificação sexuada, por que não tira proveito tendo Alfredo como parceiro, mas a produz, ela, Violeta, no agir da *père-version*, nessa transferência ao pai que não tem, por causa da dissociação com sua identificação sexuada, outra possibilidade de efetuação a não ser a passagem ao ato final.

Ora, a hipótese do Inconsciente não nos serve muito aqui; suas formações faltam: levada ao delírio, sua transferência paterna protege sua fala contra qualquer lapso, sua ação contra qualquer ato falho, suas noites contra o mínimo sonho ou pesadelo de que ela se lembre. Na mesma noite que precede sua morte, ela dorme tranqüilamente (380, 382), com aquela tranqüilidade mesma proporcionada pela iminência da passagem ao ato. Assim, Violeta serve de exemplo àqueles casos, que não são raros, em que a transferência submerge o Inconsciente, aqueles que Lacan dizia de *insucesso da une-bévue*, aqueles casos em que o *amódio* pega fogo, fica à vontade, alimenta o mal-estar.

Mas por que esse *amódio* privilegia o pai? Aqui, a resposta vai nos servir de ponto de referência para a orientação de nossa ação. O privilégio do pai seria devido (trata-se, é claro, de uma conjectura) ao fato de que, mais e melhor que qualquer outro, ele encarna para o sujeito o que hoje lhes proponho inscrever em nossas pequenas bússolas como *a instância do Ele*.

Este Ele é algo que já tive a oportunidade de ver mais de perto com a função do *dizem* em M. Duras. Menos desnudado, o Ele não deixa de estar em ação neste "eles" a um só tempo plural e impessoal, com o qual o cidadão comum designa a instância da qual ele aceita, sem que possa abrir o bico (salvo, justamente, esta nomeação do "eles"), as decisões políticas ou administrativas. Este Ele é ainda encontrado na tão importante função do *o-que-vão-dizer*? E aí é visível o privilégio dado ao pai para encarnar a instância do Ele: um pai que daria mostra de sensibilidade excessiva, de preocupação pronunciada com *o-que-vão-dizer*, encontra-se decaído, *ipso facto*, de uma posição de "verdadeiro pai", de um que agüenta firme em sua *père-version*.

Porque sua partida é a paranóia, porque definiu daí, e de outro modo que Freud, a instância do Eu [*Moi*] em psicanálise, Lacan, uns cinqüenta anos mais tarde, introduz a instância do Ele. Esta nomeação da terceira pessoa como instância vem em dois tempos: Lacan renomeia primeiro o Inconsciente: "Ele ou Ela, é a terceira pessoa, é o Outro tal como o defino, é o Inconsciente" (15 de fevereiro de 1977); depois, dois meses mais tarde, e sempre nesse mesmo seminário intitulado *L'insu que sait de l'une-bévue s'aile à mourre*, eis a introdução, propriamente falando, do Ele como instância, isto é, conjugada à Instância do Eu [*Moi*]:

> Por que é que Freud não introduz algo que ele chamaria o "Ele"? Quando escrevi meu negocinho para enrolá-los, cometi um lapso – um a mais; em vez de escrever "como eu" (este "como eu" não era especialmente benevolente, tratava-se do que eu chamaria a debilidade mental), cometi um lapso, escrevi, no lugar de "como eu" [*comme moi*], "como isso" [*comme ça*]*. [...] Que a análise não fale nunca senão do Eu [*Moi*] e do Isso, jamais do Ele, é de qualquer modo bem impressionante! "Ele", no entanto, é um termo que se imporia; e, se Freud desdenha falar disso, é bem – é preciso dizer – por ele ser egocêntrico, e mesmo superegocêntrico! É d'Isso que ele está doente.

O Ele expulsa o Isso e re-nomeia o Inconsciente. Mas outro nome é outra coisa!

Se o Inconsciente não é de grande ajuda para nós na análise da *Traviata*, por outro lado seu renome como Ele se afigura, no caso, particularmente bem-vindo. Com efeito, durante cada um dos dois encontros decisivos para Violeta, a instância do Ele pode ser facilmente situada. É com Ele que ela está às voltas.

"Não sou nada para Ele" (18), diz ela primeiro, quando lhe apresentam Alfredo. Depois, após sua reversão de *erômenos* em *erastes*, quando ainda não ousa confessar-se plenamente seu amor, ela já a isso subscreve, no entanto (numa ária considerada como uma das mais perfeitas e das

---

* *Ça*, fora da locução *comme ça* [assim], significa id ou isso. (NT)

mais justamente célebres de todo o repertório lírico): "Ah, talvez fosse Ele que minha alma, solitária em meio aos tumultos, gostava com freqüência de pintar de cores desconhecidas, Ele que, modesto e vigilante, subiu à minha porta de doente e inflamou-me com nova febre, despertando-me para o amor".

A identificação, pelo Sujeito, de seu *erômenos*, seu acesso a uma posição desejante só se cumpre no reconhecimento como Ele desse *erômenos*. Há uma verdade erotomaníaca[6] do amor; este não procede tanto de um "É você que amo"; só consegue esta enunciação dita ao parceiro amoroso a partir do que não se formula sem um terceiro: "É Ele que amo". "Este Ele que amo é você; você é este Ele que amo[7]".

Este desdobramento, constitutivo do amor, mas que o amor recobre, dá seu solo à verdadeira fidelidade feminina, aquela que não é de constrangimento neurótico, que não é nem virtude, mas em virtude de que a eleição de um único a título de *erômenos* produz este *um só* como valendo para todos.

---

[6] Esta forma da paranóia será mais justamente chamada *Eromenomania*, pois a significação do amor nela ocorre primeiro (Freud nota isso em seu comentário de Schreber) pela constatação não de que amamos, mas de que somos amados. Aliás, daí somente pode advir a reversão do *erômenos* em *erastes*, essa reversão que Violeta não realiza (ela não é, portanto, eromenomaníaca), "escolhendo" antes acontecer, na passagem ao ato final, como *erômenos* de Deus, com a visada delirante de que esse dom de sua pessoa o solicita, Ele, como *erastes*.

[7] Em *Hiroshima meu amor*, Resnais e Duras fizeram questão de que os personagens principais não fossem chamados de outra maneira que "Ela" e "Ele". Mas há mais. Durante a cena do café do rio, o amor deles acaba por dizer-se quando é dado o passo para empurrar (fora de qualquer consideração de um tempo cronológico) o "tu" que ele é para ela sobre o Ele que nomeia seu parceiro, o de seu amor de Nevers. Ele: "Quando estás no porão, estou morto?". Ela: "Estás morto... e... como suportar tal dor?". Depois, logo em seguida: "Chamo-te de qualquer modo... mesmo morto". É de fato Ele, ele aquele alemão que ele é então para ela, ela que pode, sem consideração alguma quanto ao realismo do objeto, responder-lhe quando ele lhe pergunta: "Estás gritando o quê? – Teu nome, teu nome em alemão". O Ele se afigura aqui, em outras palavras quando o "tu" a isso se presta, o exato correspondente [que ele escreve *corps-répondant* [corpo-responsável] do objeto – não o da percepção, mas o metonímico, do desejo. É uma única e mesma operação que constitui o Ele como instância e o objeto como metonímico.

A partir daí também pode ser lançada uma ponte entre esta *dritte Person* em que Freud se aproximava, em seu estudo do chiste, do Ele como instância, e este Ele que ele dá como um dos três elementos da fórmula "Eu o amo, a Ele" que lhe permite ligar os diversos modos de paranóia. Retire o Ele, a fórmula se desnodula. Nem por isso vamos chamá-la borromeana, ainda que esta desnodulação se obtenha também retirando o sujeito ou ainda o verbo; é que não há equivalência possível de seus três elementos. Aqui se confirma a designação do Ele como instância e não como dimensão.

A partir daí, enfim, pode ser retomada a questão do término da análise, encarada uma efetuação da transferência como desdobramento desse curto-circuito realizado (mas para que seja tratado) pelo *amódio* transferencial colocando Ele em Tu.

Mas a mensagem de Violeta não se limita a isso. Este Ele que ela espera (138), bastará que apareça o pai para que se instale sua convicção de que é Ele, e não Alfredo, que figura para ela esta instância do Ele. Violeta nos diz o privilégio dado à figura paterna comparada a este Ele. Ela nos indica, assim, que só há redução, para um Sujeito, de sua *père-version* em seu acesso à instância do Ele, em outras palavras, ao Ele como tal.

No tempo em que o telefone estava se implantando nas choupanas, em que ainda era o tempo em que as pessoas bem de vida tinham empregados e sinetas para chamá-los, um humorista célebre (Alphonse Allais), a respeito do pequeno aparelho, recém-chegado, comentou: "Então, vocês são chamados* !... E atendem!". A *père-version*, o pedido do pai, é quando pai soa. Por isso, a única resposta que convém é, justamente: "ninguém"! É o Ele, esta não-pessoa dos lingüistas, já que em Ele só o Sujeito pode ficar assujeitado ao significante como Sujeito des-ninguém-analisado.

---

* Duplo sentido em francês: *on vous sonne* ["vocês são chamados (soados) e "estão chamando você na conversa"]. A partir do verbo *sonner* [soar, chamar], de *père* [pai] e de *personne* [adv. ninguém, mas também s.f. a pessoa], o autor faz uma série de trocadilhos: *quand père sonne* [quando pai soa, mas também quando *personne*, quando *ninguém*, quando *pessoa*]; e *dé-personne-analysé* [des-ninguém-analisado, mas também *despersonalizado*] (NT)

Epílogo

Por ter-se dado a *père-version* como suporte da instância do Ele, Violeta só encontra sua despersonalização no sacrifício de seu amor e de sua vida.

"*Igual ao célebre encontro dos apaixonados durante um baile na ópera*" – enunciava Lacan (em 15.1.1980) numa alusão à célebre ópera de Verdi – "*Horror! Quando eles deixaram cair as máscaras... não era ele (risada)... ela tampouco, aliás*". Mas o quê, ela tampouco? Não era ela? Ou não era Ele?

Violeta, esta, não era Ele. Divina Traviata!

Assim, *issit* o Pai

Jacques Bril

SABEMOS MUITO BEM QUE O PROBLEMA das origens povoa a consciência da infância e da idade adulta, a do indivíduo, das nações e da espécie, e para todos um dia se coloca a temível questão dirigida a Édipo por Tirésias, o adivinho[1]: "Simplesmente sabes de quem nasceste?". O que está em jogo na resposta é nada menos que a própria identidade do interlocutor que todos nós somos.

E bem mais vale ainda o destino de Laio que aquele reservado por Strindberg ao Capitão de seu aterrorizador *Pai*[2] (título de uma peça de 1887), em que o herói, literalmente acorrentado pelas fantasias familiares de denegação de sua paternidade, será finalmente posto numa camisa-de-força pela derradeira depositária das ternuras da infância, sua velha ama; enfim poderá ser exalado o grito delirante da esposa que, à filha Berta, poderá dizer "Minha criança! Minha criança, só minha!". "Amem!". concluirá o pastor! Laio continua rei de Atenas e pai de Édipo; o Capitão, este, não é mais nem pai, nem capitão.

O caminho que nos faz percorrer a peça de Strindberg é exatamente o inverso daquele que a humanidade levou para fazer tantas dezenas, centenas de milênios. E a loucura de Laura, a esposa, poderia ser comparada àqueles bruscos acessos de furor que vemos por vezes tomar conta, sem razão aparente, de animais como o cão, há muito domesticado –

---

[1] Ésquilo, *Édipo Rei*, v. 415.

[2] A. Strindberg, *Théâtre complet*, t. 2, L'Arche, 1982, *Père*, trad. A. Adamov, pp. 229-80.

quem se lembra de que ele um dia foi lobo? Nesse sentido, o *Pai* de Strindberg é uma peça "pré-histórica".

É que o pai, na verdade, *não vem por si só*: ele é adquirido, no tempo do indivíduo, do grupo ou da espécie, e sua aquisição sempre designa e rubrica, em cada caso, uma descontinuidade afetiva e espiritual aquém da qual ninguém pode voltar sem dano. Em cada caso, a aquisição do Pai – aquele pai oriundo, voltaremos a isso, da Fala da Mãe – determina, portanto, uma verdadeira revolução, cujas conseqüências deverão ser, individual ou coletivamente, geridas. Não é, aliás, em que se empenham tantas produções neuróticas ou culturais, o que, no fundo não é talvez tão diferente? E, assim, a cultura aparece, em suma, como um gigantesco esforço coletivo consentido pelo homem em vista da administração da subversão trazida pelo terceiro-Pai nas condições afetivas da díade original.

Meu propósito, aqui, será mostrar como a antropologia nos permite – ainda que no precário – construir um modelo do acontecimento cultural do Pai, deixando por enquanto, para discussão e reflexão ulterior, o cuidado de estabelecer as homologias, as convergências e as conformidades que esse processo conjeturado poderia manter com o do acontecimento pessoal, para cada um, do Pai.

O material a que se referirá minha iniciativa tem a ver com três campos, aliás bem intricados, do discurso antropológico. Em primeiro lugar – e que deixa à hipótese e à presunção a parte mais ampla –, a aventura possível das manifestações totêmicas; em segundo lugar, a consideração das figurações humanas na arte paleolítica e das rupturas ideológicas e espirituais que a evolução delas deixa transparecer; enfim, a origem identificável do fenômeno "máscara". Ressaltemos desde já que as leituras propostas para o conjunto desse material concordam em descrever as condições de um salto cultural que se enraíza num período suscetível de uma localização temporal relativamente precisa: o fim do Paleolítico superior (digamos, para fixar as idéias, -15.000, mais ou menos o iniciozinho do madaleniano*), período, segundo nós, a que se

* Das cavernas de La Madeleine (Dorgonha). Último período do paleolítico superior. (NT)

poderia referir a descoberta da realidade da paternidade biológica pelo *Homo Sapiens*.

I. Atitudes totêmicas e teorias concepcionais

Por atitudes totêmicas entenderei o conjunto das atitudes que, no seio de uma coletividade humana organizada, expressam as relações privilegiadas suscetíveis de existir entre uma pessoa ou um grupo de pessoas biológica ou sociologicamente aparentadas, por um lado, e uma categoria de objetos, naturais ou não, inertes ou vivos, por outro[3].

Assim sendo, não há coletividade humana organizada que não tenha mantido e não continue a manter um certo discurso sobre sua própria origem, a de seu meio e a dos indivíduos de que ela se acha constituída. Desse ponto de vista, "ginecológico", poder-se-ia dizer, não parece que nenhuma cultura arcaica tenha jamais produzido a fantasia de uma pura partenogênese. Sempre, para justificar a criança, parece ter sido requerida a necessidade fundamental de uma intervenção externa ao corpo da mulher, da mesma forma que sempre uma intervenção externa ao corpo social parece ter sido exigida para dar conta da existência do grupo. Sempre a maternidade foi considerada como resultado de alguma troca – no sentido mais amplo – da mulher com um agente externo, ainda que imaginário; e isso em condições culturais em que se pode considerar como garantida a ignorância do papel do macho na reprodução animal e humana. Os exemplos que poderíamos alegar contra essa proposição, tais como a geração de Uranos por Gaia, são fundados apenas num argumento de carência dos textos – aqui de Hesíodo – e não parecem ter a ver com o espírito de nosso propósito.

Embora não seja possível estabelecer uma cronologia das hipóteses concepcionais da humanidade, pode-se, em compensação, extrair duas das características apresentadas pela imensa maioria das tradições extremamente variadas que mitos, folclores e crenças continuam a mostrar, como nos relatam os antropólogos.

---

[3] J. Hawkes, *History of Mankind: cultural and scientific development*, t. I: *Prehistory*, UNESCO, 1963, p. 121.

Em primeiro lugar, a constância, que acaba de ser lembrada, do *recurso a um agente exógeno*, material ou imaterial, animado ou não, como um espírito, o vento, um astro; ou, ainda, uma montanha, ou uma planta; ou, é claro, um animal. Assim, em muitas culturas[4], a mulher deverá evitar os raios da lua, ou do sol, que poderiam, à sua revelia, fecundá-la. Mas o que, neste caso, seria incidente desagradável pode, alhures, tornar-se remédio, e é no mesmo espírito que será mobilizado o poder de certas fontes miraculosas assiduamente freqüentadas. Às vezes, o mesmo efeito resultará de uma unção praticada com um pouco de terra extraída do túmulo de uma mulher grávida falecida antes do nascimento aguardado; ou, ainda, da inserção na roupa de tal erva, de tal flor. O uso erótico de perfumes talvez não deixe de ter relação com essas crenças arcaicas em que se pressente a condensação fisiológica de disposições a um só tempo anais e genitais. Na maioria das vezes, no entanto, um pássaro, um inseto, ou algum outro animal mais ou menos familiar, ou mais ou menos selvagem, supostamente terá, em sonho ou em fantasia, visitado a mulher. O papel desse terceiro geralmente não é de participante, mas bem mais de indutor sobrenatural de um processo fisiológico que, culturalmente, o aguarda e o reclama. E, quando há penetração efetiva da mulher, é com freqüência a uma manducação que é feito apelo para dar conta da fecundação, o que não deixa de evocar certas teorias sexuais infantis.

Restam dessas concepções – é bem o caso de dizer – belos vestígios folclóricos ou literários que seria a um só tempo engraçado e proveitoso recensear. Ao pensar na rubrica particularmente abundante da fecundação pelo sopro, não posso impedir-me de citar a simbólica escatológica e obstétrica dos instrumentos de sopro tão pançudos quanto a cornamusa[5], ou ainda os belos versos que, em *O pintor Nolten*, um romance de Möricke, contam a concepção fabulosa de Volker:

> Então veio o vento; então tomou o vento
> Por amante a bela,

[4] Ver referências em J. Bril, *Le Masque ou le Père ambigu*, Payot, 1983, p. 81 *sqq*.

[5] J. Bril, *A cordes et à cris: origine et symbolisme des instruments de musique*, Clancier-Guénaud, 1981, cap. "Souffle", pp. 135-46.

Roçou-a com sua asa
E fez-lhe um belo filho![6]

A segunda característica, aparentemente universal, das teorias concepcionais é fazer intervir a denominação pública pela mulher, isto é, a *proclamação social do princípio fecundador.* A mulher, por aí, ao mesmo tempo designa e data. O agente indutor da gravidez é aquele que ela nomeia no instante em que toma consciência de seu novo estado. A convergência entre o processo fisiológico – ignorado pela mulher arcaica – e o processo fantasmático por ela proclamado é evidente, e é notável que o coito disfarçado representado pelo segundo seja simbolicamente dotado do mesmo efeito que o coito real a que se resume o primeiro. Assim, a invocação da instância fecundadora aparece como a encenação antecipadora da necessária designação de um pai. É bem este o terreno sobre o qual se enraízam os totemismos primitivos, cuja marca, ainda perceptível em nossos dias, atribuirá aos indivíduos e aos grupos, por causa dessa nomeação, ascendências astrais, vegetais por exemplo, e, bem entendido, animais. Inúmeros nas culturas tradicionais, esses testemunhos o são igualmente na cultura clássica em que Salomon Reinach, no início do século, já gostava de guardar numerosas denominações atestando a crença na origem animal de grupos humanos[7] . Tenhamos, pois, um pensamento para os licianos, os árcades ou os mirmidões e, mais perto de nós, para os bernenses e os berlinenses, que continuam, sob diversas formas, a honrar os ursos de que supostamente descendem. Diversos brasões de famílias, da mesma forma, remetem a tais fabulosas origens.

A deriva que conduziu à adoção quase exclusiva do modelo totêmico animal, tal como o conhecemos, com certeza teve que explorar todos os recursos das identificações, das projeções e das transferências que se acham privilegiadas nas relações que o homem mantém com o animal, seu tão

[6] E. Möricke, "Le peintre Nolten", *Les Romantiques allemands*, t. 2, Gallimard, Pléaide, 1973, trad. L. Servicen, p. 1404.

[7] S. Reinach, *Cultes, Mythes et Religions*, t. 1, Leroux, 1906, "Phénomènes généraux du totémisme animal", pp. 9-29 e "Survivances du totémisme chez les anciens Celtes", pp. 30-78.

próximo parente. Aí deveria até encontrar-se, segundo Geza Roheim, a origem da domesticação[8]. Determinar uma data para essas transformações seria decerto palpite e leviandade. Mas o que sabemos, precisamente, das condições arcaicas da exploração dos bandos selvagens não se opõe ao fato de que o conceito de um animal totêmico, ou, antes, de um animal fantasmaticamente genitor possa ter alguma afinidade com a fantástica eclosão das representações animais pré-históricas. É certo que o triunfo madaleniano da arte animalesca acompanha e repete o triunfo de uma concepção gradualmente elaborada da vida, ou, antes, do lugar do homem no seio do mundo vivo. É pouco provável que os complexos sistemas de significação[9], cuja existência no momento conjeturamos, não tenham destinado uma extensa parte ao mistério da paternidade.

II. As figurações humanas do madaleniano

São justamente outros elementos desse material figurativo fornecido em abundância por essa arte paleolítica a que se acaba de aludir que serão invocados neste segundo ponto de nossa reflexão; quero dizer, as representações humanas.

Antes de prosseguir, conviria tomar um certo número de precauções de que me limitarei a indicar os objetos e as intenções. Os problemas de datação e de escala de tempo estão naturalmente em primeiro plano; viria em seguida o da licitude de comparações referentes a figurações de natureza extremamente diversas: esculturas, traçados digitais, gravuras, relevos, pinturas, etc; em terceiro lugar, as espinhosas questões de amostragem e de representatividade ligadas àquelas da repartição geográfica dos materiais em questão. O argumento de ausência, ao qual se terá ao menos implicitamente recorrido, constitui igualmente um ponto metodológico delicado. Enfim, e talvez sobretudo, mencionemos esta

---

[8] G. Roheim, *Origine et fonctions de la culture*, Gallimard, 1972, p. 102.

[9] Referência é feita aqui aos trabalhos de A. Leroi-Gourhan em particular. Ver, por exemplo: *Les religions de la préhistoire*, P.U.F., 1971, e "The evolution of the paleolithic art", in *Sc. Amer.* nº 218 [2], 1968, pp. 58-70.

dificuldade que entrelaça todo o trabalho do pré-historiador: nossos conceitos, nossa sensibilidade do final do século XX estão apropriados a uma descrição pertinente dos modos de vida, dos conhecimentos, das ideologias e das emoções do homem paleolítico? Como nos falta tempo para abordar esses árduos temas que devíamos, no entanto, ao menos mencionar, vamos então direto às conclusões das observações que serão em seguida detalhadas.

Segundo a cronologia, a consideração do conjunto das figurações humanas disponíveis sugere duas observações:

1) Do aurinaciano* ao fim do solutreano, *abundância relativa das figurações femininas* em relação às figurações masculinas, que são excepcionais.

2) Na aurora do madaleniano, surgimento de *representações masculinas*, entre as quais abundância de representações fálicas.

Estas constatações, que vão ser precisadas, não estabelecem hipótese alguma sobre o prosseguimento, para além do solutreano, de representações femininas, sobre o estilo das figurações, nem sobre o meio gráfico delas, que é constituído, particularmente e de maneira extremamente notável, por representações animalescas; isto desde as mais altas épocas aqui levadas em conta.

Deixemos de lado, por enquanto, a categoria das figurações de *humanos combinados*. Cada uma das duas outras categorias primárias – figurações masculinas e femininas – se apresenta como suscetível de uma discriminação em "figurações propriamente ditas" e "sinédoques de caráter sexual", sendo largamente incerta a fronteira que separa umas das outras. Quanto à categoria das representações masculinas, ela se deixa analisar sem muita dificuldade em figurações "simples", "fálicas" e "mascaradas", estes dois últimos subconjuntos podendo cruzar-se.

Seria fácil apresentar a classificação precedente sob forma de um quadro entre cada uma das casas, no qual poderia ser distribuído o con-

* A indústria pré-histórica de Aurignac (início do paleolítico superior) apresenta as primeiras obras de arte.
Solutré, na Borgonha. Período do paleolítico recente e a cultura a ele correspondente. O solutreano precede o madaleniano. (NT)

junto do material figurativo considerado. Suponhamos agora que possamos, ao menos aproximativamente, datar cada figuração; estaria permitido para nós precisar da seguinte maneira as proposições há pouco enunciadas:

– quase exclusividade das representações femininas nas mais altas épocas (perigordiano);

– abundância das representações masculinas – raríssimas anteriormente – a partir do madaleniano;

– freqüência das representações fálicas a partir do madaleniano médio, que recobre, desse ponto de vista, a era inaugurada ao fim do solutreano com figurações ditas "mascaradas" e "híbridas".

Uma boa compreensão desses resultados exige que alguns pontos de referência sejam agora apresentados. Rogo ao leitor desculpar-me por fazê-lo de modo um pouco seco e sem o suporte iconográfico que tornaria mais atraente este severo enunciado.

a) As bem conhecidas estatuetas femininas[10] de Brassempouy, de Lespugue, de Tursac, de Sireuil, os profundos relevos de Laussel e do abrigo Pataud entre outros devem ser datados do perigordiano chamado "da Gravette", isto é, entre -24.000 e -21.000 anos em relação a nossa era, as duas primeiras figuras citadas sendo, ao que tudo indica, as mais antigas.

No total, são conhecidas cerca de 150 figuras paleolíticas femininas, de pedra, de osso ou de marfim. Além destas já citadas, mencionemos as mais célebres: as de Dolni Vestonice na Morávia, datada de -24.600 ou -25.000 anos antes de Cristo; a de Willendorf, um campo de caçadores de mamutes na Áustria (-20.000 anos); de Gagarino na Ucrânia, etc. Todas essas estatuetas, e a isso voltaremos, exibem características maternas deliberadamente acentuadas ou estilizadas.

b) Após um período menos rico em representações humanas, aparecem as gravuras de La Marche, de Laugerie-Basse, etc, muito diferentes das precedentes do ponto de vista da morfologia e para as quais se pode pretender a data de -14.000.

---

[10] Ver, bem particularmente, H. Delporte, *L'image de la femme dans l'art préhistorique*, Picard, 1979.

Vênus de Laussel

Les Combarelles Homem

c) Vem, enfim, uma última série, plasticamente mais homogênea, de figurações femininas gravadas: Angle-sur-l'Anglin, Gare de Couze, Pech-Merle, etc, que podem ser datadas de -11.000 aproximadamente.

d) As representações masculinas[11] são, como foi dito, infinitamente mais raras nas altas épocas. Citemos, mesmo assim, ao menos um "caçador", em Laussel, tratado em relevo, aproximadamente de mesma idade que sua companheira já mencionada. Outras representações masculinas "simples" aparecerão muito mais tardiamente, no madaleniano: em Lascaux, e em Laugerie-Basse, acompanhando um bisão ferido; em Pech-Merle, em La Marche, etc.

c) Mas o progresso da arte madaleniana vai nos trazer um número considerável de representações masculinas fálicas. No Portal, por exemplo, onde uma concreção natural é utilizada na representação do falo. Apenas no conjunto do sítio dos Eyzies, certos autores chegam a computar mais de 40 pessoas fálicas, entre as quais o "feiticeiro" de Saint-Cirq, bem datado de -12.000[12]. Mas para continuar esta enumeração será preciso considerar agora o subconjunto dos homens "mascarados" e das representações híbridas, o que vamos fazer no item seguinte.

III. A máscara

Na época em que foi gravado o "feiticeiro" de Saint-Cirq, talvez já houvesse 3.000 anos que um homem mascarado fizera sua aparição nos cimácios solutreanos de Roc-de-Sers. Ele vai ter descendência abundante.

Ainda que pareça justificado disso excluir as "figuras de focinho" que, como em Pech-Merle, poderiam resultar de um procedimento de estilo mais que da intenção deliberada de denotar a presença de uma

---

[11] Consultar, por exemplo, S. Giedion, *The Etenal Present*, t. 1: *The Beginnings of the Arts* (Nat. Gal. of Arts, Bollingen Ser., 1962) e H. Breuil, *400 siècles d'art pariétal*, Fourny, 1974.
Muitas datações propostas pelo abade Breuil foram revistas posteriormente. Em *todos* os casos, as correções trazidas às datas inicialmente propostas convergem para as hipóteses propostas na presente comunicação.

[12] M. Maufront, *Sur les traces des hommes préhistoriques à Saint-Circq-du-Bugue*, Progrès, Belvès, 1981.

máscara, ela não deixa de comportar um número impressionante de herdeiros. Por exemplo, o homem fálico de cabeça animal de La Madeleine, o homem de chifres de cervo, barba e rabo de cavalo de Lourdes, o célebre "feiticeiro" dos Três Irmãos, trazendo igualmente barba e chifres, mas dotado de orelhas de cão, o estranho híbrido tocador de arco musical, dos Três Irmãos igualmente, o "feiticeiro" vestido de palha e o homem-licorne de Lascaux, os de Teyjat, da Addaura, na Sicília[13], etc, sem contar o enorme número de figuras compósitas, com cabeça de animal, gravadas em osso e, com enorme freqüência, fálicas.

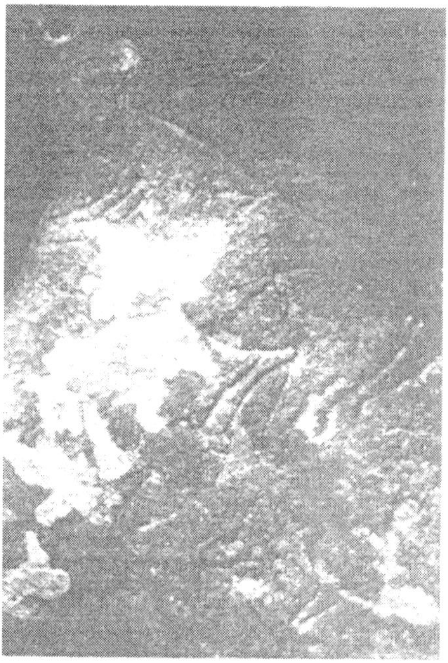

O feiticeiro de Saint-Cirq

Ao se comparar essas figuras com as máscaras em uso em inúmeras culturas, fica evidente que se está no direito de postular um parentesco e, talvez, até uma filiação entre as primeiras e as segundas. Apresentar diante

[13] P. Graziozi, *Paleolithic Art*, Faber, 1960, p. 120 *sq*.

do outro uma cabeça ou uma face animal é, com efeito, uma das intenções universalmente confessadas pela máscara. Às vezes, até, o homem de máscara estará, além disso, revestido de pele de bicho ou paramentado de atributos que acentuarão a aparência e a significação animais que ele quer oferecer. A semelhança de várias figurações paleolíticas mascaradas com máscaras animais etnológicas modernas já foi explicitamente notada. Emile Cartailhac, em 1904, escreve a respeito de silhuetas humanas de Altamira, na província de Santander, na Espanha[14]: "Ao se compararem as cabeças, é possível notar que, na maior parte, o rosto humano desaparece como se estivesse substituído por uma máscara de focinho animal. Ao examiná-las, vai-se logo pensar nesses disfarces tão freqüentes nos primitivos que sobreviveram até os nossos dias; por exemplo, os peles-vermelhas, que deles faziam uso em suas cerimônias religiosas". Da mesma forma, encontramos no folclore do Staffordshire, da Suíça, etc, numerosos disfarces ou atributos de mascaradas que, para o pré-historiador Franck Bourdier[15], não deixam de evocar os "feiticeiros" portadores de chifres dos Três Irmãos. Nós mesmos chamamos a atenção para a semelhança impressionante que apresentavam certas cabeças de pássaros dos Eyzies com o chapéu dos funcionários militares chineses da época T'ang, no século VIII[16]. Poderíamos multiplicar os exemplos à vontade.

O que vamos reter aqui é a contemporaneidade aproximativa do surgimento de dois fenômenos e das intenções que parecem sustentá-los: por um lado, a máscara paleolítica em suas atestações plásticas, dentre elas a máscara folclórica ou religiosa, ou até *as* máscaras em geral poderiam ser os descendentes senão sempre técnicos, pelo menos psicológicos, como disso diremos uma palavra daqui a pouco; por outro lado, a representação paleolítica do homem em ereção, tema que não pode evidentemente ser insignificante.

O erro cometido ao invocar a simultaneidade desses dois fenômenos poderia ser apenas um pequeníssimo número de milhares de anos, o

---

[14] E. Cartailhac, "Peintures préhistoriques dans la caverne d'Altamira", *Annales du Musée Guimet, XV*, (1904), p. 124.

[15] F. Bourdier, *Préhistoire de la France*, Flammarion, 1967, p. 298. Ver igualmente R. Christinger & W. Borgeaud, *Mythologie de la Suisse ancienne*, Georg. 1963-65.

[16] Ver referências in J. Bril, *Le Masque*, p. 175.

que, nas condições de nosso raciocínio, não pode ser considerado significativo. Quanto ao parentesco das intenções, falaremos disso mais longamente ao arriscarmos, daqui a pouco uma interpretação de conjunto do material apresentado.

* * *

Vemos, em todo caso, que não é solicitar os documentos fazer remontar ao fim do paleolítico, mais precisamente mesmo no iniciozinho do madaleniano, a origem institucional das três inovações mencionadas: totemismo animal, figuração masculina e máscaras. Mostraremos agora como a hipótese feita da emergência, nessa época, de uma ainda elementar, mas autêntica, consciência da paternidade concorre para estabelecer entre essas três categorias de fatos uma *coerência epistemológica* que dá conta, precisamente, da contemporaneidade pressentida dessas categorias.

IV. Interpretações

Desde o perigordiano, os tempos do paleolítico superior deixam-se dividir, segundo nosso ponto de vista, em duas épocas distinguidas pelo aparecimento, brutal e exuberante, da figuração masculina – *figuração* e não mais simplesmente sinédoques e símbolos. Deve-se notar, por outro lado, que todo esse período desenrola-se, por assim dizer, sob o olhar dos animais desses grandes afrescos gravados, traçados, esculpidos ou pintados, o que – acima dos desenvolvimentos notáveis que essa hipótese recebeu – exprime, sem dúvida alguma, a existência de certa relação – mágica, religiosa, social... – do homem, *homo*, com o animal.

Os pré-historiadores estão, *grosso modo*, de acordo quanto a um *tipo* de interpretação da vizinhança, quanto aos sítios pré-históricos de figurações humanas e de figurações animais. O trabalho infinitamente paciente, prudente e documentado de André Leroi-Gourhan poderia bem ter levado à adesão ao princípio, pelo menos, da existência, manifestada pela arte rupestre e mobiliária, de uma verdadeira metafísica paleolítica. Assim é que, deliberada ou inconscientemente, certos animais parecem ter representado para o homem dessas épocas *senão imagens, pelo menos valências femininas*. O bisão, em particular, parece ter relação com a transmissão da vida. Para Henri Delporte, que recentemente dedicou à questão das figurações femininas uma obra essencial, "a associação da mulher e do animal tende a realizar uma síntese, uma primeira união", diz ele, "suscetível não de criar, mas pelo menos de perpetuar a vida"[17]. E a comparação estilística de documentos cronologicamente bem situados conduz o autor a descobrir uma mudança na filosofia que sustenta a execução dessas figurações e permite que ele enuncie o caráter ainda mais *simbólico e pacífico*, no Gravettiano, da relação que mantêm nessa época a *mulher* e o animal. O caráter simbólico dessa relação teria ulteriormente, isto é, no madaleniano, cedido lugar ao caráter ainda mais *oposicional* da relação que o autor agora percebe entre o *homem* e o animal[18].

Ora, o Gravettiano é precisamente, lembremo-lo, a idade de ouro, se podemos dizer, das estatuetas femininas arcaicas. Assim, o cuidado tomado na representação da mulher perigordiana e a atenção plástica dada aos órgãos femininos implicam bem uma escolha deliberada de valorizar o que, na mulher, é específico[19]. Mais tarde, a escolha simbólica perceptível nessas estatuetas femininas parecerá degradar-se em proveito de uma representação mais realista, isto é, menos carregada afetivamente. E é simultaneamente a essa "naturalização" que se assistirá, na aurora do madaleniano, à expressão de outra escolha específica deliberada e igualmente simbólica, a de representar o falo masculino em ereção abundantemente.

Dessas imagens parecem desprender-se outras, simultaneamente híbridas e fálicas. Não se deve ver aí a atestação plástica do cruzamento de duas tradições concepcionais, ou, antes, da emergência de um conceito, o da paternidade masculina, a partir de um outro, o da fantasmática fecundadora em seu derradeiro avatar, sua variante animal? Essas figuras híbridas e fálicas mostrariam, assim, a substituição progressiva do antigo genitor totêmico por um homem mascarado.

---

[17] H. Delporte, op. cit., p. 307.

[18] Ibid., p. 305.

[19] Ibid., p. 304.

A máscara não é, com efeito, nada senão um Pai, antes um Ancestral, tal como nos ensina a consideração etimológica dos termos germânicos – mas também chineses! – correspondentes: em alemão, *die Larve*. Aliás, reconhecemos bem, nessa palavra, o latim *lars*, plural *lares*, os Lares, divindades protetoras do lar, almas tutelares dos Pais defuntos, questão que, aliás, tratei abundantemente[20].

Assim, as diferentes disciplinas aqui utilizadas nos fazem bem assistir a essa deriva epistemológica, cujo início podemos, *grosso modo*, situar por volta do fim do solutreano (-15.000), que pouco a pouco conduzirá a atribuir ao homem, *vir*, a causa e a ocasião do filho da mulher e desabrochará – eventualmente se desviará – no conceito de paternidade.

Discutiu-se muito, desde Bachofen, a influência que pôde ter sobre o curso das culturas a tomada de consciência da realidade paterna. Com efeito, é a toda uma virada súbita das certezas sensoriais para a confissão intelectual das origens que essa tomada de consciência nos faz assistir. O reconhecimento do Pai baliza, assim, com uma pedra branca, o acesso do *Homo Sapiens* à abstração, talvez à noção essencial de probabilidade, ou, pelo menos, de verossimilhança. Salto qualitativo cujo alcance considerável ia renovar a eficiência do equipamento intelectual do homem. Todo um imaginário inédito ia, por outro lado, resultar da surpreendente e preocupante descoberta; deviam aí alimentar-se, com o frenesi que sabemos, não só as estruturas sociais e jurídicas dos povos, mas até numerosas opções, atitudes e gestos técnicos. Mas, principalmente, talvez, quebrando a relação dual da mãe com o filho, o surgimento do terceiro, não só do terceiro mediador e veículo de toda troca, mas também metonímia ele próprio de toda abertura, o surgimento desse terceiro vai dirigir novamente para os aspectos múltiplos do universo sensível tanto quanto para os arcanos dos mundos dissimulados uma energia epistemológica de meios doravante decuplicados.

Não são apenas as conseqüências objetivamente benéficas do feliz acaso climático posterior ao madaleniano que devem ser responsabilizadas pelo rápido impulso, a datar dessa época, do conjunto da indústria humana. Parece não haver dúvida alguma de que um acontecimento psicoló-

[20] J. Bril, *Le Masque*, p. 61 *sqq*.

gico sem precedente – poderia ser a emergência da consciência de paternidade – tenha contribuído para isso de modo determinante.

Mais uma palavra. Os pré-historiadores debateram com freqüência a presença ou não, entre as representações humanas, de casais abraçados. E parece bem, com efeito, que as cenas de acasalamento humano foram raramente representadas no paleolítico, pelo menos de modo figurativo, senão simbólico. Aquelas cuja intenção foi estabelecida sem conteste – penso em particular na "plaqueta de Enlène", que, escreve Jean-Bernard Chapelier[21], sugere com muito realismo um coito dorso-ventral – datam do madaleniano final. Tais representações só teriam, pois, aparecido no momento em que se tornaram suscetíveis de assumir um sentido; afetivo, social e, de certa forma, metafísico.

Poderia bem ser, portanto, no madaleniano que teria sido inventado o Pai; este Pai que, por necessidade, permanece nomeado pela mulher, cujo poder oral é assim realçado pela qualidade de seu objeto. É ela, na verdade, quem, psicológica e culturalmente, enraíza e induz a supremacia definitiva do conhecimento intelectual sobre a evidência sensorial. Poderia ser a essa descontinuidade epistemológica que o *Homo Sapiens* deve o desabrochar e a diversificação de suas culturas.

[21] J.-B. Chapelier, "Sumbolon, Un cas de re-co-naissance", *Journal du GRETOREP* [5], dez. 1982, pp. 22-31.

O parentesco trobriandês reconsiderado

Charles-Henry Pradelles de Latour

Bronislaw Malinowski foi um dos primeiros a acolher favoravelmente a teoria psicanalítica nascente. Discípulo de Havelock Ellis, foi seduzido pelo aspecto novador da sexologia de Freud. Etnólogos e psicanalistas, mesmo combate: desvelar a verdade mascarada pela *pruderie* vitoriana. O tempo e a reflexão ulterior esfriaram, no entanto, o entusiasmo do início. É essencialmente por sua crítica de *Totem e tabu* que Malinowski hoje é conhecido[1]. Lembramos sua argumentação relativa aos trobriandeses, população matrilinear da Melanésia. Os jovens, que pertencem inteiramente à linhagem da mãe, têm por pai legal o tio materno e não estão ligados ao pai real por nenhum vínculo sangüíneo. Ainda que não seja considerado pai fisiológico, o pai cuida deles com afeição e devotamento. Na adolescência, o rapaz entra em conflito não com seu pai, que é sobretudo para ele uma "babá", mas com o tio, detentor da autoridade, e cobiça secretamente mais a irmã que a mãe[2]. Em outras palavras, a estrutura familiar não é a mesma em todas as sociedades, e o complexo de Édipo, induzido pela filiação patrilinear dos ocidentais, não é universal. Num artigo tornado célebre, Ernst Jones replica que, ao recusarem ao pai qualquer parte no coito e na procriação, os trobriandeses pensam diminuir e desviar o ódio que nutrem a seu respeito[3]. Mas nem

---

[1] B. Malinowski, *La sexualité et sa répression*, Payot, Paris, 1969.

[2] Ibid., p. 30.

[3] E. Jones, "Mother right and sexual ignorance of savages", *International Journal of Psychoanalysis*, vol. VI, 2ª parte, 1925, pp. 109-130.

por isso conseguem suprimir o pai, não fazem senão reportar sobre o tio materno os elementos do conflito. A coexistência do direito matrilinear e a ignorância da paternidade fisiológica assim protegem o pai e o filho da hospitalidade engendrada pela rivalidade em que está em jogo a mãe. Malinowski por certo aceita essa explicação ousada, que valida suas conclusões, mas recusa admitir, após Jones, o complexo de Édipo como estando na origem de toda cultura. Para ele, a passagem da natureza à cultura não se faz de um único golpe pelo assassinato do pai, e sim por um aprendizado progressivo da vida social presidido pelo pai. Os dois homens, pretendeu-se, não falam a mesma linguagem. O que é fácil dizer. Com efeito, se no início de qualquer coisa um coloca a realidade psíquica e o outro a realidade social, um e outro, no entanto, propagam uma "*père-version*". O pai ideal assassinado ou o pai educador são o princípio fundador da cultura. Duas concepções da paternidade se enfrentam e através delas a psicanálise e a etnologia tentam fazer valer sua primazia. Esse conflito de autoridade tornou-se hoje caduco. Ao mesmo tempo, o interesse é muito menor pela obra de Malinowski, que está, no entanto, entre uma das mais belas da literatura etnográfica. Ler *Jardim de coral, Os argonautas do Pacífico ocidental, A vida sexual dos selvagens* e *Três ensaios sobre a vida social dos primitivos* é circular pelos arquipélagos que prolongam a ponta extrema da Nova Guiné, é contemplar as paisagens marinhas, é passear pelas aldeias e campos, é ouvir falar os trobriandeses, é seguir passo a passo os numerosos ritos a que se dedicam, é escutar suas lendas, é partilhar suas aspirações, é viver seu drama[4]. Essas cenas da vida cotidiana foram desde então completadas por outros etnólogos como Léo Austen, H.A. Powel, Peter Lauer e principalmente Annette Weiner, cuja obra recente, *A riqueza das mulheres ou Como o espírito vem aos homens*, corrige várias análises de Malinowski e traz luz nova sobre as redes de trocas que governam a vida social dos trobriandeses[5]. Vamos retomar um

---

[4] *Les jardins de corail* foram publicados por Maspero, 1974, *Les argonautes du Pacifique occidental*, por Gallimard, Paris, 1963, *La vie sexuelle des sauvages*, por Payot, Paris, 1930, e *Trois essais sur la vie sociale des primitifs* também por Payot, Paris, 1933. Essas obras serão doravante citadas por suas iniciais J.C., A.P.O., V.S.S. e T.E.

[5] A. Weiner, *La richesse des femmes ou Comment l'esprit vient aux hommes*, Seuil, Paris, 1983.

certo número desses dados para restituir o duplo parentesco, tio e pai, num conjunto social amplo no seio do qual a paternidade não poderá mais ser unicamente definida por um jogo de atitudes e julgada sobre seu poder de decisão. "A-deus" a paternidade una e chave de abóbada. Mostraremos que o sistema de parentesco dos trobriandeses resulta de uma estrutura dita maleável, cuja forma extrairemos ao abordarmos sucessivamente a organização geral (legislação e economia) e o sistema de crença (magias e feitiçarias).

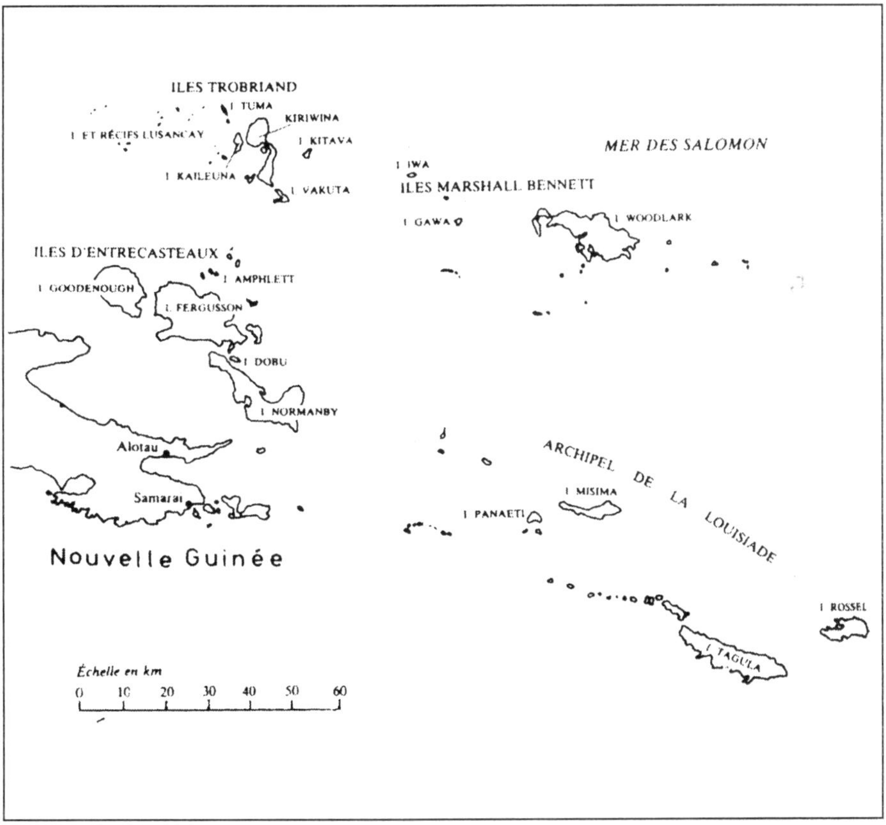

As ilhas Trobriand

A organização social

Kiriwina, a ilha principal do arquipélago dos Trobriand, contava, no início do século, com uma população de 8.000 habitantes repartidos em cinco distritos dirigidos por chefes que, antes da era colonial, não paravam de guerrear[6]. Cada distrito compreendia entre dez e vinte aldeias que representavam o mesmo número de comunidades economicamente autônomas e politicamente independentes[7]. A aldeia era composta por um duplo círculo de palhoças envolvendo um espaço central onde ficavam o cemitério, o lugar de dança e a morada do chefe[8]. Os celeiros formavam o círculo interno e as residências familiares, o círculo externo. Tudo estava cercado pelos campos divididos em parcelas, que os aldeães cultivavam juntos sob o impulso de um mágico. Todas as aldeias tinham acesso ao mar. Se a morfologia social é fácil de ler, a organização social o é menos, por ser fundada em duas diferenças sutis, imperceptíveis à primeira vista. Vamos demarcá-las uma após a outra.

A lenda das linhagens que residem numa aldeia conta que outrora a primeira ancestral deles saiu, com seu irmão, de uma grota, de um brejo ou de um bosque que ainda se pode ver no território comunal[9]. Esta mulher, que foi fecundada pela água de uma estalactite ou pela chuva ou por um peixe enquanto tomava um banho de mar, é quem supostamente envia o espírito criança, *waiwaia*, que penetra no corpo de seus descendentes. A irmã e o irmão, conhecidos por seus nomes próprios, são os primeiros detentores das terras e das fórmulas mágicas que permitem cultivá-las; estas se transmitiram de tio materno a sobrinho uterino até as gerações presentes. Segundo o princípio da filiação matrilinear, todo trobriandês está oficialmente ligado, desde a adolescência, a uma irmã real ou classificatória cujos filhos são legalmente os seus; em conseqüência disso, ele deve, todos os anos, entregar a metade de suas colheitas ao marido de sua irmã a fim de que este possa convenientemente alimentar seus filhos. Este dom de inhames é a parte que cabe a uma mulher en-

---

6 S. Uberoi, *Politic of the Kula Ring*, Manchester University Press, 1962, p. 30.

7 V.S.S., p. 73.

8 V.S.S., p. 23 *sq.*

9 J.C., p. 211.

quanto proprietária do sol da linhagem ao mesmo título que seu irmão[10]. Embora um homem possa oferecer cestos de inhames e de taros* a outras irmãs cujos maridos de vez em quando lhe enviam contraprestações, ele está acasalado a uma única dentre elas, com a qual mantém forte relação, enriquecida por ajudas mútuas e dons recíprocos[11]. Para prevenir qualquer relação incestuosa, o irmão e a irmã associados são submetidos a várias prescrições para que se evitem. Em princípio não devem nem habitar a mesma aldeia, nem brincar, nem, com mais forte razão, falar de sexualidade. Diante do irmão, uma mulher se inclina e obedece. Ela apela para ele para dar nome a seus filhos e castigar se necessário.

Um homem e uma mulher escolhem-se por amor e começam, discretamente, a viver juntos. As relações entre adolescentes são livres, mas o casamento o é menos. Se os respectivos pais aprovarem a união, os filhos se casam, caso contrário devem separar-se e esposar os cônjuges que lhes são prescritos[12]. Geralmente é recomendado esposar uma pessoa do clã do marido da mãe. Assim, um homem se casa no grupo em que a própria mãe se casou. Os pais confirmam a união da filha oferecendo aos pais do rapaz comida crua, e estes manifestam seu acordo dando, em troca, objetos preciosos, machados de pedra polida, enfeites de conchas, potes de barro, ou ainda, mais recentemente, dinheiro. Só o pai é casador, o tio materno não intervém nas transações matrimoniais[13]. Os recém-casados formam uma casa-família que se instala na aldeia do marido da mãe. A casa-família é unidade de residência e de produção. O homem desmata, a mulher semeia, eles colhem juntos, e os filhos ajudam[14]. Embora essa vida comum esteja perfeitamente instituída, o homem não adquire pelo casamento nenhum direito sobre sua mulher; esta pertence *de jure* a seu grupo de filiação. Por isso ele de vez em quando deve oferecer algum objeto precioso ao irmão de sua mulher para agradecer-lhe pelos serviços sexuais de que se beneficia. Da mesma forma, no seio do casal,

---

[10] J.C., p. 30.

* Planta tropical da Polinésia, cultivada por seu tubérculo alimentar. (NT)

[11] A. Weiner, op. cit., p. 56.

[12] Ibid., p. 190.

[13] V.S.S., p. 75.

[14] S. Uberoi, op. cit., p. 30.

ele deve ser tanto mais afável com a esposa porquanto deve merecer seus favores, ou, segundo os termos cheios de imagens dos trobriandeses, "pagar o escarlate"[15]. Como já sublinhamos, as relações sexuais que um homem tem com a esposa não servem para procriar, mas para assegurar o desenvolvimento e moldar o feto[16]. A semelhança pai-filho não tem aqui nada a ver com a identidade de sangue, unicamente transmitida pela mãe; ela reflete simplesmente um apego recíproco. O pai materna fisicamente os filhos pequenos e os alimenta após o desmame[17]. Cria-os com ternura e busca com freqüência favorecê-los, em detrimento dos sobrinhos[18]. Não é raro um filho herdar bens e saber de seu pai. Em contrapartida, os filhos ajudam o pai quando este fica velho. Cortam-lhe lenha para que tenha fogo junto da cama permanentemente, ajudam-no a levantar-se e a andar[19]. O perfume de felicidade em que estão mergulhadas as relações no interior da casa-família rápido se dissipa durante a morte do pai, deixando assim entrever o avesso cruel de toda relação de amor. Os seres mais caros do defunto são então suspeitos de terem-no matado com práticas de feitiçaria. Para provar a inocência, os filhos devem comer pedaços de carne em putrefação do cadáver paterno. A necrofagia ordinariamente reprovada serve de ordálio.

Em suma, podemos dizer com Malinowski que os homens estão divididos entre o grupo de linhagem e a casa-família. A honra e o dever os levam para a irmã, a mãe de seus filhos pelo sangue, e a inclinação, para a esposa[20]. Os trobriandeses, que nisso não se enganam, chamam a primeira, que engendra e nutre, "a boa mulher", e a segunda, bela e desejável, "a grande mulher"[21]. A circulação dos bens que ligam os grupos de filiação e as casas-famílias é, a este respeito, particularmente significativa. Como dizíamos anteriormente, para alimentar os sobrinhos um irmão dá inhames vindos do solo ancestral ao marido de sua irmã, e este lhe oferece objetos preciosos em contrapartida dos serviços sexuais de que desfruta. Os inhames, que se reproduzem por si mesmos em abundância, simbolizam a

---

[15] A.P.O., p. 254.
[16] V.S.S., p. 154.
[17] A. Weiner., op. cit., p. 146.
[18] V.S.S., p. 341.
[19] A. Weiner, op. cit., p. 148.
[20] J.C., p. 180.
[21] A.P.O., p. 401.

fecundidade, e os machados de pedra polida e os enfeites de conchas, a atração da sexualidade[22]. Em outras palavras, *não são as mulheres que circulam aqui entre os grupos, mas os signos que as representam.* As trocas são tanto mais intensas porquanto as mulheres não trocam de linhagem. Embora recíprocas, as trocas entre cunhados não são simétricas. Os trobriandeses concordam em dizer que um irmão é, de fato, muito mais devedor ao marido de sua irmã que este o é para com ele[23]. Os grupos mínimos de filiação (irmão-irmã) e as casas-famílias (marido-mulher) garantem, portanto, respectivamente, a fecundidade e a continuidade das estirpes, a sexualidade e a ratificação das uniões. Como estas duas funções, indispensáveis à reprodução, são interdependentes, estas duas unidades sociais se acavalam. Cada grupo de filiação na verdade está dividido em duas casas-famílias, e as casas-famílias em dois grupos de filiação, como indica o esquema seguinte.

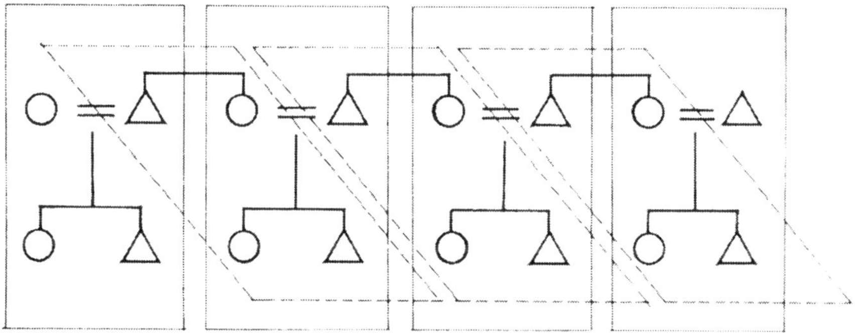

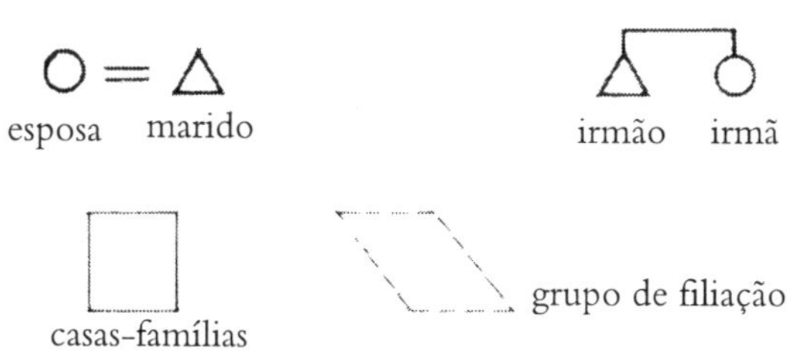

[22] O primeiro desses símbolos foi identificado por A. Weiner, mas não o segundo (cf. p. 227). Ela inferiu, portanto, que os trobriandeses trocavam o valor da feminilidade e não as mulheres (cf. p. 249).

[23] A.P.O., p. 254.

É esta a primeira diferença que resulta da aliança na organização social. Vejamos então a segunda, que é de ordem hierárquica.

Entre doze e quinze anos, os rapazes elegem domicílio numa casinha de solteiro construída afastada da de seus pais, onde podem receber secretamente as amigas. Assim, o próprio adolescente começa a assumir suas responsabilidades e a cultivar parcelas de terra, cujo produto, em grande parte, ele entrega ao pai e ao marido de uma de suas irmãs. Os destinatários lhe oferecem, em contrapartida, conforme o uso, objetos preciosos. Não há, nas ilhas Trobriand, rito de iniciação; os adolescentes tornam-se adultos entrando progressivamente nos ciclos das trocas. Se o tio é dono de uma terra, ele vai residir em sua aldeia e trabalhar para ele a fim de um dia se tornar seu herdeiro. Os jovens são sempre devedores dos mais velhos em suas trocas, mas com a idade tornar-se-ão credores, por sua vez. A hierarquia de geração é decuplicada pela hierarquia dos clãs e, logo, das linhagens que deles derivam.

Esses clãs, superiores ou inferiores, são em número de quatro. Sua origem é anterior à dos ancestrais das aldeias. Um relato conta, com efeito, que os animais totêmicos representando os quatro clãs saíram, bem antes dos primeiros homens, de uma grota situada no norte da ilha Kiriwina. A iguana e a serpente, totens dos clãs inferiores, permaneceram passivas e olharam o cão e o porco disputarem entre si a supremacia. Os membros do clã do porco têm hoje a reputação de serem superiores a todos os outros. Na vida da aldeia, a diferença de condição é, por um lado, marcada por decorações trazidas pelas mulheres e pelos homens nos dias de festa e, por outro lado, mantida por uma endogamia de condição e uma igualdade de direito. Os homens dos clãs superiores são os únicos a poder ser polígamos, utilizar a magia negra e ser eleitos chefes pelo conselho dos anciãos das aldeias. Certo, os chefes só dispõem de poder jurídico sobre a terra pertencente à sua linhagem e não têm direito algum sobre seus subordinados[24]. Caso apelem para o serviço destes, terão de remunerá-los[25]. Mas seu grau lhes confere uma série de vantagens econômicas não

[24] A. Weiner, op. cit., p. 66.

[25] S. Uberoi, op. cit., p. 3.

desprezíveis. Antes de mais nada, seus numerosos cunhados enchem abundantemente seus celeiros de inhame. Podem também atribuir direitos sobre terras, arequeiras e coqueiros em troca do que recebem: inhames, frutas e carne de porco. Naturalmente, em contrapartida desses bens, oferecem alguns objetos preciosos, mas são sempre eles os grandes beneficiários dessas transações. O poder dos chefes se deve à riqueza que têm e que, aliás, exibem ao organizarem grandes festas e ao empreenderem longas expedições marítimas. Não existe, nas Trobriands, poder central; cada indivíduo deve garantir sua posição social estabelecendo relações de troca que lhe proporcionarão bens, os quais lhe permitirão ampliar sua rede relacional e participar de atividades cada vez mais espetaculares. Annette Weiner mostrou que as mulheres não se mantinham fora desse grande jogo. As aliadas e as mulheres da matrilinhagem do defunto trocam entre si, durante cerimônias mortuárias, saias em fibra de ráfia, símbolo de sexualidade, e feixes de folhas de bananeira trançadas, sinal de riqueza, e isto a fim de edificar o renome delas. Como este acaba sobrando para o marido e o irmão, mulheres e homens são solidários[26]. Os dons e contradons ostentatórios de inhames, objetos preciosos, saias e feixes de folhas trançadas atestam, por sua vez, que as trocas não podem ser interrompidas pela morte de um de seus participantes. Ao contrário, para marcar e ultrapassar essa ruptura, o ritmo delas se intensifica provisoriamente nesse momento preciso.

A vida das aldeias é animada e estimulada por trocas dissimétricas entre os indivíduos pertencentes a clãs de condições diferentes. A origem dos ancestrais de aldeia distinta daquela quase nacional dos clãs prova que aldeias e clãs não estão na dependência de uma mesma ordem, ainda que se cruzem parcialmente na realidade. E, já que de uma aldeia à outra se reivindica o mesmo clã, as comunidades das aldeias e os clãs se acavalam como se acavalavam anteriormente os grupos de filiação e as casas-famílias. As aldeias são divididas em clãs inferiores e superiores, e os próprios clãs, em diferentes aldeias.

[26] A. Weiner, *op. cit.*, p. 140.

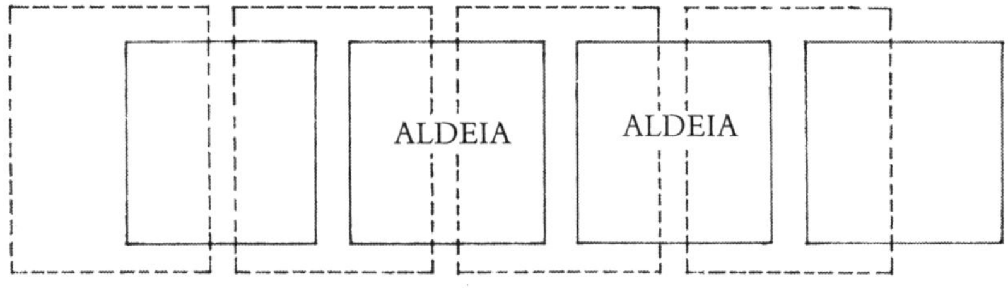

Assim, a organização social dos trobriandeses é sustentada por duas oposições: fecundidade/sexualidade, dominado/dominante. Estas definem funções ou propriedades inerentes a cada grupo, mas, como os próprios grupos se acavalam, elas não permitem que seus elementos sejam delimitados. Em linguagem topológica, são cortes sem borda: denotam num mesmo movimento uma descontinuidade e uma continuidade. Essa noção de corte sem borda dá conta de modo particularmente impressionante do jogo das trocas que têm precisamente por função *separar e ligar novamente* os indivíduos e os grupos. Além disso, nossas duas oposições de referência cruzam-se mutuamente, já que os aldeães, pertencendo a clãs inferiores e superiores, são a um só tempo membros de um grupo de filiação e de uma casa-família. Essa superfície pode ser representada por uma figura topológica. Uma superfície que compreende dois cortes sem borda cruzando-se transversalmente é um toro (cf. figuras anexas). Vamos inscrever o primeiro desses cortes, que distingue a sexualidade da fecundidade, em torno do eixo central, e o segundo, que demarca os dominados dos dominantes, em torno da alma do toro. Eles aparentemente delimitam sobre essa figura quatro áreas que, uma vez desdobradas, formam uma superfície plana retangular. Assim, o toro dá uma boa imagem da organização social dos trobriandeses, composta de quatro instâncias (grupos de filiação e casas-famílias a um só tempo inferiores e superiores) que se recobrem parcialmente.

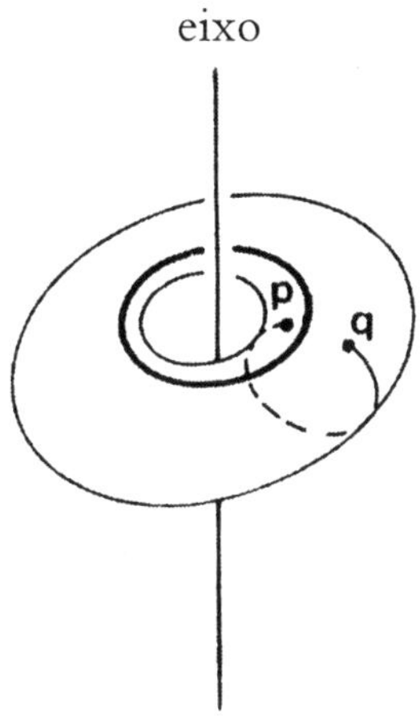

1° corte

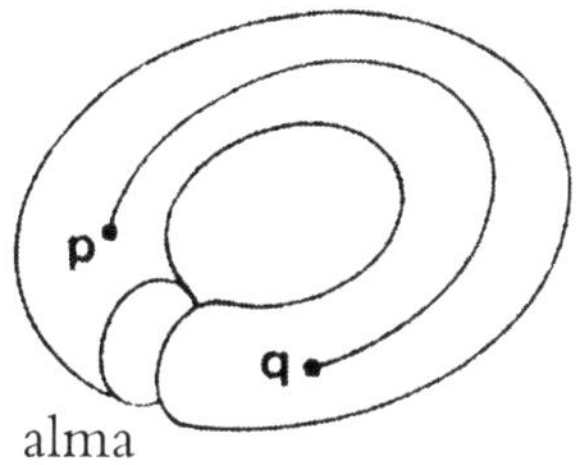

2° corte

Estes cortes são sem borda, pois separam os pontos p e q sobre uma vertente do toro, mas não sobre a outra.

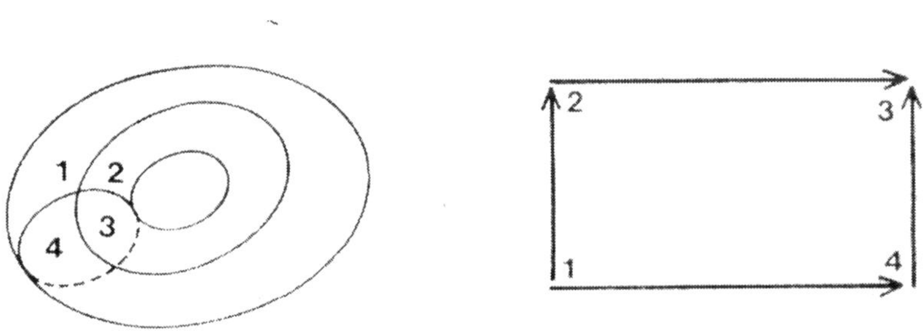

toro desdobrado

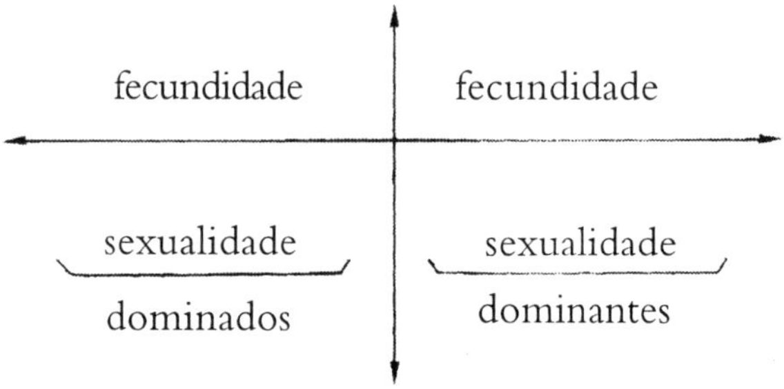

O mito de origem dos clãs corrobora esta análise. Os clãs, justamente em número de quatro, são definidos como exogâmicos e desiguais pela condição, isto é, por diferenciações matrimonial e hierárquica. Esta repartição está tão ancorada no espírito dos trobriandeses que eles perguntam aos europeus que vêm visitá-los a qual dos quatro eles pertencem[27]. Como fica o sistema de crença?

Magia e feitiçaria

Os trobriandeses são apaixonados por magia; diversos encantamentos acompanham os numerosos ritos que pontuam as estações e as etapas de uma vida. Como também pensam que os acidentes e as doenças são provocados pela feitiçaria[28], a vida cotidiana é tecida de crenças cuja sistemática extrairemos a partir de diferentes práticas mágicas. A magia dos jardins e a magia de beleza presidem as atividades correntes de uma aldeia, a magia negra e a feitiçaria permitem que certos indivíduos de alta condição exerçam poder sobre outros.

Segundo os relatos de origem, os encantamentos e os procedimentos da magia dos jardins foram trazidos pelo primeiro casal ancestral dos subclãs e transmitiram-se, desde então, ao interior dos clãs. A única magia capaz de fertilizar a terra é aquela que é, ela mesma, da terra oriunda[29].

[27] V.S.S., p. 357.
[28] T.E., p. 133.
[29] J.C., p. 212.

O mágico de uma aldeia inaugura o ciclo das culturas através de um sacrifício feito aos espíritos dos ancestrais. Pega um peixe pescado no dia, cozinha-o e coloca-o sobre uma das três pedras da lareira de sua palhoça, pronunciando estas falas:

> *Aqui, vossa oblação, ó antigos, nossos espíritos ancestrais.*
> *Ofereço a vós, olhai! Eis aqui nossa comum oblação.*
> *Amanhã entraremos em nossos jardins, sabei!*
> *Ó Vikita, ó Yavata (dois primeiros ancestrais) fontes de nossa magia,*
> *Bani os inimigos, os insetos e as larvas*[30].

Uma vez invocados os espíritos ancestrais, o mágico encanta as ferramentas de trabalho. Coloca sobre uma esteira os machados que vão servir para cortar o mato. Amarra em cada um deles uma folha de bananeira seca, recobre tudo com uma esteira, deixando uma abertura suficiente para que o sopro que acompanha suas falas penetre entre as duas esteiras; depois, faz o seguinte encantamento:

> *Mostra o caminho, mostra o caminho (ter).*

(Novo encantamento dos espíritos ancestrais)

> *O ventre de meu jardim levanta,*
> *o ventre de meu jardim levanta,*
> *o ventre de meu jardim cai de novo.*
> *O ventre de meu jardim fica tão gordo quanto um ninho de galinha do mato,*
> *o ventre de meu jardim engorda como um formigueiro,*
> *o ventre mole de meu jardim se levanta e cai de novo.*
> *O ventre de meu jardim se levanta como uma palmeira.*
> *O ventre de meu jardim se deita.*
> *O ventre de meu jardim se infla como se fosse fazer filho*[31].

---

[30] J.C., p. 98.
[31] J.C., p. 98.

No mesmo tom melodioso, o mágico pretende expulsar as larvas e os insetos que costumam deteriorar as plantações. Levanta, então, a esteira superior e logo amarra a parte livre das folhas de bananeira em torno de cada machado, aprisionando, com este gesto, a virtude mágica de sua fala. Vai, então, para as plantações, seguido de todos os agricultores da aldeia, e esfrega o solo com ervas especiais ao mesmo tempo que diz:

Quem se senta e dá sua benção no bosque de Yéma?
Sou eu, Yayabwa, sentamo-nos e damos nossa benção de todos os lados, ungimos com creme de coco, deixamos crescer rápido e reto o sarmento de taytu no bosque de Yéma.
O ventre de meu jardim se levanta...
O ventre de meu jardim se levanta como se fosse fazer filho.

O mágico em seguida bate na terra com sua vara e diz:

Bato em ti, ó solo, abre e deixa entrar as plantas,
Treme, ó solo, infla, ó solo, infla como se carregasses um filho[32].

O desmatamento, a queimada, a semeadura e o crescimento das plantas são precedidos de encantamentos e de ritos semelhantes e são acompanhados do mesmo tabu: não se pode ter relações sexuais nem defecar perto dos lugares semeados. Os homens estão proibidos de aproximar-se das mulheres enquanto elas estiverem arrancando o mato ou as ervas. Quando um estranho passa por perto, elas têm o direito de fazerem com ele violências sexuais, crueldades obscenas e de sujá-lo com imundícies[33].

Durante o período das colheitas, os ritos da terra dão lugar aos jogos e às festas. Os rapazes e as moças vestem roupas novas e vão levar os inhames às irmãs casadas, em outras aldeias. As visitas são oportunidade para fazer novos conhecidos, mostrar-se e tramar intrigas amorosas. Um após o outro, os chefes de aldeia organizam danças, jogos de luta entre

[32] J.C., p. 98.
[33] V.S.S., p. 200.

guerreiros, corridas de canoas no mar e concursos de cantos. Esse tempo de regozijo é encerrado por uma grande dança para a qual os homens preparam-se dedicando-se à magia de beleza. As magas são as irmãs do pai do dançarino. Seguram fibras de coqueiro e pronunciam falas encantatórias:

Lustremos, lustremos, limpemos, limpemos,
Eis uma fibra resistente, uma fibra elástica que parece com a estrela da manhã,
que parece com a lua cheia,
Arranjo seu peito, arranjo sua cabeça, arranjo seu peito,
Limpo sua cabeça, eles sobem num mastro (para admirá-lo).
Amarram um feixe de incenso em seu colo[34].

Em seguida, o dançarino sai da aldeia para banhar-se no mar ou lavar-se no reservatório de água. Esfrega conscienciosamente todas as partes do corpo com as fibras encantadas. Enquanto isso, a tia paterna confeccionou diversas substâncias cosméticas. Ela derrama azeite no corpo do sobrinho, que com ele esfrega os membros; depois ela alisa cuidadosamente a pele dele com uma concha de nácar dizendo:

Quem pratica a magia de beleza para realçá-la e fazê-la reluzir?
Quem faz isso nas encostas de Obukula? (grota dos ancestrais.)
Eu, Tabalu, e meu esposo Kwaywaya (ancestrais da linhagem).
Nós é que praticamos a magia de beleza.
Desenrugo, embelezo, branqueio.
Tua cabeça, desenrugo, embelezo, branqueio.
Tuas faces, desenrugo, embelezo, branqueio.
Teu nariz, desenrugo, embelezo, branqueio.
Tua garganta, desenrugo, embelezo, branqueio.
Teu pescoço, desenrugo, embelezo, branqueio.
Teu peito, desenrugo, embelezo, branqueio.
Pele brilhante, brilhante, pele flamejante, flamejante[35].

---

[34] V.S.S., p. 253.
[35] V.S.S., p. 255.

Este encantamento começa com uma invocação ao primeiro casal ancestral com o qual a maga se identifica, pois é ele que a torna eficaz. Como na maioria das fórmulas mágicas, o resultado esperado é várias vezes repetido, e o gesto acompanha a fala para fazer-se ato. Após a unção e a massagem do corpo, a maga maquila o dançarino, pinta-lhe a boca de vermelho, traça sobre seu rosto alguns traços da mesma cor, desenha em sua testa algumas espirais ornamentais, depois penteia e arruma os cabelos recitando encantamentos. O mesmo ritual é cumprido com as mulheres grávidas, exceto que as tias paternas juntam-se à jovem mulher quando esta vai banhar-se e brincam com ela no mar. Este rito não se refere ao filho. Serve para lembrar que, apesar de seu futuro estatuto de mãe, a mulher grávida permanece a esposa, "*a grande mulher*". A magia de beleza também pode ser utilizada individualmente pelos homens que querem secretamente seduzir uma mulher. A magia de beleza se prolonga, então, em magia de amor. O homem joga no mar as folhas que esfregou no corpo e diz:

Encanto suscite os sonhos, vai e exerce influência afetiva no olho de fulana.

Os trobriandeses interpretam o lançamento das ervas nestes termos: "*Da mesma forma que as folhas serão agitadas pela onda, que levantarão e abaixarão de acordo com o movimento do mar, o interior da jovem vai estremecer e palpitar*[36]".

A magia dos jardins, que é conduzida por um descendente da matrilinhagem a fim de obter boas colheitas para a irmã, está ligada à filiação. A magia de beleza que é praticada por uma tia paterna, uma parenta por aliança, está ligada à vida conjugal. A primeira refere-se à fecundidade. A terra cultivável é comparada a uma irmã: engorda pela virtude da magia dos ancestrais e deve ser deixada fora das relações sexuais ou a elas entregar-se de modo exacerbado. A segunda magia, ao contrário, tem a ver com o amor e a sexualidade. Seu elemento não é a terra, mas o mar, cujo balanço das ondas é semelhante ao ritmo do desejo amoroso. Daí a importância das lustrações e das massagens com uma

[36] V.S.S., p. 263.

concha e a exclusão de comida associada à fecundidade. "*Quando temos uma aventura com uma mulher,* dizem os trobriandeses, *levamos noz de bétele para mascar e tabaco para fumar, mas alimentos, teríamos vergonha de fazê-lo*[37]". Enfim, essa última magia tem seu antídoto. É possível, graças a encantamentos e ritos apropriados, neutralizar a atração que um homem exerce sobre uma mulher[38]. Mas essa magia contrária não é maléfica. Para lançar maus-olhados, os homens praticam a magia negra, e as mulheres, a feitiçaria.

A lenda quer que a magia negra tenha sido introduzida no mundo humano por um caranguejo vermelho. Ele saiu de uma grota ou caiu do céu. O cão, ao avistá-lo, tentou mordê-lo, mas o caranguejo o matou. O homem teve a mesma sorte. Mas o caranguejo, sentindo remorso pela primeira vez, chamou-o à vida e transmitiu-lhe sua magia em troca de um presente. O homem imediatamente se serviu de seu novo poder para matar seu benfeitor. Desde então, os caranguejos não têm mais nem magia, nem cor vermelha. Agora são negros[39]. Originário de uma grota e do céu, anfíbio, o caranguejo situa-se no ponto de encontro dos principais eixos cósmicos. É a um só tempo do alto e do baixo, do mar e da terra, mestre da vida e da morte, representa a ausência de diferença. Para ver a que ponto a origem da magia negra é indiferenciada!

A magia negra é privilégio dos chefes e dos homens de alta condição. Os primeiros, mestres da chuva e do sol, servem-se desses elementos para o bem de todos ou para seus fins pessoais. Ao provocarem uma seca prolongada, dão a conhecer seu descontentamento e manifestam seu poder[40]. Os segundos, os mágicos que não são chefes, podem deixar doente ou matar à distância. Quando culpam uma pessoa, vão à casa dela, acompanhados de corujas ou bacuraus, e lançam na fogueira feixes impregnados de encanto mortal. A vítima respira a fumaça e fica gravemente doente. Os mágicos também podem recorrer ao rito temível do osso-apontador. Vão para o mato e põem para ferver óleo de coco num pequeno

---

[37] V.S.S., p. 242.
[38] V.S.S., p. 257.
[39] V.S.S., p. 134.
[40] A.P.O., p. 459.

recipiente enquanto recitam imprecações. Em seguida, mergulham folhas no líquido e as enrolam em torno de um osso pontudo pronunciando falas mortais. Voltam à aldeia e dirigem discretamente o osso mágico para a vítima. Se virarem e revirarem o osso como um punhal num corpo, a morte está assegurada[41]. A vítima não tem dúvida alguma a este respeito, crê mesmo saber a que feiticeiro ela deve seu mal e por conta de quem ele age. Ela apela para outro mágico para impedir a obra do primeiro. Os mágicos têm muito a perder e pouco a ganhar entregando-se a abusos; assim, dão prova de moderação e estão sempre prontos para lutar pela boa causa em troca de substanciais remunerações. Ricos e influentes, apóiam o chefe. Evitam opor-se a ele, temendo cair em desgraça e perder por aí mesmo a clientela[42].

Não há mito que relate a origem da feitiçaria. Por outro lado, conhece-se o rito que uma mulher feiticeira deve cumprir para que a filha se torne feiticeira. No nascimento, a mãe não enterra o cordão umbilical num jardim para que a menina se torne, como seus pares, uma boa cultivadora[43]. Ela o esconde em casa, recitando um encantamento. Logo em seguida, leva a filha até a beira d'água, enche uma casca de coco com água do mar e derrama-a sobre o corpo da criança recém-nascida, depois imerge-a inteiramente nas ondas, um verdadeiro batismo de feiticeira. Em seguida, a mãe envolve a filha numa esteira e deixa-a no frio, diferentemente das outras mães, que deixam o bebê no calor. Quando a noite chega, ensina-a a comer carne de cadáveres e os órgãos internos dos vivos. Uns dizem que as feiticeiras têm em si algo semelhante a uma casca de coco ainda verde que lhes permite deixar o invólucro carnal e se transformarem em pássaro noturno ou em vaga-lume[44]. Outros afirmam que elas se desdobram e viram seres invisíveis que voam nos ares cavalgando uma corda. Participam das reuniões orgíacas que acontecem, de noite, acima dos mares[45]. Os trobriandeses contam também que nas

---

41 V.S.S., p. 62.
42 V.S.S., p. 62.
43 V.S.S., p. 172.
44 A.P.O., p. 300.
45 A.P.O., p. 307.

profundezas do mar repousam pedras bem grandes, habitadas por feiticeiras, que, dizem, perseguem e afundam as pirogas[46]. O mar é, portanto, o elemento, o reino só delas. É claro que uma mulher nunca confessa ser feiticeira. Mas, quando é assim considerada pelas outras, bem que evita desenganá-las, pois é muito vantajoso deixar crer que se tem poder. Ela se beneficia dos dons que lhe fazem para lutar contra outras feiticeiras. Pensam que sobe nas árvores em busca dos órgãos interiores dos doentes que foram levados[47]. A feitiçaria é mais excepcional que a magia negra, mas também é mais implacável[48].

As quatro práticas que acabamos de descrever opõem-se duas a duas. A magia dos jardins e a magia negra referem-se ao cultivo e à terra, a magia de beleza e a feitiçaria feminina ao mar. Além disso, as magias dos jardins e de beleza são herdadas dos ancestrais, fundadores das regras sociais, e a magia negra e a feitiçaria remetem a espíritos feiticeiros cuja origem é pouco clara e o poder, ambivalente. Esses quatro pólos em torno dos quais se agencia o sistema das crenças são, como vamos ver, fortemente conotados pela mitologia.

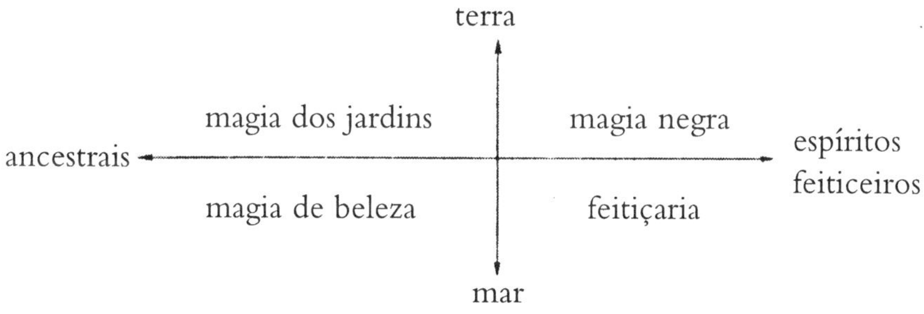

A terra é, antes de mais nada, conhecida por ser uma fonte eterna da juventude, já que os primeiros homens que residiam em seu seio trocavam de pele. Após terem saído das grotas, perderam esse privilégio que só os animais vivos guardaram "*embaixo*", tais como a serpente, a iguana, o lagarto e o caranguejo[49]. A terra é, pois, regeneradora. O mar, por sua

[46] A.P.O., p. 297.
[47] A.P.O., p. 458.
[48] A.P.O., p. 191.
[49] T.E., p. 132.

vez, é a via utilizada para as transações de grande envergadura chamadas *kula*, que fazem circular de ilhas em ilhas, entre os habitantes de vários arquipélagos, os longos colares de espôndilo vermelho e as braçadeiras de conchas brancas. Os primeiros vão no sentido dos ponteiros de um relógio e os segundos, em sentido contrário. Os indivíduos que participam dessas trocas cerimoniais e intertribais utilizam duas magias marinhas, uma para tornar suas pirogas tão rápidas quanto feiticeiras, a outra para seduzir, por seus atrativos, os parceiros de quem querem obter o maior número de objetos preciosos. As trocas *kula* não respondem a uma necessidade; fazem circular artigos prestigiosos cuja posse temporária traz consideração. São exibidos, a história deles é contada, são comparados, os mais belos são exaltados e a lembrança dos mais célebres é evocada ao se dizer: "*Ah! quantos homens morreram por causa dele...*"[50]. Fala-se dos objetos preciosos como, em outras circunstâncias, se falaria das mulheres. Esta aproximação não é fortuita. Quando os trobriandeses se arriscam com suas canoas nas perigosas travessias em mar aberto até a ilha Dobu, para solicitar de seus parceiros *kula* colares vermelhos, levam para eles comida e conduzem-se assim como irmãos[51]. Os colares vermelhos são efetivamente considerados como elementos fêmeas e as braçaderias como elementos machos. Por isso, quando, seis meses ou um ano depois, os papéis se invertem, os homens vindos de Dobu não oferecem comida a seus parceiros trobriandeses para deles obter braçadeiras de conchas brancas. Os maridos não têm que oferecer comida ao irmão de suas mulheres; se fizessem isso, dizem os trobriandeses, "*seria como jogar água no rio*"[52]. Essa longa corrente de troca de objetos não utilitários apresenta-se, assim, como uma grande encenação simbólica das relações de aliança, estando principalmente em jogo "*a grande mulher*". Seja na magia de beleza, na feitiçaria feminina ou na *kula*, o mar figura a fulgurância e o esvaecimento dos sucessos sexuais. Um dia se é belo e sedutor, no dia seguinte, feio e rejeitado.

---

[50] A.P.O., pp. 421-4.

[51] A.P.O., p. 291.

[52] A.P.O., p. 418.

Os ancestrais são originários da terra, mas nutrem-se principalmente de peixe do mar, e o renome que têm é devido ao fato de serem os primeiros detentores das magias dos jardins e de beleza. Pertencem, portanto, a um só tempo, aos mundos terrestre e marinho. O caráter ancestral das magias é marcado pelo estilo arcaico dos encantamentos[53]. "A mais gramatical e a menos ritmada das fórmulas mágicas", diz Malinowski, "não se confunde com a linguagem ordinária. As negações, as aliterações, as homonímias, os ritmos e a prosódia conferem-lhe caráter de estranheza e raridade[54]". Para serem eficazes, devem ser bem pronunciadas e recitadas por inteiro. Os mágicos as aprendem de cor. Os ancestrais são, através delas, os fiadores do bem-dizer e das prescrições que regem a vida coletiva. Os espíritos feiticeiros estão, ao contrário, em contato com personalidades de alta condição, que exercem um poder individual. Dotados de ubiqüidade e de velocidade, estão por toda parte e em lugar algum e supostamente se entregam a atividades extravagantes tais como a antropofagia e as orgias sexuais. São fortes, mas semeiam a confusão. A origem, a forma, a residência e o encantamento deles são imprecisos. As fórmulas da feitiçaria feminina são desconhecidas e as da magia negra são mais curtas e menos elaboradas que as das outras magias.

Os dois espaços míticos opostos, a terra e o mar, e as duas alteridades sobrenaturais contraditórias, ancestrais e espíritos feiticeiros, reencontram-se e amalgamam-se num além. Os trobriandeses dizem, com efeito, que os mortos vão para uma pequena ilha chamada Tuma, situada a noroeste de Kiriwina. Ali, ficam mais velhos e mais feios do que jamais foram[55]. Mais tarde, algum tempo após a chegada, respiram o cheiro de uma planta que, como o primeiro gole do Letes, faz com que esqueçam a vida que tiveram na terra. Penetram, em seguida, num mundo subterrâneo onde trocam de pele, tornam-se belos e entregam-se a uma vida sexual sem rédeas, cujo ardor é desconhecido dos vivos. Apesar da vida de luxúria que levam, continuam a representar uma autoridade ancestral para seus descendentes. Continuam, aliás, a comunicar com eles por intermédio

[53] J.C., p. 92.
[54] J.C., p. 323.
[55] V.S.S., p. 126.

dos sonhos[56] e do transe[57]. Em suma, os Campos Elísios dos trobriandeses são colocados a um só tempo acima e abaixo de um atol, que é a um só tempo terrestre e marinho. Os mortos que lá residem são velhos e jovens, feios e belos e dedicam-se a atividades de feiticeiros, embora guardem sua autenticidade de ancestral. O reino dos mortos, encruzilhada dos principais termos opostos da mitologia, liga diversas crenças trobriandesas entre si.

O sistema das crenças pode, portanto, como a organização social, inscrever-se num toro. Suas duas principais oposições, fecundidade/sexualidade, dominados/dominantes, e terra/mar, ancestrais/espíritos feiticeiros, estão calcadas umas nas outras e, nos dois casos, a estrutura unifica quatro funções diferentes.

Ao passo que as estruturas estabelecidas por Lévi-Strauss ligam diretamente elementos manifestos da realidade social, a estrutura topológica a que nos referimos apresenta-se como uma matriz definindo descontinuidades e continuidades, possibilidades e impossibilidades, independentemente dos conteúdos. É um campo de linguagem que pode se revestir de várias significações. O toro permitiu, assim, que déssemos conta das trocas matrimoniais e hierárquicas e das grandes magias que regem o universo social dos trobriandeses. As trocas regulares constrangem homens e mulheres a viverem em relação constante entre si e impedem que um deles domine. Ainda que tentem, em certas circunstâncias, impressionar seus parceiros por dons volumosos, verificam, através da própria transação, que é impossível controlar o outro. Para remediar essa fraqueza inerente a seu planejamento social, os trobriandeses recorrem às magias, cuja eficácia é garantida por alteridades sobrenaturais. São assim levados a oscilar entre a dependência total aos ancestrais e a autonomia completa dos feiticeiros. O Outro segundo Lacan está aqui dividido em duas entidades opostas, que só se reencontram no mundo dos mortos. Os vivos não podem ter acesso ao pleno gozo.

---

[56] V.S.S., p. 274.
[57] V.S.S., p. 165.

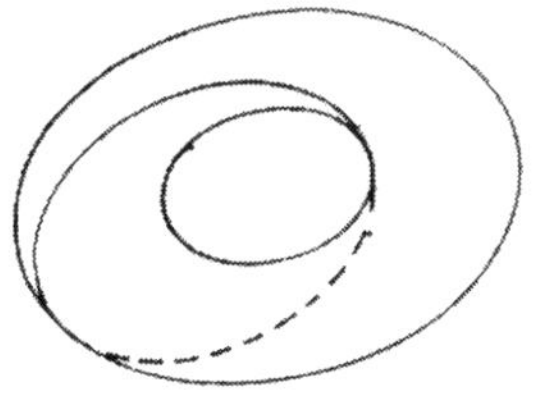

Os dois cortes sem borda reunidos num só

Se, por outro lado, é sabido que os membros dos clãs inferiores costumam ser fiéis às regras da filiação e dedicam-se sobretudo às magias de fecundidade e que os membros dos clãs superiores tendem, ao contrário, a privilegiar a casa-família em vez do grupo de filiação e preferem adquirir magias marinhas de beleza e de velocidade, fica claro que as duas oposições que assinalamos na organização social e no sistema de crenças podem ser resumidas numa só: grupo de filiação inferior, magias terrestres, ancestrais *versus* casa-família superior, magias marinhas, feitiçaria – o que é verificado pela estrutura do toro. Se deslizarmos, um sobre o outro, os dois cortes sem borda que consideramos anteriormente, obteremos um único corte sem borda que faz a um só tempo a volta do eixo central e da alma. A sociedade trobriandesa está, pois, fundada numa dicotomia irredutível; ela não depende de uma autoridade central ou religiosa. Não há ali nem rei, nem deus único e todo-poderoso. Não há tampouco bandeirinha durkheimiana, símbolo de unidade suprema, subsumindo o universo social[58]. Nenhum significante, nenhum ser, seja ele o tio ou o pai, pode sozinho representar um e tudo. Ao contrário do que pensam com demasiada freqüência os ocidentais, a começar por Malinowski e Jones, a figura do pai absoluto e o monoteísmo não são universais.

[58] E. Durkheim, *Les formes élémentaires de la vie religieuse*, Paris, Reflix Alacan, 1912, p. 294.

De onde nos vem a teoria psicanalítica? Do pai?

Christiane Dorner

É IMPRESSIONANTE CONSTATAR que o mero anúncio – nomeação – por J. Allouch da realização futura de um colóquio intitulado "Do pai" produz efeitos. Pois é o que nos ensina a convivência com o discurso psicanalítico.

Entre esses efeitos, citemos o argumento redigido às pressas, três meses antes de sustentar sua eventual fecundidade. Efeito de corte.

O importante, no entanto, continua a ser essa indução, esse apelo e seu eco, de que depende, a meu ver, o interesse de um colóquio.

Esse eco tomou para mim a forma de questões que me parecem sempre atuais:

1) Como se explica que o que esteve essencialmente em jogo na iniciativa institucional que culminou na fundação dos Cartéis constituintes da análise freudiana tenha sido um áspero enfrentamento sobre a questão da nomeação?

2) As transformações a que deu lugar a edição oficial dos seminários de Lacan constituem um fato objetivo. Que reflexões resultam disso para nós quanto à abordagem do ensino de Lacan?

3) A clínica psicanalítica nos familiariza com a utilização, por vezes ampla, da teoria psicanalítica pelo analisando; basta interpretar isto como a expressão de uma resistência?

Estas diferentes questões referem-se, entre outras coisas, à relação que analistas, analisandos, editores podem estabelecer com a teoria psicanalítica através de um detalhe ou tomada como um todo.

Tendo assim situado meu interesse, continuava muito hesitante quanto à direção a tomar. Ora, bizarramente, este "do pai, do pai" parecia fornecer a essas questões desgarradas um fio de Ariadne. Era um pouco "*cherchez le Père*" [procurem o Pai], como se pôde dizer "*cherchez la femme*".

Do pai à mulher, às vezes uma mulher, não falta muito...

Longe de pôr ordem no canteiro de obras, esse eixo de reflexão suscitava questões anexas:

– Os debates institucionais têm uma relação real com a teoria psicanalítica e, se põem em jogo a figura do pai, de que pai se trata?

– Como recebemos o discurso de Lacan? Ele nos fala da mesma maneira que os textos freudianos?

– Pode-se ainda falar de teoria psicanalítica no momento em que a história atual do movimento psicanalítico através das instituições e das divergências de suas posições doutrinais está, ao contrário, sob o golpe de uma inflação de acontecimentos?

Lacan nos convidava a segurar a corda de seu nó borromeano, mas essa corda, como a reta infinita, temos nós a mínima idéia de para onde ela nos arrasta?

Além do lado intuitivo da abordagem proposta, como articular que o pai não é estranho ao assunto? Quem mais que ele desencadeia amor, ódio, passagem ao ato, culpa?

Impõe-se a mim a lembrança de Lacan no dia da dissolução da E.F.P., esperando os resultados do voto, seu olhar transparente e profundo, a mão longínqua. Figura do destino... Do destino da psicanálise?

Há também o que seus alunos puderam escrever após sua morte: a coisa tem seus prós e contras...

Na reunião de *Littoral* que veio logo após 1° de outubro de 1981, J. Allouch nos lembrava que, para Lacan, só acontecia um trabalho de luto quando, para uma pessoa dada, aquela que acabava de morrer era, de certo modo, suporte de sua castração. J. Allouch observava, aliás, que o luto de Lacan não podia de modo algum ser coletivizado[1].

---

[1] *Littoral*, n° 2.

Luto ou não, dois anos era, antigamente, o tempo requerido para portar o luto de um pai, o tempo para compreender... Deixemos, pois, as roupas pretas, se as vestíssemos, e voltemos àqueles lugares de encontro da teoria psicanalítica e aos impasses que lá se manifestam.

Retomemos num primeiro tempo essas questões em torno da instituição, da edição e da clínica, depois tentaremos delimitar um pouco melhor a teoria psicanalítica a partir de: de onde ela nos vem?

LES NON-DUPES ERRENT

FAZER INSTITUIÇÃO

LES NOMS-DU-PÈRE

Voltar a esse problema institucional pode parecer ultrapassado. É verdade quanto ao jogo institucional de então, mas o interesse do enfrentamento teórico que estava em primeiro plano não me parece esgotado. Tentar mostrá-lo obriga-me a uma volta atrás.

Ao fim do colóquio "Instância da Letra", há pouco mais de um ano, cartéis que continuaram a funcionar após a dissolução da E.F.P. propuseram à assembléia uma iniciativa constituinte que devia levar à fundação de uma instituição para a psicanálise. O princípio era a procura, através do jogo democrático, de propostas múltiplas, de uma plataforma teórica sustentando uma arquitetura institucional coerente; a proposta de Lacan de 9 de outubro de 1967[2] fornecia uma base de referência a participantes decididos, no conjunto, a não refazer a Escola freudiana.

Vou guardar dos debates apenas um aspecto que me pareceu determinante: o enfrentamento final entre três propostas que tinham posições diferentes quanto à questão da nomeação a um título de analista suportado por um significante A.E. ou A.M.E. (Lembro que se trata de designações utilizadas desde a fundação da E.F.P. por J. Lacan e contidas na parte "Funcionamento e Administração" desde o primeiro anuário). Dar enfoque a esse ponto da discussão em detrimento de muitos outros é arbitrário. Esse procedimento, no entanto, põe em evidência algo que se

[2] J. Lacan, *Scilicet*, nº 1, Paris, Seuil, 1968.

apresentou nos debates como um real incontornável. Prova disso, eu poderia tentar descrever as assembléias, as discussões, os silêncios, poderia recorrer a textos com o risco de dar um caráter oficial demais ao que foi um longo trabalho preparatório antes de chegar a um desfecho. Lamento, de minha parte, que a cortina tenha caído de uma vez só.

Voltar a isso indica em mim a preocupação de ir além de uma experiência e de tirar dela, se possível, um ensinamento. Tomo, então, um partido criticável ao dizer que, a meu ver, três teses se enfrentavam quanto a essa questão da nomeação. Para fundamentar as coisas, direi que havia:

– os detentores da nomeação pura e dura: em sua declaração de princípios, indicavam que a nomeação é produção metafórica, que a nomeação a um título de analista é uma condição da abordagem da questão do psicanalista como causa do desejo. Para eles, a nomeação, em vez de encerrar, abria a questão da causa.

> *A nomeação A.E. não era, nessa perspectiva, uma nomeação à análise, mas a um título de analista.*
>
> *O nome próprio do passante, em razão de sua inscrição (quando acontece) numa lista de A.E., torna-se nome de A.E., diziam, e isto muda o que se subsume sob esse título.*

Conscientes do risco de deslizamento para um modo universitário do *nomear a*, eles contavam com *um efeito de fragmentação do nome psicanalista pela colocação em presença de uma dupla titularidade.*

Referindo-se à proposta de outubro de 1967, assinalavam a distinção feita por Lacan entre dois tipos de nomeação quanto à questão da demanda: uma nomeação reconhecia o valor de uma demanda, a outra advinha sem consideração pelo que o nomeado podia ter formulado (ou não) como demanda. Essa questão da demanda lhes parecia requerer uma explicação na perspectiva de uma retomada numa instituição. Esta instituição, uma escola, encarava a questão da garantia apenas como aquela que resulta da constatação de que uma análise se verificou didática.

As nomeações A.E. e A.M.E. sancionavam, por um lado, o passe de um passante, por outro, a efetuação, por um analista de uma análise que se verificara didática.

Podia-se constatar a retomada integral dos significantes de Lacan – significantes nomeantes –, o acento posto nos nomes e até no valor relativo das nomeações, em relação ao uso que disso era feito na E.F.P..

Como é a questão da teoria psicanalítica que me interessa, direi que havia aí a oportunidade de observar a maneira como era apresentada e aplicada por analistas que tinham, em grande número, um passado institucional comum, uma teoria lacaniana da nomeação.

Outra proposta bem sólida mostrava um pouco mais de jogo na expressão. Nela se podia ler, a respeito da retomada do passe:

> *O passe dá lugar à nomeação e ao trabalho de doutrina. Esse trabalho de doutrina será efetuado, entre outros, pelo conjunto dos ouvintes do passe.*

Ouvintes do passe era um significante novo.

> *Eles terão, a partir dos testemunhos recebidos, de conceber as formas de requestionamento dos problemas cruciais para a análise que cada passe lhes terá dado a oportunidade de produzir.*
>
> *Esse trabalho, ao qual poderá ser associado cada um dos protagonistas do passe (candidatos, passadores, etc) e do qual participarão relatores do passe e coordenadores do ensino, será objeto de comunicações regulares na Assembléia.*
>
> *Caberá apenas ao júri nomear os candidatos cujo testemunho tiver constituído a oportunidade de tal elaboração; eles serão nomeados, se já não o forem, membros da instituição...*

Aqui, os significantes A.E., A.M.E. não eram retomados, outros nomes eram postos em circulação: ouvintes do passe, relatores do passe, etc.

Por outro lado, surgia uma citação que supostamente daria substância a algo de um título:

> *... ao título, para retomar a fórmula de Lacan, "de ser daqueles aos quais se imputa poderem mostrar os problemas cruciais, nos pontos vivos em que estão para a análise, especialmente na medida em que eles mesmos estão se esforçando ou, quando menos, em pleno trabalho para resolvê-los".*

Esta citação assumia ares de verdadeira senha. Impossível dizer algo tocante à nomeação na instituição sem passar pela enunciação palavra por palavra de Lacan de outubro de 1967, que se tornava, ao mesmo tempo, um texto sagrado.

> O que não implica, vemos, e a particularidade desta proposta insiste especialmente neste ponto, que, ao menos num primeiro tempo de funcionamento institucional, o título de analista resulte desta nomeação e menos ainda que seja objeto de uma garantia qualquer por parte da instituição. Não se pode excluir que garantia e título de analista num tempo segundo possam ser propostos de novo. Se o forem, será a partir de argumentos resultantes do funcionamento de diferentes instâncias da instituição e da coordenação de seus trabalhos.

Logo, de um lado, necessidade da nomeação a um título de analista oferecendo certa garantia e portando um nome preciso, conhecido; do outro, manutenção de uma nomeação por um júri, nomeação teoricamente sem vínculo algum com um título ou uma garantia.

Éramos um certo número a sustentar outra proposta, considerando:

> *possível fundar uma instituição sem ter-se posto de acordo previamente quanto às nomeações que poderiam intervir e ao valor delas quanto a uma autentificação da travessia do passe.*

Era uma maneira de manter aberta a questão da nomeação. O que nos parecia necessário, pois conhecíamos, através da experiência da E.F.P., os efeitos perversos de um vínculo entre *gradus* e função, isto é, entre nomeação e responsabilidades: participação em júris, cargos administrativos aceitos após voto em listas estabelecidas por Lacan...

Nessa experiência de fundação institucional, as partes em presença tinham posições claras e defendidas com paixão. Um termo foi dado à discussão, após vários meses, para que uma escolha fosse operada. Um voto teve lugar e a maioria dos participantes não reteve a teoria mais afinada da nomeação. É evidente que a escolha de uma maioria relativa não traz luz particular alguma sobre essa questão a não ser a indicação de uma preferência no seio desse grupo, com sua história própria.

Gostaria de voltar, no entanto, a certos argumentos desenvolvidos em favor da primeira proposta, aquela pela qual a nomeação se revestia de tão grande importância.

Apoiando-se num exemplo clínico, nossos colegas desenvolviam a idéia da distinção a ser feita entre várias nomeações. Assim, citavam o exemplo de uma intervenção de seu analista evocada por Régine Crespin em sua autobiografia[3].

Mal-ajambrada de uma mãe cujo alcoolismo crônico era um obstáculo a que a filha lhe manifestasse a mínima ternura:

"Como eu falava dela com calor, louvava suas qualidades e sua maneira de ser", escreve Régine Crespin, "meu analista, que deixara que eu lentamente, longamente me entusiasmasse, perguntou-me de repente com voz doce:

– Então você a amava?

Fiquei um bom momento confusa, parada, silenciosa, chocada. Disse sim num soluço brusco, e chorei".

Assim, diziam, o amor que ela tinha pela mãe não era por ela reconhecido, mas sua nomeação em seu lugar, pelo analista, produziu imediatamente seu reconhecimento como amor.

A essa nomeação – reconhecimento que identifica algo de já sabido –, eles opunham uma nomeação que liga um nome novamente produzido ao objeto que este nome designa.

No entanto, observavam, esse dois modos da nomeação estão superpostos para Lacan ao conjugar nomeação e simbolização.

Então, contavam com o troca-troca instituído entre o nome de um título A.E. e o nome do nomeado, enquanto posto pela nomeação na lista que esse título subsume, para manter um jogo entre os dois modos de nomear.

Prosseguiam a argumentação da seguinte maneira:

> *toda nomeação antecipa o saber que a funda. Se este saber só se constitui no só-depois da nomeação, então o nome do nomeado A.E. é considerado a elabo-*

[3] Régine Crespin, *La vie et l'amour d'une femme*, Fayard, 1982, p. 34.

> *ração desse saber, como um nome de A.E., logo como um nome de nome, isto é, uma injúria no sentido em que nome d'une pipe* é igualmente uma injúria.*

Assim, dizia ele, se esclarece com nova luz aquilo a que o termo A.E. dava título e se modifica a definição do traço que faz a classe dos A.E. (Sabemos que era esperado por Lacan). E, por outro lado, isto se refere à relação do passante com seu próprio nome

> *que não pode mais assim ser imaginarizado por ele como lhe sendo próprio, já que está doravante votado a ser um nome de A.E. A nomeação faz com que o nome próprio do nomeado se transforme em um "seu nome de...".*

O que evoca em mim o cabeçalho das comunicações de falecimentos de nosso jornal regional: fulano de tal Aposentado, sicrano Idoso de Tambow, beltrano Incorporado à força na Wehrmacht, isto é, fazendo parte daqueles que na Alsácia são chamados os "*Malgré-Nous*"**, e até um fulano Vice-Presidente do Clube dos Torcedores do Racing. Do sublime ao ridículo?

O defunto geralmente não redigiu ele mesmo sua comunicação de falecimento, mas esse anúncio supostamente deve indicar a classe em que o colocam seus sobreviventes. Estes últimos lhe atribuem um nome preferencial de acordo com a lembrança que dele vão guardar.

De hábito, não cabe a um vivo escolher seu nome. Este lhe é atribuído ao nascer e é a razão pela qual se poderá colocar para ele a questão do pouco ser apegado a esse nome: estar mal-ajambrado de um nome, trazer um nome... É a indicação daquilo em que seu desejo é dependente do desejo do Outro, do fio a que se prende sua ex-sistência.

Quando um vivo tem a possibilidade de escolher seu nome, parece-me que quase sempre uma instituição está em jogo: o casamento, o ofício, a confissão, uma associação, etc. Entrar na instituição implica, então, aceitar as nomeações que a ela estão ligadas, isto é, os graus, as

* Nom d'une pipe [nome de um cachimbo], da mesma forma que nom de nom [nome de nome] são eufemismos da injúria nom de Dieu [nome de Deus]. (NT)

** Contra a vontade. (NT)

funções... Assim, torna-se difícil decidir onde se situam escolha e atribuição.

O nome está ligado a uma maneira de ser, uma espécie de ser. Na morte de alguém, algo desse ser se perde; o nome sofre uma transformação, torna-se designação simbólica escrita em registros, na pedra ou no coração dos sobreviventes.

Há, pois, um vínculo entre o ser e o nome.

Minha vez de lembrar a proposição de outubro de 1967:

> Um sujeito não supõe nada, ele é suposto. Suposto, ensinemos, pelo significante que o representa para outro significante...
>
> Escrevamos como convém o suposto desse sujeito pondo o saber em seu lugar de adjacência da suposição:
>
> $$\frac{S \longrightarrow S^q}{s\,(S_1, S_2, \ldots S_n)}$$
>
> Reconhecemos na primeira linha o significante S da transferência, isto é, de um sujeito com sua implicação de um significante que diremos qualquer, isto é, que supõe apenas a particularidade no sentido de Aristóteles (sempre bem-vindo), que em razão disso supõe ainda outras coisas. Se é nomeável por um nome próprio, não é que se distinga pelo saber, como vamos ver.
>
> Sob a barra, mas reduzida ao palmo supondo primeiro significante: o s representa o sujeito que resulta disso implicando no parêntese o saber, suposto presente, dos significantes no inconsciente, significação que ocupa o lugar do referente ainda latente nessa relação terceira que o junta ao par significante-significado.
>
> Vê-se que, se a psicanálise consiste na manutenção de uma situação decidida entre dois parceiros que se colocam como o psicanalisando e o psicanalista, ela só pode desenvolver-se ao preço do constituinte ternário que é o significante introduzido no discurso que aí se instaura, aquele que tem nome: o sujeito suposto saber.
>
> A propósito do psicanalista: do saber suposto ele não sabe nada. O S^q da primeira linha nada tem a fazer com os S em cadeia da segunda e só pode lá se encontrar por acaso.

A propósito da passagem do psicanalisando ao psicanalista, Lacan indica: "Ele percebe que a apreensão do desejo não é nada senão a de um des-ser. Neste des-ser se desvela o inessencial do sujeito suposto saber, de onde o psicanalista vota-se ao *agalma* da essência do desejo, disposto a pagar reduzindo-se, ele e seu nome, ao significante qualquer".

O que soa bem diferente de: "ele está fadado a ser um nome de A.E. e seu nome não pode mais, daqui por diante, ser imaginarizado por ele como lhe sendo próprio".

Parece-me que retomar a teoria da nomeação dessa maneira propõe ser ali onde está sendo esperado o des-ser. É esquecer que A.E. é um significante gasto, já que seus efeitos no discurso são conhecidos. O próprio Lacan se divertira com essa usura a respeito de algumas de suas pequenas frases. Assim:

"O Inconsciente é o Real uma vez que está furado[4*]... Avanço um pouquinho mais do que tenho direito, já que só há eu quem o diz... em breve todos repetirão. De tanto chover em cima, acabará fazendo um fóssil bem bonito".

"Nomear", dizia Lacan a respeito da Coisa freudiana[5], "nomear algo é um apelo... o nome é o que chama. É o que chama a falar".

Lacan indica também o lado transitório das nomeações que ele opera ao teorizar:

"Se escrevi em algum lugar que o nome-do-pai é o falo, foi precisamente porque naquela data eu não podia articulá-lo melhor".

Retomar sem hesitar, sem refletir, o que Lacan pôde elaborar dia após dia, é fazer funcionar cada um de seus significantes seja como *significantes-mestres*, seja como *nomes-do-pai*.

O que quer dizer que para alguém cada um dos significantes do discurso de Lacan implicaria que "algo se levante para responder"[6], conforme sua expressão.

Poder-se-ia pensar que o significante A.E. tenha podido funcionar como nome do pai? É o que me parece sugerido pelo que é esperado

---

[4] J. Lacan, R.S.I., 15 de abril de 1975 (inédito).

[*] Jogo de palavras: *troué* [furado] e *trouvé* [encontrado]. (NT)

[5] J. Lacan, *D'un discours qui ne serait pas du semblant*, 9-6-1971 (inédito).

[6] Ibid.

como remanejamento no sujeito ao qual se faz sua imposição. Nomeação simbólica ou Nomeação do Simbólico sob a forma do sintoma[7]?

Atribuir a nomeação a um título de analista a um pai indicaria que as coisas se passariam conforme a primeira identificação. Será, para repetir de acordo com a fórmula de Alain Didier-Weill[8]:

"O psicanalista só se autoriza por Ele-meama*,
mas desta vez com um E maiúsculo".

Seria preciso estabelecer a hipótese de uma passagem necessária e mais específica pelo amor do Pai e sua destituição para certos analistas? O próprio Freud poderia ser disso a primeira ilustração, a não ser que se admita que ele não foi analista.

As tentações da transcrição

Passemos agora à questão colocada pela edição oficial do seminário de Lacan.

Podemos comparar os livros editados com textos que nos chegaram através de circuitos extremamente diversos, a partir de uma estenografia, ou a partir de gravações. Esses textos, quando foram estabelecidos corretamente, não são fáceis de ler, e não estou falando dos escritos vagabundos postos a nossa disposição mais ou menos piedosamente. Não há razão alguma para atribuir a esses textos não oficiais uma absoluta fiabilidade. Alguns, no entanto, são bons. O que nos ensina, então, a comparação?

Tomemos para exemplo, como outros fizeram, o livro II[9] e o que se refere à nomeação.

O texto estenografado indica:

"Pois bem, aqui, a relação simbólica, o poder de nomear os objetos é algo que intervém como absolutamente essencial para estruturar o que chamarei a própria percepção".

---

[7] J. Lacan, *R.S.I.*, 13 de maio de 1975 (inédito).

[8] A. Didier-Weil, intervenção de 5-11-1982, *Le coût freudien* (inédito).

* Jogo homofônico: *même* [mesmo] e *m'aime* [me ama] pronunciam-se igual. (NT)

[9] J. Lacan, *Le Séminaire*, Livro II, Seuil, 1978, p. 202.

Uma preocupação de clarificação leva aquele que estabelece o texto oficial a suprimir o que está pesado, as exclamações, as hesitações. A supressão das nuanças acarreta afirmações ali onde Lacan se exprimia com prudência e paciência. O encurtamento das frases com uma pontuação mais rigorosa indica pressa e torna o estilo de Lacan muito mais assertivo.

Não insistamos, deixemos para outros, neste colóquio, o cuidado de abordar os problemas específicos da transcrição.

Colocase a questão quanto ao que pode estar em ação quando se assume a responsabilidade de produzir tal texto sob seu nome próprio, sob o de Lacan.

Texto estabelecido por...[10].

Cem vezes sobre "a bancada" ponha sua obra,*

Lustre-a sem cessar e lustre-a novamente...

Trata-se aí de uma forma literária, a arte poética. O estilo Lacan evoca mais a espiral que o ovo bem liso.

Em *De um discurso que não seria semblante*[11], Lacan indica, a respeito da interpretação:

"A interpretação não é colocação à prova de uma verdade que se decidiria por sim ou por não, ela desencadeia a verdade como tal".

O que implica, portanto, que a verdade está encadeada. Mais adiante:

"É no nível do artefato da estrutura de um discurso que pode surgir a questão de um discurso que não seria semblante". Enquanto isso, não há semblante de discurso, não há metalinguagem para julgá-lo, não há Outro do Outro, não há verdadeiro sobre o verdadeiro.

"Um discurso, por sua natureza, faz semblante".

Para assim estabelecer um texto a partir do dizer de Lacan, é preciso estar sendo guiado por uma certa idéia de seu texto suposto, um certo ideal de texto. É tentar delimitar o autor, embora Lacan não tenha cessado de repetir para nós que o discurso psicanalítico, feito de estrutura, não é sustentado por ninguém.

---

[10] Página de título dos seminários editados.

* Duplo sentido: *l'établi*: a bancada e o estabelecido. (NT)

[11] J. Lacan, *D'un discours...* 13-1-1971 (inédito).

Não é absolutamente necessário que Lacan tenha se expressado a propósito de seu estilo, de seu dizer para que o atribuamos a alguém. O julgamento de atribuição não requer a existência daquele ao qual está atribuída a coisa.

Acontece até de encontrarmos um não-senso, senão um anacronismo, no texto oficial, como essa referência ao discurso do mestre na página 14 do seminário *As psicoses*. Esse livro III[12] torna o seminário irreconhecível. Outros dirão melhor se algo dele, apesar de tudo, é transmitido.

Mas por onde estamos enveredando? Podemos esperar que um texto estabelecido por quem quer que seja, indivíduo ou equipe, possa restituir o caráter extemporâneo de um discurso com o suporte da voz, dos gestos, dos silêncios, dos olhares diante dos barulhos do anfiteatro, tudo o que constitui um público mais que um simples auditório. Lacan indicou, a respeito de "Radiofonia", *Televisão*, *Escritos*, que o caráter particular de seus interlocutores do momento lhe importava ao máximo e que não era nem um pouco o mesmo ato escrever e falar:

"A escrita", dizia ele[13], "diferencia-se da fala e é preciso nela repor a fala e besuntá-la com ela seriamente, mas naturalmente não sem inconveniente de princípio, para que seja entendida. Podemos escrever montes de coisas sem que isso chegue a ouvido algum. É da fala que se trilha a via rumo à escrita".

Havia, portanto, no momento do seminário, uma verdadeira criação ligada a essa posição de analisando que Lacan pensava assumir ao dirigir-se àqueles de quem fazia analistas. As coisas provavelmente nem sempre se passaram como ele ali indicava.

De fato, Lacan era considerado por muitos dentre nós como alguém cuja articulação entre saber e verdade era menos débil que no comum dos mortais, quando ele abordava a questão que nos assemelhava: a teoria psicanalítica. Ele não podia nem se enganar, nem nos enganar com o que essa fórmula comporta de relentos de catecismo. É a função preenchida por Deus para Newton, como lembra P. Julien[14].

---

[12] J. Lacan, *Le Séminaire*, Livre III, Seuil, 1981, p. 14.

[13] J. Lacan, *D'un discours...*, 17-2-1971 (inédito).

[14] P. Julien, "La vérité parle, le savoir écrit", *Littoral*, nº 1, p. 116.

Então, por que fazer existir em Lacan um discurso assertivo, apagar a lentidão de sua enunciação, se não for para sustentar essa esperança?

Do lado da cura

Se tal pode ser a relação de certos analistas com a teoria psicanalítica, particularmente através do ensino oral de Lacan, como se espantar com o fato de que tal ou tal analisando recorra, no auge de sua análise, ao que ele pode supor ser o dizer psicanalítico mais puro, o enunciado que o dispensará de sua própria enunciação.

Certo analisando de nacionalidade estrangeira está como que fascinado, num momento de sua análise, pelo que descobre como: as possibilidades da análise. O que o leva a fazer todas as espécies de perguntas aos pais sobre sua primeira infância: quando nasci, pergunta à mãe, o que você viu? Ele parece estar tomado de vertigem e num grande estado de tensão. Como tomar esta irrupção da linguagem teórica na cura? Virada delirante? Será que está querendo oferecer ao analista uma coletânea sua? Ele sonha: "A sua língua estava na minha boca, a saliva me dava nojo". Fala vazia, fala plena? Podemos pensar que esse analisando se apaixonou por seu inconsciente, como Lacan se exprime em *Les non-dupes*[15]... "quem não está apaixonado por seu inconsciente erra...".

Mas isto não está longe de "amam o próprio delírio como a si mesmos", do seminário *As psicoses*[16].

Enfim, há amor nisso aí e a teoria disso é momentaneamente o objeto na transferência.

"O amor se dirige ao sujeito suposto saber".

Para uma analisanda muito angustiada, envolvida ao máximo na questão da fiabilidade do pai, a descoberta do seminário sobre a identificação abre uma brecha em sua torre de marfim. Eis algo que lhe fala... Mas os acontecimentos rapidamente abalam esse momento de relaxação, e a decepção é igual à esperança colocada na psicanálise, isto é, imensa.

---

[15] J. Lacan, *Les non-dupes errent*, 11-6-1974 (inédito).
[16] J. Lacan, *Le Séminaire*, Livre III, op. cit., 2-5-1956, p. 243.

Esse discurso do analisando a utilizar a teoria é, com freqüência, ininterpretável; é um momento da cura, às vezes um momento decisivo. A psicanálise como teoria, para seu uso próprio, está para ser redescoberta e reformulada por cada um.

Parece-me que os textos de Freud prestam menos que os de Lacan para essa utilização por nossos contemporâneos, "nossos irmãos no dizer", como dizia Lacan[17]. Curiosa comparação. "Somos irmãos de nosso paciente uma vez que, como ele, somos filhos do discurso".

Como retomar essa idéia de filiação?

Há, com efeito, para cada um de nós, uma espécie de filiação da transmissão da psicanálise. Para mim, diz um, é a leitura da *Traumdeutung* quando eu estava terminando o segundo grau, para o outro é o seminário de fulano, para mim é Lacan falando do Outro em tal lugar, em tal ano. Essa maneira de atribuir uma origem a esse encontro do discurso psicanalítico parece dissimular, à maneira da lembrança-tela, um outro encontro, o da própria idéia de filiação: ser filho ou filha de...

O encontro do discurso psicanalítico através de alguém pode indicar a tal sujeito que, em outro lugar, há chance de abordar algo que se apresenta como o enigma de seu ser, mas talvez também como uma verdadeira falha, que, ali, algo do Pai do ser talvez o aguarde, e que é porque ele "nasceu torto" que, justamente, a psicanálise lhe diz algo.

Mas transmissão da psicanálise e abordagem da teoria psicanalítica são dois temas diferentes. A transmissão refere-se a um momento de nossa história e seus efeitos não estão prestes a se esgotar. A teoria psicanalítica pode, por conseguinte, não mais nos largar. A teoria ou a psicanálise? Como, a partir daí, evocar uma sem a outra? A que se deve a força desse vínculo?

Uma vez que emiti a hipótese de que essa teoria possa vir a nós do pai, eis-me na obrigação de tentar argumentar esta proposta, como conclusão.

---

[17] J. Lacan, *Ou pire...*, 21-6-1972 (inédito).

Que pai?

De fato, é a teoria psicanalítica, através do ensino freudiano de Lacan, que me interessa, e tenho que voltar a deslizamentos que puderam operar-se em meu dizer.

De imediato, precisemos que não se trata de confundir o dizer de Lacan, o discurso psicanalítico, e a teoria psicanalítica. Lacan logo de saída se colocava no caminho do discurso psicanalítico: através de seu dizer e do que ele perseguia por um verdadeiro forçamento "de um discurso que não seria semblante". Ele distinguia os enunciados produzindo sua enunciação, essa nomeação à luz da teoria psicanalítica – do que lhe caía como anel no dedo, os fatos de estrutura, por exemplo, o nó borromeano. Podia afirmar, nesse sentido, que o discurso psicanalítico não é o discurso de particular algum, não pode referir-se a sujeito algum[18].

A transmissão é o encontro do discurso psicanalítico no desvio de outro discurso mais corrente: o do Mestre ou o da Universidade. Ora, parece que, mais habitualmente, encontramos a teoria psicanalítica incorporada ao discurso comum. Ela se apresenta então como um corpo de saber que pode ser retomado sem dificuldade no discurso universitário e convirá ou não àqueles que dela esperam uma ciência. O sujeito não terá o sentimento de que ela lhe concerne em seu ser.

Pode operar-se um deslizamento quando a teoria psicanalítica for apresentada, poderíamos dizer representada por alguém que tem função de Mestre: professor, médico. Pode tratar-se também de um *Mestre em pensar*, de um *Mestre em fazer*, de um *Mestre em gozar*. A teoria psicanalítica é então desviada, pervertida tanto mais gravemente porquanto este *Mestre* pode fazer figura de Ideal, sobretudo quando é, além disso, psicanalista. Relações tirânicas instauram-se, que destino aguarda os alunos, os discípulos?

Alguns tornam-se pai-soluços*, pegam todos os soluços do pai e é no *pai do psicótico* que se deve pensar. Os significantes teóricos tornam-se significantes mestres e a linguagem psicanalítica uma língua fundamental.

---

[18] J. Lacan, *D'un discours...*, 13-1-1971 (inédito).

* Jogo homofônico: *père-hoquets* [pai-soluços] e *perroquet* [papagaio]. (NT)

Outros conservaram, graças à própria estrutura obsessiva, a referência a um Ideal. Para eles, a teoria psicanalítica só pode ser a emanação da figura do *Pai Ideal*. Essa teoria é então interditora, o sujeito nela sacrifica seu desejo para proteger seu falo, segundo a fórmula de M. Safouan[19]. Conhecemos esses valorosos mártires da psicanálise. Eles buscam regras de conduta no seminário sobre a Ética, e o tempo que empregaram mostra que deram a vida à psicanálise. No campo que é o deles, tornaram-se os pequenos Mestres, os Mestres do Saber do psicanalista, ou, pelo menos, do que eles pensam ser tal.

Para eles, o pai é alguém que possui a um só tempo a mãe e o que é preciso para possuí-la[20]. A teoria psicanalítica é o falo, a arma absoluta; se forem privados de seu uso por um maior que eles, só pode ser momentaneamente.

Antigamente, essa posição era favorecida pelo lado oculto da posse dos textos dos seminários. Fazia-se ou não parte de um círculo de iniciados com acesso a escritos datilografados, divulgados sem contato com o ensino oral. A freqüentação dos seminários de Lacan, com o que isto implicava de entusiasmo, de decepção, de raiva, às vezes, parece-me ter contribuído para evitar esse tipo de transferência com a teoria. Algo do *pai real* ali estava em ação.

Não se pode negar que Freud e Lacan, em seguida, tenham ocupado o lugar do pai real em certos momentos de suas vidas na história das instituições psicanalíticas: "eu persevero"*, escrevia Lacan após a dissolução. Agente da castração para a instituição?

O que não ficou sem efeito sobre as relações dos alunos com a teoria psicanalítica. Alguns rejeitaram Lacan e, ao mesmo tempo, suas posições doutrinais essenciais. Outros, aproveitando o fato de que ele os havia instituído, nomeado, poder-se-ia dizer, seus herdeiros legítimos, crisparam-se sobre essa herança teórica buscando salvaguardá-la numa instituição adaptada.

---

19 M. Safouan, *Etudes sur l'Œdipe*. Le champ freudien, Seuil, 1974, p. 45.

20 Ibid.

* Jogo homofônico: *père-sévère* [pai severo] e *persévère* [persevero]. (NT)

Algo de análogo acontecera para Freud[21].

A herança enquanto real (manuscritos, cartas, fitas magnéticas, etc) tornou-se objeto de posse, um valor presente ou futuro, valor de uso e valor de troca. Os alunos só têm acesso a ela a conta-gotas, por intermédio de publicações-surpresas inéditas.

Em seu aspecto simbólico, essa herança tornou-se um desafio cada vez que analistas tentaram ajuntar-se numa instituição. Seria erro grosseiro pensar que só a instituição possa secretar tudo o que é preciso para evitar pagar à teoria psicanalítica sua dívida própria, o que A. Didier-Weil chamou o custo freudiano[22]. Uma certa relação com a teoria pode produzir efeito análogo.

Nossa inclinação natural não é sermos o bom tolo[23]. Somos sedentos de tudo o que nomeia, mas amamos também ser reconhecidos. Lacan nos lembrava de que o social detém essa propriedade do "nomear a" e de que se pode até falar de retornos do nome-do-pai no Real quando algo ali está foracluído[24].

Toda nomeação vem do pai enquanto função, e em nosso desfecho toda marca do amor pelo pai nos sustenta. É o que faz a força das religiões. A teoria psicanalítica pode muito bem ser abordada religiosamente, não é necessário igreja, nem sacramento para isso. É o enigma de nosso vínculo privilegiado com o pai pela identificação mais antiga.

"Identifiquem-se com o Real do Outro real e obterão o que indiquei do nome-do-pai; é aí que Freud designa o que a identificação tem a fazer com o amor[25]". O objeto desse amor é o ser do Pai, na busca incansável de um pai simbólico.

Nos *Non-dupes*, Lacan observa: "Estamos num momento da história caracterizado pela perda da dimensão do amor; a perda de Nome-do-pai é substituída por uma função, a do *nomear a*"[26], mas este *nomear a* não

---

[21] "Scandale aux archives Freud", *l'Ane*, nº 7, Seuil, 1982.

[22] A. Didier-Weil, Intervenção de 5-11-1982 (inédito).

[23] J. Lacan, *Les Non-dupes...*, 13-11-1973 (inédito).

[24] Ibid., 13-03-1974 (inédito).

[25] J. Lacan, *R.S.I.*, 18-03-1975 (inédito).

[26] J. Lacan, *Les Non-dupes...*, 19-03-1974 (inédito).

é oferecido a todos de modo igual pela sociedade. Resta, então, o retorno ao amor pelo Pai, senão ao amor por seu nome, como nome.

O encontro do discurso psicanalítico através do enigma do desejo do psicanalista, funcionando ali como Desejo da Mãe, torna possível uma reintrodução desse amor no registro simbólico. A teoria psicanalítica pode barrar essa via, mas também pode indicá-la. O discurso psicanalítico, em sua função de matriz do Simbólico, não é interrompido enquanto analistas continuarem seu forçamento.

O amor pelo pai em Freud

Philippe Julien

COMEÇO CITANDO-LHES os últimos versos de um poema de James Joyce, poema intitulado "*Ecce Puer*", Eis a Criança:

A child is sleeping,	Uma criança está dormindo,
An old man gone.	Um velho está morrendo.
O, father forsaken,	Ó, pai abandonado,
Forgive your son!	Perdoa teu filho![1]

"Ó, pai abandonado, perdoa teu filho!": é este o apelo, a prece de Joyce, votando-se a obter este perdão encarregando-se de Pai, instaurando-se por sua *arte*, por sua pluma, o "*redeemer*", o redentor do Pai abandonado.

Acontece assim com Freud? Freud não é, ao inverso de Joyce, aquele que salvou o Pai, aquele que o protege e não o abandonou? É esta a questão que coloco hoje para lhes falar do amor pelo Pai em Freud.

O Pai humilhado

Se ouço o que dizem historiadores e sociólogos, constato o seguinte: há mais de um século vem ocorrendo, em nossas sociedades ditas industriais, um declínio social da *imago* do Pai.

---

[1] J. Joyce, *Œuvres*, Bibliotèque de la Pléiade, Gallimard, 1982, t. I, p. 55. Modifico um pouco a tradução de Jacques Borel.

Nas sociedades tradicionais, ser homem é ser pai, assegurar a continuidade de uma estirpe tendo uma bela e numerosa descendência (especialmente filhos homens!). O homem sem filhos, casado ou não, despertava dúvida quanto a sua potência de homem. Ao receber da mulher um filho, o pai entra pela primeira vez na estirpe dos pais, isto é, dos homens. Além disso, o pai era o pivô ou o ponto de junção da passagem da criança do estado de pré-puberdade ao estado adulto, da vida intrafamiliar à vida social e pública: casamento, trabalho, lazer. Imagem do *Pater familias*, daquele que tinha que decidir o futuro de sua progenitura, sua aliança com outra família pelo casamento... e seu futuro profissional! Nesta imagem e contra ela podia concentrar-se a agressividade da criança.

Ora, esta imagem murchou. O teatro e o romance fizeram dela um tema tragicômico, de Balzac a Paul Claudel: tornou-se um *vaudeville* brincar com a claudicação paterna.

Decadência da autoridade do pai, exclamou-se! Um tipo chamado Adolf Hitler tirou argumento desta dita constatação: já que os pais de hoje estão demissionários, cabe ao Estado educar a juventude e formar novas gerações, a um só tempo nacionais e socialistas. É preciso reconhecer que o pequeno estribilho sobre os pais deficientes – que então devem ser substituídos para que nossas queridas mamães dêem belos filhos à nação –, é preciso reconhecer, mas antes em voz baixa, que ele não cessou com o suicídio do Sr. Hitler. Isso fez escola de mil maneiras... à esquerda e à direita!

Se a imagem do Pai socialmente se modificou, será realmente por demissão dos pais? Eis uma questão que deixo em suspenso... por enquanto! O que é certo é que, na introdução antiga à vida adulta, a tradição passada pelo Pai bastava: sua própria cultura, popular ou sofisticada, para isso bastava. A partir do século XIX, com a civilização industrial, isso não funciona mais: o Pai tornou-se um técnico limitado à sua especialidade e o que ele tem a transmitir além de seu salário parece socialmente de bem pouco peso em relação ao que a criança tem a receber de novo. Desde antes do nascimento e durante toda a sua vida, outros cada vez mais numerosos se introduzem entre ela e o pai, para lhe dar – em nome de seu bem, evidentemente! – um saber e um *savoir-faire*: um *patchwork* social substituiu o tecido homogêneo da *imago* paterna.

Segundo fator: a essa constatação *social* acrescentou-se uma exigência crescente de ordem *conjugal* por parte da mulher em relação a seu cônjuge: uma verdadeira guinada vinda dos E.U.A.! Se um homem não quer perder a mulher, ele deve pôr de si na relação mais do que nunca. Não basta mais, agora, ela se tornar mãe para que ele a cative e a retenha.

A melhor maneira de constatar essa mudança matrimonial é ler o direito, o código civil, ali onde se edita não o que é justo (não se trata de justiça!), mas a regra do possível e do impossível. Enfiei um pouco meu nariz lá dentro e descobri o seguinte: até janeiro de 1972, vivemos durante séculos de acordo com o direito romano, retomado pelo código de Napoleão, ou seja, segundo este princípio: *Pater is est quem nuptiæ demonstrant* (o pai da criança é aquele que o casamento designa). A partir do momento em que uma mulher está casada, toda criança que ela põe no mundo tem por pai aquele que o casamento designa, seja quem for o genitor. Há presunção de paternidade do pai *legal*. Depois de 3 de janeiro de 1972, não é mais assim: com o artigo 313-1, o que conta é o que diz e o que faz a mãe. Se ela inscrever a criança em seu nome de solteira e for viver algum tempo fora do domicílio conjugal (na casa dos pais?), o marido legalmente não é o pai; o direito não o apóia mais em sua paternidade; e acrescento: ainda que diga ser o genitor. Há subtração possível de paternidade[2].

Concluo sobre este ponto de nossa história. Ele só tem interesse para nós na medida em que não é por acaso que foi num contexto cultural novo, no fim do século XIX, em Viena, na virada do declínio da *imago* do Pai, que a psicanálise nasceu e que Freud fez sua descoberta. Descoberta do Édipo tornada possível nisto: num tempo em que a imagem começa a perder sua consistência social, pode aparecer em sua pureza outra coisa, ou seja o que estava ali desde sempre: a *função* paterna, que não é a *imago*.

---

[2] Cf. *La filiation et l'adoption*, Michèle-Laure Rassat, P.U.F., 1976. E o artigo notável de Sylvie Deniniable, "le Droit du père", na revista *La Liberté de l'esprit*, n° 4, out. 1983. "Qu'est-ce qu'un père?", Balland ed., pp. 53-76.

Uma leitura de Freud

Mas o que fazer hoje com o Édipo? É operatório na prática analítica? Não é, no entanto, o pivô de toda análise, sem o qual ela vira um delírio a dois? Mas o que o Édipo se tornou *após* Freud, na literatura analítica, é utilizável na prática?

Com efeito, se partirmos da espontaneidade da criança, de suas pulsões, como se diz, por que teria ela por si só um desejo privilegiado, exclusivo, *pela* Mãe? Apesar da exaltação social do corpo da Mãe e de seu bom leite, ela está longe de ser a única, e cada vez mais, a cuidar da criança após o nascimento. Mas, mais ainda, por que, em razão de seu desejo pela Mãe, a criança seria hostil ao Pai, no entanto, de hábito, tão gentil, gentil? A criança seria naturalmente monogâmica? Em que, pois, a Mãe seria "sem mais nem menos" o paraíso desejado e não o lugar do capricho e da angústia?

Coloco estas questões falsamente ingênuas para simplesmente lembrar o que pode dar o esquecimento do texto freudiano. Foi nesse contexto de esquecimento que é o freudismo que Lacan, nos anos cinqüenta, instaurou um retorno a Freud para que o Édipo ficasse de pé e fosse outra coisa que um objeto puramente especulativo, digno de respeito longínquo, ou de derisão.

Esse retorno a Freud é uma inversão da questão: o que é primeiro não são os avatares da pulsão da criança, mas o registro simbólico *de onde* eles se engendram e *onde* a criança tem seu lugar ou não. O que é primeiro não é o desejo da criança pela Mãe, mas o desejo desta. Mas *qual* desejo? Qual é a causa dele? Esta é a questão primordial: *che vuoi?* Que quer ela? Assim, o Outro, lugar dos significantes, ali onde se articula o *che vuoi?* é primeiro.

Está aí a coerência do texto freudiano: há primazia do simbólico sobre o imaginário e o real, uma vez que só o simbólico permite distingui-los um do outro. Com efeito, a resposta ao *che vuoi?* será encontrada pela criança na ordem simbólica e em nenhum outro lugar, na medida em que o significante paterno está colocado nessa ordem. Mas em que *condição* necessária? Que o significante paterno esteja na Mãe, tomando lugar em vez do Outro. Então, o significante, enigmático para a criança, da presença e da ausência do corpo da Mãe que-vai-que-vem, é substituído por outro significante, que Lacan nomeou com este nome de *Nome-do-Pai*: substituição metafórica, estrutura mínima que sustenta o resto. O efeito dessa não-foraclusão se manifesta em certas circunstâncias bem particulares de nossa existência. Habitualmente, somos sustentados pela relação com nosso semelhante, relação de espelho a espelho: eu o sou para o outro, ele o é para mim. Aí, o que Lacan nomeia a "grade imaginária"[3] parece ser suficiente[4]. Mas, quando nomeado presidente da Corte de Apelação de Dresdem, devo dirigir colegas até vinte anos mais velhos que eu..., quando minha mulher me informa que dentro de nove meses vou ser pai de uma criança..., quando meu médico me informa que ficarei estéril para sempre, então, então a relação imaginária sobre o ser-pai não basta mais. Uma falha nela se abre, de onde apelo para o Nome-do-Pai. Se não estiver foracluído, se responder, se se sustentar por si mesmo, neste caso sim, posso não delirar e sustentar a função paterna.

O Nome-do-Pai – é preciso lembrar? – não é o patronímico, ou seja, o nome do pai legal, legitimado pelo Estado, nem a sílaba repetida pa-pa, mas o que vai dar significação *à* criança, a partir do significante do desejo da Mãe, o que nela falta: quero dizer, o falo simbólico.

Assim, por via de conseqüência, o Nome-do-Pai *na* Mãe será o fundamento de onde se origina *para* a criança o que é chamado a autoridade paterna. Sem este fundamento, o Pai poderá ser tudo o que quiserem em sua *imago*: forte ou fraco, presente ou ausente, gentil ou tirânico, trabalhador ou preguiçoso, ligado à mulher ou leviano..., pouco importa! Sem este pivô, sua fala não tem outro *efeito* sobre a criança senão o de chover no molhado: "o ponto em que queremos insistir", escrevia Lacan, "é [...] da importância que a mãe dá à fala do pai, digamos com clareza, de sua autoridade, em outros termos, do *lugar* que ela reserva ao Nome-do-Pai na promoção da lei"[5]. Com efeito, para que o pai ocupe um lugar é preciso ainda que este lugar exista primeiramente na estrutura, lugar

---

[3] J. Lacan, *Écrits*, Seuil, Paris, 1966, p. 55.

[4] Esta é "a amizade no sentido em que Aristóteles dela faz a essência do laço conjugal" (ibid., p. 574); por exemplo, o vínculo de Schreber com a mulher.

[5] J. Lacan, op. cit., p. 579.

que em seguida ele preencherá à sua maneira, mais ou menos bem; nesse sentido, todo pai é não adotivo, mas adotado.

Aí está! Pois bem, isso não é lacaniano, é freudiano. É a função edipiana, tal como Freud a evidenciou por sua descoberta do inconsciente. Lacan não a inventou, ele a *leu*: "Freud nos revela que é graças ao Nome-do-Pai que o homem não fica ligado ao serviço sexual da mãe"[6]. Lembrem-se do adágio jurídico que Freud gosta de citar: *Pater incertus est, mater certissima*. Já que é *incertus*, para isso a criança precisa da fala atestante da mãe sobre o pai; nenhuma visão da imagem do pai, por mais paterna que seja, pode isso suplementar.

Há primazia do simbólico em relação ao imaginário, primazia que determina a interpretação. Assim, no sonho seguinte de um homem: "Vejo-me no quarto de meus pais. Diante de mim está meu pai, de pé; ele está grávido e me estende uma nota de 5.000 francos". Será que vamos dizer: é um desejo íntimo de que o pai o materne e cumpra um *papel* materno? Seria deixar-se prender pela imagem do corpo grávido. Muito pelo contrário, sendo levado em consideração o resto diurno e o encontro da véspera com o patrão (do latim: *patronus*), o que está em jogo é uma anunciação: que o pai o engendre por uma promoção profissional cujo valor está significado pela entrega de 5.000 francos a *mais*! O "mais" do ventre paterno é ato de engendramento com um mais de valor esperado. Pelo *viés* da imagem do corpo grávido, o pai é instituído numa função simbólica de paternidade, como a *couvade* em certos países. *Mas*: porque o Nome-do-Pai já estava ali, no grande Outro.

Freud segura bem forte essa corda, e é sua força. Lembrem-se de como ele lê o que determina o sintoma do Homem dos Ratos; ele recolhe o dito da mãe *sobre* o pai: ele abandonou aquela que ele amava por ela ser pobre, tirou dinheiro do caixa do exército e não o devolveu, etc.

Não insisto nesse ponto; tomo-o como adquirido: é a herança de Freud. Mas, por outro lado, coloco as questões que continuam pendentes com o Nome-do-Pai para a criança? Questões que permanecem: o que acontece, em retorno, com o sujeito dito paterno em *sua* relação

---

[6] Ibid., p. 852.

com o Nome-do-Pai? O que acontece com o pai *real*? O que é introduzido pelo *processo* analítico, com Freud?

A demanda do analisando

Para isso, vou começar de outra maneira: da relação analítica tal como é instaurada pela fala do analisando. Processo de histerização da fala em razão da regra fundamental da associação livre, pela qual se dizem as formações do inconsciente, dentre as quais o sintoma. Assim, Freud deixou falar Anna O., Emma, Dora, o Homem dos Ratos e outros após eles. Ora, a cada vez, de que faz sinal o sintoma pela boca deles, no que concerne ao pai?

A cada vez, o pai é um mestre: pai *enquanto* mestre, isto é, um sujeito que suporta ser idêntico a seu próprio significante, um sujeito que se identifica com o significante paterno que o representa. É mestre uma vez que faz *Um* com a palavra de ordem do enunciado do comando, com o imperativo que faz andar o corpo da criança: *pater familias* não é o genitor, e sim o chefe. É o domínio, a eu-cracia sobre o corpo do outro... e acrescento: sobre o *dele*.

> "Sou mestre de mim, como do universo.
> Eu o sou, quero sê-lo...".

Falas de Cinna: na tradição romana, em caso de derrota política, isso implica o suicídio voluntário. Por quê? Porque o sujeito se identifica com o significante que o representa. Quando este não se sustenta mais aos olhos da opinião, o sujeito desaparece com ele. Assim, na tradição militar da marinha, um comandante afunda com seu barco; permanece a bordo até o fim. O que, notem, não é o caso na aviação: o piloto salta de pára-quedas. Dissolver a escola que se fundou é suicidar-se, na *medida* em que se está em posição de mestre enunciando a palavra de ordem "dissolvei!" (e não o indicativo: dissolvo): senão, bem ao contrário, é autorizar-se a viver de outra maneira, não se identificando com suas obras.

Ora, o pai-enquanto-mestre é aquele que, preocupado com o domínio, não conhece o gozo: dele nada sabe e nada quer saber. Está castrado (o que, como veremos, não é a castração). Ora, é disso mesmo que padece o filho ou a filha, analisando-histerizando-historiando* seu passado. Ele ou ela introduz a questão sobre o que acontece com a relação sexual, interrogando a verdade dessa relação para daí tirar um saber. É a demanda analítica: o saber do que estabeleceria relação entre o homem e uma mulher. Por que o domínio? Por que o que convém à vida profissional e à conduta dos assuntos públicos conviria à paternidade oriunda do conjugal?[7] Por seu sintoma, ele ou ela encarna essa questão para *desmascarar* a verdade e o segredo dessa posição do pai e *revelar* a relação do mestre com o gozo. Ele ou ela faz sinal da privação do pai excluído do gozo, *pela* própria privação dele ou dela: sinal de seu vínculo de solidariedade com o pai. O analisando quer um mestre para ser mestre como ele; mas o sintoma não deixa de fazer questão. Com efeito, é isto a função do Pai? Ser um mestre?

Mas convém não irmos rápido demais! Vejamos primeiramente isto: o que Freud ouviu desta questão e o que sobre ela escreveu?

O amor pelo Pai

Em seus dois mitos sobre o pai, Freud toma impulso no que foi dito pela boca de seus analisandos; ele assume a continuação. Diz, por sua vez, que o pai enquanto agente no discurso do mestre está, desde a origem, castrado. Mas diz isso dissimulando-o em dois mitos edipianos: o de Sófocles e o seu em *Totem e tabu*. Diz isso dissimulando-o, mas podemos decifrá-lo se lermos esses mitos como uma fala de analisando a contar um sonho, se os lermos como o conteúdo manifesto de um sonho. Com efeito, o mito não é o lugar onde a verdade se diz? O modo conforme o qual, em sua estrutura de ficção, a verdade fala, mais exatamente, se semidiz, pela metade, não-toda?

---

* No original *hystorisant*, amálgama de *hystérie* e *historisant*. (NT)

7 Testemunha desta confusão este enunciado de De Bonald: "No pai está o *poder*, isto é, a vontade e a ação de produzir e de conservar, ou de desenvolver a inteligência da criança... O pai age para a conservação como para a produção por *meio* ou pelo *ministério* da mãe". *Démonstration*, p. 95.

É esta a nossa via, se assim tomarmos Freud em seus textos e se os lermos analiticamente. Será para salvar Freud, Freud salvando o Pai? É a isto que teremos de responder.

Ora, o que lemos nesses relatos? Que o assassinato do pai, longe de ser o acesso ao gozo da mãe, muito pelo contrário, o proíbe. A partir desse assassinato se edifica a interdição da mãe. Eis algo bem curioso!

Partamos do segundo mito, mais claro que o primeiro, já que o próprio Freud o constrói. Tomemos as diferentes seqüências do mito de *Totem e tabu*, na ordem em que foram engendradas, como seqüências do conteúdo manifesto de um sonho. Vamos ver como se engendra o que, sete anos mais tarde[8], Freud vai chamar a identificação *primeira* da criança: com quem? Não com a mãe, como se poderia imaginar, mas com o pai. Identificação de puro amor com um pai digno de ser amado[9]. E, no dizer de Freud, como? Aí está a palavra mestra: por *Einverleibung*, por incorporação.

Mas descrevamos as seqüências do mito:

1) Primeiro, um pai todo-poderoso, um mestre, mestre possuindo não uma, mas todas as mulheres, no interior da horda.

2) Assassinato do pai pelos filhos e – por que não? – pelas filhas, que dão uma mãozinha aos manos.

3) Instauração da lei do interdito do incesto: não há divisão das mulheres do pai, mas a exogamia. A lei nasce da morte do pai.

4) Retorno do significante paterno, de *Der Vateranteil* (do elemento paterno), diz Freud; o pai volta como significante com o totem, depois, com o deus das religiões.

5) Mas enfim, e sobretudo, última seqüência, em que se desvela o essencial que é a realização do amor pelo pai: pelo banquete totêmico, pela *incorporação* do significante paterno, há estabelecimento do vínculo social e fundamento da sociedade. Há, diz Freud, um "*kinship*"[10], um "*social*

---

[8] Nesse texto do capítulo VII sobre a identificação de "Psychologie des groupes et analyse de moi".

[9] Cf. Lacan, Seminário de 17 de fevereiro de 1970 (inédito).

[10] *Totem und Tabu*, em *Studienausgabe*, Band IX, Fisher Wissenschaft, p. 420.

fellowship"[11], em virtude de uma substância comum (*gemeinsamen Substanz*), feita de uma mesma matéria (*ein Stoff*). Por incorporação do totem, com efeito, opera-se uma identidade de substância[12]. O jogo é claro: trata-se, pelo ato de absorção – *Die Akte des Verzehrens*[13]–, de realizar uma identificação, isto é, uma apropriação – *Die Aneignung* – dos atributos – *der Eigenschaften* – do Pai – *des Vaters* – do próprio Pai[14]. É esta a *Befriedigung*, a satisfação, o benefício obtido.

Assim, o que anima a articulação significante desse sonho-mito é o amor pelo Pai. E Freud vai colocá-lo, em 1921, como identificação primordial. E age sem rodeios. Ao construir, a partir de 1920, sua segunda tópica, fará desse amor o princípio mesmo do Supereu. Surpreendente engendramento! O Supereu é o legado, a herança do complexo de Édipo superado. Ora, de onde vem essa herança? Freud não hesita: em *Mal-estar na civilização*, de 1930, ele escreve no capítulo 7:

"Uma vez o ódio satisfeito pela agressão, o *amor* aparece no remorso do crime; ele erigiu assim o Supereu mediante a *identificação com o Pai*; ele lhe dá (a este Supereu) a *potência* do pai – *Die Macht des Vaters*". Qual? "Aquela que ele *tinha* de punir por ato de agressão contra ele". Enfim, acrescenta, "o amor levantou restrições morais destinadas a impedir o retorno da agressão"[15].

É bem claro: o amor engendra o Supereu, Supereu constituído por identificação com os traços do pai, particularmente com sua *potência*. Daí vêm a cultura, a moral e a religião.

Ora, se lermos isso como um discurso de Freud analisando e dando seu mito, o que deciframos? Por que esse estranho processo? Por que o voto de morte do pai, depois o assassinato efetivo culminam no amor pelo pai? O que se desvela no final *já ali* estava de início: esse amor. E endereçando-se a quem? A que tipo de pai? A que *figura*? Para sabê-lo, basta, como em todo sonho, virar-se para a primeira seqüência: ali, no início, o que há? Há, para os filhos homens, *um pai enquanto mestre*, um

[11] Ibid., p. 418.
[12] Ibid., p. 422.
[13] Ibid., p. 426.
[14] Ibid., p. 429.
[15] *Malaise dans la civilisation*, Paris, P.U.F., p. 90.

pai *privador*. É este pai que é amado e nenhum outro[16]. Como dizia um dia Lacan, a propósito de *Totem e tabu*:

"É na medida em que os filhos homens estão privados de mulheres que eles amam o pai"[17]. "Coisa estonteante!". Pois bem! temos que avançar com esta lógica... para ir mais adiante.

Freud salva o Pai

Poderíamos fazê-lo em direção à foz com o *Moisés* de 1939 e mostrar sua palavra-chave: "desculpar" o pai. *Entschuldigen Sie*: "desculpe-me"; é fácil demais! *Entschuldung* é a desculpa! Mas, para ir rápido, contentemo-nos com a nascente, ou seja, com o primeiro mito, aquele tomado de Sófocles: o de Édipo.

Freud faz aí uma seleção. Ele não toma todo o relato grego. Escolhe o que o interessa: é um bagaço de mito. Escolhe em função de dois votos inconscientes, o assassinato do pai e o gozo da mãe, fazendo do primeiro a condição do segundo. Já é uma deformação do relato grego, em que Édipo chega ao trono e por aí a Jocasta por ter vencido a Esfinge. Mas, por outro lado, aquilo em que Freud insiste é isto: Édipo, escreve ele em 1916, "fez tudo para escapar à predição do oráculo"[18] e fracassou, cumpriu a predição. E era, no entanto, um *mestre* todo-poderoso e sábio; venceu a Esfinge ao dizer a verdade sobre o que é *o* homem, o homem em geral, mediante o que, crendo saber, desconheceu o que ele era, ele, em sua singularidade, na singularidade de seus desejos criminosos. Por não ter reconhecido seus desejos, fez com que agissem numa passagem ao ato. Por não ter encontrado tempo para "conversar fiado*", matou Laio. Miserável mestre, decaído, nem sábio, nem potente! É isso mesmo que Freud escolhe entre as aclamações do coro:

---

[16] É nisso mesmo que Freud mantém a religião: fazendo sustentar o Édipo pelo amor pelo Pai. Mas Lacan, interrogando Freud, tentou separar bem a psicanálise da religião.

[17] Seminário de 11de maio de 1976 (inédito).

[18] *Introduction à la psychanalyse*, Paris, Payot, p. 311.

* Em francês *laïusser*, formado a partir de um *Laïus* [Laio], discurso, blablablá. (NT)

> Vejam este Édipo, que adivinhou os famosos enigmas! Este homem muito poderoso, qual é o cidadão que não olhava sem inveja sua prosperidade? E agora, em que fluxo terrível de infelicidade está precipitado[19]!

Ora, qual é a marca desse preço a pagar, da dívida indicada pelo mito e que Freud aponta rapidamente, com presteza, por esta simples frase: "Édipo", diz ele, "pune-se furando os próprios olhos"[20]. O que se indica aí é que, ao ter querido estar em posição de mestre que regra a verdade sobre o homem, pois bem! ele se automutilou, ele se castrou. É este o preço!

Daí a questão: essa autopunição não vem, em fim de percurso do sonho-mito, *no lugar d*o que faltou: a castração propriamente dita? Não foi isso que faltou e que nos sinaliza este sintoma social que é a peste abatendo-se sobre a cidade de Tebas?

Empreguei o nome castração. É uma noção que ainda está para ser esclarecida quando se fala de filiação e paternidade. Retomando o mito grego, Freud toma por sua conta esta seqüência significante: assassinato do pai, gozo da mãe, dívida dos olhos a pagar. O assassinato é posto na origem, como condição primeira. Ora, afirmo isto: em seu conteúdo manifesto, essa apresentação tem por função *salvar* o Pai, protegê-lo. Com efeito, ela serve de cobertura, de máscara a esta verdade latente: que só há sucessão pai/filho, pai/filha, de transmissão da castração. Ora, a castração que o (ou a) atinge nada mais é que *aquela* mesma do pai: só há herança disso.

Ora, o relato freudiano – e é bem esta a dificuldade! –, ao fazer crer que a herança viria da morte do pai e que é preciso então matá-lo, mantém e salvaguarda o que é suposto de início, ou seja a *imago* de um pai de alta estatura, de um pai que faria a lei e que deveria, portanto, ser suprimido para fazê-la, por sua vez. Daí o paradoxo bem constatável clinicamente: só há voto de morte em relação a um pai enquanto mestre e chefe, colocado assim pela criança, porque o pai assim quis se colocar, *ainda* que não tenha conseguido isso. Pois, de qualquer modo, o voto de

---

[19] *L'interprétation des rêves*, Paris, P.U.F., 1967, p. 229.

[20] *Introduction à la psychanalyse*, op. cit., p. 311.

morte concerne ao Pai ideal, medalhado, marcado desse pai para sempre (a sociedade o aprova de bom grado pela legalidade!), aparecendo tanto mais na pureza e na perenidade do título porquanto se excluiu do gozo e está esgotado. Ora, se, para o filho ou a filha, o pai tem o falo *como* chave do gozo, então, com efeito, ao morrer, ele a leva consigo para o túmulo: transmissão fracassada!

O saber do impossível

Ora, por que Freud salva o pai pela cobertura desse conteúdo manifesto? A resposta, ele vai nos dar mais tarde, em 1914, com *Totem e tabu*, depois com a segunda tópica, como mostrei: porque o ama. *Père-version* em duas palavras, dizia Lacan, versão para: o filho, a filha, volta-se para o pai edipiano digno de ser amado. O que há, com efeito, de mais belo no mundo?

Mas o analista pode contentar-se com isso? Ir hoje com Freud mais longe que Freud, para além do amor pelo pai, supõe que se leia o texto freudiano, isto é, que se produza outro texto. E, por aí, é responder a isto: o que é que assim se fomenta sob a égide do assassinato do pai? Será a manutenção do amor ou o engendramento de outra coisa? Responder a isso é obter em fim de análise isto: a instauração, não da impotência em falar do pai, mas a do enunciado do impossível. Trata-se, com efeito, de engendrar este impossível entre um filho ou uma filha e um pai que é o *não saber do gozo do pai*. Este impossível é o que, em termos freudianos, se chama a castração. E o que o estabelece é o pai *real*, como pai *do* real, ou seja, do impossível.

Prossigo, então, explicando-me quanto a este ponto. Bem no início, com o Nome-do-Pai, falei do Pai simbólico, depois de sua primazia em relação ao imaginário. Neste momento, falar da castração (que não é o ser-castrado, efeito da eu[*je*]-cracia!) é passar a outra relação, não mais entre o simbolismo e o imaginário, mas entre o simbólico e o real. É uma via que só foi entrevista por Freud e que Lacan tentou trilhar ao longo dos dez últimos anos de seu ensino.

Partamos do que diz Freud, como que num sonho, em seus dois mitos: como se articula em significantes o impossível de onde surge o real? Por isto: o assassinato do Pai *não* dá acesso ao gozo da Mãe. No mito de Édipo, o filho encontra a infelicidade e deve deixar Jocasta. No de *Totem e tabu*, ainda mais claramente, o pai primordial leva consigo na morte o que acontece com seu gozo: as mulheres estão mais do que nunca proibidas após sua morte. Eis a articulação de Freud.

Mas isto deve ser lido como da mais alta comicidade, no sentido de que não aparece por que o surgimento do real como impossível se originaria *necessariamente* do cumprimento de *um* voto de morte do pai, de um *Wunscherfullung*. É neste ponto que somos chamados como analistas. Vamos, por nossa interpretação, aprovar este voto de morte no filho ou na filha, isto é, sonhar também? Ou vamos, ao contrário, acordar deste sonho?

O efeito de real da interpretação

Tomo dois exemplos:

1) Leio o sonho que o cineasta *Luís Buñuel* nos conta em suas Memórias intituladas *Meu último suspiro*. Sonho muito próximo do de um paciente de Freud, assim transcrito na *Traumdeutung*: "Seu pai estava de novo em vida e lhe falava como de hábito, mas tinha morrido e não sabia disso[21]". Eis agora o texto de Buñuel: "Sonho com meu pai. Ele está sentado na mesa familiar. Seu rosto é grave. Ele come lentamente, muito pouco, e mal fala. Sei que ele morreu e murmuro à minha mãe ou a uma de minhas irmãs sentada perto de mim: *não devemos principalmente lhe dizer isso*[22]".

Vamos nos contentar com a interpretação da *Traumdeutung*, isto é, com o que Freud *acrescenta* para dar sentido ao conteúdo manifesto? Ou seja, à frase "Sei que ele morreu", acrescentar "segundo o voto de morte do sonhador"; e, ao pedido dirigido à mãe "Não devemos principalmente dizer isso ao pai", acrescentar: "que o sonhador fazia este voto", ou "é preciso que o segredo permaneça entre a mãe e o filho"? Não acho isso.

---

[21] *Traumdeutung*, tradução francesa, p. 366.

[22] Luis Buñuel, *Mon dernier soupir*, Paris, Laffont, 1982, p. 113.

O que se engendra aqui pela articulação desse conteúdo manifesto não é o real da castração de todo pai? O pai enquanto tal não é o mestre da morte: ele não a conhece. Se sabe que está fadado à morte, por um saber geral, "Todo ser vivo é mortal", não sabe subjetivamente de *qual* morte, a que data... Sua morte não é reconhecível. Algo nele não sabe e permanece não simbolizável, por um recalcado irredutível, *Urverdrangt* diria Freud, lugar do sujeito da enunciação de onde se origina todo enunciado. O que o sonho de Buñuel instaura sob a égide do voto de morte é este enunciado do impossível: o pai não sabe de sua morte, logo, não se *deve*[*] principalmente lhe dizer isso. Esse saber falho cai, e não posso, portanto, eu, seu filho, lhe dizer isso, sob pena de transmitir-lhe um *falso* saber. Em suma, o filho não salva o pai, como queria Joyce, ele não o poupa. Por outro lado, *recebe* do pai a castração, que é o não-saber sobre seu gozo de pai fadado à morte: não-saber que é a única herança a ser transmitida de pai a filho ou a filha.

Ao dizer isso, também, não salvo Freud, tomo-o ali onde ele parou, em seu obstáculo intransponível.

2) Segundo exemplo: "O pai *real* é o espermatozóide", dizia Lacan. Há muito tempo o ser falante vem se interrogando sobre o que faz com que uma mulher fique grávida e dê à luz, num dia ou numa noite, uma criança. O progresso do *saber* sobre a geração dita biológica levou a discernir o que disso é o fator determinante do lado masculino: a presença e a ação de um ser unicelular, nomeado não um, mas o espermatozóide. A própria história dessa *nomeação* mostra certamente que esta é o efeito de uma incidência significante, o fruto da articulação laboriosa de um longo discurso procedendo a um só tempo por exclusão e por determinação[23].

Ora, esse saber sempre mais preciso e mais exato sobre a reprodução do ser vivo inscreve mais do que nunca o que de estrutura ali estava desde sempre: o impossível de *demonstrar* o verdadeiro da paternidade. Com efeito: vai-se dizer que uma criança é filho ou filha de *tal*

---

[*] Jogo homofônico: *il ne faut pas* [não se *deve*], *ce savoir faut tombe* [esse saber *falho* cai] e *ce faux savoir* [esse *falso* saber]. (NT)

[23] Cf. em anexo, o artigo de Didier David, "Imaginaire de la procréation et insémination artificielle".

espermatozóide? Há aí algo que claudica, que tropeça. Mas por que este tropeço?

A ciência biológica mostra bem, no entanto, que há hereditariedade genética entre o pai e a criança *pelo* espermatozóide. Não é negável. O engendramento implica bem, aí, uma transmissão inteiramente determinada. Respondo a isso: é determinado em geral, no geral do discurso da ciência: *todo* genitor transmite seus próprios genes à criança. É determinado, mas na particularidade de tal pai ou de tais filho ou filha, é determinável? Todos podem, é certo, fazer análises do sangue, do fator Rhésus, etc, mas, então, a que chegam por essa via da prova científica *dita* da paternidade? Apenas a um julgamento de exclusão, um enunciado negativo: "Fulano não é o pai!", mas não à designação: "Fulano é o pai!"[24].

Mas vamos mais longe mesmo assim: a I.A.C. (Inseminação artificial intraconjugal) e a I.A.D. (Inseminação artificial com doador) não permitem, graças à disjunção controlada entre a inseminação e o ato do genitor, estabelecer uma relação entre tal criança e tal espermatozóide vindo de tal doador? Assim pareceria, com efeito. E, no entanto, a incerteza permanece quanto à *mãe*: não há saber sobre ela; os "cintos de castidade" nunca forneceram garantia, não mais hoje do que no tempo das Cruzadas. O filho ou a filha em busca de filiação não podem evitar a escolha de dar *crédito* ou não à fala da mãe, ou seja, encontrar por aí o impossível de demonstrar o verdadeiro da paternidade. Este é de outra ordem: não de demonstração, mas de fé.

E, no entanto, ainda: a fecundação *in vitro* não afasta, enfim, toda dúvida e toda suspeita? Pois bem! aí tampouco; é a uma fala, à fala do médico, é à escrita do dossiê que ele preencheu que será preciso dar crédito ou não. *Ninguém pode assistir à própria concepção.*

Em suma, sempre se introduz "o impossível de demonstrar o verdadeiro no registro de uma articulação simbólica"[25]. É assim que se colo-

---

[24] Cf., sobre este ponto, o artigo do "inventor" do método, a Dra. Denise Salmon: "La preuve scientifique de la paternité", *Droit de la filiation et Progrès scientifique*, Paris, Economica, 1982. Citado por G. Delaisi de Parseval e Alain Janaud, *L'enfant à tout prix*, Paris, Seuil, 1983, p. 268.

[25] Lacan, Seminário de 11 de junho de 1970 (inédito).

ca o real. Esse lugar tem por borda o *Vergreifen* freudiano, o engano, borda do furo no simbólico. O saber falha; e essa queda do saber tem efeito de verdade para o pai, como para o filho ou a filha – para o sujeito preso nesta falha que é o próprio engano. Esse saber que falha, e que se tornaria falso se não falhasse, permite, em troca, pela borda que ele delimita, que o saber se preocupe, enfim, com a verdade do ser-pai: que, esta, é da ordem do dizer ao qual o sujeito dá crédito conforme o que ouve "por trás do que se diz"[26]. Nesse lugar instaurado pelo "tu és meu filho, minha filha" se engendra o sujeito do "eu sou teu pai", o locutor recebendo sua própria mensagem sob forma invertida[27]. É este o vínculo paternidade/filiação.

Ora, esse próprio vínculo *se origina do* impossível da demonstração quanto ao "*quid*" do engendramento. Desse não-há-saber sobre o *quid* da geração pai/filho ou pai/filha nasce um passo à frente sobre o dizer-verdadeiro[28]. Sem esse saber do impossível se estabelece um falso saber da relação paternidade/filiação, articulado em termos de *fecundidade* e de *esterilidade*, ou seja, de potência e de impotência em preencher uma mulher "fazendo-lhe" filhos. Avatares do narcisismo masculino vindo de uma posição de mestre e não de pai enquanto tal – cujos filhos e filhas pagarão as contas –, dívida a pagar repondo em jogo, pelo sintoma, o saber sobre o gozo, de que o mestre se excluiu.

A função paterna

Por esses dois exemplos, mostrei o lugar do real da paternidade, por onde se introduz a castração simbólica. Com efeito, o que se joga e se busca sob a égide do ódio pelo pai? Não o acesso ao gozo da mãe, mas a

---

26 Lacan, "L'Étourdit". *Scilicet 4*, Paris, Seuil, 1973, p. 5.

27 Dizer para não identificar ao discurso jurídico editando os direitos do pai legal.

28 O saber biológico e seus efeitos técnicos de intervenção relançam hoje questões antigas. Como sublinha o artigo de J. Moingt aqui publicado, já os teólogos cristãos, a partir do século IV, querendo fundar a paternidade sobre a geração (e não o inverso), foram levados a demonstrar o *quid* dessa geração: fecharam-se, assim, num dilema de ordem ontológica: "A razão teológica impedia a simbolização da paternidade". Daí se seguiu até os nossos dias a ética sexual que conhecemos.

castração do pai como transmissão exigível de minha própria castração. Com efeito, se o pai não a transmite, *só* posso então endereçar-lhe a reprovação de ter-me feito tão mal; pois o ódio só se dirige àquele que está em posição exaltada de Criador e mestre e, se me considero, pois, mal feito, só pode ser por culpa dele. Assim, está em jogo encontrar, sob a égide da articulação do ódio, o *real* da paternidade, ou seja, a castração, segundo a qual o Pai não se basta a si próprio, não cria a lei como um Deus criador, mas está submetido à lei *do* desejo. E ele só representa e só sustenta esta lei na medida em que dela padece encontrando a causa de seu desejo fora dele nesta mulher, que chamo minha Mãe.

Termino, portanto, dizendo que o único *fiador* da função paterna é a posição de um homem que *fez* de uma mulher a causa de seu desejo. O que acontece com ela, em contragolpe, como mulher não é mais importante (o Nome-do-Pai nela estando suposto *quoad matrem*!). O importante quanto ao Pai está alhures: se ele está *voltado para* essa mulher, então ele pode cuidar de seus filhos, sem procurar estabelecer com eles uma relação de gozo. Assim, o que lhe diz respeito, ele quanto a seu gozo com a mãe de seus filhos, permanece atrás do véu do *semidizer*, coberto pelo manto de Noé: nada a saber, de modo que *sobre* essa janela vazia de saber o filho ou a filha possa ali colocar a tela da fantasia dele ou dela.

Sem esse justo semidizer, o pai cai na perversão*: "Nada pior do que um pai que profere a lei sobre tudo", controla tudo, dá *voz* sobre tudo. Ele encontra a cumplicidade da criança que, por amor pelo pai, se volta para ele: sadismo do lado do pai, masoquismo do lado da criança (único caso, aliás, em que se pode falar de sadomasoquismo!). Voz, voz grossa, provocada de um lado, jaculada, do outro!

Freud chama isso o Supereu: concordo. Mas o que merece que o interroguem é que faça dele o único herdeiro do Édipo.

---

* Trocadilho: *Le père verse* [o pai cai] na perversão, mas também *le pervers* [o perverso] na perversão. (NT)

De um que diz não

Bernard Casanova

ACONTECEU-ME TER A PRETENSÃO de querer ocupar-me de lógica e bem rápido perceber que era ela que me ocupava; ela ocupava os lugares, e lá deixando algumas pegadas, como, por exemplo, em curiosos sonhos em que as fórmulas da sexuação se animavam em estranhas relações...

Mas o fato de que tocar na lógica produzisse algum efeito não deveria ter me espantado, se a lógica é o que se tem de melhor para se pôr sob a mão – é uma escrita – para inventar o Real.

Lacan achava que a lógica era algo "formidavelmente prazeroso... por ter a ver com o campo da castração"[1].

Em suma, querendo trabalhar a lógica, fui trabalhado por ela e, passando aí do ativo ao passivo, posso perguntar-me se estou na gramática ou na diferença dos sexos; a não ser que feminilidade e masculinidade sejam precisamente um assunto de gramática e de lógica.

Intitulei esta exposição, "De um que diz não", retomando assim certos ditos de Lacan de 1972[2]. Existe um, ao menos um, para quem $\mathbf{\Phi} x$ não é verificado, ou não é verdadeiro, ou é negado; e cuja escrita é esta: $\exists\, x.\ \overline{\Phi x}$; e Lacan acrescenta mais tarde: e isto o que chamamos a função do pai"[3].

---

[1] J. Lacan, *Ou pire*, de 15-12-71.

[2] Id. *Le savoir du psychanalyste*, de 1-6-1972.

[3] Id., *Encore*, Le Seuil, p. 74.

Existe um que diz que não: formulação importante, uma vez que forma o par existência e dizer.

Mas, isto estando escrito, devo escrever as outras fórmulas, ditas da sexuação; sou a isso obrigado, pois não seria lógico isolar assim uma, elas formam a quatro um conjunto; e obrigado a escrevê-las, já que são apenas escrita. A caligrafia teria tido aqui seu lugar, mas minha escrita estará, sem dúvida, mais próxima dos grafites; eles podem convir também, sabemos bem a conivência, a cumplicidade do sexo e dos grafites. Escrevo-os:

$$\begin{array}{c|c} \exists x.\ \overline{\Phi x} & \overline{\exists x}.\ \overline{\Phi x} \\ \hline \forall x.\ \Phi x & \overline{\forall x}.\ \Phi x \end{array}$$

Estas fórmulas são bem conhecidas. Volto a elas, no entanto, para comentá-las rapidamente e peço desculpas por isso junto àqueles a quem elas são familiares; mas também me pareceria inquietante que o "não há relação sexual" pudesse algum dia tornar-se familiar a quem quer que seja.

Nada diferencia a parte esquerda, dita homem, da parte direita, dita mulher, nada os distinguiria se não houvesse a negação. É a ausência ou a presença da negação, e seu lugar, que vão nos determinar quanto a nossa relação com o sexo. Neste quadrante da sexuação, a diferença consiste num jogo de negações; eis o que é desconcertante.

Escrever estas fórmulas é escrever a impossibilidade de escrever a relação sexual, toda escrita fazendo apenas repetir essa impossibilidade mesma.

Voltando agora a este "x" que existe e que diz que não, gostaria de ressaltar rapidamente a contradição muito notável entre o existencial e o universal à esquerda. Todos dizem sim – se adotarmos esta leitura de dizer afirmativo ou negativo –, exceto um que contra-diz dizendo não; vale dizer que há um todos com uma exceção, ou melhor, por, graças a, pela graça dessa exceção. Para que a universal seja possível, há necessidade da exceção. Este um-excetuado assegura o todos.

Em outros termos, é redizer que não há conjunto que possa funcionar sem um elemento exterior ao, ou ejetado do conjunto. E se esse elemento ejetado, expulso, concerne ao pai, enquanto função, o pai ex-siste ao conjunto, como um ex-pai, para retomar o *e-pater* de Lacan que nos dizia, certa noite, em Sainte-Anne, que a função realmente decisiva do pai é de embasbacar [em fr. *épater*][4].

Essa existencial vai fazer limite à universal, esse um-excepcional vai delimitar o para-todo, é a borda dele; e é nisso que ele é o conjunto vazio, isto é, mais um elemento, aquele que permanece quando o conjunto é esvaziado de seus elementos. É o UM senão seguro, pelo menos com o qual se deve contar.

Outra maneira de dizer: quando se nomeia um conjunto, esse nome não faz parte dele, está necessariamente fora do conjunto. E é assim que o um que diz não nomeia. D. Sibony diz isso muito bem; cito-o: "o um surge de uma negação que tem valor fundador, valor de afirmação do conjunto. É um não criador que tem valor de nome[5]".

Se passo agora ao lado direito – mas em minha exposição talvez somente –, não há exceção que possa delimitar um todo. A exceção estando negada, não há universal possível. Pode-se dizer que à direita é *não todos sem* exceção, à esquerda, *todos não sem* exceção; e é esse desnível de um encaixe da negação que faz com que isso não tenha relação.

Uma jovem paciente me dizia de modo bem bonito, com uma pontinha de protesto, mas sobretudo muitas malícias: "eu não só não sou um rapaz, mas sou *a mais* uma moça". Lógica admirável! Sublinhei-lhe este "a mais" em que ouvi, quanto a mim, este gozo a mais, suplementar, este gozo para além de falo. Se a mulher está dividida em e por seu gozo, a parte que, nela, não que diz não – não há que diga não –, mas, pelo menos, que não diz sim, só pode ter as maiores afinidades com este "x" que, ele, diz absolutamente não. Ao fim do seminário de 1974, Lacan propõe como interpretação de $\exists$ x. $\overline{\Phi x}$: o lugar do gozo da mulher.

À vista dessas fórmulas lógico-matemáticas, uma questão talvez não deva ser colocada; pelo menos os matemáticos não a colocariam; não sendo nem matemático nem lógico, permito-me colocá-la bobamente: o que é que isso quer dizer? E, é claro, isso diz o que isso quer. Pois, se eu quiser ir mais longe – mas, precisamente, seria ir mais longe? E há um

[4] Podemos constatar o quanto, com o significante "pai", todos se acham obrigados a participar com seu jogo de palavras. Do que não nos privamos ao longo deste colóquio.

[5] D. Sibony, *Le Nom et le Corps*, Le Seuil, p. 232.

mais longe? – que esta leitura "existe um x que diz não a Φx", posso formular a questão assim: quem nega? E nega o quê?

A "quem nega?" rápido se responde que é o pai, e, dizendo isso, ei-lo que avança, este pai, seguido, é claro, de sua horda que todos sabem ser muito primitiva. Este pai-o-gozo*, pois gozando de todas, e que deve ser morto para que a lei de desejo se instaure para todos... e que a História comece! Quando dizemos: "$\exists x. \overline{\Phi x}$ é o pai", cruzamos um ponto, passamos de uma função lógica, ordenadora, necessária, à figura patriarcal mítica, pulamos da lógica ao mito; mas contar um mito não é, afinal, a melhor maneira de *dizer* essa lógica? O mito como relato da lógica, a lógica como escrita do mito[6].

Lacan dizia: "Há ao menos um para quem não funciona este assunto de castração, e foi bem por isso que ele foi inventado, ele se chama o pai"[7]. Freud inventou *Totem e tabu*. Ele escrevia em 1911 a Ferenczi: "Sou por inteiro *Totem e tabu*... desde a *Traumdeutung*, nunca escrevi nada com tanta convicção". Freud vai sempre manter esse mito, apesar das críticas por vezes muito vivas, já que vinte e sete anos mais tarde, em *Moisés e o monoteísmo*, ele a isso voltará, escrevendo em intenção de seus detratores: "... não poso de etnógrafo, mas de psicanalista, e eu estava no direito de tirar de dados etnográficos aquilo de que precisava para meu trabalho psicanalítico"[8]. Produção neurótica de Freud esse *Totem e tabu*, nos diz Lacan; sim, mas ele nos diz também que o Pai é, de certo modo, o produto do discurso analítico enquanto significante S_1 (onde reencontramos o significante um). A "convicção" de Freud ao elaborar seu mito correspondia a uma necessidade lógica cuja escrita lógica agora temos[9].

---

* Homofonia: *Ce père-la-jouissance* [Este pai-o-gozo] e *perd la jouissance* [perde o gozo]. (NT)

[6] Em *Totem e tabu*, se Freud, de fato, fala de assassinato do pai, ele também emprega a palavra *Beseitigung*, traduzida por supressão, mas que significa primeiramente: colocação de lado, colocação à parte, termo que vai, portanto, inteiramente ao encontro deste x excluído do conjunto de que falávamos.

[7] J. Lacan, *Ou pire*, de 15-12-1971.

[8] S. Freud, *Moïse et le monothéisme*, Col. Idées, Gallimard, p. 176.

[9] Falo aí de *Totem e tabu*, não de Édipo; não é nem um pouco a mesma história; Laio não é o nome do pai da horda. Quis-se por vezes fazer disso arranjos, mixagens, uma mistura de Totem, de Édipo e de Tabu, indo até uma espécie de submito que quase poderíamos chamar "Edem e Tadipo".

Enfim, negar Φx diz realmente por inteiro o que isso quer. Após leitura de Lacan e de alguns outros, bem pouco numerosos, aliás, a meu conhecimento pelo menos, que falaram dessas fórmulas, o que é negado, isso pode enumerar-se; é: a função fálica, a castração, a função da castração, o gozo fálico, não há relação sexual. Negando Φx, eis, pois, o que seria negado. É verdade que podemos ficar maravilhados, mas também talvez nos inquietar com a facilidade e a familiaridade de alguns(mas) com o que lhes aparece provavelmente como o bê-a-bá da teoria analítica; mas, em lógica, antes de dizer que b=a, olha-se isso mais de uma vez. Os termos dessa pequena enumeração são todos certamente leituras possíveis de Φx, mas nem por isso são certamente equivalentes.

Em dezembro de 1971, Lacan dizia isto, após ter falado da Filosofia das Luzes, para a qual o dia ainda não surgiu: "Vocês vão acreditar que está claro quando lhes direi que Φx quer dizer a função que se chama a castração; como vocês crêem saber o que é a castração, penso então que estão contentes, ao menos por um momento; no entanto, imaginem vocês que eu, se escrevo tudo isso no quadro... é porque não sei nem um pouco o que é a castração[10]".

Se a castração, para o ser falante, é de fato habitar a linguagem, essas fórmulas mágicas desenham várias modalidades de hábitat...

Talvez estejamos habituados demais a tudo isso, a todos esses termos, para podermos ainda nos espantar com o que pode haver de incongruente, até mesmo de indecente, nessa aproximação, nesse encontro entre o sexo e as matemáticas, a lógica e a relação sexual, o encontro entre Freud e Frege em Lacan.

Gottlob Frege é um contemporâneo de Freud. É considerado o fundador da lógica matemática moderna. Seu artigo, publicado em 1882, intitulado "Sinn und Bedeutung", foi traduzido por "Sentido e denotação"; a tradutora, Claude Imbert, se justifica e diz suas hesitações, quanto a *Bedeutung*, entre *significação, referência* e *denotação* para decidir-se finalmente por este último termo. Para Frege, esta denotação é o valor de verdade e desempenha o papel de um nome próprio. Cito Frege: "Por que o pensamento não nos basta? É na exata medida em que nos importa

---

[10] J. Lacan, *Ou pire*, de 15-12-1971.

seu valor de verdade... São a busca e o desejo da verdade que nos incitam a passar do *Sinn* à *Bedeutung*[11]".

Lacan, por sua vez, guardará a palavra "significação" para aplicá-la ao falo, e ao falo somente, até o ponto mesmo de "a significação do falo" se tornar um pleonasmo. A *Bedeutung* é o falo, esse ponto limite entre significante e gozo, esse nome próprio ao apelo do qual responde: nada. E é, no fim – ou no começo – das contas, a verdade dessa denotação fálica que o pai teria por função negar.

Mas parece-me que *Sinn* e *Bedeutung* devem ser entendidos bem além das acepções correntes de *conotação* e *denotação* e que há entre estes dois termos o mesmo corte que entre saber e verdade.

Frege opunha, como dois extremos, representação e denotação; entre os dois, ele punha o sentido. Então, livre a cada um ir de um lado ou do outro, embora sabendo, mesmo assim, pelo menos quando se ocupa o lugar do psicanalista, que "não há esperança alguma de atingir o real pela representação" (Lacan) e que o sintoma é algo que se escreve a partir do real. Passar do *Sinn* à *Bedeutung*, como desejava Frege, é ir contra a corrente do sentido, ir rumo ao fora de sentido, rumo ao saber que não sabe ele mesmo.

Em sua busca da verdade, Frege foi levado – são suas palavras – a inventar uma *Begriffschrift*, uma escrita de conceitos, que foi às vezes traduzida por ideografia. Embora sua escrita tenha sido abandonada em proveito da de Peano, de Russel e outros, o fato é que, em todas essas escritas lógicas, sempre se trata de jogos de letras.

É sempre à letra que se chega; Freud também quando, procurando com Irma o sentido do sonho, vê, escritas em grossos caracteres, as letras de uma fórmula química. É sempre ao pé da letra que se está preso, sempre sobre a letra que se cai quando se avança bem perto do furo, é a letra que faz a borda do furo, a letra surpreendente, insensata. O lógico joga com ela e a trabalha... como o poeta; como Mallarmé, tomado de angústia diante do "inexplicável penúltimo", ou como Jabès, de quem esta muito simples e inesgotável frase onde aparece o mistério da letra no corpo da palavra mergulha-me, a cada leitura, numa estranha inquietude: "privada de R, a morte morre de asfixia na palavra"[12].

---

[11] G. Frege, "Sens et dénotation", *Écrits logiques et philosophiques*, Le Seuil, 1971, p. 109.

[12] E. Jabès, *El ou le dernier livre*, Gallimard, p. 41.

Um caso de melancolia

Jean-Pierre Dreyfuss

I. Introdução e anamnese

Vou deixar claro imediatamente: não falarei do supereu – a cuja ferocidade, sabemos, o sujeito melancólico parece entregar-se sem moderação. Com efeito, neste caso, pareceu-me mais novo, e mais fecundo, explorar, não a submissão do sujeito a este herdeiro do Édipo que é – segundo Freud – o supereu, mas, antes, ao enfraquecimento da estrutura que, alhures, equilibra, justamente, a relação com o supereu.

Na verdade, o eixo deste trabalho é a questão da relação do sujeito com o falo, na idéia de que a articulação desta relação é a própria articulação da estrutura.

Limitando-me à minha experiência da melancolia, não posso afirmar que sua psicanálise é possível. Nos dias de hoje, parece-me que só se poderia tratar de uma outra psicanálise que a da histeria. Além disso, se eu tivesse reconhecido que o sujeito, de quem vou lhes falar, era melancólico, não teria nem tentado tomá-lo em análise. Não lamento isso hoje, de modo algum.

Não é que o diagnóstico de melancolia não entrasse em consideração, mas eu estava impressionado pelo caráter reacional muito marcado dos episódios depressivos e pela consciência aguda que o sujeito tinha não só de seu estado, mas de sua abjeção. É claro, Freud sublinha e comenta a presença desse traço no quadro da melancolia. A isso voltarei. Mas o sujeito se expressava em tais termos que o psicanalista tarimbado a quem eu falara disso na época acabou convencido a incitar-me a lançar-me. Inútil precisar que minha responsabilidade não se acha eximida disso.

Marie fora-me enviada por um dermatologista que tratava de uma pelada extensa que ela apresentava. Um novo surto de pelada se manifestara em circunstâncias em que se esperava muito dela e em que lhe parecia que lhe pediam o impossível. Coisa curiosa, essa jovem, tão preocupada com a aparência, pretendia suportar relativamente bem a perda desse quase caráter sexual secundário.

Marie era depressiva. Queixava-se de sua mediocridade e interpretava seus sucessos como "acidentes felizes". Tinha a impressão de nunca fazer o bastante e de buscar, de modo mais ou menos voluntário, os fracassos. Desejava sofrer um grave revés, ser derrubada por uma grande infelicidade – por exemplo, um dano corporal, como se a pelada já não fosse um –, em suma, atravessar uma prova decisiva e recomeçar, de uma vez por todas, com pé direito.

Enfim, suas relações com os outros tinham se deteriorado. Marie angustiava-se em contato com outros e até, mais precisamente, com o olhar dos outros. Mas nada nunca fora simples nesse campo para essa jovem que aspirava ver os outros sem ser vista e que se esforçava agora para subtrair sua pelada tanto do olhar dos outros quanto de seu próprio olhar.

* * *

Marie era uma adolescente grande quando teve sua primeira depressão. E, desde então, era ora cheia de ardor, ora "melancólica" (!). Já lhes disse qual remédio ordálico ela encontrara para o que só concebia como uma falta de confiança em si. Assim, Marie, que só queria contar consigo mesma, estava igualmente enlouquecida e aliviada por ter-me sido enviada.

Cinco meses mais tarde, nos despedíamos.

Dois anos depois, vi-a novamente durante alguns meses, após uma tentativa de suicídio. E, como eu previra, ela voltou: mas somente cinco anos mais tarde.

II. A amnésia da infância

A infância de Marie está recoberta por uma amnésia maciça, que se estende mais ou menos até a idade de onze anos: até a entrada no primeiro grau escolar que lhe serve de referência. Praticamente tudo o que ela conta de sua infância ela sabe, mas não se lembra.

Mesmo assim, Marie encontrou duas lembranças, que são como seus brazões.

Numa, ela tem mais ou menos quatro anos. Está dançando. A mãe atrai o olhar do pai para a dançarina, que experimenta então um grande constrangimento.

Noutra, que não tem data e está provavelmente transformada, ela está sentada numa motocicleta, o pai de um lado, a mãe do outro. Surge o pensamento de que ela poderia ser um rapaz. Ela não distingue o rosto do pai e, logo, tampouco seu olhar. Noutra versão, ela precisa que a irmã não está ali e que o pai é menor que a mãe, e, por fim, que ela mesma.

Esta segunda lembrança é, para ela, a imagem do paraíso perdido: ela gostaria de ter permanecido filha única, entre os pais.

Entretanto, não se deveria deduzir rápido demais que ela aprendeu a contar até três. E é bem o que se trata aqui de mostrar: que a amnésia cobre o que se poderia chamar, por um traço, de dificuldades de contagem.

Dividirei a infância de Marie em três períodos.

1) A vida a três[1]. – Durante dois anos, aproximadamente, ela permaneceu essa filha única. Ela sabe que o pai cuidou muito dela. Depois a mãe esperou uma segunda criança e, como não suportava o clima do lugar onde residia o pai, voltou para seu país de origem com Marie. Quando a irmã veio ao mundo, foi de novo a vida a três, não sem que um quarto, o pai, ao longe, fosse mais ou menos levado em conta.

2) A vida a quatro. – No ano seguinte, o pai volta por dois anos. É a vida a quatro. A irmã de Marie tem alguns meses. Ela está mal de saúde e

[1] Por este número, conviria entender o número das pessoas reais vivendo sob o mesmo teto.

monopoliza os cuidados da mãe, ao passo que o pai se ocupa, de novo, de Marie.

3) A vida a cinco. – Uma terceira criança vem em breve aumentar o círculo familiar. Após o parto, a mãe tem uma grave depressão, a ponto de o pai dever assumir todos os encargos domésticos.

Mas, para Marie, jamais será a vida a cinco?

– Do pai, ela dirá que ele não é nada em presença de sua mãe – menos um, portanto.

– Da irmã, que é como seu complemento, que com ela, e ela somente, forma um "ser completo" – ainda menos um.

– Da última criança da fratria, ela não fala muito, como se não contasse, ou como se fosse de outra geração – ainda menos um.

Entretanto, cinco menos três não iguala dois. O pai e a irmã não estão pura e simplesmente apagados: eles subsistem, em certas condições, sob certa forma.

Mas é esta a operação, uma espécie de subtração, que Marie efetua, para reencontrar a memória, no momento em que afirma uma superioridade, definitivamente adquirida sobre a irmã, e em que as primeiras regras assumem a vez de uma enurese.

III. A *Verwerfung*-defesa

Todos sabem que Freud – em 1919, em "Bate-se numa criança" – considera que não há verdadeira análise sem supressão da amnésia infantil, ainda que convenha precisar sob quais formas e por que vias o analisando reencontra a memória.

A resposta é dada, parece-me, num artigo dos escritos técnicos: "*Erinnern, Wiederholen und Durcharbeiten*" (1914 g)[2].

A memória volta ao analisando sob forma de lembranças, com as quais ele completa o quebra-cabeças de sua história imaginária. Ela também volta a ele sob a forma daquilo que toma o valor de um significante,

[2] Traduzido por Anne Herman, sob o título "Rememoração, repetição e elaboração", *La technique psychanalytique*, P.U.F., 1953.

à espera de um sentido, ou que marca o lugar de um significante ainda a vir: são as formações do inconsciente.

Mas essa "memória" simbólica só é reconhecida como tal graças ao trabalho (*-arbeiten*) da análise, na ótica de uma direção da cura em forma de travessia (*durch-*), submetida a uma lógica interna cujos tempos são escandidos pela interpretação.

No caso de Marie, não se pode ainda, então, falar de análise. Por outro lado, afirmo que sua amnésia tem as características de uma *Verwerfung*. Em que sentido?

Não no sentido de condições essenciais da psicose, mas no sentido de mecanismo de defesa, tal como Freud disso fala em mais de um lugar, notadamente em seu artigo de 1894 sobre as psiconeuroses de defesa ("*die Abwehr-Neuropsychosen*")[3].

Seguramente, a amnésia de sua infância não foi de modo algum suprimida, mas, além disso, Marie fica como uma estranha diante do que ela sabe de sua infância: não há ressonâncias.

Parece-me que se poderia evocar a *Verwerfung*-defesa cada vez que o eu [*moi*] consegue tratar um acontecimento importante como se ele fosse "*non-arrivé* [não-acontecido]" (para retomar a palavra que o próprio Freud escreve em francês), ou, antes, tratar a representação desse acontecimento como completamente exterior ao eu, a ponto de proibir-lhe imperturbavelmente a lembrança e a apropriação: é como a história de um outro.

A representação disso permanece inassimilável (*unverträglich*), seja sob a forma de ponto de partida de uma cogitação qualquer, sob a forma de uma formação do inconsciente, sempre, alhures, assumível como tal, ou sob a forma dessa espécie de adesão que a interpretação é capaz de suscitar (cf. a história da prima de Dora).

---

[3] "... o eu [*moi*] rejeita (*verwirft*) a representação insuportável ao mesmo tempo que seu afeto e se comporta como se a representação nunca tivesse chegado até o eu". Tradução por J. Laplanche (in *Névrose, psychose et perversion*, P.U.F., 1973) que assinala a ocorrência do verbo "*verwerfen*", assim como a vizinhança, em alemão, do insuportável (*unerträglich*) com o incompatível (*unverträglich*), habitualmente empregado por Freud (cf. in *Confrontations psychiatriques*, nº 12, meu artigo sobre "o traumatismo psíquico").

Eis ainda um exemplo comum de *Verwerfung*-defesa na melancolia. As idéias de incurabilidade fazem parte do quadro clínico habitual. O sujeito sabe que já atravessou episódios semelhantes, mas essa lembrança de modo algum corrói sua convicção de que não sairá dele. Ele tem, aliás, razão, de um certo ponto de vista. Pois sua obstinação, como veremos, decorre bem logicamente da identificação que é a sua ao longo do acesso melancólico, mas também de sua posição subjetiva, numa estrutura que persiste entre os acessos.

IV. A questão do pai

Volto a Marie. Para sua amnésia-*Verwerfung*, em particular para o esquecimento de (contar) seu pai (como um), ela encontra uma significação: sem que esta seja minimamente portadora dos acentos da verdade, nem cheia dos efeitos que sua descoberta habitualmente acarreta.

Com efeito, Marie diz que seu Pai estava morto para ela, que ela, portanto, o matara, até que a memória lhe voltasse, aos onze anos.

A existência primeira desse pai, como morto, ou sua inexistência (o que não é a mesma coisa), não resulta do fato de que seu pai não tenha cuidado dela, tal como vimos. Ao contrário. É bem antes que o pai cuidara dela de um modo que não permitira a Marie distinguir os cuidados de seu pai daqueles que ela recebia de outra maneira de sua mãe, e que ela permanecia à espera de algo de seu pai que ela não recebera da mãe. Vê-se bem, aqui, o quanto importa distinguir o papel parental, paterno ou materno, da função.

Mas o que diz Marie de seu pai? Distinguirei vários motivos.

1) Primeiramente, o pai, com a mãe, não é nada: nada, pelo menos, senão o que veremos, isto é, uma lei viva, o que não garante a Marie que ela possa contá-lo por um.

Na presença da mãe, que demonstrou que podia sozinha desempenhar todos os papéis, o pai se apaga. Ele só toma a palavra em raras ocasiões e então legisla sem apelação. Mas, na maioria das vezes, para Marie, o pai é um "muro", ele não ouve o que ela lhe diz ou é como se ele falasse outra língua: não há verdadeiro acordo possível.

2) De acordo com o segundo motivo, o pai sem a mãe é outro homem. Tende até a tornar-se simplesmente um homem.

Marie acreditou que o pai estava apaixonado por ela, na época da adolescência. Mais de uma vez, ele se colocou como rival dos homens que se interessavam por suas filhas. Talvez o pai só pudesse ver as filhas como mulheres, no lugar onde ele mesmo punha as mulheres.

À crença de Marie de que o pai estava apaixonado por ela e até de que ela era a preferida, correspondia a preferência que ela acreditou por vezes experimentar pelo pai[4].

3) O terceiro motivo é o da espera de Marie em relação ao pai.

O que Marie espera disso é uma fala autentificadora. Ela deseja, por exemplo, que ele reconheça sua doença como uma verdadeira doença (cf. o tema da prova) e, desde que ela própria mais ou menos o reconheceu, que seus pais aceitem expressamente sua incapacidade em fazer a felicidade deles.

O que Marie pede ao pai é que ele exista mais – isto é, de outra maneira – como pai: o que corresponde a lhe pedir – mas sabe ela disso? – que ele lhe abra o caminho do amor e do desejo.

No entanto, quando ele se aproxima dela, durante os acessos depressivos, Marie tem a impressão de que ele enfraquece, perigosamente para ela, embora ela o queira, tanto quanto, sem falha, como quando ele não estava ali.

4) Finalmente, seu pai teria cometido um pecado original imperdoável e perdido assim seu título de paternidade. Com efeito, a concepção e o nascimento da irmã teriam privado Marie de um pai (cf. a fantasia da vida a três), e é a seu pai que ela reprova – contra a verdade histórica que ela conhece – por ter abandonado os seus.

É ainda ao pai que ela critica por tê-la feito mulher.

[4] Observamos com bastante freqüência que tais crenças não se acompanham de nenhuma rivalidade com a mãe. Além disso, o fato de ter sido assim, imaginária ou realmente, preferida e desejada pelo pai – com o que a filha se aureola – não a faz nada abandonar de suas pretensões em relação à mãe. Esse paradoxo desaparece, se precisarmos que não se trata tanto, para a filha, de ser amada mais que a mãe, quanto de ser amada de outra maneira que a mãe: isto é, de ser, para o pai, aquilo que é amado através da mãe, para além da mãe, em suma, aquilo a título de que a mãe é amada. Efetivamente, nestes casos, a identificação com o falo, no sentido de sê-lo para a mãe, engendra ilusões e reivindicações particularmente tenazes.

Ela estava magoada com ele por seu nojo pelo sangue menstrual, nojo em que ela encontra a origem de sua vontade, numa época, de ser menino.

Vê-se o quanto a espera de Marie em relação ao pai é, pelo menos, ambígua, já que ela lhe pede para ajudá-la a ser mulher, sem que ele cesse de ser o fiador infalível de uma falicidade, por assim dizer, hereditária.

V. A identificação com o sexo

Chego assim ao problema da identificação com o sexo.

Como, em relação ao pai, Marie tem sobre os homens um discurso contraditório, animado por dois motivos incompatíveis.

1) Um decorre da idealização do homem e do aviltamento da condição feminina.

Marie pensava, como era afirmado do lado paterno, que os homens eram superiores às mulheres. Para persuadir-se de que participava dessa superioridade, bastava-lhe, menina, brincar de meninos frustrados e de chefes de bando.

Depois da puberdade, rivalizou com os homens, no âmbito esportivo, no âmbito dos estudos e, mais tarde, da profissão. Pôs-se logo a pensar que uma igualdade cuja evidência se impõe não tem mais que ser demonstrada.

2) O outro discurso decorre, ao contrário, da destituição do homem e da idealização da mulher.

Se os homens da família postulam sua superioridade, na realidade eles não se interessam muito senão pelo dinheiro e pelas aparências do poder: reinam, mas são as mulheres que governam e que encarnam a força de caráter. Além disso, elas não só carregam as crianças, mas, como a mãe de Marie, são capazes, após o nascimento da criança, de ser o pai e a mãe.

O homem é, por outro lado, a criatura primária, o explorador, o criminoso mesmo, que Marie odeia com tanta força que ela acaba descobrindo sua própria violência, o que basta para provocar um acesso depressivo.

Os crimes masculinos são, antes de tudo, sexuais: violência sexual, estupro, prostituição da mulher. No melhor, para o homem, a mulher é apenas um objeto de prazer, um "belo recipiente". Na relação sexual com o homem, a mulher só pode dar-se, aceitar ou suportar, numa relação de forças que lhe é desfavorável[5]. Traço característico, Marie nunca me falou de suas experiências sexuais.
3) Em relação à maternidade, Marie fez, diz ela, "algo por cadela interposta". Por ocasião da gravidez e do parto de sua cadela, ela experimentou todos os papéis: da mãe, do pai e da criança.

Nesse imbróglio cada vez mais perturbador, o pai foi solicitado: para além do pedido de serviço, foi evidentemente um pedido de fala ordenadora que lhe foi dirigido. Mas ele não estava se preocupando nem um pouco com a cadela. Não foi preciso muito mais para que um novo acesso depressivo se desencadeasse.

Marie não pode aceitar ser nem homem (para as mulheres), nem mulher (para os homens), embora continue, mesmo assim, interessada pelos homens e inveje mulheres belas e elegantes.

A solução de Marie para o problema da identificação sexual não é tanto cercar pelos dois lados, a despeito dos ares de andrógina que ela arranja para si; é permanecer inclassificável, como aquilo de que as duas classes do sexo tiram sua definição em compreensão.

Abordarei agora a parte que intitulei, por pleonasmo, a metáfora de seu ser.

VI. A metáfora de seu ser

Podemos notar que, até aqui, nada do que descrevi parece pertencer em próprio à psicose. Nada, exceto essa amnésia que rotulei com o termo *Verwerfung*.

É, aliás, bem assim que de hábito se considera a melancolia: como uma psicose periódica, intermitente.

---

[5] Não se trata, aqui, da expressão patente dos pensamentos latentes do pai?

1) $m \rightarrow -\varphi$

Quando Marie afunda na depressão, ela se sente como numa bolha. Ela fala também de seu casulo, do sentimento de ser um invólucro em torno de um oco, ou de estar emparedada, isto é, o nada cercado por uma muralha. Mas é, de qualquer modo, o significante bolha que mais lhe fala.

É nessa bolha que ela se refugia, estranha ao que se passa em torno dela, separada de tudo. Marie tenta, sem sucesso durável, pôr-se ao abrigo dos outros, do olhar deles, das esperas deles, explícitas ou supostas – que ela sente como se fossem pedidos exorbitantes, esmagadores, esgotantes, para o que ela é. Mas ela jamais se encontra ao abrigo de sua autocrítica. Quando ainda pode salvar as aparências, é o espectador contrariado de sua trapaça, de seu engano, em relação aos outros, a quem ela opõe a máscara de estar ali, sem lá estar.

Ou então sobrevive como uma morta-viva, como um objeto de refugo, nocivo, indigno de amor e de estima, ruim, má, ciumenta, impura até na doença e persuadida de que esta é a realidade de seu ser.

A esta desvalorização dela mesma se acrescenta o gozo, reconhecido, que ela experimenta do nada, do vazio, do inconsistente, do negativo, do a-mais, com os quais ela se identifica, assim como, às vezes, a vontade de que isso acabe o mais rápido possível, ou a angústia que a leva a passagens suicidas ao ato.

2) $m \rightarrow i'(a)$

Não faz muito tempo, ela percebeu que essa metáfora lhe convinha também nos períodos intercríticos, embora neles tomasse outro sentido.

Com efeito, nessas condições, nada deveria afetar a satisfação que ela tira de si mesma. Ela se tranqüiliza – mas bem rápido – por ser, em sua bolha, seu único juiz, seu próprio censor, na ilusão de poder dominar e regrar seus investimentos objetais à demanda, isto é, em função da angústia, ao menos latente, que ela sempre experimenta em relação a outros e aos perigos exteriores que ela fareja. Com efeito, ela nunca consegue prolongar uma relação sem decepcionar, inevitavelmente pensa ela, ou sem ficar decepcionada, e sem suportar muito mal tais decepções.

É dessa bolha que ela avança em direção aos outros, para estar com eles como imagina que eles desejam que ela seja – camaleão, como ela diz –, com a pretensão de limitar sua felicidade a fazer a de outros.

É, pois, na mesma bolha de solidão que Marie oscila entre o tudo e o nada, com os quais ela se identifica alternativamente.

3) Falei de metáfora do ser, embora, em gramática, se trate de uma metonímia: o continente pelo conteúdo.

Mantenho, ao menos, a hipótese de que se trata de uma metáfora, do ponto de vista da análise. Pois a resposta que Marie poderia dar constantemente ao pedido de dizer o que ela é, é bem: "estou na bolha", "estou, bem ou mal, em minha bolha", como se diz que se está bem ou mal dentro da pele.

Na verdade, Marie diz justamente que essa pele está lhe faltando: ausência de couraça, ou de limite, para ela, falta da couraça para a irmã, cuja pele quebrava e sangrava ali onde deveria ter dobrado[6].

Resta dar a fórmula dessa metáfora e dizer, ao mesmo tempo, se existe uma interpretação capaz de autentificá-la como tal[7].

Pois é possível notar que, se a bolha falha em sua função imaginária de escudo protetor[8], a bolha, enquanto metáfora do ser, não tem todos os efeitos que poderíamos esperar de uma "verdadeira" metáfora, isto é, de uma metáfora reconhecida, ou melhor, interpretada.

---

[6] Nos tempos do estilo lacanóide (como dizia M. Safouan), deve-se notar que um jogo de palavras como "você não tem 'pô' (em escrita fonética)" [*peau*=pele, *pot*=sorte] é antes de mais nada metonímico. Ele poderia, no máximo, ter preparado o terreno para uma interpretação, considerando o meio do significante "pô", caso tivesse produzido outros efeitos que um "ah! ah! muito engraçado!", para o que a função "camaleão" basta.

[7] Pierre Bruno (em *Analytica*, vol. 34) arriscou escrever a fórmula da metáfora delirante, o que me dá a oportunidade de trazer uma precisão importante. Se a bolha é uma metáfora, não é uma metáfora delirante: é uma metáfora produzida por um sujeito psicótico, o que, em primeiro lugar, não é forçosamente a mesma coisa que uma metáfora delirante e, em segundo lugar, poderia prestar-se a outras manipulações.

[8] Não se pode deixar de evocar aqui a imagem da bola protoplásmica do *Além do princípio de prazer*.

Não só ela não deixa Marie em posição difícil na dialética psicótica (precisamente paranóica) do tudo ou nada, mas pode-se dizer que ela contribui para a encenação dessa dialética.

Penso que é a partir dessa carência simbólica que Marie sonha com o que se poderia chamar uma castração imaginária: ela está, como eu já disse, à espera de uma prova, de um rito de passagem, em que seu ser encontraria sua base.

Eventualmente, ela estaria disposta a forçar o destino, inundando-se de azeite fervente, mutilando-se uma parte qualquer do corpo (exceto o rosto), engolindo um produto cáustico e, por fim, suicidando-se. Mas nem a pelada, nem as tentativas de suicídio produziram o significante que estabilizaria sua relação com o ideal do eu.

Farei agora um primeiro retorno à tese que Freud expõe em *Luto e melancolia* (1915/1917).

VII. Retorno à tese de Freud

Importa lembrar que *Luto e melancolia* foi redigido um ano após a publicação de *Para introduzir o narcisismo.*

Eis a "reconstrução" que Freud efetua do processo melancólico:

– parte-se de uma escolha de objeto (*Objektwahl*), aparentemente comum,

– em seqüência a uma perda do objeto, ou a uma perda de seu amor, ocorre um abalo dessa relação de objeto (*eine Erschütterung dieser Objektbesetzung*),

– e disso resulta que o investimento do objeto é substituído por uma identificação do eu com o objeto perdido,

– assim, e é o que não acontece sozinho, a perda do objeto (*Objektverlust*) se vê sob a forma de uma perda do eu (*Ichverlust*) e o conflito entre o eu e o amado, sob a forma de uma discórdia entre uma certa instância do eu (*Ichkritik*) e o eu transformado pela identificação.

Não retomarei em detalhes as circunstâncias que precederam a ocorrência dos acessos melancólicos de Marie. Com efeito, por um lado, o esquema de Freud, com base em *Para introduzir o narcisismo*, é bem geral para convir a todos os casos. Por outro lado, Marie, por si mesma, reconheceu a função de certas causas desencadeantes cuja hipótese eu havia estabelecido[9]. Enfim, tais hipóteses foram reforçadas por aquilo a que conduziram: à colocação em evidência de uma estrutura e de efeitos de estrutura.

Vou dar primeiramente, de modo sucinto, a definição de alguns termos de que necessito, na medida em que pode parecer que faço com que sofram um certo deslizamento.

Utilizo o termo "eu [*moi*] ideal" no sentido da imagem do eu que responderia perfeitamente às exigências do ideal do eu . Já que o eu ideal é uma imagem e que podemos considerar o "ideal do eu" como um conjunto de significantes, vemos de imediato que o eu ideal nunca vai encontrar senão uma aparência de realização, seja na imagem especular ou no outro imaginário. Mas, como imagem, o eu ideal escapará ainda mais a seu acabamento imaginário porquanto os traços unários constitutivos do ideal do eu têm seu pleno valor de significantes.

Em outros termos, a assíntota da imagem do eu (à qual corresponde o *Selbstgefühl* freudiano) sobre o eu ideal deixa subsistir uma distância a separar o que chamaremos "hiância imaginária" ou $-\varphi$[10].

Sabemos que acontece de o sujeito desconhecer essa diferença, mas também que, fora de certos estados críticos, essa diferença sempre pode se impor ao sujeito, mesmo paranóico, de modo ainda mais doloroso porquanto ele acreditou poder negligenciá-la.

Tais considerações reforçam a tese de uma metáfora psicótica, distinta da metáfora delirante.

Acrescentarei esta observação de que o auto-erotismo não é a completude. Basta lembrar que o *Hilflosigkeit* caracteriza a experiência do "eu auto-erótico" e que esse eu, pré-especular, só realizará o ideal após

---

[9] Sem que esqueçamos essa observação de Freud, com a qual só podemos concordar, que o melancólico sabe quem ele perde e não o que ele perde.

[10] O que não é o único sentido que pode tomar $-\varphi$.

seu desaparecimento, no mito retrospectivo e pós-especular do paraíso perdido.

Por outro lado, uma imagem não pode amar. Ela é oferecida ao amor. Assim, enquanto imagem, o eu não é capaz de amar: ele é mais ou menos amável, mais ou menos amado. E de quem pode ele receber o amor? Do objeto que encarna para ele o ideal do eu, ou do objeto a que se acham delegadas, mais ou menos, as funções do ideal do eu[11].

Poderemos agora fazer uma descrição simples da causa desencadeante de todos os acessos depressivos de Marie. Que seu eu não realize o eu ideal, isto é o que ela sempre está pronta, senão a constatar, pelo menos a temer como uma catástrofe, sem que jamais consiga conformar-se com isso, considerá-lo necessário. Ela não tem os meios simbólicos para isso.

Nessa situação sempre se acha interessado um terceiro, implicado na função do ideal do eu de Marie (membro da família, amigo, empregador, analista).

Na lógica, do tudo ou nada, de Marie, se o eu não se aproxima o bastante do eu ideal, ele só pode ser $-\varphi$, ao qual ele então se identifica maciçamente, a tal ponto que toda a imagem especular tende a aí se dissolver (como nas passagens ao ato suicida), liberada em relação ao ideal do eu.

VIII. Sintoma, sinthoma, angústia e passagem ao ato

Podemos tentar inscrever esse percurso na matriz onde Lacan distingue, após Freud, a inibição, o sintoma e a angústia (Seminário inédito do ano 1962-63) (fig. 1).

[11] Não deveríamos nos espantar com essa redução: se *Ichideal* está bem traduzido por "ideal do eu", é preciso então traduzir *Idealich*, não por "eu ideal", mas por "eu do ideal". Com efeito, "eu ideal" se diria em alemão *ideales Ich*, termo que Freud nunca emprega.

Figura 1

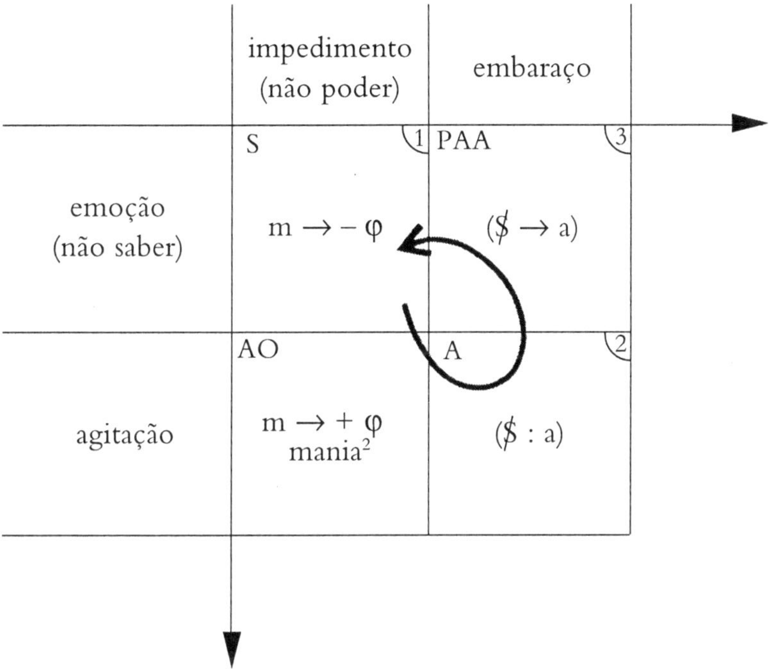

I = inibição
S = sintoma
A = angústia
PAA = passagem ao ato
AO = acting-out

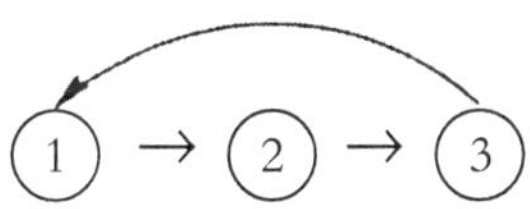

1) Na casa do sintoma, m → − φ remete ao conjunto da sintomatologia melancólica que resulta de uma baixa do *Selbstgefühl*. É, em suma, o que Freud descreve sob o nome do "complexo da melancolia": "O complexo da melancolia se comporta como uma ferida aberta, atraindo para ele, de todas as partes, energias de investimento [...] e esvaziando o eu até empobrecê-lo completamente". (*Luto e melancolia*, col. Idées, p. 164).

2) Na casa da angústia, escrevi ($:a), fórmula onde os dois pontos, ":", representam o resíduo da punção da fantasia.

Em minha observação sobre a hiância imaginária e sobre sua força simbólica já justifiquei a escrita "$\$$". Voltarei a isso.

A angústia é o sinal da falta da falta, mas em que sentido? No sentido em que ($\$$:a) significa que o sujeito está confrontado, imediatamente, com o que ele é como (a) para o grande Outro.

A passagem do sintoma à angústia, como traço dominante do quadro clínico, corresponde à absorção do eu, à sua digestão pela hiância imaginária.

3) A terceira etapa do percurso representado pela flecha curva é a passagem ao ato suicida, em que se resolve a angústia. Com efeito, com o acabamento da identificação ($\$ \rightarrow$ a), que se realiza na passagem ao ato, a angústia desaparece, ao mesmo tempo, poder-se-ia dizer, que seu lugar egóico. O enigma é que ela com freqüência desaparece de modo durável, para além do tempo da passagem ao ato.

En passant, coloco a questão de saber se esse encadeamento do 1 ao 2, do 2 ao 3, e do 3 ao 1 de novo não tem a significação de uma efetuação, desaprumada e enfraquecida (é um círculo, e não uma volta de espiral), da seqüência da alienação e da separação[12].

* * *

Seguindo esta veia da distinção da inibição, do sintoma e da angústia, farei agora uma pequena incursão pelo nó borromeano.

Consideremos a situação do sintoma sobre o nó borromeano achatado (fig. 2 e 3).

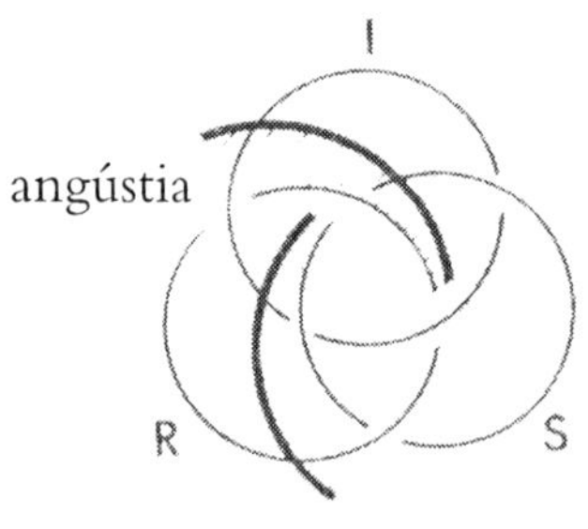

sintoma

Figura 2

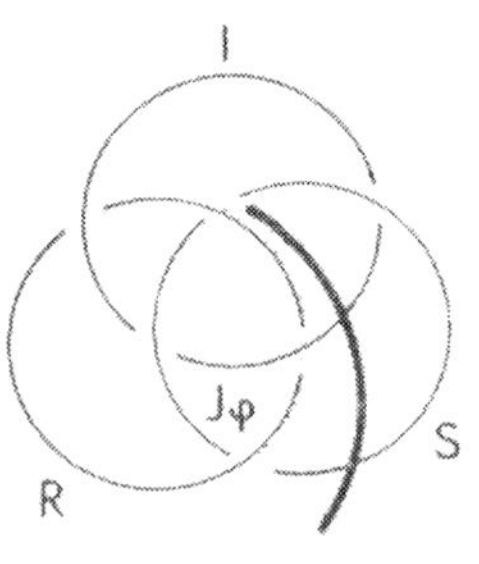

sintoma

Figura 3

[12] Cf., in *Ornicar?*, nº 17-16, meu artigo "A propos de l'aphanisis".

Pode-se ler aí (Seminário de 17-12-74) que a inchação do simbólico no furo do real é o que faz o sintoma, o que não me inspirou muito no caso da melancolia.

Por outro lado, um ano mais tarde, sobre o nó borromeano produzido no Congresso de Roma (1-11-75), pode-se ler que o sintoma é a irrupção do real no furo do simbólico, à beira dessa parte do furo que é constituída pelo gozo fálico. Em outras palavras, o sintoma, aqui, ex-siste ao furo do gozo fálico (o que coincide com a escrita simplificada $m \rightarrow -\varphi$, de uma suplementacão do imaginário pelo simbólico, isso mesmo!).

Após as notáveis precisões trazidas por Marie-Madeleine Chatel, posso contentar-me em citar, como lembrança, a escrita borromeana do sinthoma (fig. 4)[13].

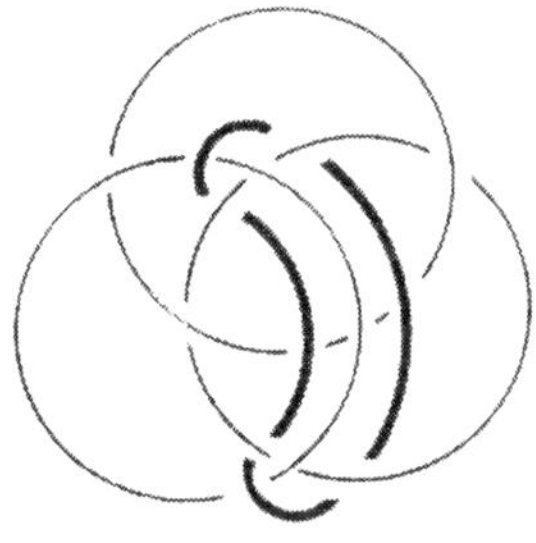

o sinthoma
Figura 4 (1975-76)

[13] Lacan fez (Seminário inédito do ano 1975-76) da arte de Joyce o paradigma do sinthoma, de modo que parece totalmente legítimo distinguir, com Marie-Madeleine Chatel, o sinthoma do sintoma.
Se o sintoma pode levar à análise, o sinthoma seria antes o produto do passe (e que sinthoma! como eu já evocara num argumento intitulado "as palavras do fim") e do fim da análise. Entretanto, o caso de Joyce indica que o sinthoma pode constituir-se fora de toda psicanálise.
Se agora encararmos simplesmente o efeito de passe, o efeito de um passe, podemos muito bem considerar o "Esboço" como o produto sinthomático da análise do sonho de Irma. Do mesmo modo, a *Traumdeutung* seria o da descoberta do complexo de Édipo (tal como demonstra o próprio Freud, em sua introdução) e correlativamente da descoberta da fantasia, ainda que, como sustenta, após outros, Mariane Krüll, a *Vaterbindung* de Freud tenha permanecido *ungelöst*. Pois não é uma objeção, não mais que para Joyce.

No que concerne à angústia, agora, podemos ler sobre o nó borromeano achatado (fig. 2) que ela conota (é um sinal!) a invasão do furo do imaginário pela consistência do real, contanto que esse real lhe deixe sua embalagem de imaginário pré-especular[14].

O resultado desse exercício pode parecer bem decepcionante. Na minha opinião, ele é apenas modesto: a topologia lacaniana, do esquema L ao nó borromeano, ainda deve ser amplamente testada. Aqui, poderemos constatar que nenhuma dessas escritas faz aparecer a especificidade das estruturas psicóticas, perversa e neurótica. Assim, não vejo como, para levar em conta a irredutibilidade da estrutura psicótica (é meu ponto de vista), é possível evitar partir da foraclusão do Nome-do-Pai.

Esta observação me dá a oportunidade de um segundo retorno à tese de Freud.

IX. Segundo retorno a Freud: esboço estrutural da melancolia

Após ter reconstruído o desenrolar do acesso melancólico, em *Luto e melancolia*, Freud ressalta uma contradição quanto à relação do sujeito melancólico com o objeto.

Por um lado, mantendo sua relação com o objeto pela identificação, o eu parece recusar renunciar ao objeto (embora, na realidade, ele

---

Ao contrário, no livro de Marie Cardinal, *les Mots pour le dire* [As palavras para dizer] e a seqüência delas resultariam antes do sintoma: de um sintoma em que seu talento de escritor talvez esteja se esgotando. Assunto a seguir. Com efeito, talvez a psicanálise de Marie Cardinal tenha ficado presa à exigência inicial de seu analista: se ela renunciou a seu sintoma maior, por amor de transferência, é, aparentemente, para não mais parar de recomeçar sua análise, fora de cena. Era o preço a pagar para o melhor-ser de que ela é testemunha? A psicanálise, sabemos, não tem a exclusividade desses benefícios. Esta hipótese é reforçada pelo fato de que Marie Cardinal, que teoriza, não consegue descolar nem da teoria traumática da neurose, nem de seu par breueriano, a catarse. Como observava de modo pertinente Guy Le Gaufey, a tela e a cena em geral não admitem outra.

[14] Cf. meu artigo sobre "das Ding", publicado em *Littoral*, nº 6.

solte a presa pela sombra, *Schatten des Objektes*): há, portanto, segundo Freud, "uma forte fixação ao objeto de amor".

Por outro lado, o investimento objetal, como tal, afigura-se pouco resistente, já que, à mínima decepção, ele pode ser reportado sobre o eu e substituído por uma identificação.

Para resolver essa contradição, Freud retoma uma observação de Rank, segundo o qual a escolha de objeto teria fundamento narcísico. Trata-se, evidentemente, de uma referência tipo narcísica da escolha de objeto, tal como Freud a definiu um ano antes. Mas essa referência é bem mais precisa. Cito: "Tal substituição do amor pelo objeto pela identificação corresponde evidentemente à *regressão* que vai de um tipo de escolha de objeto ao narcisismo originário[15]".

O que é esse narcisismo originário, ou primordial, se não for o narcisismo primário?

A identificação narcísica que, por regressão, substitui o investimento objetal nada tem a ver com a identificação como precursor (*Vorstufe*) da escolha de objeto: como forma primeira da relação com o objeto, com toda a ambivalência que ela comporta, já que o eu [*moi*] destrói o objeto que ele incorpora a si (*einverleiben*).

É em *Pulsões e destinos de pulsões* (1915 c) e em "*die Verneinung*" (1925 h), notadamente, que Freud explica melhor essa forma primitiva de relação com o objeto: ela é característica de um estado do sujeito que Freud nomeia *Lust-Ich*.

Em relação ao objeto, o *Lust-Ich* funciona da seguinte maneira: ou bem se une ao objeto (*Einbeziehung ins Ich, Vereinigung*), ou então o expulsa (*Ausstossung, Verwerfung*).

A referência ao *Lust-Ich* é capital, pois o *Lust-Ich* não reconhece a existência do objeto. Se, como Freud expõe em *Psicologia e análise do eu* (1921 c), o primeiro objeto desse precursor da relação de objeto é o pai, não pode ser o pai como objeto: será, portanto, o pai como Nome-do-Pai. Nesse caso, a *Verwerfung* se tornará a foraclusão do Nome-do-Pai, ao

---

[15] "*Ein solcher Ersatz der Objektliebe durch Indentifizierung [...] entspricht natürlich der Regression von einem Typus der Objektwahl auf den ursprünglichen Narzismus*". (G.W., X, 436).

passo que a *Einbeziehung ins Ich* se tornará o que Lacan, em seu comentário sobre a *Verneinung*, nomeou a *Bejahung* primária.

Por outro lado, esse traço do não-reconhecimento do objeto permite qualificar o *Lust-Ich* de estrutura pré-especular. Assim, a distinção entre uma *Verwerfung* primária e uma *Verwerfung* secundária, de defesa, recobre a distinção entre estrutura pré-especular e estrutura especular ou pós-especular. É tendo por base tais considerações que se pode considerar que a *Verwerfung* que está em questão em "O homem dos lobos" é secundária, ou de defesa.

Volto ao funcionamento do *Lust-Ich*: embora não reconheça o objeto enquanto tal, ele ao menos é capaz de pronunciar-se (*Entscheidungen*), em ato, sobre suas qualidades. Ele ou diz sim, eu, bom, útil, comer, acolher, em mim, introjetar, ou então não, não-eu (*das Verworfene*), ruim, nocivo, cuspir, expulsar, fora de mim, rejeitar, como se pode ler em "*die Verneinung*".

A essa atividade binária, que corresponderia, segundo Freud, à colocação alternativa em jogo de Eros e de Tanatos, sucederá, a termo, a função do julgamento atributivo (por oposição à função do julgamento de existência).

Seria esta a estrutura – uma estrutura de *Lust-Ich* – que é revelada pela regressão no acesso melancólico.

Sustento que o caso de Marie resulta dessa estrutura, que é caracterizada por um funcionamento binário, ou, o que dá no mesmo, por um regime de significante determinado pela foraclusão do Nome-do-Pai (o gato faz miau ou não faz nada). Encontramo-lo em suas cogitações, em seus julgamentos, em sua ideologia pessoal, que nada, nem mesmo a evidência pode forçar: sobretudo durante os acessos melancólicos, em que sucumbe sua função camaleão, mas também no intervalo.

Pois Marie pode, a rigor, reconhecer a evidência: não sob a forma de uma *Verneinung* (que suporia o recalque), mas sob a forma de algo inassimilável, de completamente estranho, sob a forma de uma evidência para um Outro que permaneceria, diante dela, como um não-semelhante, como um ser pertencente a outra espécie.

Qual é essa evidência?

Marie sabe que a lógica de seu funcionamento é uma lógica do terceiro excluído[16], embora seja constantemente desmentida pela realidade que a ela se impõe: pois, embora afunde na depressão de não ser tudo, ela nem por isso continua sendo nada para sempre.

A evidência inassimilável, a realidade que a machuca e em que ela não consegue entrar, a não ser graças ao fazer-semblante de sua função camaleão, é a de um mundo humano regrado por uma lógica do não-sem.

Parece-me que vemos bem aqui como a *Verwerfung*-defesa, que afirma ou nega para e contra tudo, se articula sobre a foraclusão do Nome-do-Pai, uma vez que ela determina um certo tipo de relação com o significante (poderíamos igualmente dizer com o falo)[17].

Conclusão

Concluirei com algumas observações sobre Marie, sobre a melancolia e sobre a metáfora psicótica.

---

[16] Não estou, assim, em desacordo com Jacques-Alain Miller, segundo o qual a lei do significante é aquela do tudo ou nada (*Lettres de l'Ecole*, nº 27, p. 128). É verdade para o funcionamento da cadeia significante, na medida em que ela é assubjetiva. Mas o terceiro excluído da lógica que organiza o discurso de Marie não é somente aquele que poderíamos definir ser nem verdadeiro, nem falso, nem todo um, nem todo outro, é também o sujeito da enunciação: aquele que, dizendo que vai à Cracóvia, diz a verdade, seja qual for o destino efetivo do sujeito do enunciado. Podemos dizer que Marie permanece fascinada pelo ideal de uma fala privada de seu ato (da mesma forma que está pela imagem de um pai sem falha), de uma enunciação que se esgotaria no enunciado, de uma significação que se reduziria à referência.

[17] Acharemos talvez um pouco simples, até mesmo simplista, este modo de articulação da estrutura. Sua justificação – muito limitada, admito – é que ela me serve.
Assim, poderíamos dizer que o recalque primário instaura um modo de relação com o falo tal que o falo ex-siste como $-\varphi$ (inarticulável) ao conjunto dos significantes A : $\varphi \notin A$, daí A.
A *Verwerfung* induz um modo de relação com o falo tal que o significante fálico se esgota no conjunto dos significantes articuláveis: $\varphi \in A$, ou até $\varphi \subset A$, daí A não barrado.
Quanto à *Verleugnung*, ela introduz um modo de relação com o falo tal que o falo é postulado a um só tempo como $-\varphi$, ou $\varphi \in A$, daí A, e como $+ \varphi$, ou $\varphi \in A$, dai A não barrado. Em outras palavras, o perverso imagina estar prendendo o Outro e deixa-se prender, no jogo de sua encenação ($\varphi \in A$), embora saiba que $\varphi \notin A$, de um saber para sempre inverificável.

1) Sobre Marie e a melancolia

Marie é de fato melancólica, tal como ela mesma havia feito o diagnóstico. E como o diagnóstico psiquiátrico desse caso de melancolia hoje não deixa mais dúvida, não me preocupei em declina-lo. É claro, ela não sabia que estava dizendo algo tão verdadeiro. E eu tampouco. Dei alguns motivos para minha mancada. A isso se acrescenta ainda certo número de preconceitos que me empenharei em denunciar.

Os acessos melancólicos de Marie são todos reacionais[18], o que contradiz a oposição clássica entre depressões endógenas e depressões reacionais, embora, neste campo da depressão, a experiência da quimioterapia – e como não mencioná-la a respeito da melancolia! – tenda a subverter as distinções tradicionais.

A idéia de que os acessos melancólicos são (freqüentemente) reacionais não é nova, visto que já era a tese de Freud. A causa desencadeante disso é, então, sempre da ordem da perda, real, do objeto (como para o luto), ou da perda de seu amor. Mas a tese de Freud sofre do preconceito de que nada distingue a escolha de objeto do melancólico de uma escolha neurótica de tipo narcísico: preconceito ainda bem difundido, e correlativo de outro preconceito, a saber, que a melancolia é uma psicose periódica[19].

No caso de Marie, não há descontinuidade absoluta entre os acessos depressivos e os períodos intercríticos. Como sempre, o sujeito diz coisas excelentes: é o mesmo "movimento de balanço", diz ela, que empurra seu eu ora em direção ao eu ideal, ora em direção a seu despojamento imaginário. Além disso, a própria Marie se encarregou de desmistificar seu aspecto de normalidade, na medida em que resultaria da

---

[18] É uma observação que eu poderia fazer para numerosos casos de minha prática, e isto tanto melhor que os conheço há muito tempo.

[19] Por isso é que não estou inteiramente de acordo com Augustin Ménard, cujo artigo, intitulado "Sobre o luto e a melancolia", foi publicado em *Analytica*, nº 29. Com efeito, A. Ménard retoma a tese freudiana, completando-a com o que uma certa referência ao objeto (a) lhe permite enunciar, mas esquecendo por isso este ponto capital da tese freudiana que é a oposição do luto e da melancolia: o luto não convém ao melancólico. Todo o problema está aí.

função do camaleão ou do engano. Foi, aliás, o que acabou enganando o analista tarimbado de quem eu falava no início.

Poderíamos notar que a temática de Marie nada tem de específico. Quero dizer por aí que, na depressão, o sujeito se descobre tal como lhe acontece reconhecer-se em certos momentos, terminais sobretudo, da análise: reconhecer-se ele, e, consecutivamente, seu analista.

Certo, o melancólico exagera. Ou, antes, ele é sem nuanças. Seu discurso está submetido a uma lógica de que se pode dizer que é essencialmente psicótica (paranóica) e que é testemunha, para além da duração dos acessos depressivos, da permanência da estrutura. Assim, o melancólico crê no gozo, a ponto de padecer, o que é o cúmulo. Mas não é o que Freud afirma, a saber, que o melancólico não consegue se livrar do objeto? É bem o que faz a diferença entre a melancolia e a posição melancólica, de que às vezes se caracteriza certa fase da análise.

Como se percebe, é sempre na oposição ao luto, e à neurose, que se consegue singularizar a melancolia.

Com efeito, são os mesmos termos estruturais que são utilizados na descrição dessas diferentes estruturas, as mesmas instâncias psíquicas, as mesmas funções às quais se faz referência. Por isso é que sempre se corre o risco de esquecer que elas são utilizadas no contexto de regimes do significante irredutíveis (na minha opinião), de tal modo que esses termos não podem, a cada vez, ter o mesmo sentido. Esta observação deveria dispensar de ainda sustentar teses que me parecem amplamente desmentidas pela experiência; por exemplo:

– que o psicótico permanece aquém do estádio do espelho (outra coisa é notar a fragilidade de sua relação com a imagem especular),

– que a realidade é estruturada pela fantasia, exceto para o psicótico[20],

– que o psicótico não chega, de modo algum, à dimensão da metáfora.

---

[20] A escrita ($ ◊ a) pode ser conservada no caso da psicose? Sugiro a seguinte resposta: ou é preciso inventar outra, ou então é preciso dizer que $, ◊, e a não têm o mesmo sentido no neurótico e no psicótico.

2) Sobre a metáfora psicótica

Deixo de lado o problema da metáfora delirante e de suas relações com a metáfora psicótica, na medida em que ela existe. Com efeito, o caso de Marie presta-se a essa distinção, cujo interesse na prática pode ser facilmente mostrado.

Admitamos que a metáfora psicótica existe. Disso resultam conseqüências, que evocarei sucintamente, do ponto de vista da transferência e do ponto de vista da interpretação.

a) Para quem, pois, o psicótico produziria tais metáforas?

É a questão da transferência psicótica.

Encontramos cada vez mais autores que fazem, como o analisando no início da análise, do sujeito suposto saber um atributo do analista, o que reduziria o amor de transferência a uma proposição do gênero: "amo-te para que me cedas teu saber (sobre o que me interessa)".

Lacan, ao contrário, falou antes da atribuição feita ao analisando, desde a primeira entrevista, do sujeito suposto saber, e do fato de que esse crédito era o que desencadeava a histerização do sujeito e a transferência. Pois a enunciação, sob qualquer forma que seja, mesmo implícita, da regra fundamental faz com que o sujeito ouça um "não poderias me dar o que me faria gozar?"[21].

É claro que o psicótico, como o neurótico, sempre pode ter esperanças de que o analista lhe ceda seu saber, em troca de seu amor. É uma das forças da análise não tanto interminável quanto jamais começada.

Não creio que a muito bem educada Marie tenha duvidado tanto de meus conhecimentos, nem que tenha se inquietado demais em saber se o que ela me trazia me convinha. Para ela, os bois têm nome, na identidade do significante consigo mesmo, e ela está bem longe de se perguntar o que, pela magia da fala, ela dá, ou aquilo para que ela se dá.

b) Se existe uma metáfora psicótica, o psicótico é capaz de reconhecê-la como tal?

---

[21] Cf. J. Lacan, Seminário inédito de 21-11-62.

É o problema da interpretação.

Poderíamos, entretanto, muito bem considerar que se trata de uma única e mesma questão. Em outras palavras, só se poderá falar de metáfora na medida em que ela tiver sido reconhecida.

Para o leitor não prevenido, o texto de Schreber está cheio de metáforas, delirantes, no caso. Só que é bem provável que para Schreber não fossem metáforas, nem mesmo empregos de palavras no sentido figurado. Para dizer tudo, não creio que se possa tirar, ou fazer derivar de uma metáfora delirante outra coisa que um delírio. Talvez seja possível estofar[22] esse delírio, mas não muito orientá-lo no sentido daquilo que Lacan nomeou, já faz muito tempo, a paranóia dirigida. Por isso é que tento sustentar a distinção entre metáfora psicótica e metáfora delirante.

Volto, para encerrar, a Marie. Ela de fato teve, no divã, que reconhecer que é incapaz de trazer a felicidade, toda a felicidade aos pais e a quem quer que seja. Mas não renunciou a isso e periodicamente se censura por não consegui-lo. Se aceitamos ver aqui em ação os efeitos de uma certa significação fálica, por que não supor também a colocação em jogo de uma certa metáfora paterna?

Mas talvez eu esteja me desviando completamente ao colocar o problema em termos que implicariam, de novo, a posição contratransferencial segundo a qual, fora da neurose, não há salvação possível.

---

[22] Cf. "Psychothérapie d'un délire schizophrénique", exposto no programa 1983-84 do Grupo de estudos de psicanálise de Estrasburgo.

Versão do pai e publicação

Christine Toutin

"Uma carta é uma espécie de comunicação do além, menos perfeita que o sonho, mas obedecendo às mesmas leis. Nem um nem outro se fazem a pedido: sonhamos e escrevemos não quando queremos, mas quando a carta quer ser escrita e o sonho sonhado".

M. Tsvétaïeva[1]

"... Escrever cartas é ficar nu diante dos fantasmas; eles esperam esse gesto avidamente. Os beijos escritos não chegam a seu destino, os fantasmas os bebem no caminho".

F. Kafka[2]

QUE FREUD TENHA ESCRITO a *Traumdeutung* para Fliess, que a tenha endereçado a ele, é o que se pode ler nas "Cartas a Fliess". Mas com a publicação destas aparece seu verdadeiro destinatário: o público, aquele que supostamente não compreende, revelando a Fliess, ao mesmo tempo, o lugar por ele ocupado até então. Esse lugar comportava a cegueira, uma cegueira sobre a incompreensão que vai agora fazer sua obra, e o desacordo até ali mantido à distância vai enunciar-se. Em 19-9-1901, Freud responde a Fliess: "Sofri ao perder 'meu único público', como diz nosso Nestroy. Para quem escrever então, ainda? Se, pois, no momento em que uma interpretação minha te provoca constrangimento, estás pronto a declarar-te de acordo com que o leitor de pensamentos não adivinha nada do outro, mas projeta apenas seus próprios pensamentos, não és mais realmente meu público, deves considerar minha maneira de trabalhar, em sua totalidade, como desprovida de valor tanto quanto as outras". Fliess não é mais seu único público e toma assento junto aos "outros".

---

1 *Correspondance à trois*, Paris, Gallimard.
2 *Lettres à Milena*, Gallimard, Idées.

Em 18 de maio de 1898[3], Freud mesmo assim escrevia a Fliess: "Estou contentíssimo por me dares de presente um Outro[4]... Sem público algum não posso escrever, mas pode muito bem me convir escrever só para ti". Em que Freud lhe dizia bem: fazes as vezes de público. Não é muito espantoso que a correspondência deles tenha se encerrado pouco tempo após a publicação da *Traumdeutung*. Essa correspondência permitiu a Freud escrever. Na carta de 23-9-1895, Freud diz, aliás, algo sobre isso: "Só te escrevo tão pouco porque escrevo tanto para ti". Encontraremos a mesma coisa em ação na correspondência com Jung, a saber, o entrelaçamento das cartas na escrita da obra, e no lugar do público.

O destino que tiveram é testemunha: Fliess conservou as cartas de Freud; não se sabe, por outro lado, o que Freud fez das de Fliess. Tampouco se sabe como estas "Cartas a Fliess" chegaram às mãos de um livreiro que contatou Marie Bonaparte; esta as comprou e comunicou a Freud. Sabe-se que Freud aceitou deixá-las nas mãos desta, embora lhes atribuísse valor privado, considerando que não podiam estar em melhores mãos. E, após todos essas voltas, acabaram publicadas! É verdade que não integralmente. Em si, a carta não é um escrito que comporte uma intenção de publicação; ela coloca, entretanto, como se pode ver por seus trajetos e suas voltas, a questão do destinatário, por um lado, e a de sua função para o autor em sua relação com a escrita, por outro. Pois, se esse tipo de escrito, como o são correspondências, diários, pequenos carnês..., parece dever ser considerado como fazendo parte de uma obra antes que como complementar desta, não é menos verdade que ele está antes fadado a publicação póstuma (ainda que certos autores tenham publicado enquanto vivos seus diários, ou o que assim chamaram).

Que escrever e publicar não sejam a mesma coisa, o exemplo de Kafka mostra isso muito bem. Ora, nele se pode notar, tanto em sua correspondência amorosa quanto na produção literária, um uso muito particular da carta. A este respeito, Deleuze e Guattari escreveram que parece impossível conceber a produção literária de Kafka sem o móbil

[3] Inédito de Carta a Fliess dado por Max Schur, in *La mort dans la vie de Freud*, Paris, Gallimard, 1975.

[4] "*Ich bin so unendlich froh, dass Du mir einen Anderen schenkst*".

epistolar. "Talvez seja em função das cartas, de suas exigências, de suas insuficiências que os outros escritos serão montados". À exceção de alguns contos (tais como *O veredito, A colônia penal, A metamorfose, O chofer* e alguns outros, o que representa poucas páginas comparado à sua obra) que foram publicados enquanto vivia, principalmente por seu amigo Max Brod, e cuja reedição ele, aliás, não desejava, todo o resto da obra de Kafka, quase o essencial, deveria ter sido queimado após sua morte (inclusive cartas e diário) se Max Brod tivesse se limitado a seu pedido. Em vez de serem queimadas como cartas, suas principais obras tiveram publicação póstuma.

Kafka considerava que um homem sem mulher não era uma criatura humana. E o que ele esperava de uma mulher era chegar ao pai. Pelo casamento, tendo uma família, ele seria seu igual. "Minhas relações contigo sendo particularmente infelizes, só posso conquistar minha independência por um ato que tenha a mínima relação possível contigo; o casamento é o ato maior, aquele que garante a independência mais respeitável, mas é também aquele que está mais estreitamente ligado a ti... É, de resto, parcialmente, essa relação estreita contigo que me atrai ao casamento..., então eu poderia me tornar um filho livre, reconhecido, inocente e direito, enquanto tu cessarias de ser oprimido e te tornarias um pai sem tirania, compassivo, feliz[5]".

Mas casar-se opõe-se a escrever; o casamento tornaria a escrita impossível. Será, no entanto, a escrita que veiculará seu pedido à mulher: seus amores serão essencialmente amores epistolares (Felícia, Milena).

Em suas relações amorosas, Kafka faz um uso bem particular da carta, que toma lugar de objeto privilegiado no qual o desejo vai se alienar. Assim, em 10-1-1913, ele escreve a Felícia[6]:

> Se pudesses manter a bela regularidade da carta cotidiana, como nestes tempos, eu não teria mais nada a desejar quanto às cartas, e como meus outros desejos estão por enquanto ou para sempre irrealizáveis, tudo está em ordem, ainda que essa ordem não seja a melhor.

---

5 "Lettre au Père" em *Préparatifs de noce à la campagne*, Gallimard, Folio.

6 *Lettres à Felice*, Gallimard.

Com a regularidade da carta, tudo está em ordem: não há mais nada a desejar. Seu pedido ao Outro é que não haja falta, que o objeto não venha a faltar.

É o que se pode ver no sonho que Kafka relata a Felícia em 17-11-1912:

> Na noite de anteontem, sonhei contigo pela segunda vez. Um carteiro trazia-me cartas recomendadas de ti, uma em cada mão, e ele as estendia para mim com um movimento de uma precisão maravilhosa, que fazia pular seus braços como as bielas de uma máquina a vapor. Senhor, eram cartas encantadas! Eu podia puxar dos envelopes quantas folhas escritas quisesse, eles não se esvaziavam nunca. Eu me achava no meio de uma escada e, se quisesse tirar tudo o que restava nos envelopes, tinha que, perdoa-me, jogar nos degraus as folhas que já lera. As escadas inteiras estavam cobertas de cima a baixo por uma camada espessa de páginas já lidas, e o papel elástico das folhas voantes empilhadas chiava poderosamente. Era um verdadeiro sonho de desejo.

Sonho ou trecho de literatura? A magia da carta está contida em seu envelope, um envelope que não se esvaziaria nunca. Essa magia da carta vai se voltar contra ele. Que isso não tenha fim, que isso não cesse de se escrever, acha-se num "não cessar de escrever", escrever sem fim. No estilo da escrita de Kafka, uma frase chama outra, uma interrogação chama outra, um ponto de vista chama outro; tudo é de igual valor no jogo do significante que nada vem parar, exceto a queda brutal.

Em 7-12-1912, Kafka tem outro sonho que ele comunica a Felícia:

> Minha preocupação contigo deixa-me inventivo, só em sonho, infelizmente. O aparelho estava construído de tal modo que bastava apertar um botão, e na hora a resposta de Berlim aparecia numa fita de papel. Lembro-me de que, ao olhar a pequena fita que primeiro se desenrolava completamente vazia, eu estava rígido de impaciência, embora não se pudesse esperar por outra coisa, pois, enquanto em Berlim não te tivessem chamado ao aparelho, evidentemente não podia haver resposta. Que alegria quando os primeiros sinais apareceram na fita; a alegria cuja lembrança guardei era tão intensa que na verdade eu deveria ter caído da cama. Após isso, vinha uma

> carta de verdade, que eu podia muito bem ler e de que eu poderia talvez até me lembrar em boa parte caso tivesse vontade. Disso só direi uma coisa: é que eu estava sendo censurado por causa de minha inquietude de um modo encantador que me deixava feliz. Chamavam-me de "glutão" e enumeravam as cartas e os cartões que eu recebera nos últimos tempos ou que estavam a caminho.

O aparecimento do sinal acarreta o orgasmo (queda da cama). A esse respeito, Max Brod conta, em seu livro sobre Kafka[7], que lhe disse um dia à queima-roupa: "Sabes o que significa a frase final? Pensei, ao escrevê-la, numa forte ejaculação". Trata-se desta frase do *Veredito* imediatamente após a descrição do suicídio: "Naquele momento, havia no porto uma circulação literalmente louca". A circulação louca da carta vem como equivalente de gozo.

Kafka está preso na armadilha: ele precisa de cartas ainda e sempre. "Ainda é o nome próprio dessa falha de onde no Outro parte o pedido de amor[8]". Podemos, então, entender a denominação "glutão" como um pedido vindo do Outro: como um envelope que não se esvaziaria nunca, produzir cartas para que não haja falha no significante, provendo o Outro de algo que o preenche. Essa bulimia de cartas é apenas a inversão de uma anorexia do desejo, em que o nada do objeto oral fixa-se na carta. Carta ainda, em-corpo* nada, para tapar esse furo no Outro. O em(velope)-corpo vomita a carta: "Minha última carta, por exemplo, não era escrita, era... vomitada...". A carta é instrumento do gozo do Outro.

Entre Kafka e uma mulher, há a carta que se interpõe e se torna, em sua materialidade, em seu envelope, o objeto essencial. Kafka sabe que não possuirá Felícia, nem Milena, mas pode possuir a carta delas. "E eis que vossa epístola chega, logo antes da refeição de meio-dia; posso trazê-la comigo, tirá-la do bolso, colocá-la na mesa, recolocá-la no bolso; ao sabor de mãos que querem brincar com uma carta; olhamo-las, divertimo-nos com seus jogos pueris". Não há mais senão esse jogo pueril entre a carta e ele, em que a carta se torna fetiche, isto é, em posição

[7] Max Brod, *Franz Kafka*, Gallimard.

[8] Jacques Lacan, *Le Séminaire*, Livro XX. *Encore*, Paris, Le Seuil.

* Jogo homofônico: *encore* [ainda] e *en-corps* [em-corpo]. (NT)

de condensar nela a dimensão do ser. Em 18 de dezembro de 1910, Kafka escreve em seu diário:

> ... Admitamos, com efeito, que eu seja um homem profundo, eu teria que tentar dar a tudo o que concerne à carta tanta extensão quanto possível, logo, começar por abri-la lentamente, depois lê-la lentamente e com freqüência, refletir longamente, preparar numerosos rascunhos para estabelecer a cópia definitiva e, no fim das contas, hesitar ainda em enviá-la. Tudo isso está em meu poder, só há de inevitável a recepção brusca da carta. De acordo, torno isso mais lento também por um meio artificial, fico muito tempo sem abri-la, ela está na mesa diante de mim, ela se oferece continuamente a mim, recebo-a continuamente, mas não pego nela.

Pois abrir uma carta é como abrir a porta de um quarto onde alguém, talvez, já o espera impacientemente. No envelope, alguém espera... Quem? Uma mulher? Ele?

Apesar da utilização de meios artificiais para dominar a carta, Kafka não impedirá que o emprego que ele faz disso produza seus efeitos. Após a parada de suas relações epistolares, Kafka escreve a Milena: "... Sabeis como odeio as cartas. Toda a infelicidade de minha vida... vem, se quisermos, das cartas ou da impossibilidade de escrevê-las. Nunca fui, por assim dizer, enganado por homens; por cartas, sempre; e, desta vez, não é por aquelas dos outros, mas pelas minhas". A carta o prendeu sob sua dependência. "É uma troca com os fantasmas [*fantômes*]".

No *Seminário sobre a carta roubada*, Lacan escreve a respeito do ministro que, para esconder a carta que roubou da Rainha, a reexpede e a endereça a si mesmo com letra feminina: "... é significativo que a carta que em suma o ministro endereça a si mesmo seja a carta de uma mulher; como se fosse essa uma fase pela qual ele teve que passar por uma convenção natural do significante[9]". Assim é que a carta o transforma cada vez mais à imagem daquela a quem ele a roubou.

---

[9] Jacques Lacan, *Écrits*, Le Seuil, 1966, p. 35.

Da mesma forma, no envelope da carta, Kafka pode ler seu nome escrito por mão de mulher. Esse "efeito feminilizante" produzido pela posse da carta de que fala Lacan nesse mesmo seminário, Kafka vai pô-lo em prática a partir dos nomes e do jogo das letrinhas. No centro disto, a letra "F". Perto do final da correspondência entre os dois, Kafka reduzirá o nome de Felícia a "F"; assim, por exemplo: "Tua carta chegou hoje, F., ...". "Nada de notícias ainda, F., ...". Da mesma forma, as cartas a Milena estão quase sempre não assinadas ou então assinadas com a letra "F", ou com "Teu". De Franz a Felícia, é a letra "F" que circula, levando com ela o traço identificatório de Kafka. Parece bem, com efeito, que seja esta que esteja em ação em suas relações epistolares com as mulheres, seja com Felícia ou com Milena. Milena começara a traduzir em tcheco o que Kafka escrevera em alemão; ora, sabemos que o nome Kafka é de origem tcheca, com a ortografia "Kavka", e que foi a passagem na língua alemã que produziu esta outra ortografia "Kafka", em que vem se inscrever a letra "F", repetindo o "F" de Franz.

Identificação que podemos ler neste sonho de Kafka comunicado a Milena:

> Ontem sonhei contigo. O detalhe me escapa, lembro-me apenas de que não cessávamos de nos transformar um no outro; eu era tu, tu eras eu. Finalmente, pegaste fogo, não sei como; lembrei-me de que as chamas são abafadas com panos, peguei um paletó velho e bati em ti com ele. Mas, então, as metamorfoses recomeçaram, tanto que no fim das contas tu não te achavas mais ali, era eu quem queimava, era eu ao mesmo tempo que batia com aquele paletó. Mas não adiantava nada e só fazia confirmar o temor que eu sempre tivera de que tais procedimentos nada pudessem contra o fogo. Entretanto, os bombeiros haviam chegado; de qualquer modo, acabaste salva. Mas te tornaras diferente, espectral, desenhada a giz no escuro, e caíste em meus braços, inanimada ou talvez apenas desmaiada de alegria de estar salva. Mas aí ainda, o jogo das metamorfoses introduziu a incerteza, era eu talvez quem caía nos braços de não sei quem[10].

[10] *Lettres à Milena*, op. cit.

Deve-se dizer que traduzir Kafka tampouco deixara de ter efeitos para Milena: o das cartas de amor por um lado e, por outro, o de pensar-se atingida, ela também, pela tuberculose que viera consolidar a relação de Kafka com Felícia.

Vemos ressurgir a troca com os fantasmas, não apenas com o do destinatário, mas ainda com o seu próprio. "... e escrevi essa carta em papel mata-borrão que, uma vez mais, ficou pior sob minha mão, e que olhei como se tivesse acabado não de escrevê-la, mas de recebê-la[11]". A mulher é um fantasma dele.

As cartas de amor que Kafka endereça às mulheres têm por função veicular entre elas e ele um traço identificatório. Nesse sentido, elas não fazem senão transitar por elas para a ele voltarem. Esse jogo da carta é sustentado pela letra "F" na escrita de seu nome. F.F. – FKFK. Elas passam a ser, então, esse objeto privilegiado, de caráter de fetiche, em que se faz valer seu ser. "Pois este sinal (a carta) é bem o da mulher, uma vez que ela ali faz valer seu ser, fundando-o fora da lei, que continua a contê-la, em razão do efeito das origens, em posição de significante, até mesmo de fetiche". (Lacan, *Seminário sobre a carta roubada*). A carta de amor vem no lugar da mulher e lhe atribui o sinal desta, transformando-o cada vez mais à sua imagem. Esse todo-poder dado à carta talvez seja também o que o impediu de fazer obra de sua produção literária. Ele guardou esta consigo.

Como já foi mencionado, Kafka publicou muito pouco enquanto vivo e, mesmo, no dizer de Max Brod, não teria quase nada publicado se este não lho tivesse arrancado mediante esperteza e eloqüência. Só teriam sido publicados por vontade de Kafka: *O chofer* em 1913, *Um médico do interior* em 1919 (dedicado ao pai), *Um campeão de jejum* em 1923; logo antes de sua morte (1924), ele estava corrigindo as provas de *Josefina, a cantora ou O povo dos camundongos*, que ele destinava, portanto, à impressão. Suas outras publicações enquanto vivo – *Descrição de um combate* (1909), *Contemplações* (1909), *O veredito* (1913), *A metamorfose* (1915), *A colônia penal* (1919) – teriam sido feitas por intermédio de Max Brod. Assim, à exceção de *A metamorfose*, as obras reconhecidas hoje como as mais im-

---

[11] *Lettres à Felice*, op. cit.

portantes de Kafka, aquelas às quais se ligam o adjetivo "kafkiano" (*O processo, O castelo, A América,* etc), Kafka as reteve.

> Em 11 de agosto de 1912, Kafka escreve em seu diário: "Nada, nada. Quanto tempo me faz perder a publicação deste livrinho, que sentimento nefasto e ridículo de meu valor me pega lendo estas coisas antigas para publicá-las. E na realidade, entretanto, nada ganhei, esta perturbação é disso a melhor prova. Uma vez o livro saído, em todo caso, deverei, se não quiser mergulhar no verdadeiro a não ser pela ponta dos dedos, manter-me bem mais afastado das revistas e dos críticos ainda. Mas como me tornei pesado! Antigamente, bastava-me dizer uma única palavra oposta à minha orientação do momento e eu logo voava do outro lado; agora, contento-me em olhar-me e continuo como sou.

Ele nisso ganhou apenas um sentimento de seu valor! Na publicação, não se trata de ganho, com efeito, mas de perda. E essa perda tem a ver com a versão do pai. Que esta nos tenha chegado sob a forma de uma "Carta ao pai" nos interessa em dois pontos de vista: o da carta e o de seu vínculo com a obra.

O de seu vínculo com a obra antes de mais nada. Max Brod não publicou essa carta na correspondência de Kafka, mas com os cadernos, mostrando por aí sua dificuldade em situá-la. Carta ou obra? O conteúdo desta descamba da acusação do pai na inocência deste a um desamparo comum ao pai e ao filho para dar lugar a uma acusação inatribuível e ilimitada. Esta carta é escrita em 1919.

> Em meus livros, tratava-se de ti, eu neles só fazia queixar-me daquilo de que eu não podia queixar-me sobre teu peito. Era um adeus que eu te dizia, um adeus intencionalmente arrastado ao comprido[12].

Kafka gostaria de ter dado como título geral à sua obra literária: "Tentativa de evasão da esfera paterna". Nesse mesmo ano de 1919, ele dedica *O médico do interior* a seu pai. A este respeito, escreve a Max Brod:

[12] "Lettre au père", op. cit.

"Obrigado por tua mediação junto a Wolff. Depois que decidi dedicar esse livro a meu pai, faço muita questão de vê-lo em breve publicado. Não que eu espere assim reconciliar meu pai; as raízes dessa hostilidade não serão destruídas dessa maneira. Mas terei feito algo...". Tentar evadir-se da esfera paterna, com a publicação. Havia outra solução a esse problema para Kafka, era o casamento, mas a carta se interpôs.

Pouco tempo após ter encontrado Felícia, Kafka escreve *O veredito* (1912). Georges decide escrever uma carta para anunciar seu noivado a seu amigo da Rússia e conta isso ao pai, que lhe responde "Tens realmente esse amigo em Petersburgo?", isto é: a quem, pois, está destinada essa carta? Para dizer logo depois: "Conheço bem teu amigo. Seria um filho conforme meu coração... É por isso que te barricas em teu escritório... é só para poderes enviar à Rússia tuas sujas cartinhas". Mas o pai aliou-se com o amigo que já sabe tudo, pois o pai lhe escrevia: "Ele amassa tuas cartas com a mão esquerda sem olhá-las e segura as minhas com a mão direita para lê-las. Inútil escrever tuas cartas, aquele a quem são destinadas não as lê". Em 11 de fevereiro de 1913, Kafka escreve em seu diário a respeito do *Veredito*:

> O amigo forma a ligação entre o pai e o filho, é o maior haver comum dos dois. Sentado sozinho na janela, Georg revista com volúpia esse fundo comum, imagina ter o pai em si e, à exceção de um estado passageiro de devaneio melancólico, imagina-se em paz com todas as coisas. O desenvolvimento do relato mostra então como o pai surge do fundo comum – do amigo – e erige-se antagonista de Georg, graças às forças acrescidas que ele busca em outros elementos comuns de mínima importância, graças notadamente ao amor e ao devotamento da mãe, à fidelidade que ele tem por ela. Georg nada tem; a noiva, que no relato só existe relativamente ao amigo e que, o noivado não tendo precisamente ocorrido, não pode entrar no círculo de sangue que se traça em torno do pai e do filho, é facilmente eliminada pelo pai.

O que faria a ligação entre o pai e o filho, o haver comum deles, seria a carta, o amigo só existindo como destinatário desta. Vemos também que é relativamente à carta que a noiva existe. Mas desse haver comum, cartas, o pai surge para levantar-se contra Georg e condená-lo. Da carta surge a condenação... graças ao amor da mãe!

Voltemos aqui à "A carta ao pai" a respeito do que Kafka diz de sua mãe: "Minha mãe era infinitamente boa para mim, é verdade, mas era só relativamente a ti, isto é, para mim, numa má relação. Sem saber, ela desempenhava o papel do batedor na caça... minha mãe contentava-se em proteger-me de ti em segredo... e eu era de novo a criatura sorrateira, o trapaceiro que se sentia culpado...".

Vemos como o amor da mãe faz para ele obstáculo ao pai, embora o envie de volta a seu círculo, isto é, numa certa versão do pai.

Kafka prossegue em seu diário: "Georg tem o mesmo número de letras que Franz. Em Bendemann, 'mann' é apenas um reforço de 'Bende', proposto para todas as possibilidades do relato que ainda não conheço. Mas Bende tem o mesmo número de letras que Kafka e a vogal 'e' nele se repete no mesmo lugar que a vogal 'a' em Kafka.

Frieda tem o mesmo número de letras que F. e a mesma inicial, Brandenfeld tem a mesma inicial que B. e também uma certa relação de sentido com B. pela palavra 'feld'".

Vemos que Kafka está condenado a se contar no jogo das letras de seu nome: F.K.a.F.K.a; e só encontra lugar na localização repetida destas. A letra, ao se repetir, virá fixá-lo. F. remete a F. K. remete a K. A. remete a A. A letra só remete a si mesma. Franz Kafka é F.K.A.

O veredito pode ser entendido como uma resposta antecipada de Kafka à "Carta ao pai". Esta carta, o pai nunca a recebeu, provavelmente porque, embora lhe tivesse sido endereçada, não lhe era destinada. Após tê-la escrito, Kafka a entregara à sua mãe a fim de que esta a transmitisse ao pai. Bem entendido, ela devia lê-la primeiro. A mãe guardou-a um tempo consigo e, em seguida, devolveu-a ao filho com palavras de apaziguamento. Não só a mãe não transmite a carta, mas a devolve a ele. Não há meio, portanto, de a carta circular. Ela é enviada de volta a Kafka. Ora, se Kafka entregou esta carta à mãe, é que pela "Carta ao pai" ele interrogava sua mãe sobre sua versão do pai e lhe indicava que era ela quem tinha o encargo da transmissão da carta. Mas a mãe não assume a transmissão e condena Kafka a dela continuar sendo o depositário. Ele guardou, então, esta carta e ainda tenta com Milena, esta outra mãe (ele por vezes a chama de "mamãe Milena"), interrogar esta versão do pai. Entre o pai e ele, há a carta que traz o erro e da qual surge a condenação. Este "erro" é, antes de tudo, erro de escrita: do "v" ao "f".

A carta só encontrará destinatário em sua publicação póstuma.

No horizonte de toda carta, há uma mulher a interrogar sobre a versão do pai e a transmissão. Não mais que a mãe não transmite a carta, Felícia e Milena não assegurarão a transmissão pai-filho. A carta retém Kafka em sua versão do pai, prende-o em seu jogo de circulação que vai de F. a F., de K. a K., de A. a A. para fechar-se sobre si mesma, e mantê-lo sob sua total dependência. A carta lhe faz retorno como sinal da mulher. No horizonte de todo escrito, há o público a quem Kafka deixou sua interrogação sobre essa versão do pai. Seus escritos tinham, desse ponto de vista, valor de "Carta aberta"? Como a carta ia lhe fazer retorno pela publicação? O que se pode notar é que, de sua obra, o público reteve seu nome para dele fazer um adjetivo, "kafkiano", que até inscreveu no dicionário ("lembra a atmosfera opressora dos romances de Kafka"). A obra apagou-se diante do nome. A publicação fez cair o nome próprio em nome comum e colou o nome de autor à sua obra. Como uma borboleta, Kafka está espetado na carta.

Kafka considerava que havia semelhanças entre Kierkegaard e ele, certamente a respeito do noivado e do lugar da escrita na vida deles. Há semelhança quando Kafka escreve que ele "é" literário e quando Kierkegaard escreve: "Não adquiri um pouco de reflexão com a idade. Sou, para falar a verdade, reflexão do começo ao fim". É certo que ambos põem em jogo a escrita como essencial à vida deles: "Ah! como é verdade a palavra que eu com freqüência disse sobre mim mesmo, que, como Scheherazade salva a vida contando histórias, assim eu salvo a minha ou a mantenho de tanto escrever". (Kierkegaard). Mas Kierkegaard escreve para publicar. E publicará mesmo muito, às vezes várias obras com alguns dias de intervalo. Em seu diário, encontramos escrito: "Se, independentemente de minha relação com Deus, me pergunto como fui levado a ser o escritor que sou, respondo: por um velho por quem tenho a maior gratidão e por uma jovem de quem sou o maior devedor". Seu pai e Regina Olsen, sua noiva. A passagem seguinte, igualmente tirada de seu diário, traz alguns esclarecimentos (dezembro de 1844): "Quando meu pai morreu, Sibbern (professor de filosofia) disse-me: 'Agora, você nunca mais vai passar no exame de teologia', e eu justamente consegui; se meu pai tivesse vivido, eu nunca o teria feito. Quando rompi meu noivado, Peter (seu irmão) me disse: 'Agora, tudo está perdido'. E está claro, no entanto, que, se me tornei algo, foi justamente graças a essa decisão". Algo, isto é, escritor, um escritor cuja questão é a relação com Deus. "Meu noivado com ela e sua ruptura é propriamente minha relação com Deus; ele é, se ouso dizer, meu noivado religioso com Deus". (Diário). Lembremos que Kierkegaard rompe seu noivado com Regina ao fim de um ano, embora continue a amá-la e embora ela não deseje de modo algum a ruptura. E ele vai fazer de modo que ela o tome por um impostor, um homem leviano, a fim de que ela o odeie; isto para tornar-lhe a ruptura mais suportável. Essas relações deviam ser para ele o castigo de Deus. O pai amaldiçoara Deus em sua juventude. "Um erro devia pesar sobre a família inteira", diz ele, "um castigo de Deus pairar sobre ela". Por esse castigo, "ele seria aquele homem sacrificado destinado a descobrir, em dolorosos sofrimentos, a verdade de que os outros tiram proveito". É ao que deve levar a ruptura do noivado para ele. Regina, esta, acaba casando-se com outro.

Temos poucas cartas de Kierkegaard endereçadas a Regina. Seu diário, por outro lado, está cheio dessa questão e em certas observações, em páginas arrancadas, pode-se supor que Kierkegaard pensava que ele seria publicado após sua morte. Muitos de seus escritos têm por tema a questão de seu noivado e sua ruptura, o amor e o casamento. No fundo, tudo o que ele não quisera dizer a Regina para evitar que sofresse! Essas obras se mantêm, aliás, por sua forma de diário íntimo e de romance por cartas e são como cartas abertas. Lemos em seu diário: "... pois *O diário do sedutor* tinha por objetivo afastá-lo de mim, ou, como diz *Temor e tremor*, quando a criança deve ser desmamada, a mãe escurece o seio". Kierkegaard publicava, portanto, pensando que ela leria suas obras. Num sentido, ele se dirigia, pois, a ela. Mas, ao mesmo tempo, tratava-se de outra coisa, que é encontrada em data de janeiro de 1849 (Diário): "Assim que eu morrer (sempre esperei que seria breve), será naturalmente preciso que ela seja restabelecida em seus direitos. Tudo está preparado a este respeito. Seu nome permanecerá ligado à minha obra literária e viverá enquanto o meu estiver em memória". E em 7 de setembro de 1849: "Repô-la comigo na história, após ter-se tornado minha mulher: não, é impossível.

Ela pode bem tornar-se 'Senhora'; mas é preciso que seja nomeada como aquela que amei e nada mais; eis o que não se deve perder de vista para que disso resulte uma história de amor infeliz e para que ela seja para mim a bem-amada 'a quem devo tudo': é assim que a história deve acolhê-la, eis o que devo ensinar à história". Que o nome de Regina Olsen permaneça ligado à obra de Kierkegaard, mas enquanto disjunto do seu; ela pode bem chamar-se "Senhora Schlegel"; ele, Kierkegaard, por sua existência de escritor, espalhará seu brilho sobre o nome dela, Regina Olsen. O que nos mostra que Kierkegaard tinha alta opinião de sua produção literária e a aceitava, na estrita medida em que dela era o mártir. Em *Ponto de vista explicativo de minha obra*, que só será publicado depois de sua morte, ele escreve: "Se por acaso meus contemporâneos não me compreendiam, seja, pertenço à história, em que sei que encontrarei meu lugar, e qual (...). Sei que, em matéria de genialidade, o extraordinário me foi atribuído". É igualmente na história que a conjunção com Regina deve se produzir, pelo viés de sua produção literária.

Assim, Kierkegaard, em seu diário e em suas obras, imortaliza esse amor infeliz que ele endereça a Deus, como castigo a sofrer pelo erro do pai, conjugando seus dois nomes por sua obra (notemos que o gênio de Kafka produziu também uma conjunção de seu nome com o de Felícia e Milena, mas sem vontade de sua parte), e lhe endereça mensagens. Em *Culpado – Não culpado?*, por exemplo, ele reproduz textualmente sua carta de ruptura, fato que desencadeou um escândalo em seu tempo. "Eu tinha que esconder-lhe tantas coisas e tudo basear numa mentira. Escrevi-lhe e enviei-lhe seu anel. O bilhete está reproduzido, textualmente, em 'a experiência psicológica' [*Culpado? – Não culpado?*]. Fiz isso intencionalmente, a título puramente histórico, pois disso não falei a ninguém, a nenhuma alma viva, eu que sou mais mudo que um túmulo. Se o livro tivesse que cair em suas mãos, eu queria que ela se lembrasse disso". (Diário). Para a história, mas para ela também, para que conhecesse seu martírio. Embora não quisesse lhe dizer diretamente, precisou escrever inúmeras vezes. Pelo viés da publicação, Kierkegaard pôde dizer a Regina tudo o que não pudera lhe dizer de outro modo, a um só tempo seu amor e sua mentira, seu lugar de mentira para sua busca da Verdade e de Deus. Além de Regina havia Deus, a mulher-toda; único meio de atingi-lo, a escrita.

Em 5 de maio de 1843, ele publica um *Prefácio a dois discursos edificantes*, assinado com seu nome e endereçado ao "Isolado, o Único que com alegria e gratidão chamo meu leitor", fórmula na qual ele usa de uma particularidade da língua dinamarquesa em que uma mesma forma exprime o masculino e o feminino. No dia seguinte são publicados *os dois discursos*, que, estes, são dedicados ao "falecido Michael Petersen Kierkegaard, outrora fabricante de bonés nesta cidade, meu pai". Em seu diário: "*O diário do sedutor* foi escrito por causa dela, para enojá-la. O prefácio dos dois discursos edificantes lhe é destinado, como muitas outras coisas, a data da obra, a dedicatória a meu pai. E, na obra mesmo, encontram-se vagas indicações a respeito da renúncia, e quando digo que somente perdemos o ser amado quando o levamos a agir contra sua convicção. Ela leu o livro, sei disso por Sibbern". Trata-se, em *os dois discursos*, do comentário de um texto religioso de que Kierkegaard gostaria de ter instruído Regina no tempo do noivado. "A esse texto está ligada a primeira impressão religiosa que ela tem de mim; é o texto que eu tão fortemente pus em relevo. Eu realmente não teria acreditado que ela se lembrasse dele, embora saiba por Sibbern que ela leu os dois discursos de 1843 em que meditei esse texto". (Diário).

Apenas com as idas e vindas de nossa iniciativa podemos nos dar conta de a que ponto diário e obras publicadas por ele estão entremeadas. Ao querermos seguir suas pegadas, somos enviados do diário à obra, da obra ao diário (é conhecido o volume de páginas representado pelo diário), num verdadeiro jogo de pista. Vamos encontrar esse dédalo no qual nos conduz o fio de Ariadne na estratégia narrativa de Kierkegaard, em particular em sua utilização de pseudônimos, ao lado de seu nome. *Ou então... Ou então* é publicado sob o nome de Victor Eremita, *Temor e tremor* sob o de Johannes de Silentio, *A repetição* sob o de Constantin Constantius, *As migalhas filosóficas* bem como *Post-scriptum* sob o de Johannes Climacus. Estes pseudônimos aparecem enquanto representantes de certos discursos ou no mesmo livro (tais como Victor Eremita em *Etapas no caminho da vida*, Constantin Constantius em *A repetição*) ou num outro livro (encontramos Constantin Constantius em *Ou então... Ou então: In vino veritas*). Jogos de remissão entre narrador e autor, encaixe das obras na obra, o pseudônimo remete à figura dupla do autor. No fim de *Post-scriptum*, Kierkegaard reconhecerá que é o autor das obras publicadas sob pseudônimos, mas precisará: "As obras pseudônimas não contêm uma única palavra de mim; não tenho opinião alguma a respeito delas a não ser como terceiro, saber algum da significação delas a não ser como leitor, e nem a mínima relação privada com elas... Em *Temor e tremor*, não sou mais Johannes de Silentio que o cavaleiro da fé que ele retrata, exatamente não mais, e não mais ainda o autor do prefácio da obra, a qual é a réplica de um pensador subjetivo real em sua ficção". O que lembra por completo o uso dos pseudônimos na Idade Média, em que não existia, por assim dizer, propriedade literária (testemunha disso o lugar do copista, que podia fazer obra de autor ao não deixar de mudar o texto transcrito). Só Deus é verdadeiramente o "Autor" do livro, aquele que o escreve só pode ser um copista. Nesse sentido, o autor é uma ficção: o homem está inscrito no livro e contado por ele. A obra é, então, apenas o fragmento textual de uma escrita anônima[13]. O uso dos pseudônimos permite a Kierkegaard situar-se como terceiro, como leitor daquilo que o autor, "este pensador real em sua ficção", produziu. Não se trata mais aqui de uma figura dupla, mas de uma terceira pessoa. "Minha melancolia durante muitos anos fez com que eu não conseguisse dizer 'tu' a mim mesmo no sentido mais profundo. Entre minha melancolia e eu, havia todo um mundo imaginário. Foi ele que, em parte, esgotei em meus pseudônimos". Ora, sua melancolia é a herança de seu pai; entre "eu" e meu pai, não há "tu", mas o "ele" dos pseudônimos. "Criança, recebi uma educação estrita e austera que foi, aos olhos humanos, uma loucura. Desde minha mais tenra infância, minha confiança na vida se quebrara nas impressões sob as quais tinha ele mesmo sucumbido, o melancólico ancião que a mim as impusera: criança, ó loucura! recebi a roupa de um melancólico ancião". Sua obra pseudônima corresponde mais ou menos às obras que se apóiam no noivado com Regina, obra leiga por oposição à sua obra religiosa (geralmente assinada com seu nome).

Esses pseudônimos que o representam para seu nome próprio permitiram a instalação de uma estrutura narrativa complexa, tornando possível a publicação de textos que, sem isso, teriam ficado diretamente endereçados a Regina, espécies de cartas abertas. Por esse viés, Kierkegaard

[13] Dragonetti. *La vie de la lettre au Moyen Age.*

pôde pôr em jogo seu mundo imaginário (dando aos personagens e pseudônimos diferentes tipos de discursos) e suas contradições, pôde pôr em jogo identificações sem nelas estar preso em seu nome próprio, e arriscar sua versão do pai (notadamente em suas concepções da mulher e do casamento, em que encontramos a figura da mãe, humilde serva, esposa de um homem culto e rico). Isto, talvez, em razão da morte do pai.

Concluamos com o fim do texto *In vino veritas*. Após ter participado de um banquete em que se discorrera sobre o amor, os amigos tomaram, de manhã bem cedo, o caminho de volta; parando na estrada, descobrem, instalados sob um caramanchão, o conselheiro e sua mulher, que tomavam o café da manhã; eles escutam os dois que conversam, depois vão embora. É então que Victor Eremita entra, num pulo pela janela, na casa do conselheiro e sai de lá num outro pulo. "Com um gesto triunfante, exclamou: 'Um manuscrito do Senhor conselheiro. Se publiquei seus outros manuscritos, só pode ser meu dever publicar este também'. Deixou-o cair no bolso, ou melhor, quis assim fazer, pois, no momento mesmo em que dobrava o braço e que sua mão já enfiara pela metade o manuscrito, eu o roubava furtivamente.

Mas quem sou eu, então? Ninguém se preocupa com isso. Se ainda não veio à mente de ninguém perguntá-lo, estou salvo, pois agora escapei ao pior. Não valho, aliás, a pena de ser procurado; pois sou menos que qualquer um e toda investigação a este respeito deixa-me completamente tímido. Sou a pura existência em si e, portanto, quase menos que nada. Sou a pura existência em si, que é encontrada por toda parte, sem que, no entanto, se possa distingui-la, já que sou constantemente abolido. Sou como a barra acima da qual se acha o problema aritmético e a solução abaixo; quem se preocupa com a barra? Por minhas próprias forças não sou nada, pois mesmo a idéia de roubar furtivamente o manuscrito de Victor não é minha, mas essa idéia súbita, graças à qual, como dizem os ladrões, eu tomava emprestado o manuscrito, de novo não sou nem um pouco nada, pois o manuscrito pertence ao conselheiro, e em minha qualidade de editor, em minha nulidade, sou para Victor apenas como uma 'Nêmesis' que talvez achasse estar no direito de publicá-lo[14]".

[14] Kierkegaard, *Etapes sur le chemin de la vie*, Gallimard, Tel.

Impossível mostrar melhor a circulação da carta e suas voltas. O manuscrito é publicado por esta existência em si que o roubou de Victor, que já publicou outros manuscritos, eles mesmos roubados. Manuscrito retirado, carta roubada, o escrito segue seu trajeto.

O outro e o lugar

Anne Marie Christin

"Toda enunciação é, explícita ou implícita, uma alocução, ela postula um alocutário".

E. Benveniste

"... descobri que toda a infelicidade dos homens vem de uma única coisa, que é não saber permanecer em repouso, num quarto".

B. Pascal

1. Os sujeitos estranhos

"Figura do pai": fórmula fascinante. Parece que através dela esse pai se impõe a nós sobre um fundo de espaço nu, camadas brutas ou ficção noturna – no estilo de Bronzino ou o de Velasquez –, pai glorioso e inapreensível, indefinidamente abstrato e todo-poderoso. E sua presença não nos ofusca apenas com seu esplendor: por mais abstrata e congelada que seja, essa figura possui o dom de nos aniquilar diante dela. Não é estranho que uma imagem que designa uma pura função e apela, em nossas memórias, para a lembrança vaga de quadros concentre nela, a este ponto, a própria certeza de nossa vida? Não posso nem falar nem ver enquanto essa fórmula estiver em mim.

Certo, o efeito dessas três palavras não é realmente devido ao que elas "dizem", ainda menos à língua na qual elas se pronunciam: é porque elas me fazem entrar nelas no momento em que as digo, porque sinto sua magia de modo tão profundo. Por isso não posso delas me separar, tomar um ponto de vista crítico a respeito delas, sem fazer retorno primeiramente a mim mesmo no instante em que são enunciadas. Será para constatar que o desafio primeiro dessa fórmula é, precisamente, o de me anular como fala – como sujeito. Só há, para mim, um único sujeito no momento em que me cego nela: é esse pai, todo imaginário, que é a minha lei.

Mas como explicar que um "sujeito-pai" possa determinar assim meu próprio modo de adesão ao mundo? A relação de paternidade, seja ela concreta ou fantasmática, basta para suscitar a emergência (ou o desaparecimento) de todo sujeito? O papel do pai, em cada sociedade, inscreve-se no interior de um sistema complexo de relações interindividuais que acontece em níveis diferentes: aquele em que sua autoridade intervém não pode confundir-se com os outros, ainda menos representar-lhes a quintessência. Se, pois, a figura do pai parece encarnar o sujeito tipo de uma sociedade dada, aquele que fixa suas trocas e dá o sentido delas, é porque uma convenção cultural lhe terá concedido o privilégio disso, fazendo-a reger outros níveis que aquele em que seu domínio devia normalmente se exercer, fora das considerações de ordem biológica ou psicológica que condicionam efetivamente seu poder.

Por isso me parece necessário, na perspectiva deste colóquio, deslocar o problema do pai para o da definição do sujeito que o sustenta e interrogar a estrutura de parentesco não como um sistema de relações dominando os outros "por natureza", tal como nossa sociedade disso nos persuadiu há muito tempo, mas no contexto geral da comunicação, e considerando a diversidade das formas de expressão que esta põe em jogo.

Tradicionalmente, como é sabido, a comunicação humana é encarada a partir de dois modelos: a linguagem e a expressão visual. Mas a oposição desses modelos nunca teve valor muito grande, no Ocidente pelo menos: foi reduzida a uma diferença de suportes. *Comunicar* sendo sinônimo para nós, por hábito cultural, de *falar*, a relação de linguagem foi considerada como o arquétipo das trocas sociais, e a expressão visual, como o eco empobrecido, menor, da fala.

Uma das provas mais manifestas desse desnível entre os dois meios de comunicação reside na concepção da escrita a que ele deu lugar. Só podem, com efeito, ser definidos como escritas, para a maioria dos teóricos conformes à ortodoxia, os sistemas suscetíveis de transcrever integralmente a língua, os mais bem-sucedidos desses sistemas sendo aqueles que, pelo alfabeto, propõem, ou parecem propor, o decalque literal.

As teorias mais recentes relativas à origem e ao funcionamento da escrita acarretam uma reavaliação importante desse esquema. Se, com efeito, admitimos que os sistemas de escrita participam do universo gráfico *ao mesmo tempo* que da linguagem (embora, de certo modo, devessem dela "curar-se", segundo a concepção antiga), e isso a ponto de daqui por diante se encarar a comunicação visual como a fonte essencial deles[1], a existência de tal meio de comunicação faz dele uma testemunha crucial na problemática que nos ocupa. Primeiramente, ela nos permite compreender que o processo de comunicação mobiliza não um sujeito único em todos os casos – o da enunciação –, mas vários, igualmente ativos, embora de modo diferente. O sujeito que governa a imagem possui bem essa faculdade de criação e de dinamismo social que parecia reservada ao locutor: foi o imagineiro, não o orador, quem suscitou o esboço primeiro da comunicação escrita através da expressão pictográfica. Por outro lado, segundo sua natureza – ideográfica, "semântica"[2], silábica, alfabética –, a escrita esclarece diferentes modos de síntese entre os dois tipos de sujeitos produzidos pela imagem e pela fala, sínteses em que as civilizações buscaram uma nova forma de figura dominante, exterior à estrutura familiar, mas dotada, como a imagem do pai, de uma supremacia decisiva para o equilíbrio do grupo. Essa supremacia se reconhece, da mesma forma que no caso do sincretismo paterno, no fato de que o sujeito-escrevendo[3] concentra igualmente nele imagens individuais que resultam de diferentes níveis de comunicação a um só tempo.

Esse sujeito novo certamente não nasceu da escrita apenas: ao adotar um sistema em vez de outro, que se trate de uma criação – como em Sumer ou na China –, da transformação de um sistema anterior – na Grécia, no Japão, na Índia –, de uma herança – no Ocidente moderno –, o grupo social significa, por sua escolha, um consenso em que esse sujeito era não só já possível, mas profundamente desejado. É evidente que a difusão variável das práticas da escrita nas civilizações que a possu-

[1] Ver, a este respeito, para a Mesopotâmia, o Egito antigo e a China, as comunicações de J.M. Durand, P. Vernus e L. Vandermeersch em *Ecritures, systèmes idéographiques et pratiques expressives*, Le Sycomore, 1982.

[2] Isto é, tal como ela se encarna no alfabeto semítico, cuja natureza consonantal serve para transmitir não fonemas, mas a raiz das palavras, independentemente da função gramatical e da pronúncia que têm.

[3] Esta fórmula tem a vantagem de opor-se claramente à fórmula "locutor"; é por isso que a utilizo aqui. Mas o sujeito da escrita é, na verdade, na minha opinião, seu *leitor*, como tentei mostrar em "O sujeito da escrita ou o parceiro silencioso", *Littoral* 7/8, 1983, pp. 209-231. Ver também a seqüência deste artigo.

em não diminui de modo algum seu valor efetivo e fundador. Sabemos bem que um mesmo fenômeno pode irradiar-se de maneiras diversas no interior de uma cultura, em função das competências concretas que lhe são oferecidas, para que se manifeste, pelo conjunto das camadas sociais que aderem a essa cultura, de modo que a expressão maior de uma lei aceita por todos pode parecer, em certos casos, de maneira paradoxal, ignorada pelo maior número. Portanto, não é arbitrário, qualquer que seja o tamanho real de sua extensão social, considerar a escrita como o testemunho maior de um modelo de sujeito distinto da imagem paterna, mas dotado de um poder de exemplaridade e de dominação equivalente.

Assim, não há sujeito dominante "em si", como não existe modo de comunicação único entre os homens. É unicamente universalizável o império que o sujeito dominante escolhido por uma sociedade obtém inevitavelmente sobre todos os seus membros. Império tanto mais poderoso porquanto será no interior da consciência de cada um – ou aquém até dessa consciência – que ele expressará sua verdadeira medida.

Mas o fato mesmo dessa preeminência, seja a título de modelo ou por uma supremacia efetiva, nos assinala que é preciso levar em conta, na definição desse sujeito, não só o tipo de indivíduo que ele supostamente representa, mas a maneira como ele se situa em sua relação com *o outro*. O sujeito dominante de uma sociedade repousa necessariamente sobre a exclusão – ou a ocultação – das possibilidades de expressão exteriores à sua própria: é importante para ele invalidar, até mesmo negar a existência de outros modelos, que arriscariam recolocá-lo em causa. Por isso é que todo sujeito dominante de uma sociedade se define e se afirma de imediato num esquema fortemente relacional. Ser pai é designar, ao mesmo tempo que si, sua descendência, ainda que o esforço de justificar – e de viver – tal paternidade esteja efetivamente reservado apenas àqueles que se experimentam diante dele como seus filhos e suas filhas, e não diante do mito que ele representa. Mas talvez esse deslocamento da iniciativa legisladora constitua a esperteza mais hábil da tirania familiar para nos sujeitar a ela. Ao anular-me como sujeito – mas porque a isto me condeno eu mesmo espontaneamente –, a "figura do pai" elimina igualmente em mim, ao mesmo tempo, a possibilidade de encarar ser um (ou uma) outro, outro em relação a essa figura, outro como sujeito, eu que, no entanto, poderia ter vivido de modo bem diferente minha relação com outros que nessa filiação terrorista.

Mas devemos conceber toda relação de um sujeito dominante com "o outro" sob forma tão imperativa? Não é a própria imagem paterna que detém, e só ela, essa propriedade particular de agir pela anulação de toda forma de individualidade estranha a seu sistema? E não é ela que nos persuade de uma ausência de alternativa ao modelo que ela nos propõe, sem que para isso haja real necessidade?

É verdade que essa necessidade se inscreve num esquema sobre o qual compreendemos que possui uma força sedutora intensa. Nossa escolha da imagem paterna de preferência à imagem da mãe não se fez por acaso. Uma mãe cria carnalmente seus filhos e filhas, elas os extrai de seu corpo como frutos. Mas é ao pai que atribuímos essa transubstanciação miraculosa que liga nossa vida ao abstrato puro. Por ele, nossa origem nos parece, no sentido literal do termo, sobre-natural. Por ele, ela faz sentido – ou, o que dá no mesmo, ela nos liga ao divino. A mãe nos introduz no mundo como um objeto de carne entre outros. O pai é o agente longínquo da alquimia que dá a essa carne um espírito à sua semelhança. O invisível e o imperceptível, em nós, vêm dele. Seja qual for o valor objetivo de tal interpretação, o fato é que a figura paterna assume mais facilmente a virtude meta-física que preside ao nosso nascimento – e que ele disso retira o prestígio necessário à sua valorização.

Mas, este pai, poderíamos tê-lo imaginado adormecido, como Vishnou, despreocupado de sua criação a ponto de ser necessário empenhar-se em mantê-lo desperto para que exercesse seus dons. Ora, o Ocidente não tolera a idéia de um criador inativo, menos ainda a de um criador precisando de ajuda exterior para que se decida a agir. Seu poder não suporta a partilha nem a delegação. Zeus, pai todo-poderoso, tirou de sua cabeça e de sua coxa seus filhos mais prestigiosos, fecundou a própria pedra[4]. Bastam, ao Deus bíblico, duas palavras para que a luz nasça no mundo, depois a terra, depois a humanidade. Pois este Deus não é apenas o espírito que anima a carne de seu gênio, ele é o Verbo imedi-

[4] É assim que ele dá vida ao hermafrodita Agdistis. Ver M. Delcourt, *Hermaphrodite, mythes et rites de la bisexualité dans l'Antiquité classique*, P.U.F., 1958, p. 50.

ato, aquele cujo sopro cria as coisas à maneira como nós mesmos as suscitamos diante de nós ao nomeá-las. Na falha paterna em que se concebe a origem espiritual do ser humano, o Ocidente colocou como ídolo – mas ídolo sem corpo e sem rosto – seu valor fundamental: a enunciação.

Foi precisamente por essa razão que *o outro* enquanto tal tornou-se para nós, por conseguinte, absolutamente *inconcebível*. A enunciação constitui um ato intransmissível: só podemos reiterá-la. Dizer "eu" multiplica os deuses – e, neste sentido, com efeito, a fala é democrática –, mas são os deuses solitários. Só podemos atingir o outro por este privilégio da linguagem que nos fez inventar para Deus um duplo demoníaco: a negação. O outro é aquele que *não é eu* [*moi*], ou, antes, aquele que não é eu [*je*]. O outro não existe nunca para mim que falo: ele só pode me substituir – ou não ser.

Entretanto, estavam igualmente presentes no homem, ao mesmo tempo que a fascinação de sua origem e a necessidade de identificar sua fala ao mito dessa origem, o desejo de uma divisão social e aquele, paralelo ao imaginário do Deus-Logos, de uma sublimação dessa divisão em poder que o transcende. A imagem – a marca – manifesta no interior de cada cultura uma vontade comunitária que implica, antes do sujeito e ao mesmo título que ele, a atenção múltipla de todos. A criação do imagineiro só será admitida num grupo na medida em que este a tiver aceito por sua e considerado como uma mensagem dizendo respeito por inteiro a ele. Em relação aos outros membros da tribo, o artista, como o divino, representa uma atipicidade[5]. Mas essa diferença determina também sua função na tribo. Distinto dos outros, ele constitui igualmente o guia fraterno deles.

2. Memória e escrita

Mas a imagem, como se sabe, só tem valor de comunicação no interior da sociedade que a produz: suas convenções, puramente empíricas, não podem se organizar em código. A escrita transmudou a imagem em instrumento de grande difusão porque soube tirar de suas composições e

[5] Ver J. Duvignaud, *Sociologie de l'art, P.U.F.*, col. SUP, 1972, em particular pp. 54-57.

de seus símbolos sinais e estruturas generalizáveis. Por causa disso, deu também ao sujeito implicado pelo grafismo uma potência que nunca fora até então a sua. Tal mutação podia permanecer ignorada do poder logocentrista – e parece bem que este, de fato, se preocupou quase sempre em recuperá-lo *a posteriori*, a fim, sobretudo, de controlá-lo[6]. Todavia, a escrita pictográfica em uso na América pré-colombiana nos mostra que um deslocamento da imagem para um sistema gráfico mais abstrato podia conceber-se igualmente como o meio de prolongar a dominação tradicional. São os príncipes, os guerreiros, esses "indivíduos supremos", cujos glifos maias e astecas transcreveram as genealogias e narraram as aventuras gloriosas. Os mestres da enunciação marcaram por eles, com sua impressão – como de uma *assinatura roubada* –, o esboço daquilo que se realizava paralelamente a seu império e sobre que talvez houvessem adivinhado que lhes podia fazer concorrência[7].

---

[6] Em *L'Écriture et la psychologie des peuples*, Colin, 1963, R. Labat explica assim o fato de que a divindade da escrita na Mesopotâmia, que era primitivamente Nisaba, deusa do grão, tenha se tornado posteriormente Nabû, um dos deuses do conhecimento e da sabedoria: "É possível (...) que esse patrocínio sucessivo seja o reflexo de uma evolução na concepção do papel dos escribas. A deusa do grão pôde ser bem naturalmente a padroeira da escrita numa civilização que foi em seus primórdios essencialmente agrícola. O patrocínio de Nabû, divindade mais elevada na ordem intelectual, ilustrará, ao contrário, o papel primordial desempenhado doravante pela escrita, na aquisição e difusão do conhecimento" (pp. 337-338). Se o caráter "natural" da atribuição de Nisaba à escrita pode parecer justificado aqui de maneira um pouco apressada, a passagem de uma divindade à outra é evidentemente bem significativo. M. Rodinson, no mesmo volume, assinala que a adoção de um sistema de escrita por uma sociedade "aparece como um sinal, o sinal de pertencimento, por exemplo, a uma civilização ou a uma religião quase sempre. (...) quando, por exemplo, os iranianos, os turcos, os malaios, os hindus escolheram a escrita árabe, não era nem um pouco por fatores de rendimento, fatores de comodidade técnica e foi até, às vezes, a despeito desses fatores: tomava-se uma escrita menos adequada que a antiga. Era para marcar o pertencimento à religião muçulmana, à civilização muçulmana, cuja religião era o fator essencial de ligação, a ideologia central, para aderir a um estado muçulmano" (pp. 353-354).

[7] Isto diz respeito exclusivamente ao aspecto pictográfico, isto é, *figurativo* desses sistemas de escrita, o qual parece bem dever ser posto em correlação com uma exaltação da *fala* (ver, por exemplo, as representações dessa fala por um traço azul saindo da boca dos personagens no *Codex Mendoza*). O interesse dessas civilizações pela astronomia, sua ciência muito sutil neste campo provam que a concepção de um espaço *significante*

Entretanto, que os sistemas ameríndios tenham sido em seu princípio condenados a não evoluir, ou que disso tenham sido impedidos pela intervenção européia, é fato que o procedimento ideográfico tem origem bem diferente, sem vínculo com a fala. O que é primeiro para esse sistema, e que foi decisivo em seu surgimento, é o espaço, o espaço onde circulam os homens, e o sentido, aquele também ocupado pela imagem e onde se vai inscrever a escrita. O exemplo do sistema chinês torna essa correlação particularmente evidente. Em vez de procurar adaptar-se aos indivíduos dominantes do grupo, a escrita chinesa inspirou-se dos sistemas naturais que se propunham à sua cultura sob a forma de estruturas visuais, reais ou supostas. Seria simplificar um pouco dizer que a escrita ideográfica nasceu da contemplação e da meditação das estrelas[8].

Mas, para um sistema de comunicação semelhante, onde está o sujeito? Onde está o outro? O anonimato aqui se difunde numa mensagem que não pode poupar a liberdade de seu leitor: muito pelo contrário, é por essa liberdade que a escrita existe, projetando, em sua prática mesma, essa investigação do espaço em que se funda seu modo particular de significação. A escrita, em sua origem, não se preocupa em inventar um texto, mas em permitir a seu leitor, através de um procedimento de *comunicação refratária*, apropriar-se de uma mensagem na ausência daquele que a emitiu e sem que seja necessário apelar para a enunciação.

---

lá estava igualmente presente; mas pode-se pensar que a função da imagem como sistema de expressão visual inegavelmente combinou-se, nessas culturas, com o poder imediato da imagem de fazer emergir figuras e com o valor não mais apenas de símbolos, mas de sinais que elas tinham sabido lhes atribuir (ver, a este respeito, meu artigo "Retorno aos ideogramas, o cartaz publicitário francês nos anos trinta", a ser publicado em *Langages*, "Lettres et icônes", setembro de 1984).

[8] A aparição de uma "língua escrita" na China parece, com efeito, o resultado da integração dos antigos sinais pictográficos a um sistema visual autônomo, isto é, não fazendo referência à linguagem dita natural (ver L.Vandermeersch, op. cit.). O sistema da língua é um produto puramente humano. A iniciativa dos adivinhos chineses consistia em extrair as leis de estruturas exteriores ao homem, e das quais este acabava sendo a um só tempo o espectador e, segundo a teoria deles, o reflexo. O fato mesmo de o homem ocupar uma situação oposta em cada um dos dois sistemas – emissor da fala, ele é receptor do visível – induz necessariamente uma diferença fundamental entre os dois tipos de estruturas.

Tal processo deu lugar, até aqui, a interpretações essencialmente redutoras. O que a escrita teria trazido de novo a nossas culturas não seria, com efeito, um processo de comunicação inédito, mas um meio, quase mecânico, de *pôr a fala em memória*. Sem a escrita, a fala dominante teria arriscado perder-se: a escrita torna-a disponível e presente em permanência. Foi assim que ela criou a história[9].

Embora seja profundamente discutível, essa opinião não deixa de ser interessante pelo acento paradoxal que ela põe na memória. Não é contraditório, com efeito, atribuir por qualidade principal – até mesmo exclusiva –, aos sistemas de escrita mais antigos, terem aliviado nossa memória, embora não haja dúvida alguma de que a própria complexidade dessas escritas exigia precisamente um esforço de memorização considerável?

No entanto, não se pode tampouco duvidar de que a memória esteja efetivamente no centro do fenômeno da escrita. Mas é que a escrita repousa numa forma de memória de que nunca se tivera idéia anteriormente – ou, pelo menos, nunca de maneira tão sistemática. E talvez o interesse desse procedimento só tenha podido aparecer para as civilizações que o criaram em razão mesmo da sensibilidade particularmente afinada delas – e para nós inimaginável – a respeito de todo método eficaz de memorização. É verdade que já se podia transmitir diretamente a fala tanto quanto isso parecia desejável, e ainda que de uma geração à outra: mas a escrita permitia fazer muito melhor, e para um maior proveito social. Limitada pelas exigências do discurso, a memória de tipo oral é necessariamente linear e repetitiva. Ela é da ordem do "de cor", isto é, da impregnação pessoal, por um indivíduo dado, de seu saber, que ele restitui ao enunciá-lo tal qual, ou ao combiná-lo em conjuntos lingüísticos mais ou menos novos. A memória da escrita se apóia numa fórmula bem diferente. Esta não pertence mais propriamente a um indivíduo, ela é *exterior a todos.*

Mais uma vez, foi por intermédio da imagem que tal concepção pôde surgir. Além de uma interpretação visual do sentido, a escrita to-

---

[9] Ver, a este respeito, J. Bottéro, "De l'aide-mémoire à l'écriture", *Écritures*, op. cit., pp. 13-37.

mou-lhe emprestado, com efeito, essa sua faculdade de *testemunho público*, de testemunho acessível ao grupo inteiro, seja qual for a diversidade, sucessiva ou simultânea, de seus membros, pois ele nasceu do assentimento deles num momento preciso da história que viviam. Assim, podia operar-se uma mutação radical da memória verbal. Não só porque algo do sentido – ou tudo do sentido – acabava sendo materialmente preservado, pela escrita, das fraquezas eventuais da lembrança humana, mas porque o acesso a essa memória implicava uma atividade individual de outra ordem que a da enunciação. Por se manifestar visualmente, permitia que todos ganhassem em liberdade e em lucidez o que ela parecia retirar de cada um em afirmação pessoal.

Procedimento "contra-natureza"? Certo que não. Quando muito, procedimento cuja imaginação nossa cultura perdeu – ou, antes, renegou. Pois a longa história das artes da memória na retórica clássica nos prova que uma sociedade tão penetrada de oralidade quanto era o mundo greco-romano experimentava também, naturalmente, o cumprimento de sua memória como *exterior ao indivíduo*. Esse método, que transpunha os discursos sob forma de lugares a percorrer mentalmente e de objetos a visualizar, retomava em termos figurados o que a escrita original havia organizado e criado a partir de um princípio abstrato[10].

Poder ou contra-poder? A questão não tem muito sentido aqui. Só conta para nós o fato de que, em comparação com o sujeito falante, o sujeito-pai, que exclui *o outro* de seu campo, devamos admitir a existência no mundo de um sujeito-leitor – ou espectador – que triunfa pela escrita, ele também "mestre todo-poderoso", mas na medida, todavia, em que seu poder se acha dividido de imediato por todos, pois fundado no que pertence em próprio ao conjunto da comunidade, o espaço e a memória. Mestre anônimo, este é cada um de nós, presente em todos os outros.

3. O espaço exemplar

Mas nem a memória, nem o espaço preocupam o pensamento ocidental: só o atormenta o *real*. E entendemos bem por quê: a fala nos

[10] Ver F.A. Yates, *L'art de la mémoire*, 1966, ed. francesa, Gallimard, 1975.

cortou do mundo. Tanto quanto de sua condenação, nós vivemos de sua nostalgia. Eu dizia que o sujeito dominante de uma sociedade se apóia sempre num consenso. É fato que o mesmo determinismo rege o poder do sujeito-pai e essa *mimese* rigorista que nos priva, desde Platão, do prazer concreto das coisas. Ambos se impõem a nós por uma falha que nos paralisa e nos faz imaginar, para além dela, uma divindade proibida: um real mais que real, um pai que seria tudo. Essa falha tem sua origem em nossa fascinação pelo signo. Pois a *mimese*, como o mito paterno, repousa sobre as duas características fundamentais do signo: o isolamento de uma *figura* particular e a *distância* que separa essa figura da realidade onde ela toma sentido. Livres de todo contato carnal –, ou, pelo menos, persuadidos de sê-lo –, evoluímos num mundo de onde emergem as únicas imagens que podemos compreender e nomear. E um movimento profundo que vem de nossa cultura inteira a isso nos leva. Herdeiros de nossa escrita (razão pela qual ela nos parece a única escrita possível), cremos ver refletida nela essa preeminência da linguagem em que instauramos nosso valor essencial. É significativo, por exemplo, que com tanta freqüência tenhamos tentado identificar o alfabeto a uma *cifra* e imaginado através dele uma forma de língua sem voz, de onde emanaria um puro sentido. O que não queria de modo algum dizer que desejávamos reverter o curso da história e restituir à escrita sua ambigüidade original: ao contrário, buscávamos por aí excluir de nosso pensamento o espetáculo ideográfico, cuja liberdade nos dava medo[11]. Nossa concepção do espaço pictural é testemunha da mesma iniciativa. Duas operações sucessivas contribuíram, como se sabe, para sua constituição: a emergência das figuras na arte greco-romana, figuras a um só tempo espantosamente reais e flutuando num espaço indeciso, e a estruturação dos lugares onde elas se inscrevem, a partir de uma geometrização da superfície plástica, no momento da Renascença. Assim nasceu nosso realismo. Mas este realismo é de natureza puramente intelectual e resulta de uma ideologia essencialmente in-

[11] Ver M.-V. David, *Le débat sur les écritures et l'hiéroglyphe aux XVIIe et XVIIIe siècles*. S.E.V.P.E.N. (École pratique des hautes études, VIe section) 1965, e J.F. Maillard, "Fortunes de l'écriture à la Renaissance: de la cryptographie à la quête d'un langage universel", *Écritures II*, Le Sycomore (a ser publicado em 1984).

dividualista. A figura ocidental, com efeito, somente se integrou a um espaço verossímil na medida em que se destacou diante dela, como num espelho lúcido, outra figura independente, determinante para sua existência, a de seu espectador. E espectador que desejava *dizê*-la nesse espaço, muito mais que realmente *vê*-la. Pois é possível falar de olhar, quando este se resume num ponto fixo de onde irradiam, numa distância conveniente, esses fios abstratos, retilíneos, que o retêm como por um engendramento longínquo e terrorista? Puros sinais – embora mimando o real às vezes até a alucinação –, essas figuras não pertencem mais a nossa experiência sensível do que os fantasmas [*fantômes*] loucos de Picasso.

Assim se explica o paradoxo de nossa civilização: ela sempre chega ao real apenas a partir de sua ausência, à condição de um distanciamento do sujeito e da realidade dos dois lados de um vazio intermediário, e numa estrutura em reflexo. *O outro* só constitui para nós – sendo esse face a face perfeito criado por nosso próprio espírito – a própria marca de nossa falta. Indefinidamente presente, ele é também indefinidamente inacessível. Ele só pode ser nosso pai – ou nada.

Mas vemos bem o que tal situação tem de absurdo, e também de intolerável. A "figura do pai" inscreve-se naturalmente numa linearidade significante, já que faz referência a um passado: o "fio do tempo" nos liga a ela; sua falta é a desse "antes" cuja marca continua para nós invisível. Para além do vazio onde ele toma sentido, o outro está bem ali, em compensação, copresente à minha atualidade. Ele é aquele "tu" absorvido na fala do "eu" [*je*], que, no entanto, resiste a ele como um "ele"[12]. É verdade que não poderíamos atingi-lo por uma iniciativa lingüística, mas tampouco poderíamos impedir que ele se impusesse à nossa consciência, e às vezes nos aterrorizasse na evidência de um contato inconcebível, destruindo nossos espelhos. É no momento em que o Horla de Maupassant rouba ao narrador seu reflexo, no esvaecimento absoluto de toda figura perceptível, que este deve admitir a existência "real" do monstro e reco-

[12] Segundo E. Benveniste, *eu* [*je*] só existe em relação ao *tu* a quem ele se endereça. Tentei mostrar no "Le sujet de l'écriture...". (op. cit., pp. 220-226) que este *tu* inscrito na fala era apenas uma forma vazia, o receptor real – ou imaginado – pertencendo sempre, na verdade, ao mundo da referência, do *ele*.

nhecer que é prisioneiro dele. O que liga o amor à morte, no Ocidente, explica-se da mesma maneira. A morte do outro constitui a condição quase irresistível do prazer que ele nos proporciona, porque este prazer, para nós, não pode ter *sentido* enquanto tal: ele ultrapassa as condições de nosso acesso à realidade, anula-lhe o interdito. Por isso não causa espanto que o erotismo segundo Bataille não exista nas civilizações diferentes da nossa: ele nos está reservado muito estritamente[13].

Apesar das aparências, a teoria "mimética" da relação com o outro é da mesma ordem. Nada, na verdade, se joga aqui de fraterno. E desejar o que deseja o outro nada tem, tampouco, de uma necessidade que se poderia achar semelhante fora de nosso tipo de cultura. É porque temos o sentimento de que o outro toca o real *através do que ele deseja* que o próprio objeto de seu desejo nos parece desejável. O outro, no que não podemos conceber dele, que nos escapa, tem contato, pensamos, com o mundo: para ele o vazio não existe. E o que ele ama constitui uma das garantias mais patentes dessa presença no real cujo privilégio ele detém. Nós mesmos a buscamos sem cessar, mas não saberíamos sozinhos atingi-la: precisamos, pois, *amar o que o outro ama* para ter o sentimento de nos aproximarmos dela.

Assim se manifesta, no Ocidente, uma relação entre "eu" [*je*] e "aquele que não é eu" [*je*] em dois níveis diferentes, totalmente heterogêneos, embora possam ser simultâneos. A enunciação se endereça a um "tu" – mas na cegueira do que constitui efetivamente esse "tu" –: "o outro" nos faz entrar no real – mas só podemos a isso chegar imaginando *estar em seu lugar.*

As duas frases pelas quais escolhi introduzir minha exposição querem traduzir essa heterogeneidade. Para Beveniste, o outro é primeiramente o receptor do discurso. Pascal, espantando-se com o fato de que os homens não soubessem "ficar em repouso num quarto" e vendo nisso a fonte de nossos males, nos permite, à sua maneira, compreender que nossa civilização proíbe, ao "sujeito" que ela produziu, dispor de uma

[13] "... a morte, em Bataille, é muito européia, uma morte que faz com que os japoneses digam com um pequeno sorriso: "a sua civilização cristã... o seu sentido do pecado" (M.-C. de Brunhoff, "La passion de Mishima", *Magazine littéraire*, nº 197, p. 33).

faculdade fundamental, faculdade que ela reservou ao "outro", na medida em que não lhe era possível encerrá-lo por inteiro na grade de suas perspectivas: viver num lugar, *viver o lugar.*

No entanto, seria simples demais afirmar que nada da "vida do lugar" manifesta-se no Ocidente que possa ser reconhecido por ele como a atividade de um sujeito. A observação de Pascal já nos prova que a nós se impõem outras nostalgias que a do real. Mas nossas filosofias, em seu conjunto, nos proibiram reconhecê-las. Viver o lugar, isso quer dizer ser sujeito participando de um espaço, compartilhando-o com os outros. Foi impossível, para nossa cultura, elaborar sua teoria sem supor, para disso dar conta, um Ser subjacente a esse espaço, espécie de ressurgência do sentido que ocultaria com um novo vazio nossa experiência perceptiva. Ou então, se aceitássemos que um Ser não fosse necessário à sua estruturação teórica, estaríamos duvidando de que se pudesse conceber um sujeito que seria um "eu" [*je*] fora de todo diálogo, um "eu" sem "tu", senão através desta forma neutra – o "*on*"* – que representa, na realidade, sua negação[14].

Todas essas teorias fundam-se no mesmo *a priori*, o da necessidade da linguagem como modelo ou como referência de nossas atividades,

---

* O francês possui o pronome pessoal indefinido *on*, da 3ª pessoa, invariável, fazendo sempre função de sujeito; marca, em geral, a indeterminação ou várias pessoas determinadas. (NT)

[14] É, com efeito, assim que ele aparece se nos referirmos às categorias formais da língua e à interpretação delas pelos teóricos da enunciação. O "*on*", que serve para designar uma personalidade difusa – porque não identificada ou representativa de um número indeterminado de indivíduos – não pode ser assimilado ao "eu" [*je*], sempre particular. Se é verdade que o sujeito existe assimilado ao "eu" [*je*], sempre particular. Se é verdade que o sujeito existe em sua fala, por seu "eu" [*je*], o "*on*" constituirá, portanto, um "não-sujeito", como o "ele" é para Benveniste uma "não-pessoa". Mas o fato de isso ser incontestável, do ponto de vista de certas línguas em todo caso, não significa de modo algum que o seja de maneira absoluta. J.-F. Lyotard faz disso, contudo, argumento para criticar M. Merleau-Ponty e sua hipótese de um sujeito passivo (*Discours, figure*, Klincksieck, 1971, p. 21). Crítica que para ele é apenas, de resto, um pretexto: a alternativa "eu"/"on", o filósofo pretende substituí-la pela do "eu"/"id". É claro que esta hipótese só faz deslocar o problema, mantendo-o no interior dos mesmos pressupostos lingüísticos relativos ao modo de existência do sujeito com o qual se choca Merleau-Ponty.

sejam elas quais forem. Por isso é que elas possuem para nós uma força demonstrativa particularmente eficaz. Se é verdade que ser "sujeito" é poder distinguir-se dos outros com toda consciência, como essa identidade não teria, com efeito, acesso à fala e, por conseguinte, a um "eu" [*je*]? E, se esse acesso lhe é impossível, a razão disso não é que se manifesta nela esta outra forma – obscura – de afirmação, o desejo?

Mas não é apenas a enunciação que é denunciada pelo sujeito-vidente (e é menos certo ainda que o desejo a substitui através dele). O que subverte a percepção, em nossa relação com o mundo, é a pertinência do modelo de linguagem nos dois níveis em que o concebemos: não há nem "eu" [*je*] nem "vazio" para o indivíduo que vive sua percepção e nela se engaja por inteiro. Estar num "lugar", sentir um lugar é sempre tocá-lo diretamente. Contemplá-lo como tal (e não como o indício de um estado exterior das coisas) é viver essa própria contemplação como um contrato. A imagem, o lugar nos introduzem neles mesmos ao mesmo tempo que se deixam ver: por isso é que eles são *habitáveis*[15]. Uma aparência nos é dada, e é recebida como sua por cada um de nós nessa oferenda. Nenhum vazio existe aqui –, ou, antes, o que nomearemos vazio será *o espaço condutor* que organiza, dos objetos a nós, o intervalo de nossos próprios gestos, de nossa respiração, de nossos pensamentos – de nossos sonhos, onde a realidade toma cor.

Triste um pouco, tanto se apagam
Essas aparências de outono.

---

[15] É o próprio princípio da pintura de paisagem na China: o pintor Kuo Hsi, dos Sung, diz: "Existem paisagens pintadas que atravessamos ou que contemplamos; outras nas quais podemos passear; outras ainda onde gostaríamos de permanecer ou de viver. Todas essas paisagens atingem o grau de excelência. Todavia, aquelas onde gostaríamos de viver são superiores às outras" (citado por F. Cheng, *Vide et plein*, Seuil, 1979, p. 64.). Encontramos esta concepção nos paisagistas ocidentais: "Pintura alguma leva com mais certeza do primeiro plano ao último, da moldura aos horizontes. Habitamo-la, nela circulamos, nela olhamos no fundo, somos tentados a levantar a cabeça para medir o céu", escreve Fromentin da pintura holandesa do século XVIII (*Les Maîtres d'autrefois*, Garnier, 1972, p. 120).

Todos meus langores devaneiam
Que acalenta o ar monótono[16].

É com esta estrofe que Verlaine encerra uma de suas "Paisagens belgas" dos *Romances sem falas*. Essa paisagem acalentadora é bem mais que um "estado de ânimo": ela *transforma a identidade* daquele que a ela se abandona. Não mais locutor, mas tristeza pura – embora já consolada por estar assim difundida no ambiente que a sugere –, o poeta nos incita ao acontecimento da percepção[17] de que, fora da linguagem – mas sem ser por isso indizível –, uma consciência de si se manifesta, age, torna-se outra...

Consciência, então, condenada ao isolamento? As imagens e a escrita nos provaram que o visível é um suporte de comunicação. No entanto, é em termos de solidão que ainda o interpreta Merleau-Ponty. Esse "anonimato inato de Eu-mesmo"[18] em que ele define o sujeito-vidente conduz nele a um narcisismo. É certo que o receptor se acha doravante liberado do estatuto de inferioridade que lhe vinha da enunciação: dependente, ele o é ao mesmo título que o sujeito da percepção, isto é, de modo positivo e criador. Mas ele ainda aparece em *O visível e o invisível* como devendo separar-se do sujeito para ser "um outro". Partilhando o mesmo meio visual, ele só inicia relação recíproca com o sujeito com base em uma distinção radical dos pontos de vista dos dois. A *perspectiva* é a chave mental da diferença dos sujeitos na concepção merleau-pontyana como era, na Renascença, da oposição deles. O outro, sujeito como o próprio sujeito (e não mais sua negação), mantém-se sempre no lugar que lhe foi designado pela enunciação: em frente, em "face a face".

Mas essa alteridade, entretanto, não tem muito sentido se a examinarmos no espaço. O texto do próprio Merleau-Ponty faz sentir o absur-

---

[16] P. Verlaine, *Bruxelles, simples fresques I, Romances sans paroles*, "Paysages belges", 1874.

[17] Acontecimento que J.-F. Lyotard nega à percepção poder provocar, através de sua crítica de M. Merleau-Ponty: "... o acontecimento em sua alteridade inicial não pode provir do mundo, ao qual estamos unidos em sentido" (op. cit., pp. 21-22), só o desejo fazendo acontecimento segundo ele.

[18] M. Merleau-Ponty, *Le visible et l'invisible*, Gallimard, 1964, p. 183.

do disso. Se há "passagem de outros em mim e de mim em outros" pela copresença deles no mundo (p. 112), não é que o próprio casal em que se funda a alteridade deve ser pensado, por conseguinte, de outra forma que o sugere a língua (e, mais precisamente, *nossa* língua[19])? Uma *arieta* dos mesmos *Romances sem falas* nos prova isso:

> É o êxtase langoroso,
> É a fadiga amorosa...[20].

É possível negar que nessa paisagem ("ramagens cinzentas", "coro das pequenas vozes", nos dizem nos versos seguintes) um *casal* esteja presente? E essa união-diferença, que é a de um erotismo sem drama, "prazer", não se acha não explicitada, mas *destruída*, ao contrário, quando a alteridade dos parceiros se resolve, em fim de poema, em sua formulação pronominal?

> Esta alma que se lamenta
> Nesta queixa adormecida
> É a nossa, não é?
> A minha, diga, e a sua..?

Só podemos pensar o outro pela falha de um espaço dividido. Ora, ele se acha presente primeiramente na contigüidade de nossas sensações: mas não possuímos nome – ou noção – para dizê-lo. Sabemos, com Baudelaire, com Fromentin, que existem paisagens à "semelhança" de

[19] "Não existem (...) muitas línguas que, como o francês, triplicam a ipseidade do locutor acrescentando, à desinência verbal da primeira pessoa, uma repetição do pronome pessoal. Estamos aí nos antípodas do japonês, em que o verbo expressando a ação do sujeito vem no final da frase, em que esse verbo não tem desinência expressando a pessoa e em que, enfim, essa palavra, quando está presente, tem um sentido que depende do contexto. (...) Pode-se (...) admitir, nos diz Alexis Rygaloff, que 'ao lado de línguas impessoais e que no número destas possam figurar línguas lococêntricas. O chinês e o japonês poderiam estar nesse caso'. Em tais línguas, o circunstante não é forçosamente o contexto, como nas línguas indo-européias; é, numa certa medida, o próprio sujeito". A. Berque, *Vivre l'espace au Japon*, P.U.F., 1982, p. 47.

[20] *Ariettes oubliées I*, op. cit.

nossos amores (e, curiosamente, são as mesmas para ambos: sóis molhados, países planos e pálidos...). Mas o que fazer com tal semelhança, que valor lhe dar, quando o outro, para nós, só se concebe na distância onde se partem e se esvaziam os signos? O espaço nos faz descobrir a *vizinhança*[21] e a escrita, após a imagem e melhor que ela, nos revela as potencialidades semânticas dessa vicinalidade: uma sintaxe pode aí se estabelecer, um código aí se manipular, na independência de cada um. Mas como associar tais práticas a teorias do visível fundadas na *mimese*, isto é, numa relação hipostática do espaço com o real – não fosse este próprio real senão o reflexo enfraquecido de um ideal ainda mais longínquo? Tudo, do pensamento e da vida da cultura, deve obedecer a uma ordem diferente para que esse "outro-vizinho" possa chegar à verossimilhança e manifestar abertamente sua eficácia.

As poucas referências que acabo de fazer a um vazio que não seria hiância, mas espaço positivo, evidentemente nos conduzem a pensar que essa cultura diferente deve ser buscada no Extremo Oriente. Quando perguntavam a Lie Tseu "Por que tendes o vazio em tão grande estima?", ele respondia: "O vazio não tem o que fazer com a estima. Se quisermos estar sem nome, nada vale o silêncio, nada vale o vazio. Pelo silêncio e pelo vazio, atingimos nossas moradas[22]". Eis o quarto de Pascal transcendido no universo taoísta...

Mas talvez o Japão nos esclareça melhor ainda que a China quanto aos valores de alteridade a que conduz uma filosofia do espaço. O que estava, antes de tudo, carregado, na China, de uma função metafísica

[21] Em continuação às teorias de Winnicott, E. Veron introduz na análise do sentido um nível de funcionamento *metonímico*, próprio à imagem. "Do ponto de vista genético, esse nível constitui a camada mais arcaica da produção de sentido. Ela é estranha ao iconismo, embora costume ser confundida com ele, pois é anterior à emergência do princípio de analogia. Esse nível é da ordem de uma topologia (ou, se quisermos, de uma etologia) do sentido, e não da analogia. Noções fundamentais como as de território, percurso, distância e contato correspondem a este nível. No interior da rede metonímica, o corpo significante da criança produz sentido bem antes de parecer com o que quer que seja". "Discursivités de l'image", *L'image fixe*, Documentation française, 1983, p. 118.

[22] Lie Tseu, *Le vrai classique du vide parfait*, Idées Gallimard, 1976, pp. 51-52.

inscreveu-se, com efeito, no Japão, numa iniciativa reflexiva cujo objeto era essencialmente o estabelecimento normativo de relações interpessoais. Temos a prova mais evidente disso, uma vez mais, na maneira como se constituiu sua escrita. Tomando emprestado seus ideogramas dos chineses, os japoneses os penetraram de fonetismo. Mas fizeram isso preservando, até mesmo amplificando as qualidades específicas da escrita, em vez de procurar disso tirar um código que fosse adaptado primeiramente à prática da linguagem. O silabário *hiragana* nasceu da caligrafia, isto é, de uma abstração criada pela mão dos escribas, o que lhe permite mostrar, até numa aventura fonética mais afastada de suas origens, a presença sempre sensível do ideograma. O sistema dos *katakanas*, mais recente, destinado à transcrição de palavras estrangeiras, também possui uma forma de racionalidade visual imediatamente perceptível ao leitor japonês, sendo oriundo de elementos retirados dos caracteres chineses conforme diversas convenções[23]. Essa reiterada atenção aos aspectos concretos da escrita nada tem de uma obsessão estética. Com efeito, para além de uma constância visual (a qual, de resto, repousa muito mais na memória dos sinais gráficos do que no espetáculo coerente deles, já que ideogramas – *kanji* – e alfabeto latino – *rômaji* – intervêm igualmente), o que tal sistema visa manter é o mecanismo mental implicado profundamente pela escrita. Esse mecanismo é bem conhecido, já que é idêntico na China, no Egito e em Sumer: consiste em fazer o leitor participar de modo direto e ativo da mensagem que lhe é proposta. Essa mensagem não deve ser decifrada por ele, mas reinventada, assumida, num jogo de comparações constantes entre diferentes níveis de formas e de sentidos. A escrita japonesa nos prova que essa participação do leitor pode atingir graus de acrobacia intelectual para nós inconcebíveis, mas que estão perfeitamente adaptados, mesmo assim, a uma enorme difusão: é sabido que a cultura livresca, no Japão, é uma das mais importantes do mundo, senão a mais importante[24].

---

[23] Ver A. Berque, op. cit., pp. 73-74.

[24] Ver J. Pigeot e J.-J. Tshudin, *La littérature japonaise*, P.U.F., Que-Sais-Je, 1983, e C. Sakai, *Littérature populaire et lecture de masse dans le Japon du XXe siècle*, Tese de doutorado de 3º ciclo (datilografada), Université Paris VII, 1982.

Mas esse espaço criador de sujeitos possui outras propriedades que o nosso. É aquele espaço intermediário, feito de tempo e de espaço a um só tempo, este *ma*, que o pensamento ocidental, submisso à perspectiva e a uma análise racional do tempo, não pode imaginar[25]. É primeiro na própria enunciação, já que esta se determina em função da situação relativa dos parceiros em presença, fora de qualquer intervenção pronominal ou verbal. Da mesma forma que carrega o caminhante, pelo fluxo de caminhos pontuados de vazios, a objetivos sem importância, cada etapa do percurso, sendo a ele só revelação, situa o locutor no interior do discurso, na variação contextual – mas pode-se falar de "contexto" quando tudo se joga entre os parceiros físicos e não no formalismo da linguagem? – que modula a verdade e a eficácia dos ditos a partir da situação de troca que eles implicam.

Que necessidade podem assim representar, para essa cultura, tanto a linha *paterna* quanto a *figura do pai*? Toda imagem para ela é transitória, toda linha sem final. Só o intervalo informulável que separa duas alteridades compartindo o mesmo universo deve mobilizar – e mobiliza – a ação e o pensamento. A velha de *Narayama*[26] sabe que tem de ir morrer na montanha: mas sabe disso como uma verdade que seria exterior à sua própria vida, como um destino que não diria respeito apenas a ela, mas interessaria, com ela – e *nela* –, o conjunto do grupo a que pertence, o qual não se define simplesmente por sua família. O mestre substituiu, no Japão, o pai como modelo diretor, na medida em que, lá, a idéia de poder dominante repousa na dissociação entre esse poder e a filiação pessoal e em que sua interiorização pelo sujeito não passa por aquela – seguramente presente nele, mas num nível muito menos significativo – de uma diferença (que tradicionalmente se entende como uma hierarquia) entre as gerações e os sexos[27].

---

[25] "... fundamentalmente, o *ma* é o intervalo que obrigatoriamente existe (*Tôzen*) entre duas coisas que se sucedem (*renzoku*); daí a idéia de pausa. (...) ele é sem ser o que ele implica. Sua carga semântica varia segundo duas condições: seu lugar num conjunto e sua escala (abertura maior ou menor do espaçamento). Uma e outra são guiadas por (e produzem) um certo ritmo". A. Berque, op. cit., p. 63.

[26] Fukazawa Shirchirô, *Narayama-bushikô*, 1956, traduzido por B. Frank, Gallimard, Folio, 1980.

[27] Ver A. Berque, op. cit., p. 191. "O pai é primeiramente aquele que ancora o espaço doméstico no espaço dos ancestrais. Ele pode oficiar, enquanto tal, como sacerdote shintoísta. O pai analógico – o chefe do grupo – tem papel comparável. (...) Não mais que não domina os seus, o pai é dominado pela entidade social diretamente superior".

4. Rostos e máscaras femininas

Mas talvez a fatalidade da noção e da presença, nas sociedades fundadas na fala, de um criador todo-poderoso não seja, na realidade, tão irresistível quanto se crê, embora até a existência de um sistema de escrita alfabética venha, por outro lado, confirmar a importância privilegiada que essas sociedades dão à linguagem.

Pois, no fundo, de onde vem o logocentrismo, e o falocentrismo que disso se deduz? Não de *todo* da linguagem, ou da fala, mas do isolamento de um nível particular do discurso – o qual, na verdade, combina dois: o da elaboração da competência lingüística em mensagem e o de um esquema de enunciação que veicula, para lha impor, essa mensagem para outros – de que teremos mais ou menos inferido arbitrariamente um princípio estrutural válido para o conjunto da sociedade. Ora, enquanto tal, o alfabeto responde igualmente a um objetivo suplementar, sobre o qual nada prova que não possa ser tão importante, senão mais, que o precedente: refletir, como num espelho (a metáfora aqui se justifica plenamente), o nível pragmático, atual, da fala, sua *fonação*. O problema da definição dos alfabetos semíticos está estreitamente ligado ao papel que se deve ou não reconhecer a uma reflexão propriamente fonética na constituição desses sistemas[28]. Na Grécia, o fonetismo aparece como o resultado definitivo de uma análise abstrata, quase fonológica, da língua. A Índia também conhece o alfabeto, mas concebeu sua necessidade e sua prática de modo bem diferente. Para ela, essa forma de escrita mostra a fala como uma espécie de "ruído" privilegiado, a mais alta manifestação, a mais humana, de uma vibração geral do mundo, de uma metafísica dos sons. O sopro, aqui, tem o mesmo valor que o vazio na China e no Japão: o de revelar um contato entre os seres, prolongando e difundindo entre eles uma circulação cósmica essencial e permanente.

Por isso, como já observei, os deuses criadores, na Índia, não se preocupam muito em impor seu poder aos homens. Dormem, ou dão existência às coisas por capricho, por jogo. A energia do universo vem de

---

[28] Ver, a este respeito, "O sujeito da escrita...", op. cit., nº 38 e aqui mesmo, nº 2.

alhures. Ora, o que não pode deixar de nos surpreender, ela tem a ver com um poder feminino. O tantrismo levou a seu mais sutil grau de complexidade uma intuição que atravessa o hinduísmo desde suas origens védicas, que é a de uma Energia feminina que seria sopro divino. Fala de antes da fala, ela é "Suprema" em sua origem absoluta, "Vidente" sob forma pré-discursiva em que a consciência do "eu" [*je*], já formada, ainda não atinge suas palavras[29]. A deusa, sob as encarnações diversas em que é possível encontrá-la, tem por papel ajudar a criação. Ela não cria por si mesma – as divindades mais veneradas nunca são mães –, ela participa da gênese cósmica entregando-lhe sua energia.

Essa concepção tão estranha à nossa cultura não deixa de apresentar com esta uma similitude impressionante, contanto que se aceite inverter os pólos sexuais a que ela concerne. Essa criação à distância corresponde exatamente, com efeito, àquela que atribuímos a Deus. O sopro de Shakti é o do Espírito Santo; o que tem conseqüências que não se resumem apenas numa inversão de funções entre homem e mulher. Se o homem, entendido como pai, permanece o mesmo nas duas culturas (embora de modo algum como símbolo do poder dominante), o arquétipo feminino a que responde a deusa indiana é inteiramente inconcebível para nós. Liberta do dever moral e do sujeitamento físico da procriação, essa deusa encarna, com efeito, uma feminilidade separada da família – ela é a amante eleita do deus, não sua esposa, esta tendo sozinha o encargo de dar-lhe filhos –, uma feminilidade que, no entanto, não é estéril, mas, muito pelo contrário, criação[30].

---

[29] "A Fala exaltada pelas diversas escolas tântricas não é a da linguagem explícita, tagarela. É, ao contrário, tanto mais alta quanto mais está afastada de qualquer linguagem e mais próxima do silêncio, e é deste que ela nasce. O Supremo, o "Sem-igual" é a pura Consciência silenciosa, mas origem da Fala e da vida e inseparavelmente unida a elas". A. Padoux, *L'Energie de la Parole*, Le Soleil Noir, 1980, p. 239. "Assim que um movimento rumo à manifestação se desenha na Fala suprema, aparece 'A vidente', que é, propriamente falando, a primeira etapa da Fala. (...) Aí não se encontra a objetividade, mas apenas uma tendência para ela, ainda toda dominada pela pura subjetividade da Consciência. (...) Conscientização caracterizada por um desejo de diferenciação (...) uma tendência, um movimento, para as formas da linguagem tal como aparece nos dois níveis seguintes" (ibid., pp. 100-101).

[30] Segundo o pensamento hindu, as mulheres "só encontram seu lugar ao assumirem plenamente seu papel de parceiras sexuais, e é neste campo que elas se tornam real-

Ora, nossa civilização, como é sabido, concebe a mulher exclusivamente em sua relação com a maternidade. Nobre papel, mas que, na verdade, é o de um duplo desvalorizado – pois essencialmente material – do pai criador: "a mulher é natural, logo, abominável...". A descoberta de uma forma "cerebral" de feminilidade nos obrigou, faz pouco tempo, a revisar essa concepção[31]. Parece-me, no entanto, que poderíamos encontrar, também em nossa tradição cultural, a marca mais ou menos visível de uma feminilidade próxima de sua versão indiana, mas que diversos interesses sociais e políticos contribuíram posteriormente para ocultar. Essa feminilidade se define a um só tempo por uma assistência afetuosa para com o pai – daí por que ela permanece integrada a nossas convenções fundamentais – e por sua não-conformidade ao esquema familiar que deveria forçá-la a procriar. É a criança-fêmea, a *filha*: Antígona, Cordélia. Salomé, a irmã cruel delas, apresenta com elas, apesar das aparências, pontos comuns essenciais[32]. Mantidas sob controle pela Lei, estas moças talvez representem, cada uma, aquele *outro* dependente e inferior, único possível no eixo imperativo da vontade paterna. Mas elas fizeram de sua dependência um *lugar* onde se reinventa um sujeito: este será afetuoso e "dançarino", dotado de energia própria e radiante. Por isso é que vão ser as guias de seus pais, num espaço que não será mais regido pela fala, mas por essa visão secreta, cega ao mundo, mas adivinhadora, que circula como um sopro entre os indivíduos.

---

mente complementares do homem, ao passo que nos outros planos – inclusive o da maternidade – elas são apenas o prolongamento deles" (M. Biardeau, *Clefs pour la pensée hindoue*, Seghers, 1972, p. 72). A Deusa reflete essa concepção dando-lhe um poder cósmico determinante (ver ibid., pp. 180-190).

[1] Ver S. Witerson, "Les différences sexuelles dans la neurologie de la cognition: implications psychologiques, sociales, éducatives et cliniques", in E. Sullerot (sob a direção de) *Le Fait féminin*, Fayard, 1978, pp. 287-301.

Salomé, no Evangelho Segundo São Marcos (VII, 17-29), não dança para agradar a Herodes, nem para dele obter a cabeça de São João Batista, como se pode dizer na peça de O. Wilde. É porque sua dança agradou ao rei que este lhe propõe oferecer-lhe tudo o que ela quiser, "ainda que seja a metade do (seu) reino". A decisão de mandar matar João Batista vem de Herodíades, não de Salomé. "Ela saiu e disse à mãe: 'que devo pedir?' – 'A cabeça de João o Batista', respondeu esta". A interpretação de O. Wilde dá ao personagem uma ambigüidade – masculina – que Salomé originalmente não possuía.

Talvez esses pais dependentes de suas filhas nos sejam mostrados velhos e enfermos[33]. Mas não podemos desprezar o fato de que, nessa dependência invertida, seja o olhar deles que seja atingido. Esta ferida é a garantia da presença de um valor feminino no coração do simbolismo deles, e de uma presença que não pode ser interpretada como depreciativa. Talvez o poder feminino só tenha desaparecido de nossas memórias em época bem recente, quando renunciamos a "cantar" nossos alfabetos para lhes fazer dizer um verbo estrito? – E talvez o mito de Édipo simbolize precisamente esse desaparecimento? Gostaria de tentar demonstrá-lo – ou, quando menos, sugeri-lo – para concluir.

Se, de fato, é evidente e legítimo interpretar o mito de Édipo como o do assassinato do pai e da transgressão do interdito do incesto, eu, por minha vez, proporia que nele víssemos igualmente o mito da expulsão, pela sociedade, de um poder no feminino. Os dois aspectos principais do mito encontram-se nesta interpretação: o assassinato – a eliminação física ou simbólica das mulheres – e a transgressão familiar, que não é mais a do incesto, mas que se deve ao fato de que Édipo chegou ao poder, embora ele mesmo se identificasse – ou fosse identificável – a uma mulher.

Que Édipo não se significa como homem, se o é em aparência, vários indícios nos provam isso: os pés furados, por exemplo, que fazem dele um ser ferido e dependente – e, sobretudo, seu encontro com a Esfinge[34]. Suas relações com ela de fato se instauram conforme o esquema

---

[33] É igualmente o caso de Tirésias, ele também cego, e ele também, segundo a lenda, guiado por sua filha Mantô após a tomada de Tebas pelos Epígonos. A presença de um simbolismo feminino em Tirésias é evidente, já que ele próprio teria sido uma mulher e deveria sua cegueira à cólera de Hera, irritada por ele ter revelado a Zeus que "a mulher experimenta nove vezes mais prazer no amor que o homem" (ver M. Delcourt, op. cit., pp. 55-58). Mas é claro também que essa feminilidade nada tem de materno: o que Tirésias confessa a Zeus é uma faculdade das mulheres inteiramente independente do poder genitor que elas têm, e, aliás, é bem por isso que a deusa-mãe entre todas do Panteão grego foi encarregada de puni-lo.

[34] M. Delcourt assinalou o caráter absurdo dos pés furados de Édipo, já que a cicatriz deles não serve para fazê-lo reconhecer em nenhuma versão do mito, e que um bebê, tenha ele os pés livres ou não, arrisca sempre morrer quando o abandonam. O nome está certamente, aqui, na origem da ferida (ver *Œdipe ou la légende du conquérant*, Liège, 1944, p. 24). Encontraremos nesse mesmo autor uma análise da Esfinge que evidencia

inverso daquele que se teria esperado. É aqui a mulher quem fala e impõe a seu receptor uma enunciação mortífera reservada à virilidade. Que o primeiro de seus enigmas se refira precisamente à definição do homem e o segundo ao engendramento mútuo de duas irmãs, o dia e a noite – ambos femininos em grego –, tampouco é indiferente. Por sua resposta, Édipo cumpre também dois atos que confirmam sua função feminina, embora o resultado disso seja, aparentemente, contraditório: de um lado, ao se colocar ele mesmo como receptor, ele está manifestando mais uma vez o valor não logocentrista do personagem; do outro, ele elimina uma mulher – a Esfinge – para substituir o poder dela pelo seu, uma feminilidade dominante por outra, mas feminilidade que, esta, a despeito de seu caráter paradoxal, não será mais monstruosa, já que vai assegurar – pelo menos é esta a lenda original da realeza de Édipo – a felicidade dos homens que disso dependem.

Outra mulher eliminada pelo mito: Jocasta. É aqui o pólo materno da feminilidade, ligado demais ao do pai para que daí possa vir um poder realmente distinto, que se autodestrói por duas vezes. Qual é, de fato, essa mãe, como crer em sua existência, quando se sabe que pôs simultaneamente no mundo seu filho e seu esposo, depois seus próprios netos? E como, tendo guardado no ventre a origem de sua monstruosidade, poderia ela ser por isso punida mais justamente – isto é, de maneira tal que poupe sua sujeira ao resto da sociedade – do que dando a si mesma a morte[35]?

---

em particular a natureza feminina do monstro e sua correlação exclusiva com o mito de Édipo (pp. 104 e segs.). "Píndaro, num Péan perdido, falava do enigma saído das ferozes mandíbulas da jovem mulher [Fr. 62]" (p. 134). O monstro primitivo parece ter nascido, ao menos em parte, do fantasma erótico dos íncubos, o que confirmaria a denominação de "esfinges megáricas" dada posteriormente às prostitutas (ibid., p. 125).

[35] Segundo uma versão miniana relatada por Nicolas de Damas, Epicasta (Jocasta) acompanhava Laio no momento em que este foi morto por Édipo: portanto, era difícil para ela não ver o matador. Entretanto, ela, aqui, ainda casa com ele. Esta versão parece inexplicável a M. Delcourt (p. 92), da mesma forma que a permanência do suicídio de Jocasta em toda a tradição, embora não se possa atribuir-lhe nenhuma fonte mitológica definida. Eu veria nessas incoerências a prova de que Jocasta representa um personagem *insignificante*, no sentido literal do termo, na constituição do mito tanto quanto em sua evolução.

Que Édipo representa uma forma feminina de poder nos é igualmente confirmado em sua relação com o poder masculino, com o poder-pai. Porque ele mata o rei de Tebas, sem dúvida. Mas, sozinho, este assassinato não seria a prova suficiente disso: será *seu pai* ou *o poder que ele encarna* que é morto pelo futuro vencedor da Esfinge? Outro aspecto do mito nos traz a resposta a esta questão. O verdadeiro "pai", aquele que assume fisicamente – isto é, segundo as normas que, por outro lado, definem a legitimidade materna – um papel familiar junto a Édipo é Polibos (ele também rei, notemos: o mito dá a Édipo um pai adotivo de sua condição). Ora, este pai substitutivo não é atingido pelo drama. Ele guarda sua *função* de pai, ainda que não deva trazer este *título*. Mas é que só este título constitui o motivo real do assassinato, porque só ele simboliza o poder masculino em sua essência. Através da morte de Laio, não é um pai que é morto, mas uma forma de império e o tipo de sujeito-dominante que ele determina[36].

Para acabar, Édipo delegará seu poder a Antígona: ou, antes, sua feminilidade decaída passará para a de sua filha, reatando, apesar de tudo, por um desvio, com a regra masculina do poder. O que, na verdade, corresponde apenas a um dos fins desta história, e é preciso lembrar as outras. Na versão épica, a mais antiga, Édipo, apesar de seu crime, depois do suicídio de Jocasta, *continua rei*: ele vai ser morto mais tarde, e como os reis, na guerra. Ao introduzirem Antígona no teatro, Ésquilo e Sófocles também a acompanham de todo um ritual verbal em que a própria fala masculina ostensivamente se denuncia e se destrói: Édipo banido por

---

[36] Encontramos em M. Delcourt duas confirmações para esta interpretação. Primeiramente, o fato de que o mito de Édipo pertence, enquanto mito do poder real, à pré-história da cultura grega, a qual bem cedo perdeu até a palavra designando o rei e teve que transformar esta lenda em drama familiar, na medida em que o poder político lá tomara uma forma hereditária. Por outro lado, a própria cegueira de Édipo conduz M. Delcourt a hipóteses muito próximas daquela que aqui proponho. O herói é antes de mais nada conhecido na lenda como πηρσζ, isto é, enfermo. Este termo, que só indiretamente remete à cegueira do personagem, significa, em compensação, de modo corrente, a impotência masculina (p. 217). Se associarmos este objetivo ao nome de Édipo – o qual também, como se viu, tem função certamente mais simbólica que realista –, a referência feminina do conquistador fica bem evidente.

causa de sua própria imprecação, os filhos o renegando, ele mesmo os amaldiçoando... O verbo e o olhar, símbolos dos dois poderes sexuais, homem e mulher, aqui se enfrentam num equilíbrio curiosamente inquieto e frágil, pois é a um só tempo o da consciência desperta e o do erro. Mas tudo entrará na "ordem" em Eurípedes. Não será mais o próprio Édipo, mas um rival ambicioso, que será causa do exílio do filho de Jocasta e de Laio: o caso vai claramente se tornar de novo uma querela de poder. No entanto, daqui por diante esta querela não é mais jogada nos mesmos termos. Creonte retoma esse império macho que as ambigüidades de um mito por tanto tempo haviam ameaçado. A figura do pai reconquistou seu lugar dominante, um lugar que não admite ser partilhado, um lugar onde se fica só, diante de ninguém.

Transcrever sua *père-version*: Bruno Schulz

Pascale Hassoun

O TÍTULO DESTA EXPOSIÇÃO[1] poderia ter sido "*isso se imagina*" ou questões ao imaginário: do lado Bruno Schulz, um extraordinário desdobramento dos tesouros da língua a serviço do... podre; do lado Lacan, a topologia para imaginar o real.

Uma reflexão muito pessoal abriu este texto que pôs em primeiro plano o tabu da virgindade. Não a de uma mulher, mas a virgindade de um pai. A virgindade de um pai enquanto articulada a uma exposição e a uma escrita.

Que função ocupa *a virgindade de um pai* nesse campo de real onde o gozo entrevisto[2] – avistado e velado – do pai está nodulado num ponto de horror com um malogro, uma falta, uma falha narcísica?

Que relações necessárias, neste que é designado como pai, a *virgindade* mantém com o *sofrimento* de tal modo que este pai possa representar para a criança o lugar possível de *endereçamento ao Outro*?

O cenário desta exposição-texto é, pois, o do forçamento[3], o forçamento de uma virgindade representada pelo simples fato de pensar.

---

1 Trata-se da versão escrita de uma comunicação oral. Talvez falte ao leitor o tempo de antes – o do oral – para entrar no texto. Rogo-lhe desculpar-me por isso.

2 Cf. a exposição de M.-M. Chatel sobre o *sinthoma* como sendo o modo como o sujeito põe no jogo, nomeia esse gozo, *embora o bloqueie*.

3 A prática do forçamento conduziu-me a pensar que ele só pode ser frutuoso se encontrar em seu caminho um "outro corpo" (do analista, do amante, do pai, da obra...).

Auto-retrato, pastel, 13,5 X 10,9, Museu Literário, Varsóvia (Foto de A. Kowalska)

Esse pensamento ainda tão próximo da inocência faria as vezes de invólucro, de envolvimento. Trata-se de um invólucro narcísico cujo suporte é o pai. Que esse suporte seja a um só tempo portador e mortífero – tal como nos descreve a criança do Rei dos Aulnes: "Pai, não vês que a morte me encerra?" – é o que este texto vai procurar evidenciar. Por que este suporte é a um só tempo portador e mortífero? Será o sofrimento do pai ou será sua inocência que torna vã sua tentativa de proteger a criança?

Qual é esse endereçamento ao pai representado pelo achatamento, num texto, de um pensamento que me faz as vezes de envolvimento[4]?

Qual é esse endereçamento ao pai representado na obra de Bruno Schulz pela colocação em escrita de uma problemática já desdobrada pelo desenho? Os desenhos representam cenas fetichistas nas quais o próprio autor é o fetichista. Ora, *na passagem à escrita*, há deslocamento do sujeito fetichista, que não é mais o próprio autor, mas o pai do autor, seu próprio pai submetido ao olhar da criança.

Com efeito, o encontro do livro de Bruno Schulz[5] *As butiques de canela* veio a meu socorro, embora repetisse minha questão.

Esse encontro funcionou como um traumatismo, mas um *traumatismo que deu certo.*

Não é tanto o fato de o traumatizado ser reduzido ao estado de objeto e até de objeto gozado que faz o motivo do traumatismo; é que,

---

[4] Eis talvez uma resposta a esta observação de Olivier Grignon retomando uma contribuição de Michèle Montrelay: O incesto com o pai, longe de ser desestruturante, é estruturante, no sentido de que é feminilizante. O invólucro seria aqui a um só tempo o feminino e o medo deste feminino. Esta escrita se sustenta, portanto – trabalhando sobre o invólucro narcísico enquanto articulado ao pai –, de um processo de feminilização.

[5] Nascido na Galícia, em 1893, Bruno Schulz saiu pouco de sua cidade natal Drohobycz, onde ensinou desenho durante toda a vida e onde foi morto com um tiro de revólver na nuca por um S.S. em 1942. *O sanatório do papa-defuntos* foi publicado na Polônia em 1937, três anos depois de *As butiques de canela*, que valera ao autor certa celebridade no meio da *intelligentsia* polonesa. O personagem do pai, comerciante de tecidos, sua loja, a cidadezinha de Drohobycz são o centro destes relatos que, partindo do concreto mais cotidiano, vão aumentando desmedidamente até o mito. Dez anos antes, ele publica um livro de desenhos, *O livro idólatra*. Com exceção dos auto-retratos, dos fiacres, das cenas de família em que o autor é um adulto muito pequeno ao lado de um pai imenso, seus desenhos têm apenas um assunto: o homem de quatro e língua pendente como um cachorro lambendo o pé da mulher.

ao contrário, no encontro traumático há emergência de um sujeito. O sujeito já está ali, ele está mesmo principalmente ali naquele momento em que o outro sedutor só quer conhecer o objeto de seu gozo.

Os místicos conhecem bem isso, eles que, à sua maneira – talvez mais sublimatória que perversa – e em oposição ao sujeito filosófico e razoável –, fundam a emergência do sujeito da experiência mística da maior passividade[6].

Se há traumatismo quando o acontecimento vem repetir, fechar uma primeira experiência, há traumatismo bem sucedido por uma obra de arte, um livro, um encontro amoroso – diz-se bem cair apaixonado –, quando estes mostram um espaço interno que, embora indiferenciado, é um espaço balizado e balizando o sujeito. O livro mostra que o sujeito já estava e que não sabíamos disso.

Um outro o representa, o diz. Esse encontro, essa leitura me pertencem completamente sem cessar de não me pertencer. "Wo es war", "Ali onde estava", começa a imaginarizar-se.

Bruno Schulz, com *As butiques de canela,* provocou esse estado amoroso em mim, operou um traumatismo bem sucedido: um mundo onírico, fantástico, colorido, fragmentado, múltiplo, completamente centrado no pai, eis minha espantosa descoberta. Descoberta que acarretou em mim o mesmo júbilo que o que imagino ser o da criancinha diante da descoberta da imagem de seu corpo diante do espelho. Sou, portanto, como uma criancinha que balbucia e, no entanto, estou num colóquio científico; estou no momento do "isso se imagina" e já não estou mais nele, pois as palavras, os conceitos dele me afastam.

E, sobretudo, há esse pai – tal como é entendido em toda análise (lado analisando e lado analista). Quem é ele? Que luz difratada a obra de Schulz joga sobre ele?

O pai, portanto, cujo prenome é Jacó (como o pai de Freud...), como seu "verdadeiro" pai, que era comerciante de tecidos, morre quando

---

6 Cf. um trabalho em curso de Chantal Maillet: o que se apresenta como *passividade* seria que o eu [*moi*] não se opõe à atividade da pulsão, daí a emergência do objeto (objeto *a*). Não haveria reflexão (reflexividade) do Eu [*Moi*]. Este não viria inibir o trajeto da pulsão. Como, uma vez que haveria apenas objeto, a emergência do sujeito seria possível? Nossa resposta seria: pela *identificação* do sujeito com o objeto *a*.

Bruno Schulz é adolescente. Que faz esse pai? Ele encolhe no conto *Visitação*, imagina ser um condor (*Os pássaros*), vira uma barata (*As baratas*), depois começa *A última fuga do pai*, derradeiro e extraordinário relato de seu segundo livro: *O sanatório do papa-defuntos*. O pai já foi morto várias vezes, *nunca sem resto, sempre com certas reservas que nos obrigavam a revisar o fato mesmo de seu falecimento*, conta o filho narrador. "Tínhamos ficado indiferentes a seus retornos cada vez mais reduzidos, cada vez mais lamentáveis". A mãe recolhe o pai num degrau de escada e o traz de volta num lenço. "Reconheci-o imediatamente. A semelhança era impressionante, embora fosse um caranguejo ou um escorpião grande". Esperto, o pai opta finalmente pelo caranguejo e não deixa de entrar na sala de jantar na hora da refeição. "Ele se imobilizava sob a mesa; não se percebiam mais senão as pulsações leves de seu abdome. Nunca soubemos adivinhar o que significavam". O caranguejo ri, é claro. Um dia, o tio Charles decide cozinhar o pai. Ninguém, entretanto, ousa chupar esse caranguejo familiar. A mãe coloca o prato no salão, ao lado do álbum de fotos. Até que o pai, embora caranguejo e cozido, desapareça. "Só uma pata continuava na borda, perdida num pouco de molho de tomate coagulado e de geléia pisoteada por sua fuga".

Como caracterizar este pai? Ele é bem diferente do pai legislador, ou do pai-*pater-familias*, ou do pai como fiador da ordem simbólica e fálica, ou do pai como Nome do pai.

É um pai que pertence ao sonho, ao imaginário do sonho, ao simbolismo do sonho e do mundo infantil. É um pai, espécie de companheiro de infortúnio, de *alter ego*, de objeto transicional. Isto é, um pai mais próximo da criança que da mãe: um pai que é o dos dois pais que não é a mãe e que a criança sente, portanto, um pouco cúmplice com ela. É um pai que, ele mesmo, ainda não resolveu seus problemas de filho, e a criança sente que ele está embarcado na mesma problemática que ela. É um pai que pertence à criança, cada um encontra o outro por vezes, mas, em seguida, nenhum dos dois tendo um real poder sobre o outro, cada um retorna a seu próprio mundo. Um pai, portanto, que pertence à criança, ou uma criança que pertence ao pai sem que os espaços de um e do outro sejam realmente idênticos.

"Era no velho tempo. *Mãe ainda não estava presente. Eu vivia em* tête-à-tête *com meu pai num quarto vasto como o mundo*. A fim de distrair-me, ele lançava bolhas de sabão que se chocavam contra a parede, estouravam nela deixando no ar rastros furta-cor. Depois mãe veio e esse idílio claro e precoce chegou ao fim. *Seduzido por seus carinhos, esqueci meu pai...".* (*O sanatório do papa-defuntos*, p. 8).

"Não sei como se formam em nós, em nossa infância, certas imagens de significação decisiva. Elas fazem o papel de fios mergulhados numa solução, ao longo dos quais se cristaliza o sentido do mundo. Dessas imagens também faz parte para mim *a de um pai carregando nos braços, através dos espaços da noite, sua criança que fala com a escuridão. O pai aperta-a contra si, prende-a nos braços, tenta separá-la do elemento ambiente que fala, fala, mas a alcança através deles, e, por cima dos carinhos do pai, a criança ouve o discurso aterrorizante.* Atormentado e resignado, ele responde às questões, inteiramente abandonado ao elemento de que não pode escapar". (Carta a S.I. Wikiewicz, *Les Boutiques de Cannelle*, p. 214).

É um pai "primário", próximo dos processos primários, um pai que de imediato funda dois, já que aparece *antes* da mãe. É o pai, objeto perdido de uma época mítica decerto, mas não paradisíaca (Se havia uma mulher naquela época, seria antes Lilith).

O pai fixa, assim, um duplo tempo, ele organiza uma segunda dimensão – *dimensão do imaginário?* Esta segunda dimensão é anterior à primeira, a ela preexiste, e está assim colocado o trabalho do esquecimento, da memória sobre fundo de esquecimento dessa primeira realidade. Está assim colocado o estatuto da linguagem, das palavras, como o que, tendo sido da competência dessa primeira realidade mítica, dela está excluído para sempre. O pai – e a linguagem – serão, portanto, uma *reconstrução*. Seja ele demiurgo ou poeta, o *pai-do-artista* (a versão do pai no artista) busca, para exprimir os problemas inapreensíveis e inexprimíveis na linguagem humana, encontrar uma espécie de *corporalidade* adequada, um certo *material de substituição.*

Vê-se aqui que este pai "fazedor de bolhas", fazendo espelhar a luz e abrindo à criança a conquista do espaço, vê-se aqui que este *espírito do pai*, de certo modo, este espírito em sua leveza, seu todo-poder e sua transparência espelhante da bolha já está do lado do mais material. Trata-se de *corporalidade* adequada, de *material* de substituição. É a corporalidade do pai que é interrogada e fundadora.

Mas não só nunca é certo que o corpo do pai possa envolver seu próprio gozo, é até inteiramente certo que não: a criança está entregue aos elementos ambientes ou então às carícias da mãe. O pensamento o poderia? O pensamento apaziguaria esta idéia do materialismo? Talvez. Talvez por causa de sua colocação em forma verbal e por causa deste gozo fora de campo, o fora de campo do Outro, que ele de imediato introduz. Esta colocação fora de campo é algo que a colocação em forma verbal nas palavras escritas não cessará de tratar.

A corporalidade das palavras é aqui, portanto, inteiramente fundamental. Nunca insistirei o bastante na extraordinária riqueza semântica do universo schulziano. Uma riqueza semântica que excede até o barroco; o excesso dos sentidos: as cores, os odores (a canela), os ruídos, as nuanças táteis. A profusão de metáforas, o excesso de riqueza é escandido, como *bordado* – e aqui se coloca a questão: *o sofrimento do pai basta para fazer borda?* – por um ritual fetichista. Este ritual fetichista faz borda, na própria língua do texto, pela ruptura do estilo que toma então a forma de um enorme classicismo.

O que, na cena fetichista, faz borda no lugar de um sofrimento e de uma exaltação (ambos vão em par) sem borda? Basta invocar a crença na presença real de um objeto substitutivo da denegação da castração fálica materna? Em que o sofrimento do pai também está sendo jogado na fantasia fetichista? Não seria – como afirmava Lacan – que o drama do pai na transmissão do falo ao filho, o que se chama sua castração, seja que essa transmissão fálica comporta algo que *anula* o falo do pai antes que o filho tenha o direito de portá-lo? Essa castração denegada e presente a um só tempo, ele não vai cessar de escrevê-la. "Isso não cessa de escrever-se" vai funcionar como um imperativo.

A cena fetichista escandiria esta borda – a da castração comportada por toda transmissão – até o momento, e este se desdobra na sucessão dos livros, em que ela cessa de fazer escansão, em que desaparece do texto para dar lugar à depressão, à solidão e à fantasia[7] "uma criança é espancada".

[7] "A fantasia enquanto realizada", como Freud diz, do sonho, que ele é o "desejo uma vez que realizado". A escrita da fantasia toma, em Schulz, a forma da escrita do sonho. O que levanta outra questão.

Aqui, não há mais errância. Os não-tolos (os não apaixonados pelo pai) não erram mais. O *adulto-criança-espancada* não pode escapar ao inelutável: sai voando e desaparece. O próprio solo onde se inscreve o passo desequilibrado do caminhante errante se subtrai como borda. Há modificação radical da posição subjetiva. Os ocres, os furta-cor, os reflexos brilhantes dão lugar aos cinzentos e aos pretos.

E, no entanto, o texto de Schulz faz borda para a leitora que sou, presa ao envolvimento. O envolvimento coloca a questão do espaço como espaço comum. Já a versão do pai é uma versão do múltiplo, do fragmentado, do nós que é essa relação com o mundo em que o "eu falo" se esquiva por trás do "isso nos fala". O *isso* funda *nós* e, portanto, não cessa de malograr essa fundação. Essa versão do múltiplo, do nós, é uma versão do imaginário. O imaginário gostaria de mostrar sua homogeneidade ao real? (homogeneidade que seria devida ao fato do número, uma vez que é binário, binário aqui representado pelo binário pai-filho). A que pedaços de real dá acesso o imaginário? Por que sua qualidade de homogeneidade possível ao real é o que interessa aquela que está presa ao envolvimento e à inocência paterna?

Há, no envolvimento e na inocência, esta mesma tentativa e tentação de inscrever homogêneo? De ficar homogêneo? Veremos, ao longo dos contos de Schulz, essas metamorfoses sucessivas por homogeneização, por semelhança, por continuidade. "Numa palavra, concluiu meu pai, queremos criar o homem uma segunda vez à imagem e à semelhança do manequim". Já nesta citação vemos um rangido: o manequim, que torna presente no homem essa forma sem alma, faz aqui as vezes do humano.

A própria imagem, portanto, faz estourar a realidade como totalidade sobre a qual ela antes repousava. Forçando o imaginário, é uma continuidade sem solução alguma, é o inomogêneo e não o homogêneo que aparece.

Convém aqui voltar a este pai, que traz a criança nos braços tentando em vão separá-la do elemento ambiente que fala, para interrogar o que aparece assim numa impotência radical: uma impotência de que nem mesmo (poderíamos dizer também unicamente) o traumático pode dar conta. Esse traumático obriga pai e filho a habitarem um espaço inomogêneo, de certo modo virado sobre si mesmo, virado sobre si mesmo não apenas pela repetição: se há um além do Princípio de Prazer, é para dizer precisamente que a repetição não o vence.

* * *

Esse espaço inomogêneo é um espaço virado sobre si mesmo. Vale dizer – é o que faz a força dos contos de Bruno Schulz – *que para além do Pai não há a mãe, que para além do pai há ainda o pai*? (Talvez não o mesmo – esse pai virado sobre si mesmo –, mas é pai mesmo assim). Vale dizer que o invólucro narcísico acha aqui seu próprio limite, ao habitar um espaço inomogêneo? O que permitiria dar um estatuto lógico (topológico) ao narcisismo? Seu lugar sendo o do inomogêneo e sua saída, sua resolução só podendo inscrever-se do lado desse heterogêneo que o falo institui – ainda que o falo, nesse momento da transmissão, se ausente para os dois parceiros. O narcisismo poderia então conceber-se não como um invólucro inocente pré-sexual, mas como uma primeira sexuação.

* * *

O que nodula a escrita e a fantasia fetichista é esse efeito de abismos em cadeia que aí é produzido. O fetichista é, primeiro, ele mesmo colocado em abismo pelo falo. O falo, enquanto ausente, é traumático para ele. E, ao colocarmos o falo do lado do traumático, caímos no real. O destinatário – leitor ou espectador – desta encenação da fantasia fetichista é ele mesmo colocado em abismo pelo desdobramento do ato fetichista (é esta colocação em abismo do Outro que o perverso busca provocar). Mas isto é redobrado pelo fato de que enunciar, sob a forma de uma escrita, o real em questão tem o valor do que costumamos chamar um traumatismo. O que supõe que atribuo a Bruno Schulz o desafio de ter, na escrita mesmo, colocado em cadeia um real que mantém disjuntos o imaginário e o simbólico. É o efeito traumático que esse texto teve sobre mim que me autoriza a tal proposição.

"Tribo de párias", clichê vidro 8,8 x 12,1, Museu Nacional, Varsóvia (Foto Museu de Arte de Lodz)

Esta sucessão de abismos encontraria eco neste abismo que a criança experimenta ao entender que seu pai não pode ouvi-la? Há cruzamento do abismo por este real da voz da criança: "Pai, não vês* ..."?

⋆ ⋆ ⋆

Ainda é preciso que tenha havido encontro de um pai para que, sob essa forma invocadora[8], o drama comece.

* Homofonia, que o autor escreve "ne *voix*-tu pas" [não voz] em vez de "ne *vois*-tu pas" [não vês]. (NT)

[8] É sob esta forma invocante que a versão do pai se desdobra nos contos de Bruno Schulz.

Como é dito do pai

Erik Porge

PARTIREI DA FANTASIA "UMA criança é espancada" tal como a introduz Freud em seu artigo de 1919[1].

Esta fantasia tem valor exemplar para a clínica da *père-version*. A interpretação dada por Freud da fantasia justifica o complexo de Édipo. Para isso, Freud é conduzido a uma lógica das construções gramaticais às quais se reduz a fantasia. Ora, a partir do momento em que se pode definir uma lógica, esta se expõe à contradição, à refutação, diria Popper. O que permite produzir novas interpretações. É o que, na minha opinião, acontece com esta fantasia e é por isso que vou partir dela para tentar ressaltar uma mudança no posicionamento do pai que é possível obter com Lacan.

O essencial da articulação lógica dessa fantasia por Freud repousa na existência de uma segunda fase, "sou espancada pelo pai", que, afirma Freud, é inconsciente, nunca teve existência real, que não é em caso algum rememorada, que é uma construção da análise.

É precisamente em razão deste caráter de não existência real que se pode dizer que ela responde a uma necessidade lógica.

Ora, acontece que, em certas pessoas, a fórmula "sou espancada pelo pai" chega à consciência. Certo, de modo sempre particular e que é em si mesmo significativo. Por exemplo, a fantasia é apresentada como

---

[1] *Névrose, Psychose, et Perversion*, P.U.F., Paris, 1973.

que visando a uma satisfação, que a lembrança teria conservado, de uma cena em que o sujeito foi espancado pelo pai. O que nos levaria a considerar mais precisamente as relações da fantasia e da lembrança e nos afastaria de nosso objeto hoje.

O tornar-se-consciente desta segunda fase, num sujeito, é contraditório com o que formula Freud?

Não, na medida em que esse tempo responde a uma necessidade lógica de nodulação que participa da própria natureza da fantasia e que, se não está ali designado, será designado alhures. Sim, na medida em que isso leva a pensar que essa nodulação pode consistir de outra maneira, ou consistir por outra coisa que o pai.

Gostaria de mostrar como, para Freud, algo se nodula pelo pai, com este segundo tempo, e que é um nó que se pode desnodular, para fazer outro nó. Deste outro nó direi apenas algumas palavras, a fim de situar o lugar de onde posso falar de nó no caso de Freud. Na minha opinião, o segundo tempo, dito inconsciente por Freud, mantém a mesma relação com as formulações da fantasia que a punção ◊ com a fórmula $ ◊ a, escrita da fantasia fundamental, ou seja, do fundamento da fantasia.

Eis no quadro 1 a lista das significações da punção no ensino de Lacan; algumas são explícitas de Lacan, outras implícitas. A própria lista não é, evidentemente, de Lacan.

Segundo este quadro, podemos notar que:

– as leituras de ◊ são todas interpretações da fantasia. Ou, ainda, que a interpretação da fantasia é a deste meio entre $ e a;

– este ◊, meio, está sob o signo da divisão (simples ou "harmônica"), do corte, do nó. Por isso é que o chamo um laço de corte. Este se concretiza quando se corta pelo meio um cruzamento de banda de plano projetivo (isto é, um plano projetivo duas vezes furado): obtém-se então, a partir dessa superfície, a cadeia de duas consistências dita da fantasia. O corte faz cadeia.

Quadro 1. Leituras por Lacan (implícitas e explícitas) de ◊ na fórmula da fantasia: $\$$◊a

Algoritmos equivalentes a ◊	*Comentários*	*Seminários correspondentes*
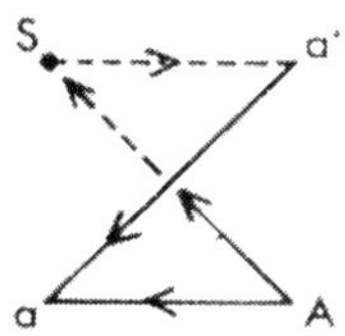	Esquema L, apresentado pela primeira vez em 1955, no seminário *O eu na teoria de Freud e na técnica da psicanálise.*	As formações do inconsciente. 1957-58.
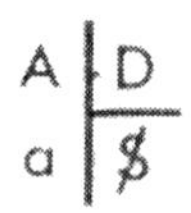	Na dialética de divisão do sujeito no Outro, instaurada pela demanda, constitui-se o objeto perdido. $\$$ é o quociente, *a* o resto desta operação.	O desejo e sua interpretação. 1958-59.
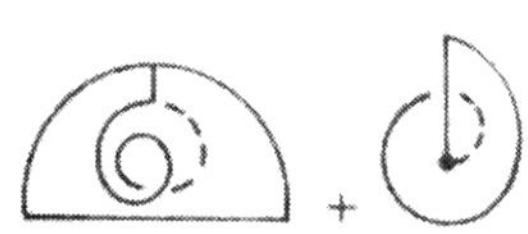	O sujeito $\$$ é corte de *a*. O corte de duas voltas em torno do "ponto" singular do plano projetivo separa a superfície em duas: uma banda de Mœbius, $\$$, e um disco furado, *a*.	A identificação. 1961-62.
∧ + ∨ > <	∨ é o vel da alienação (nem... nem...) ao qual se acrescenta ∨, a separação. O ◊ é uma borda. Maior, menor.	Os quatro conceitos fundamentais da psicanálise. 1963-64.

$\frac{1}{a} = 1+a$	O objeto *a* é uma referência numeral: a da incomensurabilidade ao Um do Outro do objeto de desejo. Seu valor, igual ao inverso do número áureo, é obtido pela divisão harmônica.	A lógica da fantasia. 1966-67.
$\frac{a}{S_2} \rightarrow \frac{\$}{S_1}$	As relações de $\$$ e *a* são regradas por seus lugares na escrita dos quatro discursos.	O avesso da psicanálise. 1969-1970.
	Nó obtido pela colocação em continuidade de duas consistências do nó borromeano. O anel em oito interior simboliza o sujeito; o anel simples, signo de *a*, inverte-se com o oito.	Ainda. 1972-73.
	O objeto *a* é emperramento [*coinçage*] das três consistências.	R.S.I. 1974-75.
	Nó borromeano de seis consistências. "É aqui que o terceiro se apresenta como o acasalamento do real e da fantasia". (20-12-77)	O momento de concluir. 1977-78.

— ◊ nos últimos anos não é mais representado como tal. No lugar dessa representação, há a efetuação da nodulação como tal. (entre $\$$ e *a*). Ao inconsciente do segundo tempo, para Freud, corresponde o caráter inominável como tal do nó. Inominável, pois nenhum algoritmo algébrico permite um reconhecimento seguro do nó borromeano, garante um critério de engendramento. Mesmo a mais exagerada algebrização não basta para caracterizar todos os nós e cadeias a um só tempo[2]. Assim, os cálculos do matemático Milnor[3] desconhecem a diferença entre duas cadeias que Lacan opôs: a da fantasia:

e aquela dita da relação sexual:

Existe, na apresentação, algo de irredutível, que escapa ao simbólico da escrita algébrica.

Mas, se há relação de analogia entre as formulações de Freud e a fórmula de Lacan, resta, no entanto, um salto de um a outro, salto cuja questão é precisamente saber se é possível reduzir a *père-version*.

---

[2] Cf. o curso de Soury, publicado em *Littoral* nº 5 e nº 6, em particular o de 18 de dez. de 80 e de 21 de maio de 81, p. 105. Cf. também meu artigo "De l'écriture nodale", em *Littoral*, nº 5.

[3] Cf. a bibliografia em *Littoral*, nº 5, nota p. 63.

Em Freud, para Freud, é o pai que faz as vezes dessa potência irredutível a outra nomeação; àquele que lhe perguntaria o nome, ele responderia como Deus a Moisés: "Sou o que sou".

No segundo tempo da fantasia "uma criança é espancada", há a um só tempo recalque e regressão. Há recalque do amor pelo pai (no menino e na menina): por causa da consciência de culpa (é o futuro supereu) e por causa também do fato de as crianças "entrarem numa nova fase de seu desenvolvimento na qual são forçadas a repetir o recalque da escolha de objeto incestuoso que lhes é ditado pela história da humanidade[4]". Este segundo tempo é, pois, o indício de um recalque que participa do fundamento mítico do complexo de Édipo, de sua própria estrutura, tal como Freud a explica. Durante este processo, há inversão da fórmula "ele é espancado" em "eu sou espancado", mas, em razão da apreensão no sexual – seduções, primeiros gozos –, há também substituição da fórmula invertida pela precedente. "Este fato de ser espancado é agora um composto de consciência de culpa e de erotismo; ele não é mais apenas a punição pela relação genital proibida, mas também o substituto regressivo desta[5]". Como diz Lacan, é na substituição do significante pelo significante que se produz um efeito de significação[6].

A operação pode assim ser escrita: $\frac{\text{ser espancado}}{\text{ser amado}} \rightarrow$ significação fálica do amor pelo pai.

Na fantasia, a significação fálica, ou o falo como significação produzida pela substituição, torna-se o signo do amor pelo pai.

Nesse tempo, o voto "ser amado" está recalcado, logo, inconsciente. Sua formação – por regressão e substituição – também está inconsciente, segundo Freud. Se o voto e sua formulação estão inconscientes, como distingui-los? Nessa fantasia, tal como é articulada por Freud, o voto inconsciente é sua formulação, sua enunciação.

No lugar dessa enunciação, o sujeito está clivado: no momento em que o significante "ser amado pelo pai" nodula-se ao sexual, ao sentido genital, isto é, fálico, ele fica marcado por essa latência que Freud chama inconsciente.

---

[4] S. Freud, op. cit., p. 228.

[5] Ibid., p. 229.

[6] *Écrits*, Le Seuil, 1966, p. 515. Cf. igualmente a outra escrita da metáfora, p. 557.

Há uma *Verdrängung* inerente ao desejo, de que o falo é o ponto nó[7]. "O significante fálico estando velado e como razão do desejo do Outro, é este desejo do Outro como tal que é imposto ao sujeito reconhecer, isto é, o outro na medida em que é ele mesmo sujeito dividido pela *Spaltung* significante[8]".

Como e por que uma significação é levada a se tornar um signo, ou seja, o que representa algo para alguém? Eu não saberia realmente responder a esta questão. Em todo caso, é bem a operação que a fantasia parece realizar. Talvez esteja ligada ao fato de que de início o significante colocado embaixo é "ser amado" e não, por exemplo, "amar[9]"? Talvez esta passagem esteja na medida do impronunciável da significação em questão?

O segundo tempo da fantasia é a chave do desejo do sujeito. Ora, o sujeito não pode enunciar seu desejo sem perder o sentido de sua representação, de suas imagens.

Para Freud, é preciso a existência de um tempo a mais nas transformações das fórmulas da fantasia: inarticulável como tal, ele é a dobradiça da articulação, é a conta de um a-mais no enunciado da fantasia, o a-mais da realidade do desejo (ou seja, a formulação do fundamento do desejo), que neste nível se confunde com sua enunciação.

O que é inarticulável é o fundamento de um fundamento: ou, ainda, o fundamento de uma nomeação, pois é a nomeação que funda. Ninguém pode dar conta de um estado antes do fundamento – caso contrário não seria um fundamento –, fora do pai, "isto é, nenhum ser consciente".

Lacan criticou um trabalho que tratava da "questão" do pai, pois "não se pode colocar em questão a questão do pai pela razão de que estamos aí além do que se pode formular como questão". "O Outro, se é o que estou dizendo, o lugar onde isso fala, ele só pode colocar uma espécie de problema, o do sujeito de antes da questão[10]". O sujeito de

---

7 J. Lacan, op. cit., *La signification du phallus*, pp. 693-5.

8 Ibid., p. 693.

9 Seria preciso estudar esta questão à luz das categorias do *erômenos* e do *erastes*, retomadas por Lacan em seu seminário *A transferência*, do qual "*stécriture*" acaba de publicar uma primeira transcrição crítica.

10 Único seminário sobre os Nomes-do-pai, pronunciado em 20 de novembro de 63, inédito. A crítica se refere ao trabalho de J. Laplanche: *Hölderlin et la questão du père*, P.U.F., Paris, 1961.

antes da questão é, para Freud, aquele pai primordial, de antes do interdito do incesto, ou pelo menos fora de sua apreensão.

Se este segundo tempo deve, para Freud, ser inconsciente, é porque remete ao além do que se pode formular como questão; pois é o pai quem, para Freud, nodula este além do que se pode formular como questão com... a questão.

Em alemão, a formulação do segundo tempo da fantasia enuncia-se: "*Ich werde vom Vater geschlagen*[11]". A partir desta formulação, podemos fazer um certo número de observações. Antes de mais nada, contrariamente ao francês, o gênero não é marcado pela ortografia. Portanto, é fácil conceber em alemão que esta formulação emana indiferentemente de um homem ou de uma mulher. Este enunciado não marca em si mesmo a diferença sexual. O que não é o caso em francês, no qual, então, é acrescentada uma complicação suplementar.

Por outro lado, é a única das três formulações em que se enuncia o "eu" [*je*].

Enfim, é dito: "Eu sou espancado(a) *pelo* (*vom*) pai" e não "por *meu* pai". Em cada formulação, aliás, Freud emprega o artigo definido e não o adjetivo possessivo.

Costuma-se empregar de preferência o artigo definido, em alemão, em vez do possessivo. Emprega-se com mais facilidade o possessivo ao se falar a alguém de fora da família. Ao se dirigir a alguém da própria família, emprega-se com mais facilidade o artigo definido. O que não tem, de qualquer modo, nada de absoluto. Em suas *cartas a Fliess*, Freud ora diz "meu pai", "o velho pai", "o velho". No capítulo 4 de *Psicopatologia da vida cotidiana*, onde ele fala de uma lembrança de infância, ele ora diz "a mãe", ora "minha mãe", falando de sua mãe[12].

Conforme o uso, relativo, do possessivo em alemão, pode-se pensar que na formulação da fantasia o sujeito se dirigiria antes à sua família, ou a si mesmo.

Nessa formulação, está evidentemente implícito que se trata do pai daquele que diz "*Ich*" e não do pai do vizinho. Mesmo assim podemos

---

[11] S. Freud, *GW* 12, Fischer Verlag, pp. 197-226.

[12] Id., *GW* 4. Fischer Verlag.

nos perguntar por que estaria dito "eu sou espancado pelo pai" e não "por meu pai".

De modo geral, o adjetivo possessivo não exprime apenas a idéia de posse (real ou não), mas também diversas relações de conexidade, como diz Grevisse[13]: em particular, ele pode fazer o papel de um complemento determinativo exprimindo o sujeito ou o objeto da ação; por exemplo, "desde minha chegada", ou: "seu assassino".

"Meu pai" não significa a posse; o "meu" está, antes, mais próximo de um complemento determinativo exprimindo o sujeito de uma ação, a do engendramento. Dizer "meu pai" é se atribuir um lugar numa estirpe, um lugar ordenado, função de uma ordem, a das gerações.

Dizer "eu sou espancado *pelo* pai" é projetar o amor diretamente a uma origem, a da nomeação do "*Ich*" pelo pai. Não há significante que se signifique ele mesmo. "*Eu* sou espancado *pelo* pai": o pai do Eu [*Je*] é inconsciente porque não é Eu [*Je*] quem nomeia o pai, mas o pai quem nomeia Eu [*Je*]; ou, então, é ao nomear um pai que Eu [*Je*] se nomeia.

Dizer "eu sou espancado por *meu* pai" é descer um furo em relação à origem, é fazer depender o amor da seqüência das gerações, o "meu" estabelecendo o pertencimento a uma filiação. Há mais "de ser" amado em "meu pai" que em "o pai". Por isso há, em "o pai", uma simultaneidade, ligada à nomeação, ao passo que há presente, em "meu pai", a perspectiva da história.

"Eu sou espancado pelo pai" e "eu sou espancado por meu pai" parecem-me, portanto, duas formulações que não são inteiramente idênticas.

O recalque que pode agir no segundo tempo da fantasia parece-me também ser devido a esta não-distinção. Esta não-distinção é uma efetuação, pela fantasia, de uma dupla garantia: a do pai nomeando o *Ich* e a de um amor (ser amado) que depende da filiação, de uma seqüência ordenada a partir do pai.

Que um amor possa dirigir-se a outra coisa, existir de outra maneira que na determinação do "meu" e de "o ser amado", eis algo cuja experiência, ou antes, o acaso nos ensina que pode acontecer. Trata-se

---

[13] *Le bon usage*, Duculot, Paris, 1980.

também, para nós, de situar este fato comparando-o ao complexo de Édipo, já que para Freud é ele o que faz se sustentar a hipótese do inconsciente.

"A hipótese do inconsciente é algo que só pode se sustentar supondo o nome do pai. Supor o nome do pai, por certo, é Deus. É nisto que a psicanálise, ao ser bem-sucedida, prova que também é possível passar sem o nome do pai. Também é possível passar sem ele, com a condição de se servir dele[14]".

Qual seria, então, a poética do amor que surgiria de tal "passar sem ele, com a condição de se servir dele"?

Mas o que significa este "passar sem ele com a condição de se servir dele"?

Significa que o fundamento freudiano do complexo de Édipo é paradoxal e que Lacan, ao propor outro fundamento para o inconsciente, o de "não há relação sexual", integra o complexo de Édipo e faz com que seu caráter paradoxal se esvaeça.

Quando quis dar razão da origem do complexo de Édipo, Freud forjou o mito (científico[15]) de *Totem e tabu*. Nesse texto, ele combina, pode-se até dizer que condensa as teses de Darwin (a existência das hordas primitivas com o ciúme em relação ao membro mais velho que possuía várias mulheres), Atkinson (a hipótese do assassinato do tirano paterno por seus filhos associados) e Smith (o banquete totêmico), para concluir que o chefe da horda primitiva é o pai e que este tem a posse de *todas* as mulheres[16]. O que é impossível. Não porque o pai não bastaria para isso, mas porque, contrariamente ao que sustenta Freud, esse estado primitivo da sociedade não pode ser um acontecimento histórico.

Em vez de explicar historicamente o complexo de Édipo, *Totem e tabu* entra em contradição com ele; é o que a esse mito dá seu valor. No caso de Édipo, o da tragédia, o interdito sobre a mãe precede o gozo, suas núpcias com Jocasta, ao passo que, no caso de *Totem e tabu*, o gozo de

---

[14] J. Lacan, Seminário *O Sinthoma*, 13 de abril de 1976 (inédito).

[15] Como lembrou a justo título P. Kaufman. Cf. o cap. 3 de seu livro *Psychanalyse et théorie de la culture*, Méditations, Denöel-Gonthier, Paris, 1974.

[16] S. Freud, *Totem et Tabou*, Payot, Paris, 1970, p. 162.

todas as mulheres precederia o interdito, que só viria depois do assassinato do pai: mas para explicar este assassinato do pai, em *Totem e tabu*, Freud é obrigado a colocar uma situação edipiana de início, logo, um interdito cujo agente é o pai. Se a mãe do pai está excluída deste "todas as mulheres", é que já há bem, portanto, um interdito que funciona e que o próprio pai está submetido ao complexo de Édipo. Se a mãe faz parte deste "todas as mulheres", é que, de uma maneira ou de outra, o pai primordial terá subtraído esta mulher ao gozo de seu pai, logo, uma vez mais, que terá havido "assassinato do pai" antes do gozo desta mulher particular. De qualquer modo, o pai original não é o pai original.

Esta estrutura do Édipo não deixa de ter conseqüências na clínica; se ela permite dar conta de certos impasses da vida amorosa, nem por isso dá a solução.

Freud tem dificuldade em explicar a dissolução do complexo de Édipo e ele próprio o reconhece no artigo que dedica a este assunto[17]. Com efeito, se o herdeiro do complexo de Édipo é o supereu, se é a ele que cabe o encargo de "perpetuar o interdito do incesto", ele o faz sob o modo do recalque; o que significa que se expõe ao retorno do recalcado e que este último "na verdade subsiste inconsciente no isso e vai, mais tarde, manifestar seu efeito patogênico[18]".

Freud descreveu certas formas desse retorno do recalcado: por exemplo, em "*Um tipo particular de escolha de objeto no homem*", em que o amor se realiza sob condição do terceiro lesado; ou, ainda, em "Sobre o mais geral dos rebaixamentos da vida amorosa", em que o amor se mistura à impotência, em que se separam as correntes ditas ternas e sensuais[19].

Para Freud, a vida sexual normal se caracteriza neste fato de que a corrente sensual, acrescentando-se à corrente terna, deve, sob a influência da barreira contra o incesto, substituir a escolha de objeto infantil primário por um objeto estranho. Mas não se poderia falar de substituição caso não houvesse uma relação entre este objeto estranho e o objeto materno primitivo. Aliás, Freud diz (no que concerne à vida dita nor-

---

[17] *La vie sexuelle*, P.U.F., Paris, 1969, p. 117.
[18] S. Freud, op. cit., p. 120.
[19] S. Freud, op. cit., pp. 47 e 55.

mal): "estes objetos estranhos serão de novo escolhidos segundo o protótipo (a Imago) dos objetos infantis, mas atrairão para si a ternura que estava ligada aos objetos anteriores"[20].

Por conseguinte, este novo objeto não deverá trazer a marca do terceiro lesado, já que Freud diz: "o fato de a mãe pertencer ao pai torna-se um elemento inseparável da essência materna e o terceiro lesado é ninguém menos que o próprio pai[21]".

Por outro lado, se foi possível desprender-se da mãe, foi preciso que ela fosse desvalorizada como objeto de amor; este traço não vai também manchar todo novo objeto de amor, que guardará forçosamente traços do primeiro, sobretudo aqueles que se terão inscrito durante a separação?

Se o encargo do interdito do incesto cabe ao supereu, não é espantoso que a vida sexual dita normal não seja qualitativamente diferente daquela que Freud descreve como obedecendo ao retorno do recalcado. Não será por isso, aliás, que Freud confessa: "algo na própria natureza da pulsão sexual não é favorável à realização da plena satisfação[22]"?

Assim, o fundamento teórico do complexo de Édipo, ao dar a razão dos distúrbios da vida amorosa, não dá precisamente a razão de sair deles. Ao contrário, quanto mais dela ele dá razão, mais ele os perpetua.

Ao modificar o modo de colocar as operações, Lacan indica outra saída, embora nem por isso prometa a plena satisfação...

Em seu seminário *A identificação*, Lacan identifica esse nó que é o Édipo a uma relação entre demanda e desejo: "este nó interno que se chama Édipo, uma vez que ele é essencialmente o quê? Ele é essencialmente isto: uma relação entre uma demanda que toma um valor tão privilegiado que se torna o comando absoluto, a lei, e um desejo que é o desejo do Outro, do Outro que está em questão no Édipo. Esta demanda se articula assim: não desejarás aquela que foi meu desejo... É nesta relação com o Outro, o pai assassinado, para além deste trespasse do assassinato original, que se constitui esta forma suprema do amor... este amor

---

[20] Ibid., p. 57.
[21] Ibid., p. 51.
[22] Ibid., p. 64.

supremo pelo pai, o qual faz justamente deste trespasse do assassinato original a condição de sua presença doravante absoluta. A morte, em suma, representando este papel, manifestava-se como podendo sozinha fixá-lo nesta espécie de realidade, talvez a única como absolutamente perdurável, de estar como ausente[23]".

A importância desta interpretação é considerável. Pois o que, para Freud, era o fiador da realidade psíquica – isto é, o pai – não vai mais ter esta função de garantia, já que é redutível a outra coisa, a saber, uma relação demanda/desejo.

Esta redução tem em si o interesse de não se apresentar como *ultima ratio*, mas de permitir relançar um cálculo, de fornecer-lhe os elementos, já que é sabido que nesse seminário Lacan vai tratar da demanda e do desejo pela contagem de voltas, de voltas de ditos, tais como os impõe a estrutura topológica do toro, de dois toros enlaçados, identificados respectivamente ao sujeito e ao Outro[24].

Uma das conseqüências vai ser o posicionamento da fantasia. Comparado com o Édipo, este posicionamento vai ser invertido. Com efeito, Freud nomeia Édipo a razão da fantasia. Ao reduzir o Édipo a uma relação demanda/desejo, Lacan faz *seguir* esta relação pela fórmula da fantasia, $ corte de *a*. A fantasia, sua travessia, isto é, sua colocação em fórmula, intervém como outro corte, engendrando outra superfície: o plano projetivo. Por aí é realizada uma saída para o impasse neurótico da relação demanda/desejo tal como ela se apresenta no enlaçamento dos toros. Impasse que faz com que o neurótico, confundindo duas dissimetrias diferentes, a da relação demanda/desejo e a da imagem especular, procure atingir o objeto do desejo por (i) a, a imagem do eu [*moi*], embora este objeto de desejo não seja especularizável, isto é, não seja dissimétrico no espelho e proceda do corte e da falta[25].

A interpretação de Lacan inicia uma redução da função paterna a um elemento de contagem, o que a um só tempo fica bem próximo do

---

[23] Seminário de 21 de março de 1962 (inédito).

[24] Cf., sobre este assunto, o artigo de A. M. Ringenbach, "Le tore et la mise en jeu de la dissymétrie", publicado em *Littoral* nº 10.

[25] Cf. os últimos seminários de *A identificação* (inédito).

jogo freudiano do complexo de Édipo e ao mesmo tempo subverte-lhe radicalmente os dados, já que, de elemento contador [de contar cifras], até mesmo contador [narrador] (a versão do pai), ele se torna elemento contado.

Assim, o que pode ser considerado como lei não é mais o que Lacan interpreta como a demanda do pai; será a lei do cálculo, da contagem.

Lacan vai tentar ser cada vez mais explícito nessa redução da função paterna, tal como foi formulada por Freud, a um elemento de contagem. Assim, em 1971, quando estabelece "a equivalência lógica da função do pai com a função do zero nos axiomas de Peano[26]": "o pai é sempre apenas referencial: interpretamos tal ou tal relação com o pai: será que alguma vez analisamos alguém enquanto pai? Que me tragam um relato! O pai é um termo da interpretação analítica. A ele algo se refere... O mito de Édipo não me parece um reflexo do patriarcado, bem longe disso. Ele apenas nos mostra isto: um ponto de abordagem por onde a castração poderia ser enfeixada por uma abordagem lógica e desta maneira que eu designaria ser numeral. O pai não só está castrado, mas está precisamente castrado a ponto de ser apenas um número... Ao tentarmos axiomatizar a possibilidade da série dos números naturais, encontramos a necessidade do zero para colocar o sucessor (os axiomas de Peano)... A equivalência lógica da função do pai é bem precisamente isto: esta função do zero por demais esquecida... Este zero é absolutamente essencial a qualquer marcação cronológica natural e então compreendemos o que quer dizer o assassinato do pai... É, de qualquer modo, a expressão 'assassinato do pai' que aparece no centro do que Freud elabora a partir dos dados que constituem, por causa da histérica e de sua borda, a recusa da castração. Será que não é justamente na medida em que o assassinato do pai é aqui o substituto dessa castração recusada que o Édipo pôde vir impor-se, se posso dizer, ao pensamento de Freud na sucessão de suas abordagens da Histérica"?

Vemos aí uma solução elegante para o paradoxo a que chega Freud ao querer remontar à origem do complexo de Édipo. Trata-se, parece,

[26] Seminário *De um discurso que não seria semblante*, (inédito), sessão de 19-6-71.

de paradoxo bem geral tão logo se quer remontar à origem de um passo fundador.

É significativo que Kierkegaard também o encontre a propósito do primeiro pecado, do pecado original de Adão, e que ele também seja levado a se referir ao número: "Segundo as idéias tradicionais, a diferença entre o primeiro pecado de Adão e o primeiro pecado de todo homem é a seguinte: o pecado de Adão condiciona a culpa como conseqüência, o primeiro pecado de todo homem pressupõe a culpa como condição. Se assim fosse, Adão realmente estaria fora da espécie, que não começaria com ele, mas fora de si mesma, o que é contrário a qualquer conceito... Só conseguimos recuar o problema, que pede naturalmente a explicação ao homem nº 2, ou antes ao homem nº 1, já que o nº 1 propriamente se tornou o nº 0[27]".

A procura da dimensão estrutural na história, a preocupação de reduzir na simultaneidade, a contemporaneidade, o que se mostra na diacronia, a evolução são pontos de encontro entre Kierkegaard e Lacan.

Quando, em seu seminário *R.S.I.*, Lacan vai identificar o nome do pai à quarta consistência de um nó borromeano, é um modo diferente, mas não contraditório com o precedente, de contar esse significante como 0: já que, diz Lacan, o quarto anel está implícito ao nó a três[28].

Começamos a entender melhor o que significa: "para passar sem o pai, servir-se dele". Trata-se de utilizar o pai como elemento de um cálculo, contado, contando, mas não contador [narrador], número, número 0, consistência implícita. A esse respeito, o assassinato do pai na versão mítica de *Totem e tabu* aparece como castração recusada, já que faz perdurar uma figura do pai, sua demanda, seu gozo como ponto derradeiro, enclave, que seu paradoxo no mito freudiano não consegue dissolver.

Para passar sem ele, servir-se dele: servir-se do mito freudiano levando-o ao extremo de seu paradoxo, a fim de transformar o pai em função referencial numeral, implícita à contagem.

A inversão radical operada por Lacan sobre essa questão, em relação a Freud, é, assim, fazer com que a hipótese do inconsciente dependa

[27] S. Kierkegaard, *Le concept d'angoisse*, Orante, Paris, 1973, pp. 132-6.

[28] Seminário *RSI*, sessão de 13-1-75 (inédita).

não mais de um princípio de ordem, de ordenação, do qual *um* elemento, o pai, está na origem, fiador, mas de um princípio conjuntista, sincrônico, já que, para haver cálculo, contagem, é preciso, de início, ao menos dois elementos. Ao menos dois elementos que contem, que nomeiem.

Para Lacan, é preciso não dois, de início, para contar, para dar razão da hipótese do inconsciente, mas três: R.S.I..

Passa-se do princípio freudiano, essencialmente ligado à ordem dos termos, das gerações, a um princípio ligado ao cardinal e, mais precisamente, à existência de um três primeiro, de uma simultaneidade de três nomeações para assegurar uma contagem. É, para Lacan, por causa desse três de R.S.I. que não há relação sexual que se escreva no saber inconsciente.

Assim se opera uma inversão pela qual o Édipo é a exceção que confirma esta regra, já que Lacan acrescentou ao enunciado "não há relação sexual": "exceto para as gerações vizinhas, os pais, de um lado, as crianças, do outro. É isto que o interdito do incesto protege: a relação sexual"[29]. Este interdito é necessário porque há relação sexual entre as gerações vizinhas. E por quê? Porque entre gerações vizinhas estamos numa contagem ordinal: primeiro, segundo, terceiro... Ora, assim que se pode estabelecer uma ordem entre dois termos, isso equivale a estabelecer uma relação (de inclusão para a teoria dos conjuntos). Caso contrário, nenhum interdito se opõe à relação sexual. Por isso é que *não há* [*ele negou*]* relação sexual[30].

Vou concluir voltando ao ponto de partida: a fantasia "uma criança é espancada". Notei que com freqüência ela era associada, nos "*Einfallen*" do paciente, ao que Freud chama o romance familiar do neurótico, a saber, as formações imaginativas que tomam por ponto de partida o fato de que seus pais e, em particular, seu pai poderia não ser seu pai. O que não é absurdo em si, já que "*pater semper incertus est*". É bem, aliás, por ser incerto que dele é dada uma versão.

---

[29] Seminário de 11 de abril de 78 (inédito).

* Homofonia: *il n'y a* [não há] e *il nia* [ele negou]. (NT)

[30] J. Lacan, "L'Étourdit", *Scilicet 4*, Le Seuil, Paris, 1973, p. 11.

Essa associação parece-me ser, por si mesma, uma interpretação da fantasia, que vai no sentido que desenvolvi, já que dissocia *o* pai de *meu* pai e confronta o sujeito com a questão da origem.

É por aí, parece-me, que se pode desnodular a fantasia. Fantasia cujo nó está representado pelo segundo tempo, inconsciente, para Freud: o que significa que, neste nível, há nodulação da expressão do amor – ser espancado – e da poética que legitima este amor – o mito do primeiro pai.

Como em *L'Étourdit*, esse desfecho pode fazer-se no cômico: "... que os céus prósperos nos dêem filhos de que sejamos os pais[31]".

Mas desnodular o nó dessa fantasia é nodulá-lo de outra maneira; por isso se pode verificar na clínica esse segundo tempo se tornar consciente. O ponto de partida de uma outra nodulação (já esboçado com o quadro das interpretações de ◊) pode ser apreendido ao "sincronizar" as três fases da fantasia conforme a topologia do só-depois.

Refiro-me aí ao trabalho que publicamos com J. Allouch: *Le terme de l'Homme aux loups*. Ler a fantasia "uma criança é espancada" com a estrutura do só-depois supõe: que se reconheçam três tempos no só-depois (embora, à exceção de uma nota de "O Homem dos lobos", Freud só se sirva de dois tempos), que se reconheçam, igualmente, três tempos no futuro anterior e que se identifique a estrutura gramatical do futuro anterior àquela do só-depois.

Eis como havíamos apresentado, no artigo citado, os três tempos do futuro anterior tomando por base as definições de Damourette e Pichon: "Escolhemos como ponto de observação um instante (1) do futuro e deste ponto consideramos o acontecimento em questão (3) como anterior a esse instante". Quanto à posição cronológica do acontecimento considerado em relação ao presente do real do "eu-aqui-agora" (2), ela não está nem um pouco marcada pelo emprego do "terá-sabido" (nome que dão ao futuro anterior Damourette e Pichon); (3a) representa um acontecimento futuro: "voltarei para saber o que ela lhe terá dito". (3b) representa um acontecimento em via de se cumprir: "terei dado a esta

[31] Molière, fim de *L'étourdit*.

casa... para fazer-me dizer: pegue a porta". (3c) representa um acontecimento passado: "ela é muito distraída, pensava em mil coisas, terá imaginado comer frango". Notamos num esquema este futuro anterior:

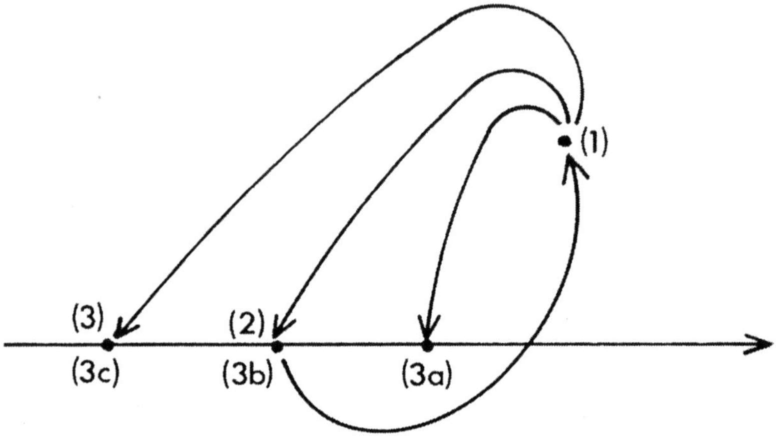

Assim, uma forma de espiral aparece neste esquema. Por outro lado, desviamos o ponto (1) da linha dos tempos (2) e (3), pois este tempo (1) está numa outra dimensão[32].

Propomos identificar a fase 2 da fantasia, "eu sou espancado pelo pai", ao tempo marcado (1) em nosso esquema; a fase 1 da fantasia, "ele é espancado", ao tempo marcado (3) em nosso esquema; a fase 3 da fantasia, "uma criança é espancada", ao tempo marcado (2) em nosso esquema.

O segundo tempo da fantasia, inconsciente, é esse ponto virtual, de observação, de antecipação, de voto, de onde o sujeito considera o acontecimento em questão, a lembrança da primeira fase, anterior àquela de seu presente representado pela fórmula da terceira fase.

Parece-me que é possível, a partir daí, mas será para um próximo trabalho, encarar como, na fantasia, podem nodular-se, desnodular-se e nodular-se novamente R, S e I de modo temporal.

---

[32] *Ornicar?* nº 22/23, 1981, Paris, Lyse.

Permanece aberta a questão sobre o que se pode manifestar como amor ao longo dessas operações. Se a justificação poética – ou inconsciente – do amor não é mais o pai, meu pai, a quem e como vai ele se endereçar?

"O amor infeliz é a mais alta forma do amor. E, no entanto, aquela que ama diz: eu preferiria dez vezes ser infeliz com ele e ainda dez vezes infeliz que ser feliz com outro[33]".

Mas há várias maneiras de ser infeliz no amor: religiosa, masoquista, cortês...

Qual é a mais afim com a hipótese do inconsciente?

[33] S. Kierkegaard, *Journal*, Gallimard, Paris, 1954, Tomo 2, p. 260.

Imaginário da procriação e inseminação artificial

Didier David

ABORDAREMOS O IMAGINÁRIO DA PROCRIAÇÃO estudando a evolução do discurso científico através das idades. Este discurso que se quer discurso sobre a realidade é modificado de teorias em teorias, integrando-se na evolução dos sistemas de pensamento. A realidade, se parece delimitada cada vez mais de perto, foge sempre para uma complexidade cada vez maior. A inseminação artificial vem sendo, há dois séculos, um dos meios de assentar, pela experimentação, diferentes teorias científicas. Em seu apogeu, o discurso biológico modifica com sucesso o discurso social. As variações deste último, claramente expressas na reforma do direito da filiação, são disso o melhor exemplo. A inseminação artificial com doador, técnica médica colocada num dos nós dos fundamentos de nossa sociedade, a saber, a definição da paternidade, influi em todo discurso atual, seja ele médico, psicológico ou social. Foi, com efeito, a partir de seu desenvolvimento atual ao lado das fecundações artificiais que nasceu essa necessidade de criação de comitês pluridisciplinares de ética, de controle social dos novos modos de procriação.

Antes do século XVIII, época das primeiras I.A., as idéias relativas à procriação haviam sido fixadas de uma vez por todas por Hipócrates e Aristóteles. Para Hipócrates, um novo ser é formado a partir do encontro das duas sementes, masculina e feminina, em partes iguais. Cada semente é extraída de todas as partes do corpo e, mais especialmente, do cérebro, de que ela descende pela medula espinhal. O prazer experimentado durante o ato sexual deve ser sentido através de todo o corpo. É a garantia de uma participação de todas as partes do corpo e, logo, de uma semente completa e apta à geração. Para Aristóteles, ao contrário, só a semente masculina é constitutiva de um novo ser. A alma, o espírito são trazidos pela *aura seminalis*. É um fluido etéreo e sutil que contém o princípio prolífico. O papel da mulher está limitado ao fornecimento do sangue menstrual que, não correndo mais para fora durante a gravidez, vem nutrir o feto. A semente feminina é apenas um óleo de Vênus. As náuseas, os vômitos dos inícios da gravidez são explicados pelos vapores emanados da *aura seminalis*.

Aristóteles dá uma definição precisa do papel do homem – "o ser que engendra outro ser" – e da mulher: "o ser de quem sai o ser engendrado". Não se pôde deixar de ver nisso uma definição da paternidade e da maternidade.

A mãe é, aliás, ainda hoje, definida assim no plano legal, o que não deixa de colocar problemas na época das mães portadoras, das mães de substituição. Entre detentores da teoria hipocrática e os da teoria aristotélica, a batalha pega fogo. E, se a maioria dos naturalistas é atraída pela primeira, é a segunda que tem os favores gerais. Sem dúvida que sua definição da paternidade repousando numa supremacia biológica a isso não é estranha. Assim, Ésquilo lhe dá todo seu peso nas *Eumênides*: "Não é a mãe quem procria aquele que nomeamos seu filho (lança Apolo em intenção das Erinias); ela não faz senão nutrir o germe nela semeado. Aquele que procria é o homem que a fecunda; ela, como uma estranha, salvaguarda o broto, pelo menos quando os deuses não atrapalham".

O Orestes de Eurípedes exprime a mesma idéia: "Meu pai me engendrou, minha mãe me pôs no mundo; ela foi o sulco que recebeu a semente de outrem; ora, sem pai, nunca teria havido criança. Pensei então que o autor de meus dias tinha direito à minha ajuda mais que aquela de quem eu havia recebido a comida".

Da Antigüidade ao século XVII, apenas duas descobertas merecem ser lembradas:

– a de Galeno: ele descobre os ovários, mas toma-os por testículos femininos concebidos unicamente para a emissão de semente prolífica;

– a de Falópio, que descreve as trompas, mas só lhes destina como papel o de canal de trânsito da semente.

Quando ao Corão, ele define com bastante precisão o papel do homem, o da mulher e o processo de reprodução. Se a embriologia do feto nele está descrita de modo espantoso, por outro lado, as idéias expressas sobre o papel do genitor são vizinhas das de Aristóteles. O princípio prolífico é uma gota de esperma – é claro que o Corão emprega uma palavra diferente, mas que pode ser traduzida por líquido vil, vil porque sai pelo mesmo orifício que a urina. Essa gota depositada no útero transforma-se primeiramente numa bolinha arredondada tendo sua cor branca original. Depois, no centro dessa bola aparece um ponto sangüíneo, confluente das almas, que se tornará o coração. A procriação também é, aqui, dominada pelo homem.

Duas descobertas essenciais no fim do século XVII vão, enfim, renovar os conhecimentos, mas não acalmar os espíritos. De Graaf descreve o ovo contido nos ovários em 1672: "Afirmo que todos os animais e até o homem tiram sua *origem* de um ovo, não de um ovo formado na matriz pela semente, no juízo de Aristóteles, ou pela virtude seminal, segundo Harvey, mas de um ovo que existe antes do coito nos testículos das fêmeas".

De Graaf descreve com bastante precisão o folículo que traz seu nome, mas o confunde com o óvulo. Seja como for, a teoria ovista nasceu. O ser é pré-formado no ovo e a *aura seminalis* serve apenas de desencadeador. Logo, trata-se bem de uma reprodução por duplicação materna.

Nesse sentido, outros vão mais longe. É a teoria do encaixamento: cada ovo abriga um feto minúsculo, único se for macho, contendo todos os seus descendentes encaixados como bonecas russas, se for fêmea. O papel do genitor é aqui mínimo. O papel do criador lhe é total.

Em 1677, cinco anos após as descobertas de De Graaf, um holandês comerciante de tecidos, de nome Leuwenhook, apaixonado por microscopia, observa e descreve animálculos bem curiosos contidos no esperma. Ó, é claro, ainda não se fala de espermatozóides, mas "de animais, de vermes, de vermículos, de insetos espermáticos, de peixes, de girinos, de sapos e, sobretudo, de animálculos". Vibrantes, movendo-se, destronam o ovo inerte. Nesta batalha entre poderes masculinos e femininos, a potência do homem vê-se restaurada.

Os partidários das teorias pré-formistas disso se apossam e descrevem um pequeno ser completo, um feto contido na cabeça do espermatozóide. Aqui, a reprodução se faz por duplicação exclusivamente masculina.

Os "encaixadores" neles verão uma cadeia que nos liga ao primeiro homem e ao criador.

Os partidários da geração espontânea farão nascer esses animálculos, esses insetos espermáticos, dos sucos podres contidos nos testículos.

A querela animalculistas/ovistas dura todo o século XVIII e o início do século XIX. Então, como decidir? Pois bem, pela I.A., diz o abade Spallanzani, o célebre naturalista italiano. Ele conduz então experiências rigorosas e engenhosas, utilizando como meio a inseminação artificial. Estamos nela então. Ó, é claro, em seu princípio, a I.A. foi evocada bem antes dessa época e mesmo desde a Antigüidade, mas sem dúvida era com Spallanzani que ela estava sendo realizada e descrita minuciosamente pela primeira vez. A partir de 1780, uma série de experiências lhe permite determinar o papel respectivo das células sexuais.

Ele mostra que a presença material do ovo e da semente masculina é necessária. Infelizmente, na semente, ele não consegue mostrar o papel dos espermatozóides, papel que só será provado no início do século XIX.

Seja como for, a primeira I.A. humana é realizada em 1791, pelo inglês Hunter. Trata-se de uma I.A.C*. feita com objetivo terapêutico, o marido da mulher inseminada estando atingido por uma malformação do membro. As indicações à I.A., à parte os problemas físicos, permanecerão fantasistas durante o século XIX, como mostram as indicações dadas por Thouret em 1804: "A operação será de grande ajuda para as mulheres frias, que são indiferentes aos gozos do casamento, que têm até uma antipatia pelo homem e preferem a masturbação... A inseminação trará solução aos problemas de incompatibilidade física e moral. Certas mulheres inspiram apenas repugnância ao esposo, por serem negligentes demais com os cuidados exigidos pela limpeza, por transpirarem muito, terem uma pele morena e oleosa, um odor de percevejo, um

---

* Inseminação com esperma do cônjuge.

hálito fétido, dentes defeituosos, uma construção viciosa; alguns defeitos na fisionomia, no olhar, na linguagem, no tamanho, um espírito estúpido...".

A esterilidade masculina só aparece como indicador no fim do século XIX e, assim, torna-se natural pensar em recorrer a um doador, o que primeiro faz, em 1884, Pancoast, que escolhe como doador o melhor de seus estudantes. Assim, involuntariamente, ele de imediato coloca o problema da eugenia.

Nesse fim de século e no início do XX, a querela animalculista e ovista acaba por deixar o lugar à querela do inato e do adquirido. E, para defender o inato, há primeiramente o movimento eugênico nascido na Inglaterra com Galton, primo de Darwin. Fala da necessidade de uma eugenia negativa, a eliminação da reprodução pela esterilização dos portadores de taras. Os portadores de taras, os degenerados, é a época das teorias da degenerescência de Morel de Magnan. As taras são as doenças mentais, a sífilis, o alcoolismo. Fala-se de sífilis congênita de estigmas.

Além disso, há a eugenia positiva, isto é, a seleção dos melhores para a reprodução, o que vai conduzir, algumas dezenas de anos mais tarde, às teorias nazistas. A I.A., se não foi empregada nesse caso, pode servir de instrumento a uma eugenia positiva. Não se trata mais de terapêutica, mas de melhoria numa visada inatista. É bem o objetivo fixado pelos promotores do banco de esperma para Prêmios Nobel criado nos Estados Unidos há alguns anos.

J. Lacan tinha, aliás, previsto tal utilização e dissera: "será preciso que sejamos alcançados pela prática, que talvez em pouco tempo ganhará força de uso, de inseminar artificialmente as mulheres que se dispensarem das relações fálicas com o esperma de um grande homem, para obter de nós, sobre a função paterna, um veredito?".

A função paterna, graças à I.A., aqui estamos, então. As grandes descobertas da genética relativas aos cromossomos e ao genoma vetor da hereditariedade, formado pela metade no espermatozóide e pela metade no óvulo, fazem pender a balança do lado do inato. O genitor torna-se cada vez mais importante e a noção de paternidade desliza para uma definição unicamente biológica. Os biólogos chegam até a convencer os juristas. Embora, para eles, o pai seja o marido da mãe, ele se torna, antes de tudo, o pai biológico. A paternidade é provada e verificada pela concordância dos grupos sangüíneos. Singular retorno da teoria da hereditariedade pelo sangue!

Duas críticas radicais são feitas a essas teorias:

– a crítica psicanalítica, que opõe as noções de paternidade imaginária e simbólica à de genitor;

– a crítica científica, que balança entre genótipo, mensagem escrita nos cromossomos, fenótipo, conjunto dos caracteres observáveis, e hereditariedade de um caráter entre pais e filho.

Além disso, entre inato e adquirido se coloca um período por muito tempo subestimado, a gravidez. Ela é essencial de um duplo ponto de vista: por um lado, do crescimento do feto e, mais particularmente, de seu cérebro e, por outro, das trocas feto-mãe-exterior. É nesse nível que a ciência está com a teoria da impressão.

Ela foi descrita nos anos cinqüenta, por Konrad Lorenz, em passarinhos nidífugos. No nascimento, a imagem da mãe ou seu substituto é impressa no nível cerebral. No feto, fenômenos semelhantes foram descritos. Feijoo, em 1980, mostrou a impressão de certos sons maternos no feto, por exemplo, o ritmo cardíaco, mas, sobretudo, e é o que nos permite voltar a nosso propósito, a impressão da voz, pelo menos de certos sons, do marido da mãe. O marido da mãe funda assim, sem dúvida, uma inscrição biológica graças à voz.

Em conclusão

A realidade biológica da procriação é mais complexa que o encontro de um espermatozóide e de um óvulo. A I.A.D. talvez não prive inteiramente o marido de uma contribuição biológica, ou, pelo menos, de uma inscrição biológica. Além disso, e paradoxalmente, essa técnica médica vem substituir o discurso social sobre a paternidade ao mostrar as incoerências acarretadas por uma base biológica desse discurso.

Representação de um espermatozóide segundo o "Essay de dioptrique d'Hartsoeker" (1711).

Os desenganos do Papai Noel ou o complexo de Enoch

Jean-Jacques Rassial

Tenho a propor apenas uma hipótese, bem simples de formular, mas que, se fosse verificada, não deixaria de ter conseqüências sobre a teoria e a prática analíticas[1].

Então, uma palavra primeiramente sobre o porquê desta hipótese: todo analista que não se esquiva diante do engajamento de sua prática com crianças cai numa questão: a da psicogênese, a dos estágios, que sabemos ser uma armadilha para a análise e para o analista. Cai nela, ainda que pelo fato de que, seja qual for sua resposta, os pais reais estão em jogo na demanda que lhe é endereçada, e que são aparentemente o único referente estável de um processo de maturação, de uma mudança de que a cura não é a causa dinâmica. A criança entra no consultório do analista com uma história, uma história em curso, e a intervenção pedida é, desculpem a expressão, um ato histórico. E não há meio, para o analista, de suspender essa história, como ele pode fazer, em parte, pelo menos, com o adulto, na seqüência residual daquilo que Freud designava como regra de abstinência[2]. Quanto à relação história/estrutura, devo remetê-los a

[1] Completo o texto de minha exposição no colóquio de *Littoral* com algumas notas que correspondem ao que pude responder às intervenções e, em particular, as de P. Gazaix, J.-J. Moscovitz, Jean Szpirko e J.-P. Winter.

[2] O que quero dizer, aí, simplesmente, mas essa história de regra de abstinência teria que ser estudada para além do quiasma (abstinência do analista), é que o tempo da análise, não apenas das sessões, mas esse tempo no vivido do analisando, divide a dimensão temporal, subverte toda linearidade; ao passo que, para a criança, tal subver-

outra parte, a Althusser por exemplo, mas é possível, de qualquer modo, constatar que, diante dessa dificuldade, duas atitudes são possíveis e problemáticas: por um lado, é recusada à análise de crianças qualquer pretensão analítica, na medida mesmo em que o analista está às voltas com uma encarnação parental do grande Outro, a criança estando presa numa mudança que a análise só pode repetir sob o modo da correção; por outro lado, a tentação é aceitar a metamorfose do analista em super-educador, que proporia uma encarnação mais consistente, mais científica do Outro, uma metamorfose em ama-seca, ou, então, o que não é melhor, sua metamorfose em *deux ex machina, ex machina* de linguagem, em mágico, em feiticeiro, em "tripeira".

Eu dizia, então, que a questão da psicogênese se coloca e que não a resolvemos dela nos esquivando. Ainda mais que bem rápido se mede que, em razão mesmo de a criança estar presa numa mudança fora da análise, as saídas propostas não são as mesmas que com o adulto, as saídas propostas à neurose ou à psicose. Em particular, afirmarei que uma psicose infantil, uma verdadeira psicose, pode às vezes se curar, ou pelo menos uma saída lhe é proposta que não seja a morte do sujeito, sua morte real; o que se sabe, e é em parte o fato de tê-la experimentado que explica minha questão, é que pode acontecer de essa saída ser acompanhada da loucura da mãe e de outra morte real, a do pai, até mesmo de outro macho da família, um tio, um avô, morte que é possível, no só-depois, é claro, articular com a transformação da criança[3]. Não vou, por múltiplas razões, aprofundar essa experiência, mas ela serve de fundo a esta hipótese que agora estou lhes propondo.

---

são é senão impossível, pelo menos limitada, pois está presa num tempo (o do ritmo da escolaridade, por exemplo) em que toda quebra tem efeitos que não são de suspensão, de atraso ou de paciência, mas às vezes pesados de conseqüências, que o analista não deve evitar, mas medir.

[3] Não se relacionou, e é, por certo, uma hipótese arriscada, o suicídio do psicótico com um êxito edipiano, apesar desta constatação, bem banal, de que a morte, real, do pai, influi no devir do psicótico. Nada pior que um pai cuja morte não pode ser sonhada, nem num sentido, porque ele está ausente, nem no outro, porque está presente demais; sabe-se, no entanto, que estes dois tipos de pai, aparentemente contrários, facilitam a produção do psicótico.

Há uma psicogênese que se experimenta e se verifica na análise, de crianças como de adultos, mas não é a do sujeito, o que quer dizer que não se trata, na análise, de intervir numa história da estrutura; essa psicogênese é a do Outro, isto é, em conseqüência, a da relação entre o sujeito desejante e sua fantasia. Trata-se, é claro, de uma psicogênese imaginária do Outro, mas que tem consistência filogenética. O que pode ser prometido na análise não é uma modificação da estrutura, mas uma outra modificação do Outro, do grande Outro, uma outra modificação que aquela implicada pela organização social; o que pode ser prometido é sua desconstrução, a decomposição de suas múltiplas encarnações, em particular as que são sustentadas pela figura do "Pai".

Por que o Pai? Porque, no imaginário de nossas sociedades, ocidentais em sentido amplo, já que se trata, pelo menos, daquelas que são organizadas pelas religiões de Abraão, é uma psicogênese do Outro que nos é proposta pela religião. No Ocidente, Deus é um pai, que sustenta e é sustentado por todo aquele que venha a ocupar a função paterna. Deixo de lado o que se passa alhures, por ignorância; podemos supor que existe um esquema vizinho nas religiões animistas; mas certas religiões extremo-orientais, o taoísmo em particular, parecem funcionar de modo bem diferente. A Bíblia, ao nos propor a história de um Deus criador que mantém uma relação que Lhe concerne, que O modifica, que Lhe toca com suas criaturas, preserva sua encarnação possível na figura do "Pai". Deve-se assim notar que a educação religiosa, tal como a conhecemos, implica uma modificação de Deus, tal como é apresentado à criança pequena, durante a primeira comunhão, por exemplo, depois ao adolescente ou ao pré-adolescente durante a comunhão solene, por exemplo. O Deus ocidental tem uma história.

Afirmarei que é essa gênese que condiciona a organização egóica que tem de ser demonstrada na análise, esta multiplicidade de Deus, para deixar o lugar – pela decomposição das diferentes encarnações possíveis do Pai, inclusive da Mulher como um dos Nomes do Pai –, para deixar o lugar, é o caso de dizer, à não-existência de um Outro que, por seu gozo possível, autorizaria o nosso. Trata-se, numa análise, de chegar ou de voltar a esse ponto, que uma metáfora permite precisar, uma metáfora bem pesada: não é preciso matar o pai para que ele morra. Já se percebe, espero, em que a análise se choca com o real, esse real, o da morte sem causa, da morte sem sujeito (hipótese que interessa, talvez, os tormentos atuais do movimento analítico).

Vou retomar essa hipótese, que é apenas uma hipótese, a partir de uma anedota. Uma anedota que trouxe a mim, durante dezoito meses mais ou menos, uma adolescente, que chamarei Christine, e seus pais. Bem rápido verão, e isso se verificou mais tarde, que há histeria no ar, mas não é que eu deseje chegar aí. Esta anedota tinha por particularidade, definitivamente bem rara, de ser a um só tempo o que justificava a demanda dos pais e a de Christine, ainda que, de fato, sua demanda tenha evoluído depois noutra direção.

Christine tinha quinze anos quando veio me ver. A história, que, como dizem seus pais e ela mesma, desencadeara para ela, a um só tempo, um mal-estar que se manifestara por um "aumento de peso", na verdade bem pouco aparente, para seus pais, por uma ruptura da unidade familiar, acontecera dois anos antes: Christine era a terceira de uma família de quatro filhos, ou, antes, de três mais um vindo bem tarde e que tinha então, durante esta história, três ou quatro anos, os outros tendo quinze ou dezesseis. Na noite de Natal, o costume, que Christine conhecera mais jovem, era que o pai, fantasiado de Papai Noel, viesse acordar as crianças de manhã cedo, desaparecendo bem rápido para trocar de roupa e voltar para junto da criança que descobria seus brinquedos na sala. Christine decidira denunciar o pai, surgindo no momento fatídico, para arrancar-lhe a barba. O que foi feito e desencadeou um drama que temos alguma dificuldade em medir. Exceto para o guri, é claro, que só estava pensando nos brinquedos novos. A partir daquele momento, Christine se confrontou abertamente com a questão de seu corpo de mulher, questão que animou sua análise. Os irmãos mais velhos, ficando do seu lado, bem rápido se afastaram da família, um até cumprindo o que era vocação religiosa, o outro experimentando toda a gama da patologia adolescente (toxicomania, delinqüência, etc). Os pais cobriam-se de censuras mútuas sobre a educação dos filhos.

Num momento, e ela voltará a isso mais tarde, Christine explicou, só-depois, aquele ato com um discurso feminista que ela estava reivindicando: o Papai Noel como instrumento falocrático. Mas, depois dessa primeira explicação, ela deu outra, e foi nesta que me detive: naquela família católica e praticante, ela levara a sério sua comunhão e o discurso catequista que a precedera. Disse não ter suportado a distância entre "o que há de sério na história de Deus" e "as besteiras que contam para as crianças". É sobre distância, e apoiando-me em certos dizeres de Christine, que relata uma transformação do que Deus era para ela, que vou formular algumas idéias sobre essa psicogênese do Outro, tal como a versão paterna, a *père-version* social, a organiza. Vou citar Christine de acordo com notas tomadas *a posteriori* de cada sessão.

"O que é idiota", diz ela, "é que digam às crianças que, se não forem comportadas, o Papai Noel não vai vir, embora já tenham comprado os brinquedos", ou então, "se dão presentes às crianças é apenas para lhes dizer que não ganharão, se não forem bonzinhos, embora de qualquer maneira os ganhem". O que ela mede, com inteligência, só-depois, é que é no campo do dizer que o Papai Noel existe. No intervalo entre o desejo dos pais, comprar brinquedos, de quem ela diz, por outro lado, que, então, "eles, antes de mais nada, dão prazer a si mesmos", e a função parental de educação que exercem. O Papai Noel é a máscara dessa enganação, uma enganação, deve-se dizer, fundadora, fundadora da idéia de que a lei poderia ser boa[4]. Enquanto que desvendar que o Papai Noel não existe, "depois", cito-a, "fica difícil crer que Deus pune os maus". "Quando se é pequeno, isso funciona e é assim que cremos sempre que Deus tem uma longa barba branca". Ela acreditou nisso por muito tempo, depois de já estar na escola. Quando os amiguinhos lhe contaram, ela não acreditou. "Era", diz ela, "exatamente como quando me contaram o que os homens e as mulheres faziam juntos". Ouvi aquela

[4] Para além da história de Christine, essa experiência é comum; a todos, na verdade, está indicado, por essa lenda do Papai Noel que deve ser desvendada, que o grande Outro pode ser enganador, o resultado social sendo que esta enganação consolida o monoteísmo. A luta da Igreja contra este costume, mas também, mais tarde, sua tolerância, em todo caso, a tolerância do mundo cristão, assim se explicam (desde Descartes é sabido que deve ser denunciada a hipótese do Deus enganador, que Deus é sustentado como não-enganador). Pode-se perguntar se essa experiência não é daquelas que fazem com que evitemos tirar as conseqüências de um esvaecimento do Outro rumo à sua não-existência.

observação várias vezes, e o paralelo é, quando menos, bem-vindo. O Papai Noel está no mesmo lugar, inclusive para o adulto, que as teorias sexuais infantis[5]. Como se, assim, por essa decepção, uma outra estivesse sendo preparada. "Na verdade, os presentes não existem". Este discurso articulado com o fato de que ela pagava as sessões roendo um depósito de Caderneta de Poupança, mas é apenas um parêntese, um depósito no qual não devia tocar antes da maioridade.

Ficar sabendo dessa não-existência do Papai Noel foi para ela um drama, tanto quanto nele acreditava. Depois de seduzi-la, ele a decepcionava. É uma velha história! "Foi nesse momento", diz ela, "que resolvi que, quando for grande, vou trabalhar". (A mãe ficava em casa.). "No início, quando soube que o Papai Noel não existia, eu queria agredir todos aqueles caras fantasiados, mas eu mesmo assim sabia que não era o verdadeiro". Quando retomo este "verdadeiro Papai Noel", é claro, ela está evocando o pai, mas, sobretudo, o que ela está dizendo é em que seu irmãozinho não tinha nada a ver com o que se passara, e que não fora por ele que ela fizera aquilo. Ela reconhecia: "Mesmo quando meus pais me disseram tudo, eu não estava segura; talvez eu continuasse acreditando nele", acrescenta ela, rindo. Sabemos que é comum as crianças continuarem a manter a ficção da crença depois que ficam sabendo do logro. Uma crença à qual renunciamos com dificuldade, já que organiza um certo lugar social. Num outro registro, lembro-me de um menino cujo pai o informara das coisas sexuais por ocasião da gravidez da mãe; ele chegara triunfante no escritório: "Sei que não é a cegonha que traz as crianças, é o moço do hospital". A ele renunciamos tanto mais dificilmente porquanto o que é proposto no lugar é um Deus que não está no mesmo lugar.

Cito Christine: "Quando eu era pequena, eu escrevia ao Papai Noel e ele respondia com presentes, e depois a gente falava com Deus, a gente recitava uns troços sem entender, e ele não respondia nunca". Não

---

5 Se pusermos o acento psicogenético do lado do Outro, podemos entender como acontece com freqüência – tive a experiência, mas não sei se é partilhada por outros analistas – de um tempo da análise de uma criança ser assinalado por uma puberdade precoce, quando se afigura que, do Outro, a mais sólida consistência é a do Outro sexo.

se escreve a Deus. Foi num momento em que a questão da escrita se colocava para ela, como para cada adolescente, que ela fez esta observação. Insistiu longamente em suas antigas preocupações relativas à imagem de Deus, principalmente aquele assunto do nascimento de Jesus: "O Espírito Santo é como o pai, Maria é a mãe e Deus é aquele que eles vêem e que nós não queremos e que faz com que haja uma criança". "É como se os pais não fossem por completo os pais". Aí, sinto vontade de evocar outro menino que desenhara a família de Deus: havia José, Maria, Jesus e, além disso, um personagem bem próximo daquilo que Mélanie Klein designa como os pais combinados; não uma mãe fálica, antes um pai materno, que segurava na ponta dos braços duas formas redondas que supostamente seriam auréolas. Seu Deus, Christine explicava como ele fora pouco a pouco mudando, tornara-se a um só tempo fora-sexo e bissexuado. Contou que fizera uma pergunta ao catequista, porque "era sempre a mesma história, diziam que Deus queria que amássemos os pais e depois também que amássemos os outros; então por que se diz à parte 'amar os pais', já que se deve igualmente amar os outros?". Responderam-lhe que era porque os pais estavam mais próximos de Deus; ela achava aquilo idiota. Houve algumas sessões em torno de Cristo, mas deixo isso de lado, exceto num ponto que ela retomou mais tarde: havia aqueles que tinham 33 anos, aqueles que tinham menos; para além da transferência e do que me estorvava, era o tema das gerações que estava em jogo. O que me parece importante é que ela descreveu uma modificação de Deus, que se tornava abstrato em relação aos pais e que devia, no final desse ciclo, lhe servir contra os pais. Mais tarde, ela dirá: "O Papai Noel é a família, e Deus era a escola, o catecismo; em casa, era sempre do Papai Noel que se tratava". Afirmarei que essa metamorfose do Papai Noel num Deus combinado, depois em Deus abstrato, metamorfose que desloca os pais, indica bem em que a questão da psicogênese deve, para o analista, ser colocada não do lado do Sujeito, mas do lado do Outro, uma vez que é a família que lhe empresta consistência em torno da figura do Pai, figura que o analista deve ajudar a desmontar, a separar desse pai que é, desde o início, apenas um entre outros. O que faz com que, entre parênteses, a análise de crianças seja imediatamente política.

A quantas andava Deus, para Christine, quando aconteceu a crise evocada? Vou falar brevemente desse Deus dos adolescentes e justificar o outro título de minha intervenção "O complexo de Enoch". O Deus dos adolescentes não é o Deus das crianças. Arrisco uma fórmula a ser discutida daqui a pouco: o Deus de *Moisés e o monoteísmo* não é o Deus de *Totem e tabu*; nesse meio tempo, por exemplo, o assassinato do pai não é mais justificado pela apropriação das mulheres. O Deus dos adolescentes não é mais o Deus das crianças; ele está desligado de qualquer encarnação sexual (o que não quer dizer que o Deus das crianças não tenha mais existência para os adolescentes; simplesmente, eles se avizinham e a síntese não é fácil). É um Deus que é referente necessário quando os pais mostram não ser feitos de outra matéria que as crianças; com o que talvez se interrogar sobre o mutismo dos adolescentes e a relação particular que têm com a língua. Em que remetê-lo à dimensão paterna? Se evoquei Enoch, filho de Seth, filho de Adão, é que é dito que foi em sua geração que o nome de Deus foi invocado. Na análise – ainda que eu deixe em suspenso a questão de saber em que medida se tratava de análise –, na análise de Christine, um personagem desempenhou papel-chave, um desses bisavós, morto durante a guerra de 14-18, e que chamarei Christian. O que é um bisavô? É o ancestral por excelência, aquele que está na estirpe, mas longínquo demais para ser conhecido. É claro que às vezes o encontramos, mas, mesmo então, ele é limite da família, um personagem que não parece sujeitado sob o mesmo modo ao desejo que constitui o vínculo familiar. Interrogamo-nos sobre a função do número 7, número mágico; inútil procurar mais longe; é o total do sujeito e dos ascendentes com os quais ele está às voltas na fórmula de seu desejo, dois pais, quatro avós. É do lado dos bisavós que o Deus dos adolescentes, um Deus genealógico, toma consistência; ainda mais que, dos oito bisavós, há matéria para ficção. Pouco importam os elementos relativos a esse bisavô Christian; retomarei apenas o discurso de Christine, quando ela estabeleceu relação entre esse Christian e Deus: "Não o conheci, nunca me falaram dele, é como se ele tivesse apenas um prenome" (ela ignorava o sobrenome dele, que encontrou um pouco mais tarde, não sem conseqüências). "Tudo o que sei é que, se ele não tivesse existido, eu não existiria, mas não sei quem ele era, por mais que eu me diga que é o pai de minha avó, não o vejo como pai de família". A única materialidade do personagem era uma viagem com seus pais no "Chemin des Dames", onde ele morrera. "Quem sabe não é ele o soldado desconhecido". Ela falava dele como de um pai que não seria um pai, um pai que não decepcionava, mas sem idealizá-lo tampouco, depois fez dele um jovem, o que ele era, morto aos vinte e cinco anos, e começou a falar de sua própria sexualidade; depois, um dia, ela veio com um "é completamente idiota ir morrer na guerra", a propósito de seu namoradinho que estava sendo convocado para o serviço militar.

Ela desapareceu durante alguns meses, freqüentou um grupo do gênero "meditação transcendental" que conhecera, antes de vir me ver, sob pretexto "terapêutico" (para emagrecer). Depois voltou com um tom agressivo: "Você me obrigou a falar da morte de Christian, não suportei". Posteriormente, afastou-se da questão religiosa, não que não evocasse mais Deus, mas era um Deus desencarnado, desligado de qualquer figura paterna, um simples horizonte possível da fala; abandonou as práticas religiosas sem passar a um ateísmo militante; por outro lado, falou de suas relações com os pais, que foram perdendo a paixão; começou a se ver às voltas com suas questões de identidade. Ao fim de alguns meses, acompanhou os pais a outra cidade, pedindo-me endereços de analistas para "começar" uma análise (eu a recebia em face a face).

Acho exemplar este percurso, este fragmento de percurso de Christine. Poderia ter contado outras histórias, mas as coisas teriam ficado ainda mais misturadas. Já eliminei, aí, toda uma série de elementos, em particular todas as questões sobre seu corpo. Gostaria simplesmente de retomar a conclusão desta história, com algumas questões. Christine não terminou sua análise[6]. Começara-a comigo? É a questão que me coloco. Afirmarei que há um tempo na análise, um tempo necessário que tanto pode acontecer em algumas sessões, quanto com uma primeira análise,

---

[6] De certa maneira, o que aconteceu foi uma multiplicação de sintomas. O "aumento de peso" perdeu sua importância; aquilo de que ela ainda se queixa não se reduz ao narcisismo, mas gira em torno de suas relações com os outros, em sua diversidade, mesmo quando isso se manifesta por conversões (náuseas); ela alegará, no final, a questão de sua timidez; direi que não houve, no fim desse tempo, análise da fantasia. Esse primeiro tempo tratou de "A" e não de "a".

que consiste em demonstrar a consistência do Outro, suas encarnações familiares e sociais, não para deixar vez à vacuidade desse lugar, isso seria, antes, o fim da análise, mas primeiramente para demonstrar sua gênese, isto é, sua referência paterna, para chegar a este ponto onde o pai, o avô, o ancestral são apenas mortais como os outros, mas também, é um ponto importante, que o analista o é também[7], de tal modo que possa ser analisado o dispositivo paterno distinguindo efeitos do Nome do Pai, uma vez que falta o campo do Outro, e efeitos da função paterna. É esta desmontagem que permite produzir, na cura, este lugar Outro que é o inconsciente, este outro lugar do Outro.

Esta desmontagem, que só é possível em razão da psicanálise, direi que está tanto em jogo com a criança quanto com o adulto e que é possível permitir ao sujeito poupar esse Deus dividido entre o ancestral e o Papai Noel, entre o ciúme e o todamor, entre o Pai e o Filho, esse Deus que não está de graça no mal-estar de nossas civilizações[8]. Mas talvez existam apenas os analistas para pensar que seria melhor deixar alguma liberdade ao sujeito para pôr em jogo seu desejo, sem a esperança de uma salvação.

---

[7] Direi que é a condição para que a transferência seja analítica, isto é, que sejam distinguidas pessoa do analista e função do analista; não é no fim da cura que o analista se afigura qualquer um; é, ao contrário, o fato de ele ser isso enquanto pessoa desde o início, ou, pelo menos, a um certo momento, que permitirá que a ficção do sujeito suposto saber opere, e não a de um sujeito que já saberia. Parece-me que a prática da análise de criança nos indica isso da melhor forma.

[8] Meço as conseqüências do que afirmo aí. Se é verdade, há uma intervenção possível dos analistas no campo social: desmontar as encarnações do Outro, a hipótese sendo a de uma ética – possível para qualquer sujeito – que não seria de submissão ao gozo (do outro). É a aposta do ato analítico, na medida em que o desejo do analista excede à fantasia.

Observações relativas à linguagem nas perversões

Didier Cromphout

A EXPOSIÇÃO SEGUINTE FOI AMPLAMENTE expurgada: já que se trata de um escrito, toda referência clínica precisa foi apagada, notadamente a respeito da perversão na mulher, que será posteriormente objeto de um artigo. O que a tornará, sem dúvida, menos evidente ou menos aceitável, mas esclarecerá, talvez, outras interrogações que as minhas.

Precisemos que o termo estrutura não está aqui recolocado em causa, ainda que seja discutido e/ou discutível. Sua pertinência permite fazer distinção entre estrutura perversa e relação perversa: se todos podem achar-se parte interessada nesse tipo particular de relação, em que a renegação-desmentido funciona "claramente" e não se refere à diferença dos sexos, é mais raro achar-se confrontado com uma estrutura perversa patente. Assim, no meio analítico, aqueles que mantêm relações perversas com alguns(mas) de seus(suas) analisandos(as) não são raros; perversos analistas o são bem mais e o debate "é possível ser perverso e analista?" por certo não está encerrado.

No caso, vou limitar-me a tentar situar alguns traços próprios aos discursos de analisandos perversos.

Com efeito, ao recebermos analisandos perversos que desejam fazer uma psicanálise, quase sempre ficamos espantados com uma qualidade particular de fala, que os distingue dos dois outros grandes grupos nosológicos. O que dizem não é tão diferente do que pode dizer um neurótico, mas eles têm uma maneira de utilizar a linguagem que provoca mal-estar em muitos analistas; estes últimos deram conta disso sob modos nos quais a moral e o terapêutico raramente estão ausentes. É verdade que, de hábito, uns consideram como sintoma o que outros afirmam ser uma prática mais ou menos deliberada e reivindicada.

Na verdade, a questão da sedução, que a histérica coloca no nível de seu corpo, o perverso a situa no próprio seio da fala e da fantasia. Para o neurótico, o aparecer é sedutor e a linguagem é contígua à ficção da comunicação; vale dizer que ela tem valor de lei; a temporalidade encontra seu lugar nessa perspectiva, o que costumamos significar pelo reenvio ao aspecto antiquado e meio ridículo dos histéricos das décadas passadas. Na perversão, o aparecer acha-se demitido de sua posição, ocupada pela linguagem: é esta última que faz sonhar, que faz crer num outro real e num outro desejo, vale dizer que ela disso cria as imagens e a representação e, na cena sexual, em todo caso, disso cria a realidade; a temporalidade também se estrutura de modo diferente, o que encontramos na *boutade* que diz que os perversos envelhecem mal.

No que se evoca num divã, por um jogo de escondido/desvelado, secreto/revelado que suplanta a questão da ausência/presença que é veiculada pela linguagem, o perverso vai apagar-se enquanto pessoa e promover seu dizer, deslocando o interesse que podem ter por ele às imagens que ele traz consigo. Passa-se da enunciação ao enunciado, num movimento inverso ao que acontece numa análise de neurótico.

Há, assim, constituição da linguagem em objeto de desejo e de fascinação, as palavras adquirem função estética e perdem parte da dimensão utilitária que têm. O que explica a freqüência com a qual os perversos acabam reinventando as palavras, dando-lhes novos sentidos e criando uma língua secreta. O que não chega, no entanto, a repor fundamentalmente em causa as bases da linguagem, como na psicose. Este aspecto do discurso dos perversos pode ser facilmente situado em certos escritos ditos pornográficos que lhes são atribuídos com freqüência: aquilo de que nem sempre nos damos conta é do exagero do pretenso realismo das descrições de jogos sexuais que neles é feito; este exagero dá-lhes a dimensão de irrealidade e de imaginário que permite que sejam lidos por qualquer um, cuja sexualidade prática quase sempre tem aspecto mais miserável do que se admite confessar.

O que não deixa de ter conseqüência, notadamente sobre a posição do analista. O neurótico, com efeito, sempre espera uma revelação do que ele diz; das palavras, ele espera uma desligação de seus sintomas, que isso ocorra ou não: todo um lado da literatura psicanalítica veicula esse gênero de esperança e de crença. O mesmo não acontece com o perverso, que sempre vai desqualificar esse uso da fala: por isso ouvimos dizer que a análise não funciona bem com o perverso, já que eles sempre aquiescem nas intervenções, mas nada muda.

É que o posicionamento da linguagem como objeto estético descentra o casal verdade/mentira ao qual o neurótico dá tanta importância, nele inserindo tudo o que ele mesmo ou outro pode dizer ou escrever. Para o neurótico, a verdade é, sem dúvida alguma, um semidizer, ao passo que para o perverso não se trata nunca apenas de semidizer a verdade; podemos, da mesma maneira, formular que, se a verdade tem uma estrutura de ficção, o perverso está sempre em situação de dizer a ficção da verdade: seu discurso não é contíguo ao verdadeiro, mas ao verossímil. Por isso é que a única verdade que poderia ser situada nesse tipo de discurso é o prazer que nele sente aquele que o escuta; que este prazer seja feito de horror ou de fascinação importa pouco. Encontramos um belíssimo exemplo desse dito e de sua ambigüidade no *Diário do ladrão* de Jean Genet: "Com palavras, se tentar recompor minha atitude de então, o leitor não será mais otário do que eu. Sabemos que nossa linguagem é incapaz de lembrar mesmo o reflexo desses estados defuntos, estranhos. O mesmo valeria para todo esse diário se ele devesse ser a notação do que fui. Precisarei, portanto, que ele deve informar sobre quem sou, hoje que o escrevo. Ele não é uma busca do tempo passado, mas uma obra de arte cuja matéria-pretexto é minha vida de antigamente. Ele será um presente fixo com a ajuda do passado, não o inverso. Que saibam, portanto, que os fatos foram o que eu os digo, mas a interpretação que deles tiro é o que sou – me tornei".

Outro exemplo disso é o *soi-disant* "encontro" que Pierre Goldman teve com Lacan, embora tivesse vindo para aliviá-lo de seu dinheiro: esta história tem todas as chances de ser falsa quanto à sua realidade histórica, mas esse "encontro" dá muito prazer aos lacanianos e à *intelligentsia* francesa de esquerda.

Notemos, de passagem, que qualquer um pode perverter um discurso sem que seja o caso de imputar-lhe semelhante estrutura. Assim ocorre, por exemplo, com pais de crianças mártires, que colocam num mesmo nível o discurso deles e o dos pediatras, denegando toda lógica à realidade.

Entendemos melhor, por conseguinte, que a linguagem sofra tal distorção em relação a seu emprego mais habitual, que os analistas experimentem irritação e impotência ao tomarem perversos em análise: raramente percebem que eles mesmos não respeitam o equívoco desses discursos. Entendemos igualmente que certas profissões sejam mais freqüentadas por esse tipo de estrutura; assim acontece com o mundo artístico, o que explica, em parte, o desentendimento entre este meio e o da análise quando tudo, ao contrário, deveria aproximá-los: o artista não coloca a questão da transgressão e o analista não confunde quase sempre transgressão e perversão?

Não esqueçamos tampouco que a perversão de um sujeito, bem mais ainda que para uma neurose, ilumina de extraordinário sua existência e que, ao querer curá-lo disso, o analista assume bem simplesmente o risco de levá-lo a morrer, se não em seu físico, ao menos em seu vivido: quantos não se queixam de que após uma análise sentem-se apagados?

O que leva a descrever outro aspecto dessa linguagem: ela tem poder de efetuação no nível da realidade, ao inverso do que se passa na neurose, na qual, como se diz, "dizer permite não fazer". Esse poder das palavras se verifica com mais facilidade no nível das "aberrações" por eles usadas para saciar sua sexualidade, "aberrações" que atentam quase sempre contra o corpo. Na perversão, há risco direto de colocação em ato do dizer quanto à problemática do gozo. Basta lembrar esta observação de T.E. Lawrence, conhecido como Lawrence da Arábia, nos *Sete pilares da sabedoria*: "Todos os homens sonham, mas não igualmente. Os que sonham de noite, nos recantos empoeirados de seus pensamentos, despertam de dia e sonham que era vaidade: mas os sonhadores de dia são homens perigosos, pois podem fazer agir o sonho com os olhos abertos, para torná-lo possível".

Sabemos o que lhe aconteceu.

Se agora encaramos esta questão da linguagem pelo viés do que funda a estrutura perversa segundo Freud, isto é, a renegação-desmentido, não podemos senão encontrar essa disjunção essencial nos discursos deles, ainda que este seja também o lugar da mascarada. Eles aparentemente reinstauram a questão da diferença dos sexos no que dizem pelo viés, quase sempre, do discurso amoroso, mas o que é menos percebido é o caráter não-contraditório desse discurso, caráter cuja apercepção agrava mais o mal-estar do interlocutor analista: sempre encontramos no neurótico um e outro, tudo é positivo ou tudo é negativo, e raciocínio algum pode ligar estes dois pólos.

Assim, certos homossexuais podem bem afirmar e fazer crer que sabem o que acontece com seu desejo, ao inverso dos neuróticos, que estão em posição de denegação em relação ao deles; resta que o que não é dito, nem posto em relação, é o nojo e o horror que lhes inspira o outro sexo. Há aí, parece-me, a presentificação da renegação-desmentido, pela abolição da dimensão de contradição em sua relação com a realidade.

Não é espantoso ver o discurso amoroso, e mais ainda o da paixão amorosa, ver, portanto, este discurso literalmente colonizado pelos perversos: é conhecida sua dimensão fundamental de assexuação, ao inverso do que ocorre com o desejo. Há muito a dizer a respeito do funcionamento da lógica amorosa e de sua imbricação com o funcionamento das lógicas neuróticas e perversas, mas isso não concerne diretamente a este artigo. Notemos apenas que o termo alegação amorosa com que às vezes se rotula o discurso perverso parece-me provir desse aspecto de não contradição associado à relação particular que ele mantém com o objeto, relação que liga sob o mesmo modo que a paixão amorosa. Não há para além do amor para o perverso, o que o conjuga com o místico; vai distinguir-se dele por colocar a sexualidade no centro do ritual, ao passo que o místico a exclui desse ritual.

Na mesma ordem de relação da estrutura com a fala, com freqüência nos espantamos com uma espécie de fetichização das lembranças: não apenas são raras antes de certa idade, mas cada uma delas se acha congelada, isolada e erigida de modo não-contraditório. Dão a impressão de objetos únicos e mortos num universo vazio e só muito dificilmente se mobilizam na temporalidade da realidade histórica. Em oposição, a lembrança-tela é quase sempre contraditória em seus termos e bem rápido é situada como véu; a vivência e a dimensão temporal que têm (o que não é uma questão de data) acaba distinguindo-as.

Façamos uma última observação a respeito dessa linguagem. Lembramos quase sempre de escândalo ao falarmos dos perversos. Sem dúvida alguma, existem atos escandalosos, mas o escândalo enquanto tal só assume toda a sua dimensão no registro da fala. Quando se sabe a importância que o perverso atribui às palavras, entende-se melhor o odor perpétuo de enxofre que cerca suas maquinações.

Este breve artigo não é, evidentemente, nem exaustivo, nem exclusivo. Tenta, simplesmente, ressaltar melhor alguns aspectos de uma linguagem na qual os analistas esbarram com excessiva freqüência.

"Jean-Jacques, ama teu país!"

Baldine Saint Girons

O NOME NÃO COLA NO SER TANTO e mais que sua própria pele? Deste tema, de resto banal, um testemunho impressionante nos é dado por Rousseau, este escorchado vivo, que Hume retratava "despojado não só das roupas, mas da pele"[1]. Na véspera de sua morte, Rousseau ainda gemia: "Sou o que agradar aos homens, enquanto puderem agir sobre meus sentidos[2]". Lamento que faz eco à queixa das *Confissões*: "Logo que tive um nome, não tive mais amigos[3]". Diante daquele olhar que o desapossava dele mesmo, de seu nome e de seu prenome, de seu aspecto e de sua pele, restava a solução de fugir e de se esconder. "Eu presente, nunca saberiam o que eu valia, não teriam nem suspeitado[4]".

Não bastava, no entanto, eclipsar-se no meio dos homens, vê-los e nomeá-los, mas às ocultas? Rousseau sempre afasta a tentação do voyeurismo, afirmando que o anel de Giges o conduziria às piores bobagens! Se quisermos nos subtrair ao olho de outrem, temos igualmente que subtrair o outro de nosso próprio olho. Mais ainda; temos que recusar tomar o mundo como um espetáculo; pois somos todos "cegos-natos que não imaginamos o que é a vista"[5]. Mal visto, Jean-Jacques não pre-

---

1 A. Blair, 25-3-66.

2 *Rêveries*, VIII, Pléiade, I, p. 1084.

3 *Confessions*, VIII, Pl. I, p. 362.

4 *Confessions*, III, Pl. I, p. 116.

5 *Lettres morales*, Pl. IV, p. 1092, cf. também o exergo da carta ao Sr. de Saint-Germain, de 26 de fevereiro de 1770, "Pobres cegos que somos!".

tende ver melhor, mas recusa submeter-se ao domínio do olhar. Não existe bom espelho, não há objetivação possível do sujeito numa imagem ou num significante privilegiado. "Para mim, que me vejam se podem, tanto melhor, mas *isso lhes é impossível* (...) Não sou eu que eles vêem assim[6]".

De duas coisas uma, então. Ou bem outro sentido deverá suplementar a carência do olhar: "o olho na orelha" reencontraria os direitos perdidos pela visão[7]. Ou então será preciso dos sentidos externos fazer apelo ao sentimento interno, ao de um eu [*moi*] puro que seria "sem mistura e sem obstáculos" e que se exibiria intacto, isto é, não moldado novamente por uma apelação, uma indumentária e um olhar estranho.

Como não reconhecer nessa reivindicação a *própria estrutura da subjetividade* e o paradoxo daquilo que chamaremos sua inomabilidade. O sujeito sonha com uma liberdade que o arrancaria de toda determinação fixa, mas também sonha com constância e naturalização do eu. No fim dos fins das identificações curto-circuitadas não encontramos, em Rousseau, a obsessão de uma vegetalização integral do ser? "Tenho só feno na minha cabeça", escreve ele a Ivernois[8]: "um dia desses eu mesmo vou virar planta, e já estou pegando raiz...". Mas, antes de pegar raiz na terra anônima, de que maneira havia ele tentado ou não ancorar-se numa estirpe, num lugar ou numa categoria social?

Evidentemente, a maneira como um sujeito se inscreve no sistema de geração repercute no modo como ele assume seus atos e suas obras. Se a posteridade guardou de Rousseau a imagem de um homem que abandona os cinco filhos – esquecendo, aliás, que ele assim se comportava da mesma forma que um terço de seus contemporâneos parisienses –, não se deveria relacionar essa demissão paterna com o fato de que Rousseau confessa que muitas de suas obras teriam como que escapado de um delírio ou de um doce devaneio[9]; e que a aplicabilidade de suas teorias

---

[6] *Rêveries* VI, Pl. I, p. 1054.

[7] Sobre um eventual fetichismo da voz em Rousseau, cf. o artigo de Alain Grosrichard, "l'Air de Venise", in *Ornicar*, 1982, nº 25.

[8] 1-8-65.

[9] De *A carta a d'Alembert*, ele diz ao Sr. de Saint-Germain que "o mais terno delírio" lá "perfura sob a força do raciocínio" (26-2-70); da *Nova Heloísa*, que "honestos delírios" lá são tomados por filosofia pelos heróis; de *O Emílio*, que são "devaneios de um visionário sobre a educação", etc.

sempre estiveram no segundo nível de suas preocupações tanto no âmbito político quanto pedagógico[10]? Recusa de paternidade, desmentido de um modelo qualquer de existência; ausência de engajamento político e religioso; dessolidarização para com todo grupo ou categoria social determinada: o indivíduo sempre é definido a um só tempo contra ele mesmo e contra a sociedade; contra seu nome, contra sua pele...

Examinamos, num precedente artigo[11], a questão da nomeação em Jean-Jacques Rousseau de acordo com o que chamamos o "pai litúrgico" em oposição ao "pai de sangue"; e vimos um jovem de dezoito anos, sedento de identificações e a ponto de ser desmascarado como escroque, receber a suprema confirmação numa espécie de segundo batismo. "Jean-Baptiste Rousseau", vai ser este, para Jean-Jacques, o novo modelo e o novo rival a eliminar: é do poeta que vai ser preciso endossar a roupa e a história.

Ainda é preciso não se enganar aí: seu jogo não é o de um comediante que capricharia no papel; muito pelo contrário, ele só admite um aspecto de personagem para melhor remodelá-lo à sua maneira. Não é o segundo Rousseau, não é o poeta Rousseau que ele quer se tornar, é o "grande homem Rousseau". Jean-Jacques aparece, sobretudo, como um *devorador de denominações*. Mais tarde, quando se deixa fascinar, ou, antes, "venturizar*" pela voz de contralto que possui Vaussore de Villeneuve, ele vai precisar, para tornar-se ele mesmo mestre de canto, tomar emprestado uma parte de seu patronímico, parte à qual acrescenta o anagrama de Rousseau, Vaussore. É, aliás, debaixo desse "nome suposto" que ele pede a seu pai para responder-lhe na primeira carta a Isaac Rousseau que chegou a nós!

Estamos em 1730. Sete anos mais tarde, Rousseau acha que vai morrer em conseqüência de um acidente de laboratório; maior, pega sua

---

[10] Seria por demais simplista opor a pura teoria do *Contrato social* e o *projeto* preciso de *Constituição para a Córsega* ou as *Considerações sobre o governo da Polônia*. Resta que não se acabou de discutir, no pensamento político de Rousseau, a parte exata que convém atribuir à crença na realização possível de suas idéias.

[11] "Jean-Jacques ou Jean-Baptiste", in *Littoral* 3/4, fevereiro de 1982, *L'assertitude paranoïaque*.

* Alusão a Venture de Villeneuve (ver mais adiante). (NT)

parte da herança; e, trazendo seu dinheiro para Chambéry, já encontra – ao contrário do que diz nas *Confissões* – Wintzenried instalado em seu lugar junto de "Mamãe". Ressurreição, fortuna e decepção amorosa... Só resta, então, mudar de imagem e de nome. É sob a máscara de um inglês, mas de um inglês jacobita, que Rousseau inicia sua aventura com Madame de Larnage, junto à qual ele confessa ter experimentado "as primeiras e as únicas" volúpias de sua existência e à qual ele deve "não morrer sem ter conhecido o prazer"[12]. Que dizer do pseudônimo de Dudding? Mudança de nacionalidade, confirmação da apostasia do calvinismo, abraço a uma causa perdida, tudo isso deveria encantar Jean-Jacques, mas talvez também o faça brincar com fogo. Pois não sabia uma palavra de inglês. "Não posso resistir às armadilhas de uma quimera sedutora!"[13]. Tal se define o jovem aventureiro que, como no momento em que deixa Genebra, parece sempre entrar com a mesma *segurança* "no vasto espaço do mundo". "Mostrando-me, eu ia ocupar comigo o universo[14]". Jean-Jacques se exibe e pouco lhe importa se for desmascarado, tanto é grande a confiança que deposita em seu próprio gênio!

Trinta anos mais tarde, Rousseau muda de novo de nome, escolhendo desta vez o da mãe de Thérèze Levasseur, Renou. Quanto a Thérèze, ela se transforma em irmã e é chamada Mlle Renou, antes de se tornar sua mulher sob o mesmo "matronímico". Jean-Jacques estará procurando uma nova família do lado, no entanto, daquela que ele julgava tão "mal educada" que ele tremia à idéia de "entregar-lhe" os filhos?

Mudar de estado civil, mudar de imagem, mudar de sexo, estes temas são tão estreitamente ligados que talvez não nos espantemos de ver várias vezes Rousseau gemer por não poder identificar-se com a mulher que ele ama[15] e, na primeira comédia e no primeiro texto que escreveu, pintar seu herói apaixonando-se por si mesmo, sob os traços de uma mulher, vestida de flores e de pompons.

---

[12] *Confessions* VI, Pl, I, p. 253.

[13] A Mlle... em Lyon, 1735?, Dufour, nº 12.

[14] *Confessions*, II, Pl. I, p. 45.

[15] Cf. por exemplo, a Sophie de Houdetot, junho 1757. "Esta carta não foi enviada", escreveu ele mesmo, Rousseau, no documento conservado.

A esta série de loucas identificações juntam-se a impotência e a vergonha em pensar sua paternidade tanto literária quanto natural. Esses "divertimentos de juventude", escreve ele no prefácio a *Narciso*[16], são "crianças ilegítimas que ainda acariciamos com prazer, *enrubescendo por ser o pai delas*, a quem damos os últimos adeuses, e que enviamos para buscar fortuna, sem muito nos preocuparmos com o que vão se tornar". Como, então, ligar a segurança de si e a mania das máscaras, de um lado, e, do outro, o gosto de multiplicar-se e a recusa de reconhecer-se em sua progenitura.

Interrogaremos aqui a infância de Jean-Jacques: atrás do triplo Rousseau desenhado pelas obras teóricas, as obras romanescas e a correspondência, ainda temos a chance – ou o azar – de poder consultar a grande massa de documentos que os historiadores e os admiradores de Rousseau não cessaram de trazer à luz. Reconstruir a história de Rousseau é uma aposta que não podemos sustentar; arriscaremos, no entanto, um certo número de hipóteses, na preocupação constante de não escorar no pedestal único de um conjunto de acontecimentos, sempre problemático, devaneios e delírios autobiográficos, dos quais importa conservar sua parte de autonomia. Será necessário acrescentar que não se pode aqui tratar de uma psicanálise qualquer de Rousseau? Seja qual for a determinação clínica à qual convidariam traços de resto sempre equívocos, é o próprio do gênio escapar a qualquer redução dessa ordem.

As auréolas do pai

Quem é Isaac Rousseau? Um relojoeiro, nos diz o filho, que, no entanto, exerce durante um ano a profissão de mestre de dança; um apaixonado por viagens que abandona a esposa logo após o nascimento do primeiro filho para ir se estabelecer em Constantinopla; um patriota exaltado que, bem no meio de uma festa marcial e noturna, é tomado por um tremor ao abraçar o filho e lhe faz esta solene injunção: "Jean-Jacques, ama teu país!"[17]. Um pai terno, sem dúvida, mas um homem de prazer.

---

[16] Pl. II, p. 963.

[17] *Lettre à d'Alembert*, nota 1, p. 232 da édição Garnier.

Um pai cujos acessos de ternura e "convulsivos abraços" dissimulam, sem dúvida mal, a leviandade com a qual concebe seu dever de pai.

Como mais tarde Jean-Jacques que precisava de "senhoritas", Isaac Rousseau ama "em cima": Suzanne Bernard, sobrinha e não filha – como diz Rousseau – do pastor Bernard, era "mais rica que Isaac; tinha sabedoria e beleza; meu pai", acrescenta o filho, "não a obtivera com facilidade"[18]. Jean-Jacques pinta o pai subjugado pela mulher e reintegrando a seu pedido o domicílio conjugal, que deixara talvez por causa da presença da sogra, a qual morre precisamente em 1711. "*Ela o instou a voltar: ele deixou tudo e voltou.* Fui o triste fruto desta volta. Dez meses depois, nasci fraco e doente; custei a vida de minha mãe e meu nascimento foi a primeira de minhas infelicidades[19]". Imperativo materno, obediência do pai... a morte e o nascimento fazem-se simultâneos, como se um ser devesse sempre apagar um outro. Mas já aqui se desenha a figura da mulher superior e talvez até do abraço ao qual é impossível sobreviver.

Acima de Isaac perfilam-se três personagens: Suzanne Bernard, sua mulher; uma segunda Suzanne, a irmã de Isaac, dez anos mais nova, que ele instala em sua casa para cuidar de seu filho pequeno; mas sobretudo Genebra, o modelo da democracia, o último bastião do protestantismo no sul da Europa, a cidade mais odiada da cristandade. Os genebreses são "da natureza das palmas, que se levantam tanto quanto se quer abaixá-las", escrevia Jacob Laurent[20]. "O caráter genebrês é como uma tonsura", dizia Victor Cherbuliez[21]. E, de fato, sem Genebra, não se pode compreender Jean-Jacques Rousseau, "o cidadão", filho da nação santa e do povo eleito. Não há medida comum entre o homem e Deus no calvinismo austero pregado pelos ministros do culto. O destino do homem está traçado por toda a eternidade, só é eficaz a ação de uma potência objetiva. Por isso ao homem se oferecem apenas duas vias: a efusão do místico que se pensa como "vaso de eleição" de um Deus de fins impenetráveis; ou a ação ascética do sujeito que se reconhece como o instrumento da potên-

---

[18] *Confessions*, I, Pl. I, p. 6.

[19] Ibid., p. 7.

[20] Citado por Eugène Ritter in *La famille et la jeunesse de J.J. Rousseau*, pp. 167-168, Annales de la Société J.J. Rousseau, Tomo XVI, 1924/25.

[21] Ibid., p. 239.

cia divina, mas um instrumento de que importa tirar o maior proveito possível. Gastar o tempo é o primeiro de todos os erros; dizer a verdade e buscar a eficácia, os primeiros de todos os deveres. "Todos têm sua vocação na terra, escreverá Jean-Jacques, a minha é dizer *verdades duras, mas úteis*[22]". E como não ficar impressionado, neste homem amante e sedento de imaginário, com a onipresença do critério de utilidade bem como com a pretensão à imparcialidade sempre afirmada? Rousseau é a figura do sedutor, mas do sedutor que declara não querer seduzir, mas enunciar "friamente" a verdade!

Genebra, a cidadela do calvinismo, é também a cidadezinha onde um espia o outro, onde a delação está organizada em sistema. Círculos e associações conservam as imagens dos modos antigos; e o Consistório cuida de reprimir os mínimos erros, de modo a perpetuar a tradição dos "magistrados libertadores" do século XVI. Por isso, David Rousseau, avô de Jean-Jacques, que ocupava as funções de *dizenier*, isto é, uma espécie de juiz de paz, recebera uma "exortação" por causa de uma *soirée* dançante, dada cedo demais, em 1705, após a morte de sua mulher. Bem mais, por não ter mostrado bastante energia durante os distúrbios de 1707, foi destituído e, por conseguinte, escreve Ritter[23], a família Rousseau "classificada na oposição". As três tias paternas de Jean-Jacques também foram repreendidas em 1702, por terem sido "vistas jogando cartas na porta, num domingo". Do lado Bernard, não foram muito mais poupados. O avô materno de Rousseau, Jacques, morto aos trinta e dois anos, foi condenado a pesadas multas e até à prisão por duas aventuras inconsideradas: a primeira o levara a assinar com o próprio sangue, e sob constrangimento, uma promessa de casamento que ele teve de replicar; a segunda dera seus frutos e o uxorioso foi obrigado não só a se responsabilizar pela criança, mas a pagar duzentos escudos ao fisco. Quanto a Gabriel Bernard, o tio materno que esposara a irmã de Isaac Rousseau, foi censurado em 1699 com a mulher por "antecipação escandalosa de casamento"!

---

[22] A. Ribotte.

[23] Op. cit.

O que houve com a mãe de Jean-Jacques? Por ter aceito bem jovem as visitas de um homem casado, Vincent Sarrazin, ela recebeu uma série de admoestações por parte do Consistório. Mas o mais saboroso, para nós que sabemos a hostilidade declarada de Jean-Jacques à instalação de um teatro na cidade de Genebra, é que Suzanne foi censurada por ter ido trabalhar numa comédia, "fantasiada de camponesa"!

Consideradas todas essas censuras e exortações cujos detalhes nos são relatados pelos registros do Consistório, não ficaremos muito espantados que Isaac Rousseau tivesse algumas desavenças com as instâncias de Genebra. Ele fora, no entanto, chamado, em 1715, para as funções de "coletor", o que representava um grau na hierarquia administrativa. Mas eis que, em 1722, a catástrofe chega. Isaac, apaixonado pela natureza e pela caça, passeia livremente pelos arredores de Genebra, quando seu caminho é subitamente barrado pelo *proprietário de um campo*, o capitão Gautier. Diante do furor de Isaac, Gautier sai correndo. Quatro meses mais tarde, o encontro se repete em Genebra: Isaac provoca o capitão em duelo. Ao que este responde "que com gente daquela laia ele usaria apenas porretes"[24]. A resposta não se faz esperar: uma estocada na cara e clamores do atacante, consignados nas deposições. "Escuta, vais te lembrar disto: sou Rousseau! Sou Rousseau!". E Isaac logo foge, sem esperar para ser preso; a porta do exílio até lhe parece aberta pelos magistrados que não se apressam de modo algum em punir. Lembremos que Jean-Jacques conheceu a mesma sorte, quando foi detido pelo Parlamento de Paris em 1762; logo ao sair de Montmorency, encontrou os quatro oficiais de justiça que tinham vindo buscá-lo. Mas estes se contentaram em cumprimentá-lo, "sorrindo"[25]. O filho, não mais que o pai, não parece espantar-se com isso. *Onde está o erro?* Jean-Jacques reproduz a atitude de Isaac, criando um "novo tema de imputabilidade"[26]: caça ilegal, agressividade, insolência, por tudo isso é a sociedade que é responsável, ela que criou a propriedade, a hierarquia social, a censura...

---

[24] Sobre todos estes pontos, cf. a obra admiravelmente documentada de E. Ritter, op. cit, cap. II.

[25] *Confessions* XI, Pl, I, p. 584.

[26] Segundo a fórmula de Cassirer, in *La Philosophie des lumières*.

Diferentemente de Jacob Freud, cujo filho, na idade de doze anos, ficou sabendo que ele se abaixara para apanhar na sarjeta o boné de peles que um gói lá havia jogado, o pai de Jean-Jacques não foi realmente humilhado. Com um sorriso na boca, ele simplesmente foi refazer sua vida em outro lugar, noutra cidade, com outra mulher. E com a mais tranqüila consciência, parece, abandona os dois filhos, que confia à irmã Théodora e ao cunhado Gabriel.

Mas, antes de tentarmos entender o desabamento do mundo que bem rápido para Jean-Jacques provoca o desaparecimento do pai, convém darmos ainda uma olhada nos dez primeiros anos de sua vida.

Quem não ficou impressionado, ao ler as *Confissões*, com a estranha maneira como Jean-Jacques diz que seu pai lhe ensinou a ler, recheando sua cabeça de romanesco ao mesmo tempo que lhe ensinava a decifrar. Lembrança-tela? O que ele sentira sem poder conceber estava no romance? Estava na vida de Isaac? Seja como for, o autor de *Emílio* circunscreverá seu aluno e, para impedi-lo de "acariciar" quimeras, vai proibir-lhe toda leitura, à exceção de Robinson e a Bíblia. "Mestres zelosos", exclama Rousseau, "expulsem, se for possível, uma boa educação com medo de dar uma ruim. Sobre esta terra de que a natureza fez o primeiro paraíso do homem, temei exercer o emprego do *tentador*..."[27].

O Tentador. Era o pai quem transgredia a lei sem, aliás, gozar dessa transgressão, esse pai leviano e encantador que seguia os caprichos de sua fantasia e se preocupava bem pouco com princípios na educação do filho? Diante de seu pai, Jean-Jacques sempre encontra um terceiro. "Te amaria assim se fosses *apenas meu filho*?", exclama Isaac[28].

Entre o pai e ele se insinuam a mãe ausente, os romances maternos, os livros do pastor, Genebra que é preciso amar, ou ainda aquela curiosa "bola de Trípoli" que Rousseau menciona num fragmento preparatório às *Confissões*, não reutilizado no texto definitivo. "A circunferência do céu que eu via em torno de mim fizera-me imaginar o globo do mundo oco e os homens vivos no centro. Para desenganar-me, meu Pai resolveu fincar alfinetes numa bola de Trípoli; custou-me muito para imaginar

[27] *L'Émile*, II, Pl. IV, p. 327.

[28] *Confessions*, I, Pl, I, p. 7.

homens na superfície do globo; (...) e o sistema de Copérnico fazendo-me tomar o sol pelo alto do universo, jamais pude entender bem por que de noite não caímos no céu[29]". Se o modo de explicação proposto por Isaac parece antes lógico e sedutor, de um estrito ponto de vista pedagógico, o globo virado, como uma granada que teria completamente estourado, de tal modo que o que estava no centro surgisse na periferia, produz ainda um efeito tanto mais estranho porquanto os homens que deveriam ter surgido do interior do invólucro materno acham-se de repente picados como agulhas numa casca silenciosa e sem alma. Mas, se Rousseau encontra acentos tão emocionantes para exprimir sua incompreensão da gravitação, não é que o sonho da ganga protetora ostenta, na demonstração paterna, toda a sua vaidade? Não é que o jovem Rousseau já não é mais ou nunca foi aquele "ídolo", aquela criança adorada que ele teria tanto desejado ser? Não seria esse alfinete Jean-Jacques, que seu pai plantou na casca do mundo, sem abrigo, sem muralha e fadado, conforme todas as aparências, a uma queda irresistível?

O que acontece, com efeito, após 1722, naquele universo desertado do "Sol" pré-coperniciano, naquele universo que perdeu seu "alto"? A queda, nos diz Rousseau, se fez por etapas, mas foi definitiva. "Os gostos mais vis, a mais baixa esperteza sucediam a meus amáveis divertimentos, sem deles deixar-me a mínima idéia (...). Isso se fez muito *rapidamente, sem a mínima dificuldade*, e jamais César tão precoce tornou-se tão prontamente Laridon. (...) Eu era ousado na casa de meu pai, livre na do Sr. Lambercier, discreto na de meu tio; tornei-me medroso na de meu mestre e fui, assim, uma *criança perdida*[30]".

Resta que entre a fuga do pai e a desclassificação final que disso resultou para Jean-Jacques situam-se dois ou três anos decisivos, os quais iniciam a degringolada da escala social para Rousseau, ao mesmo tempo que anunciam o estabelecimento de certa imagem da mulher. É em Bossey, com efeito, que se renova uma situação de que dizíamos, a respeito dos vínculos de Isaac e da irmã, que podia favorecer a *idéia de incesto*: Jean-Jacques e o primo são colocados em pensão na casa do pastor Lambercier

[29] Ibid., p. 1159.

[30] *Confessions*, I, Pl. I, p. 31.

e sua irmã. Ora, é sabido que o ministro fora acusado por seus paroquianos de ter por distrações favoritas ajudar a irmã em sua toalete e passear com ela no mesmo cavalo! Se as queixas não tiveram seqüência, como mostrou E. Ritter[31], e se Jean-Jacques pode muito bem não ter sabido nada do assunto, resta que a união de um irmão e uma irmã servia de modelo a Jean-Jacques, pela segunda vez, para representar um casal. Ora, ele mesmo confessa não só não ter tido até a adolescência "nenhuma idéia distinta da união dos sexos", mas sempre ter associado a vaga noção que ele disso se formava com "uma imagem odiosa e nojenta"[32]. Bem mais, ele não cessa de declará-lo, "adorar as mulheres e possuí-las são duas coisas muito diferentes"[33]. Como, por conseguinte, não se interrogar sobre as origens de uma disjunção tão marcada entre a corrente afetiva e a corrente sensual: entre a ternura votada a uma mulher, de quem ele era "o objeto erótico" – para retomar a expressão de Freud[34] –, e uma sexualidade dirigida para um objetivo, permitindo sublimar a agressividade ao reorientá-la? Se Suzanne Rousseau e a Sta. Lambercier são personagens dessexualizados na relação que elas mantêm com um irmão viúvo ou um pastor, são mulheres "sem sexo" que se ocupam mais intimamente do jovem Rousseau. A primeira lhe dispensa cuidados particularmente atentos e precisos, por causa da doença dos órgãos genitais que Jean-Jacques trazia desde o nascimento. Quanto à segunda, ela deixa que durma em seu quarto e às vezes até em seu leito, até o episódio da palmada, que devia marcar com um selo indelével o comportamento de Rousseau diante do sexo. Assim, e num primeiro deslocamento, reforçado na puberdade, não é "o objeto obsceno", mas "o objeto ridículo" que Jean-Jacques sente um "bobo prazer" em ostentar sob os olhos femininos[35]. Mas, nos dois casos, é um homem – o tio Bernard em Bossey e "o homem dos sabres" em Turim – que substitui as mulheres na execução da sanção: um com severidade exagerada, causando em Rousseau – que ainda clama quarenta anos mais tarde sua inocência – um sentimento de

---

[31] Op. cit., cap. X.

[32] *Confessions* I, Pl. I, p. 16.

[33] Cf. por exemplo ao Sr. Saint-Germain, 26-2-70.

[34] In artigo de 1912, *Sobre o mais geral dos rebaixamentos da vida amorosa.*

[35] *Confessions* III, Pl. I, 89.

revolta contra a injustiça; o outro com indulgência imerecida numa história bem "interessante", escreve Rousseau, mas para qualquer outro que seu herói!

Palmada erótica, palmada atroz, ausência de palmada... Como o romance da sanção doce prosseguirá? Rousseau nos confessa desde o primeiro livro das *Confissões*: "Estar no colo de uma amante imperiosa, obedecer a suas ordens, ter perdões para lhe pedir eram, para mim, dulcíssimos prazeres (...) Possuí assim muito pouco, mas não cansei de gozar muito à minha maneira; isto é, por imaginação". Salvo pelo romanesco, vivendo de amores todos literários, assim vai Rousseau, portador dos emblemas do "amante transido"... Mas o que vai então acontecer com a quantidade de agressividade inutilizada no comportamento infantil que ele adota diante do objeto sempre materno de sua escolha? É esta a questão que não podemos deixar de nos colocar diante deste *Rousseau bífido*: acusador furioso da sociedade e perfeito sedutor de um público que ele não cessa de encantar.

Mas, para entender esse duplo rosto, ainda é preciso primeiro seguir o adolescente na degradação que foi a sua, quando se tornou povo com o povo e bandido com os bandidos, uma vez posto em aprendizado na casa do gravador Abel Ducommun. "A tirania de meu mestre", escreve ele, "acabou tornando-me insuportável o *trabalho de que eu deveria ter gostado* e por dar-me os *vícios que eu teria odiado*, tais como a mentira, a preguiça, o roubo[36]".

"Eles estão condenados por todos"

Como o pobre se torna escravo? Pela mediação mistificadora das instituições jurídico-políticas que, após terem justificado em falsos contratos a desigualdade econômica, por fim degeneram no sentido do despotismo.

"Se seguirmos o progresso da desigualdade nestas diferentes revoluções", escreve Rousseau em 1754, "encontraremos que o estabelecimento da lei e do direito de propriedade foi seu primeiro termo, a ins-

[36] *Confessions* I, Pl, I, p. 31.

tituição da magistratura o segundo, que o terceiro e último foi a transformação do poder legítimo em poder arbitrário; de modo que o estado de rico e de pobre foi autorizado pela primeira época, o estado de poderoso e de fraco pela segunda, e o terceiro, o de mestre e de escravo (...)"[37]. Aproximemos esta passagem do primeiro livro das *Confissões* no qual Rousseau, explicando "*a diferença que existe da dependência filial à escravidão servil*", declara: "Eu havia gozado de uma liberdade honesta que só se restringira até ali por graus e se esvaeceu inteiramente. Eu era ousado na casa de meu pai, livre na do Sr. Lambercier, discreto na de meu tio; tornei-me medroso na de meu mestre e fui, assim, uma criança perdida[38]". Quanto mais, com efeito, a liberdade se afasta de sua fonte natural, no caso, o pai, mais ela se degrada. Assim passa às mãos do professor-ministro e do tio-tutor, para desabar, enfim, no medo do déspota que caracteriza a condição servil.

Jean-Jacques já vira o declínio de sua posição social confirmado pelos Lambercier, cuja predileção ia para Abraão, "como filho" do tutor de Jean-Jacques. Mas ele ainda podia, em casa do pastor e do tio, dar mostra de seus "pequenos talentos" e até de sua força física! Ora, uma vez posto em aprendizado, não há mais meio, para ele, de marcar qualquer superioridade. O agravamento da desigualdade econômica, sob o efeito de leis visando a assegurar a *estabilidade, depois o despotismo do dinheiro*, está tão bem em seu auge que a superioridade dos talentos e do gênio nem mesmo tem a oportunidade de se manifestar: *a comunicação está rompida*. Ele era um rapaz de cima: "Eu, franzino aprendiz, não passava de uma criança de Saint-Gervais. Não havia mais igualdade entre nós, *apesar do nascimento*; conviver comigo era *derrogar*[39]". Tudo está dito. O aprendiz se tornará medíocre porque aprendiz, o criado desonesto porque criado. "Não pararei para falar de criados", escreve Rousseau, na carta a d'Alembert. "Eles estão condenados por todos[40]". Ao que acrescenta, em nota: "Não decido se se deve de fato condená-los".

---

[37] *Discours sur l'origine de l'inégalité*, Garnier, p. 87.

[38] *Confessions* I, Pl. I, p. 31.

[39] Ibid., p. 42.

[40] Garnier, p. 150

Mas, se o criado não nasce criado, se não é bandido por essência, o que deve ser denunciado senão a dominação despótica que se adquire ao "subjugar", para retomar a expressão de Hobbes[41]? O ponto extremo da desigualdade só é, com efeito, alcançado na condição servil, porque uma *má "convenção"* ou um *mau "contrato"* é passado entre o vencido e o vencedor, de tal modo que o primeiro se compromete a servir o segundo pelo tempo em que este último lhe conceder vida e liberdade física.

Mas esse grau extremo de desigualdade nos faz voltar a um estado vizinho da desigualdade originária. O círculo está, assim, novamente fechado e estamos retornando ao ponto de que partimos.

Antecipando a dialética hegeliana, Rousseau mostra como a reflexão do imediato em si mesmo constitui a emergência da diferença sob o efeito de uma primeira exclusão: é a liberdade que se autodetermina. Assim, o próprio movimento da negação – que é considerado como simples ou duplo – reconduz, num terceiro ou quarto tempo, a um segundo imediato que, em relação ao imediato universal e abstrato do começo, representa o universal concreto ou o sujeito. Mas, diferentemente de Hegel, Rousseau mostra que o estado de estabilidade, reconquistado graças à circularidade do movimento, não deve ser interpretado no sentido de um progresso. O segundo "estado de natureza" que ele descreve difere daquele pelo qual começamos "nisto, que um era o estado de natureza em sua pureza e que este último é o fruto de um excesso de corrupção".

Bem mais que o imediato da dialética hegeliana, esse ponto simétrico do ponto de partida – esse inferno homólogo ao paraíso – evoca a teoria cíclica da história, tal com a definiu no início do século XVIII Giambattista Vico através da famosa seqüência "corso-queda-ricorso". Quando o espírito fecha para si o acesso a seu lugar de nascimento, isto é, à sua natureza[42], a liberdade humana fica ameaçada por uma "queda" na "barbárie de reflexão"; mas esse "retorno" é também oportunidade de nova partida.

---

[41] *Leviathan* XX.

[42] Cf. *Scienza nuova*, § 147 "a natureza das coisas não é outra senão o nascimento delas (*nascimento*) em certos tempos e em certas condições".

Se as etapas que Rousseau descreve em seu próprio itinerário refletem os avatares que ele atribui à liberdade no curso da história, é que o homem do século XVIII está no ponto extremo de sua queda[43]! Nunca foi tão drástica a oposição entre o selvagem que vive em si mesmo e o homem sociável, "sempre fora de si". O primeiro não tinha moralidade, mas o segundo a reduz a uma simples aparência. "Honra sem virtude, razão sem sabedoria e prazer sem felicidade", eis como Rousseau define nosso novo estado de natureza ou de barbárie. Entretanto, instaurar o processo e interiorizar a acusação não é, ao mesmo tempo, preparar-se para a idéia da mudança? *O homem descrito por Rousseau é necessariamente pré-revolucionário*, o homem que espera sua conversão, o homem que sabe sua muda inevitável. Assim, aqueles que têm o estatuto social de "criados" não são os únicos a terem de ser "condenados por todos"; são os criados das aparências – isto é, a sociedade em seu conjunto – que devem sofrer essa condenação.

O que será a revolução, senão precisamente algo de comparável à lenta emergência de Rousseau das malhas da adversidade? Em quantas humilhações incorreu! Aprendiz, lacaio, secretário, preceptor, tesoureiro, Jean-Jacques, que sempre se sentiu acima de sua condição, acumula as experiências de dependência. Por isso não é sem verdade que ele vai se retratar no primeiro *Diálogo* como um "iniciado"[44], tendo seguido um percurso semeado de provas e de ciladas. Por toda parte, é com a mesma altivez ou arrogância, a mesma astúcia ou profunda diplomacia que ele sai de apuros, transferindo a responsabilidade de seu fracasso menos sobre os indivíduos que sobre os "personagens": Ducommun, o mau mestre, porque jovem demais e vítima de um modo iníquo de organização do *compagnonnage*[*]; os padres, prosélitos sob a pressão da igreja, a desgarrar

[43] Sobre o tema da queda, remetemos ao comentário de Claude Rabant, em *Délire et théorie*, cap. I. Retomando temas elaborados por Michel Serres in *La naissance de la physique dans un texte de Lucrèce*, ele mostra como a queda é acompanhada de uma declinação ou *clinamen* que é "a menor condição possível" para que se forme uma "turbulência". "A queda, a entropia", comenta Rabant, "eis o homem. O que ele engendra é o caos". (p. 15). Se a morfogênese estiver ligada ao *clinamen*, todo o problema é adotar o "ângulo certo" para reencontrar "o plano fonte" e "o tecido original".

[44] *Rousseau, juge de Jean-Jacques* I, Pl. I.

[*] Associações de solidariedade entre operários (*compagnons*). (NT)

pelos caminhos da apostasia, os jovens que cobiçam suas guloseimas e laticínios; as mulheres que cedem não a suas paixões, mas aos princípios de uma filosofia errônea, etc.

Talvez não se possa dizer o que é primeiro na reconstrução de sua história operada por Rousseau no primeiro livro das *Confissões*, em 1764, ou em sua visão dos progressos do mal, isto é, da desigualdade, no curso da história, desde 1754. Resta que a maneira como ele utiliza o *paradigma pessoal* não tem equivalente no século XVIII: do dicionário aberto a todos, Rousseau nos remete ao do coração, da escrita à intuição, da teoria filosófica à experiência do iniciado. "Aprendei melhor meu dicionário, minha bela amiga", escreve ele a Madame d'Epinay, já em 1753, "se quereis que nos entendamos. Acreditai que meus termos raramente têm o sentido ordinário; é sempre meu coração que se entretém convosco, e vereis talvez, algum dia, que ele não fala como outro". Caricaturemos: a rigor, só Rousseau teria o direito de falar, porque só ele atravessou as provas que o mantiveram "contra a corrente"[45]. Neste sentido, ele abre a via a uma escrita resolutamente moderna, que seduz tanto quanto irrita, por uma espécie de má fé constitutiva, conduzindo-o a remeter perpetuamente do escritor ao homem e do exercício escolástico à busca pessoal. O autor não cessa de esquivar-se, orientando-nos para aquele "algo a mais" que, como escreve Starobinski, designa "a fonte muda ou o cume silencioso da linguagem"[46]: o não-dito que se recusa à mentira do dizer ao mesmo tempo que o silêncio convocado pelas palavras.

Se, hoje, a vertente mais sedutora da obra de Rousseau talvez nos pareça aquela que se situa do lado do devaneio e da pura música, a vertente que primeiro o tornou célebre é a da acusação ao mesmo tempo que da defesa. Ora, antes dos dois *Discursos*, que constituem verdadeiros processos-verbais contra a sociedade, o Rousseau da primeira correspondência já passa o tempo a se justificar, embora explore com o máximo de habilidade seus erros reais ou presumidos. Tudo se passa como se ele fabricasse ídolos para melhor implorá-los, como se pedisse perdão para melhor saborear a idéia de castigo, em suma, *como se precisasse do crime em*

[45] *Lettres a Malesherbes*, Pl. I, p. 1136.
[46] *La transparence et l'obstacle*, p. 320.

vista do gozo. Tentaremos mostrar como se perfila, em particular na correspondência com o pai, algo que precede e condiciona o cuidadoso estabelecimento do paradigma pessoal, com todas as suas harmônicas literárias e filosóficas, algo que chamaremos o *paradigma paterno*.

Nada mais impressionante, sob essa incidência, que a primeira carta ao pai. Ela remonta ao verão de 1731. Jean-Jacques tem dezenove anos. Três anos antes, ele havia encontrado Madame de Warens em Annecy; ele havia apostasiado o calvinismo; em seguida, após um ano passado em Turim, voltara para a casa da "Mamãe". Estudos no seminário dos lazaristas, julgamentos desfavoráveis dos padres, súplicas de Jean-Jacques... "Mamãe" aceita fazer do "pequeno" um músico e o põe em pensão na escola do coro da catedral. Encontro com Venture de Villeneuve, desgraça do professor... Jean-Jacques é encarregado de acompanhar o Sr. Maestro no exílio e de ligar-se a ele. Mas, mal chega a Lyon, o aluno foge, assustado por um ataque de epilepsia de que o músico é vítima. Retorno a Annecy: a casa estava vazia. Madame de Warens fora para Paris.

O que fazer? A vagabundagem começa: viagem a Friburgo, visita ao pai, busca com o falso arquimandrita, ensino de música em Neuchâtel... Os alunos não vêm, a miséria é total. Daí a carta a Mademoiselle Giraud, destinada a ser colocada sob os olhos de Madame de Warens e mostrando bem a altivez do adolescente faminto de pão e de amor, buscando palavras para obter seu "perdão". Notemos, de passagem, a esperteza : "Não quero aqui dar-me muita glória da constância com a qual *recusei voltar para casa*". Mas o despeito transparece: "Enfim, Mademoiselle, não foi por divertimento que troquei de nome e de pátria e que arrisco, a cada instante, ser olhado como um fingido e talvez um espião[47]".

A carta ao pai é do mesmo momento. Eis os primeiros termos: "Apesar das tristes garantias que me destes de que não me olháveis mais como vosso filho [Jean-Jacques parece estar se referindo à visita de 1730, em Nyon, na casa do pai casado de novo], ouso *ainda recorrer a vós como o melhor de todos os pais*". O tom é dado por este lamento e por este superlativo: acusação larvada contra um pai que denega sua paternidade; mas

[47] Verão de 1731. Carta nº 3, in *Correspondance général de Jean-Jacques Rousseau*, Dufour, t. I, A. Colin, 1929.

exaltação e quase divinização do pai. Desde o exórdio, aparece o conflito entre duas moções contraditórias, cuja intensidade é quase igual: ressentimento do filho abandonado e culto do amor filial. Mas, se o ódio é o que, antes de tudo, importa abafar, ou, pelo menos, diminuir, diante de um pai que se deve respeitar, o texto prossegue por uma imputação ao outro de um "ódio", contrário a todo dever. "E, sejam quais forem os justos motivos de ódio que deveis ter contra mim[48], o *título de filho infeliz e arrependido* apaga-os de vosso coração". Assim, Jean-Jacques encontrou seu título: é o do *filho pródigo* que o pai todo-poderoso, tal aquele apresentado por Rembrandt em seu célebre quadro de Leningrad, só pode acolher de braços abertos, em seu mui materno girão.

Resta, no entanto, uma diferença essencial: não foi o filho quem partiu para longe para esbanjar sua parte da herança: foi o pai quem abandonou o filho. Isaac preocupou-se tão pouco com Jean-Jacques que, ao saber como o filho de dezesseis anos lera no fechamento das portas de Genebra uma portaria do destino constrangendo-o à fuga, contentou-se em voltar para Annecy com o amigo, o letrado David Rival. Ali, escreve Rousseau nas *Confissões*, "estes senhores viram Madame de Warens e contentaram-se em chorar minha sorte com ela, em vez de seguir-me e alcançar-me, como poderiam ter feito facilmente, estando a cavalo e eu a pé"[49]. Da mesma forma que os enternecimentos do passado, os choros da bela alma lhe fazem as vezes de ação: nada é possível contra o destino! Por mais que meu pai, comenta Rousseau, fosse uma "alma forte" e um "bom pai, sobretudo para mim", "*ele também gostava de seu prazer*, e outros gostos haviam esfriado um pouco a afeição paterna desde que eu passara a viver longe dele. Casara-se novamente em Nyon 'e' não tinha bem algum para sustentar sua velhice"! Talvez a idéia de conservar, graças a esse afastamento, a renda que recebia dos bens de sua mulher não se oferecesse a ele diretamente e não o impedisse de fazer seu dever, mas, escreve Rousseau, ele agia surdamente sem que ele próprio percebesse". Devem ter sido estes os fatos. Não há cinismo confesso em Isaac, somente uma ausência de verdadeiros escrúpulos e uma inconsistência que é a

[48] Rousseau primeiramente escrevera "que vos dei".

[49] *Confessions* II, Pl. I, p. 55.

do homem de prazer. Mas, embora Jean-Jacques pareça desprovido de rancor, embora se descreva como um ser despreocupado e autônomo, errando alegremente através do mundo, tal Francion, Gil Blas ou Tom Jones, ainda é preciso não desconhecer o abandono cuja amargura ele bem deve, por vezes, ter sentido.

Esta aparece nitidamente na correspondência. "Triste sorte ser abandonado por um pai de quem se poderia ter feito as delícias e o consolo; mas mais triste sorte ver-se forçado a ser para sempre *ingrato e infeliz* ao mesmo tempo e ser obrigado a arrastar *por toda a terra* sua miséria e seus remorsos[50]"! A carta prossegue com uma súplica que se dirige não apenas ao pai, mas ao homem piedoso e à mulher que ele desposou. Jean-Jacques afirma seu desejo de não mais "rastejar" e declara já considerar melhor "uma obscura liberdade que uma escravidão brilhante". Mas o mais curioso é que, no momento em que ele se imagina beijando os "caros caracteres" traçados por seu pai e em que ele apresenta à sua madrasta seu "mui humilde respeito", acha-se intercalado – no rascunho – um pedaço intitulado *Plano do idílio*, escrito a lápis.

"Cruel amor, por que sempre apresentais a meus olhos a vã imagem de meus prazeres passados? Essa idéia entristecedora traz de volta minha dor e, no desespero que me devora, *eu preferiria nunca ter gozado da felicidade* que perdi do que dela ter apenas uma idéia confusa que só serve para aumentar os tormentos que sinto. (...) Só me resta dessa antiga felicidade a idéia horrível da ausência eterna que deve suceder-lhe (...)". Sob o reemprego, antes desajeitado, de uma retórica já usada, com figuras tomadas à religião tanto quanto à mitologia, já não se vê todo Rousseau com sua arte de dramatizar, seu enternecimento sobre o que já se foi e sua maneira de fusionar num só e mesmo personagem a quimera com que sonha e a imagem que se apresenta hoje, o pai que foi e o pai tal como poderia tornar-se; mas, principalmente, a figura do pai idealizado e a da mãe de sonho, Madame de Warens, "Mamãe" que, ela também, o abandonou.

A carta é recomeçada a tinta, Rousseau invocando, "de lágrimas nos olhos", sua "querida mãe". Trata-se da mãe que nunca cuidou dele,

---

[50] Verão de 1731, segundo Dufour.

de um personagem imaginário, Madame de Warens, ou de uma mãe contida em seu pai, como Atenas no cérebro de Zeus, que Isaac engendraria de propósito para cuidar de seu filho? Seja como for, ele suplica a essa "querida mãe" – que supostamente deve ser a segunda Madame Rousseau – que perdoe seus "erros" – que erros? – e que lhe "devolva" sua cara ternura – mas que ternura ela algum dia lhe deu?

Pode-se sentir, os personagens invocados por Jean-Jacques são amplamente seres de ficção; e por isso não nos devemos espantar com a ausência de subsídios consentidos por Isaac ao filho. Foi *Monsieur* de Bonac, Embaixador da França junto ao Corpo Helvético, que, a pedido de Madame de Warens, socorreu Rousseau.

Abandonado pelo pai, entendemos como Rousseau retoma a teoria, tornada clássica desde Hobbes e Locke, de uma origem da sociedade civil não derivada de um modelo familiar qualquer[51]. "Em vez de dizer que a sociedade civil deriva do pátrio poder", escreve ele no *Discurso sobre a origem da desigualdade*, "era preciso dizer, ao contrário, que é dela que esse poder tira sua força principal". De fato, as teorias contratuais traziam para a família a idéia de uma convenção passada entre pai e filho aos olhos de Hobbes[52], entre marido e mulher aos olhos de Locke. Para este último, com efeito, só a sociedade conjugal é fundada num contrato; pois, enquanto um homem é *necessariamente* filho ou filha, ele só *eventualmente* é esposo ou esposa[53]. Diante de seus predecessores, a argumentação de Rousseau permanece rudimentar: o pai "só é o *mestre* da criança enquanto seu socorro lhe for necessário; (...) para além destes termos eles se tornam *iguais* e (...) então o filho, perfeitamente independente do pai, só lhe deve respeito e obediência"[54]. Da desigualdade primeira, Rousseau chega, portanto, à conclusão de um retorno possível à autonomia numa separação absoluta dos dois termos da relação. E poderíamos, portanto, afirmar que o que Rousseau teorizou, de certa maneira, é a demissão de

[51] A teoria inversa não é mais muito defendida a não ser por Sir Robert Filmer em seu *Patriarch*, cuja crítica Locke empreende em seu *Primeiro tratado*.

[52] *Leviathan*, XX.

[53] *De cive*, IX e *Segundo tratado*, VI.

[54] *Discours sur l'origine de l'inégalité*, Garnier, p. 82.

seu próprio pai. O filho sente-se livre de qualquer obrigação, outra que formal, uma vez que está privado de assistência...

Mas pode-se chegar a dizer que Rousseau reproduz a atitude do próprio pai a seu respeito na atitude que ele adota diante de seus cinco filhos presumidos? O que mais impressiona é a incrível incapacidade de realizar sua própria paternidade no homem que, no entanto, escreve no *Emílio*: "Aquele que não pode cumprir os deveres de pai não tem, de modo algum, o direito de se tornar um[55]. Como Rousseau pôde se entender com sua consciência? Já em 1751, ele escreve a Madame de Francueil[56] que seu único desejo em relação a seus filhos é fornecer-lhes a "subsistência". Ao colocá-los nas Crianças Encontradas, "o Estabelecimento feito para isso", ele lhes forneceu essa subsistência "melhor ou mais segura" do que ele próprio poderia ter-lhes dado. Indignando-se à idéia de dever "rastejar" para satisfazer suas necessidades, ele exclama com impagável segurança: "Nutrir eu, meus filhos e a mãe deles com o sangue dos miseráveis! Não, madame, é melhor eles serem órfãos do que terem por pai um bandido". Se tivessem ficado com ele, não lhes restaria outra alternativa que se tornarem "engraxates ou facínoras"!

Não nos indignemos, no entanto, cedo demais. Como se comporta Rousseau senão como o ancestral da teoria do Estado-Providência, retirando toda responsabilidade paterna em proveito do Estado que, sozinho, está habilitado a cuidar das crianças, dos pobres e dos doentes, de modo a fazer com que escapem à tutela despótica de um indivíduo deter-

---

[55] Pl. IV, p. 262. Sobre o problema do abandono, cf. a nota bem documentada de G. Gagnebin e de M. Raymond in Pléiade I, p. 1416, relatando teses sustentadas para desculpar Rousseau: os filhos não seriam dele, ou porque teria sido impotente, ou porque Thérèse o teria traído. O abandono das crianças seria uma ficção inventada por Rousseau, num intuito que vemos com dificuldade, ou então pelo clã Levasseur, que desejava vê-lo desposar Thérèse. Mas, "no estado atual da questão, escrevem os comentadores, consideramos que é possível concluir pela veracidade de Rousseau quanto ao relato do abandono de seus filhos".

[56] 20-3-51. O elogio do Asilo das Crianças Encontradas, devido à iniciativa de São Vicente de Paula, acabava de ser feito no *Mercure de France* em junho de 1746; Rousseau pudera, então, lê-lo, justo antes do abandono de seu primeiro filho, como notam Gagnebin e Raymond. Sabe-se, por outro lado – graças a Buffon –, que, em 1772, 41% das crianças nascidas em Paris foram abandonadas no asilo.

minado e a pô-los ao abrigo de toda má sorte? Se o governo político não é mais a transposição do governo paterno, é que Rousseau recusa qualquer governo, seja ele qual for, em proveito de uma associação que "depende e protege de toda a força comum a pessoa e os bens de cada associado e pela qual cada um, unindo-se a todos, mesmo assim obedece apenas a si mesmo e permanece tão livre quanto antes"[57].

Mas essa associação, fundada num contrato racional, o que consagra ela senão precisamente a expulsão de tudo o que se inscreve nas relações da geração, daquilo que faz da relação pais-filhos a relação assimétrica e desigual por excelência, já que um dos membros tem todos os deveres e o outro, todos os direitos? O que de mais mítico, por outro lado, que o Estado, o soberano e o povo que cada pessoa se apressa em fazer falar segundo seus próprios desejos e vontades!

Rousseau, que pintava a si mesmo, desde 1742, como um "orgulhoso aborto cuja altivez burlesca misturava comicamente a infância ao romanesco"[58], não cessa, com efeito, de fabricar personagens míticos para adorar a imagem deles, mas também para estigmatizar o fino suporte que eles encontram na efetividade, a qual destrói a idéia à medida que a realiza. Turiferário do cantão de Vaud, não gosta de seus habitantes; bajulador de Genebra, lá não quer de modo algum morar; apóstolo do povo, dele se afasta cada vez mais; contendor do teatro e do romance, escreve sete peças e multiplica as ficções; homem de luzes, estigmatiza os efeitos das artes e das ciências; nômade inveterado, apresenta-se como patriota por excelência, etc.

É que a contradição está na própria estrutura da subjetividade; é que o amor só é possível à distância, se quisermos nele manter a autonomia; é que a sensibilidade só adquire sua força tecendo-se de imaginário e nutrindo-se de abstrações. Ora, o próprio de Rousseau – o que lhe tornou possível elevar-se a tal altura de pensamento – é precisamente ter recusado qualquer compromisso com um modelo dado, como qualquer solidariedade em relação a uma categoria social determinada. Assim, ele recusa fazer causa comum mesmo com os cidadãos de Genebra. "Se eu

---

57 *Contrato social*, I, 6.

58 *Epître à Parisot*, Pl. II, p. 1139.

tivesse vivido em Genebra, não teria podido nem publicar a epístola dedicatória do *Discurso sobre a desigualdade*, nem mesmo falar contra o estabelecimento da Comédia no tom que o fiz. *Serei muito mais inútil a meus compatriotas, vivendo no meio deles*, do que posso sê-lo, eventualmente, de meu retiro[59]". Assim, com certeza, no que concerne a seus filhos!

O que concluir disso? "Eles estão condenados por todos". "Eles" são os criados, é a sociedade atual em seu conjunto, mas são, antes de tudo, as *crianças*, esses escravos em potencial, como dizia Engels, e todos aqueles que permanecem excluídos da relação racional e da liberdade civil e moral, ligada à socialização, mesmo ruim. Por isso, no estado atual como no estado futuro das coisas, *o paradigma paterno é que se deve primeiramente recusar*, a fim de achar-se na posição autárquica do homem livre de todas as raízes. "Eis-me, pois, só na terra, não tendo mais irmão, próximos, amigos, sociedade que eu mesmo[60]". Jean-Jacques se envolve finalmente na pele, no nome e na sociedade que ele dá a si mesmo. Ora, essa situação não é talvez um resultado, mas o que tinha sido, desde o começo, objeto de uma escolha; a recusa do voyeurismo aliando-se à busca de um mundo que lhe fosse próprio.

Se o comando "Jean-Jacques, ama teu país!" não cessa de ressoar no ouvido de Rousseau, não devemos compreender esse efeito perpetuado como a *recolocação em causa do movimento natural* na imposição suplementar de uma máxima moral ao que seria da ordem do impulso? Desprender-se dos vínculos de geração ou desprender-se dos lugares de sua ancoragem histórica, tudo isso, para ele, caminha junto. Rousseau-sem-vínculos não cessa de desimplicar-se para dar o máximo de abstração, isto é, de generalidade, às exigências que ele formula; sua idéia da natureza e dos vínculos ditos "naturais" disso nos traz o testemunho.

---

[59] *Lettre à Malesherbes*, IV, 28-1-62, Pl. I, p. 1143.

[60] *Rêveries* I, Pl. I, p. 995.

O artista pintor e a questão do pai

Jean Fourton

A respeito de Egon Schiele
ou o discurso pictural
como corte diversamente repudiado

DÁ FELICIDADE VER O SOL NA ÁGUA e os peixes nas árvores quando se fala entre convivas do sonho de costume. Os territórios da arte e da psicanálise discretamente se diferenciaram e a improvisação expõe à psicobiografia ou à psicanálise aplicada. Outro exercício ocasional, o recurso aos eslaides anunciados. Como, de fato, falar de um pintor, de resto pouco conhecido entre nós, sem mostrar algumas de suas obras e como mostrá-las sem piratar o debate, na interpretação, na fascinação de um fechamento? Outra preliminar: por que Egon Schiele? Qualquer outro pintor teria, tão mal quanto, resolvido o assunto. Por certo a época, a turbulência dolorosa, o narcisismo passional, a insistência de certos temas picturais, a presunção de que a questão paterna seja central a seu sofrimento podem nos dar material, sem reduzir uma ausência, a da fala de Egon Schiele. Diagnosticar sua estrutura não é nosso objeto e, se está em questão uma situação perversa, já podemos denunciar aqui sua indução.

O pré-texto Egon Schiele ao debate sobre o artista-pintor e a questão do pai já se inaugurou, com certeza, bem antes de nós e há muito tempo, talvez com o surgimento do humano. Ao se fazer homem, o bicho sublima, exorcisma seu medo, negocia seu apetite, seu convite e traça, na muralha uterina das cavernas emocionantes, imagens de carne viva. Talvez já estejamos assistindo à fundação do animal totêmico, à fundação do pai a não comer, da mãe a não violar, do direito às imagens todas como corpos mortos. Em sua ética, em sua travessia das escolas, a remontar o tempo, e em sua corrida à coisa perdida, o pintor apela para esse festim de imagens, até a aurora da espécie.

Foto de Egon Schiele em 1914

A arte torna visível uma fala em devir, uma simbólica cuja assinatura seria o cercado. A assinatura não é o nome. Trata-se de um sinal tornado lenda pelo fato de ser lido. O amante – é outra história – liberta sua leitura por sua conta e em seu nome. Ao nascimento, à nomeação, às interpretações de si, toda quermesse de imagens nos convida. Encontrar a obra de Egon Schiele nada tem de uma festa. Esse pintor, que viveu entre 1890 e 1918, tem, antes de mais nada, ao menos a particularidade de nos remeter aos tempos e lugares de Freud.

Em 1890, Freud ainda hipnotiza. Foi à casa de Bernheim, em Nancy. Está começando a empregar o método catártico. Vai instalar-se no 19 Bergasse. E vai publicar sobre a afasia e as paralisias infantis. No horizonte de 1918, a psicanálise por ele inventada, em si traz: *Além do princípio de prazer.*

No que lhe diz respeito, entre o nascimento em 1890 e a morte em 1918, em 28 anos de existência e quase 28 anos de arte, Egon Schiele o mal-amado ilustra, sob certos aspectos, Viena de antes da Guerra. É este seu laboratório de fim do mundo. É notável ser ele então, após Rembrandt, o pintor que executou mais auto-retratos, até, com freqüência, representar-se nu, inclusive se masturbando. Ele exibe também os castigos imaginários de seu auto-erotismo. A angústia, o sexo, inclusive o sexo em exigentes representações anatômicas, o espelho e a morte e a morte no espelho vão balizar, nesse período, sua inspiração.

Com certeza, nada do que ele produz é louco. Ele desenha, pinta, procura sua verdade, busca o real impossível, é este seu berro. A beleza não parece interessá-lo muito. O outro não pára de lhe faltar. Quando seu pai morre de sífilis, em 1905, Egon Schiele tem 14 anos de idade. No ano seguinte, ele faz com a irmã Gerti, 12 anos então, a viagem de núpcias de seus pais. Passam a noite num hotel de Trieste. Gerti será seu modelo. Depois Egon é admitido bem precocemente na Academia de pintura de Viena.

Em 1907, apaixona-se por uma obra de Klimt, *A frisa de Beethoven*, e pelo primeiro período secessionista. Abre seu próprio ateliê e segue o fundador da Secessão, isto é, Gustave Klimt. A Secessão foi fundada em 1897 e, em 1905, a Secessão da Secessão, isto é, a *Kunstschau*. Egon Schiele descobre Rodin, Whistler, Manet, Toorop, Puvis de Chavannes e Cézanne e, em 1909, até pintar seu quartinho no mesmo modo, ele encontra Van Gogh. Pelo caminho de Cézanne, Gauguin, Munch, Egon Schiele vai afastar-se das margens do simbolismo decorativo de Klimt rumo ao expressionismo. Ele faz escola e declara: "O artista deve, antes de tudo, ser ele mesmo. Deve encontrar nele sozinho os fundamentos do que vai construir..., o que o artista exprime é um pedaço de sua própria vida".

São, por vezes, vizinhas as populações da psicanálise e as da arte. O analista e o analisando lêem as palavras sob as palavras. O pintor sabe que uma imagem sempre esconde outra. As divisões nas escolas de analistas têm igual nos cismas nas escolas de pintura. Retratista e analista estão na insígnia do "pequeno". E o "autorizar-se por ele mesmo" é tão dificultoso no analista quanto no artista.

Klimt foi, para Schiele, aquele por quem ele se autorizou primeiro: seu "fiador". *O fiador*, será este, aliás, o perfeito título raro, que ele deu a este quadro em 1909: Egon Schiele nele se representa só, em companhia de Klimt duas vezes presente na mesma imagem: Klimt e seu duplo têm os olhos fechados. Pode-se hipostasiar que os três retratos em questão significam Schiele. O mestre morreu nove meses antes do aluno e onze anos após a realização deste quadro, em fevereiro de 1918. A ruptura fora consumada? Egon Schiele se exprimia ali onde Klimt era decorador e dali se afastou já em 1910.

Como Kokoschka, ele pegou o traço tenso conforme Klimt, um traço que representaria a intenção direta. Trabalha encarapitado numa escada, quase sempre acima do modelo, e desenha no fio descendente do ombro, como escrevemos. Não se arrepende de apagar, recomeçar, rasurar. Destrói os esboços errados. Fará de Klimt sobre o leito de morte um retrato mortuário de profunda humanidade. Está no auge de seu domínio e próximo de sua jovem morte. O que aconteceu, então? Estamos longe do *Fiador*, quadro delirante e intitulado.

Tudo virou de cabeça para baixo em 1912, em torno de uma sanção para Egon Schiele. Antes dessa data, a maioria de suas obras, exceto alguns retratos, não tem título. Os colecionadores encontram remédio para isso. E, em 1913, ele organiza sua primeira exposição exclusiva em Munique e não em Viena, onde é maldito, e veremos por quê. Dá, então, título, data e assina de modo habitual seus quadros. Faz isso às vezes com toda fantasia, deixando confusos amantes e conservadores, que buscam em que sentido "alcançá-lo", questão rara para um figurativo. Egon Schiele costuma suprimir, na execução, a cadeira ou o móvel de apoio do modelo, deixando-o, assim, suspenso, numa postura indefinível.

(1918) Retrato mortuário de KLIMT

Outro hábito, muitos de seus retratos são visíveis numa associação a *schiele* em alemão, no sentido de vesguear ou espelhar, e ele mostra seu olho com o dedo. Segundo Alessandra Comini, uma de suas biógrafas, era uma convenção de escola cuja referência seria a obra de Karel du Jardin intitulada: *A história do soldado* (1657). Seja qual for o interesse desse sinal de reconhecimento, bordeado pelo olhar enquanto parapeito, a vista faz gozar o olho. Confrontados com as mostrações masoquistas de Egon Schiele, podemos ter a fraqueza de pensar em Freud fazendo primeiro o caminho de sua análise, ou em Moreau de Tours, experimentando o haxixe antes de escrever sobre ele numa publicação.

Outra insistência que só tem igual em seus auto-retratos, Egon Schiele representa: A mãe e a morte, A morte que abraça forte uma jovem, A morte surgindo no espelho, A morte dialogando com uma mulher grávida, A mãe morta, A mãe cega, etc. Ora, sua mãe, de solteira chamada Soukup, a mãe sobreviveu muito a ele, já que morreu em 1935. Um dos quadros mais conhecidos é intitulado a um só tempo: *Mãe morta* e *O nascimento de um gênio.*

Ser artista pintor é um estado, uma função, uma maneira de "se" dizer. Produções gráficas de crianças e adultos – não se trata de obras de arte –, fatias de "discurso pictural", e este conceito é discutível, são por vezes confiadas às leituras do analista, ou da análise. Qualquer sujeito tem aptidão para obrar num modo pictural, ainda que não saiba disso ou não saiba que sabe. Daí a autorizar-se a nomear-se neste sintoma de ser artista, há uma margem que nem todos ultrapassam.

O caso de criadores prendendo-se na afinidade entre seus patronímicos e a idéia de vocação – a idéia "de ser chamado a..." –, hipostasiando com seus nomes apenas uma leitura e uma crença funcionais, não diz respeito exclusivamente ao artista. Este associa seu nome à sua fábrica "de objetos *a*"; ele obra a sublimar no campo de uma ética delimitada por seu nome. Para além dessa única ponta de afinidade com a escrita, a equivocidade, por essência interpretativa, expõe a obra às legiões de leituras circunscritas entre a imagem, seu título, sua assinatura.

Sua produção ultrapassa o pintor que assina um quadro em seu estádio de inelutável inacabamento, quando ele se revela a seu olhar, estranho. A beleza, cujo próprio é ser muda como a morte, e a fetichização do nome do artista, que supostamente a legendaria, estão inscritas na outra margem e no olhar do amante que se esgota, conforme o uso, em designar e pôr em palavras seu quadro para o pintor, um peixe fora d'água.

A questão, por enquanto, se resume a isto: o próprio do artista-pintor é pintar quadros. Ele trabalha em duas dimensões. Em que seu trabalho pode ser situado pela questão do pai? Se considerarmos o quadro como um espelho do inconsciente do artista, que relação pode, a rigor, ser lida entre este espelho e o nome do pintor, por exemplo? Estamos, antes, fundados em falar de um espelho da alma. É nestes termos que costuma ser evocada a produção de uma paisagem. Espelho do inconsciente, ele é apenas discurso. Um discurso dito pictural é realmente um discurso? Só é possível acreditar nisso na hipótese em que os quadros estão, numa terceira dimensão, intitulados pelo artista. E estamos aí confrontados com discurso.

Egon Schiele é um fanático do auto-retrato. Durante a maior parte do tempo, ele vai se dedicar a todo um estratagema exibicionista de deterioração de sua imagem e de aviltamento. Para alcançar essa particularidade, vai recorrer a jogos de espelhos e quase sempre à fotografia, para fins evidentes de transgressão. Que assim agrida os pais que o conceberam, ele, seu nome, aqueles que contemplam suas obras, que a questão do belo com seu eco do lado da ética pareça não interessá-lo pouco adianta para nós a respeito de sua relação com a questão do pai.

E, no entanto, aquém das afinidades entre o quadro e o espelho, é seu questionamento associado à sua dor moral que nos interpela. O narcisismo de Egon Schiele, em sua dimensão caricatural particular, pouco adianta para nós na questão. O fato de ele não se amar, ou de se amar numa representação irrisória, pode conduzir-nos a hipóteses clínicas, e não é este nosso jogo. Ele ser diagnosticado melancólico ou perverso não leva a nada. Conhecemos pintores de quem se pôde dizer que eram pintores da felicidade, tal Bonnard; seu aluno Kimura, com os mesmos amarelos e azuis, mantém seu trabalho na vertente melancólica; os geômetras da pintura evocam a estrutura obsessiva; falou-se da histeria artista a respeito de Dali, etc.

Todos têm em comum vários *savoir-faire*, um investimento muito variável no dar a ver, uma carreira às vezes a serviço do belo, ou de exprimir-se, um interesse pelo falso, uma posição desejante mantendo-os em ação. Do mundo visto de sua janela, o pintor produz transgressão. Sua obra, em sua função de fetiche, solicita o amante, o que não quer dizer que o pintor seja, quanto a si e para si, fabricante ou amante de fetiches. É ele inocente disso? Sua demanda de amor ou de dinheiro passa por essa mediação que o priva, o amputa. Seu olhar está confrontado com o buraco do quadro sucessivamente ausente, presente, ausente, quadro do qual supostamente o amante goza. Em cada produção, a castração do pintor está em questão, castração anal primeiramente, a respeito de um "fazer"; a obra é um dejeto.

Voltemos ao quadro *O nascimento de um gênio*, que pode ser uma estranha ilustração do estádio do espelho. Egon vai disso concluir, tardiamente, a pertinência do raro título em questão numa carta à mãe, de 31 de março de 1913, onde fala sobre o quadro: *O nascimento de um gênio*, "a necessária grande separação". Será esta simbólica que estará representada no recente filme *Enfer et Passion* [Inferno e paixão], de Herbert Vesely, com Mathieu Carrière e Jane Birkin?

Eis o argumento... Em 1912, Egon Schiele é um pintor reconhecido; está trabalhando em seu país materno, Neulengbach, na companhia de sua modelo Wally Neuzil. Um dia, eles tomam o trem para Viena. Uma mocinha de 14 anos, Tatjana Von Mossig, que serviu de modelo ao pintor, pede para acompanhá-los. Está indo para a casa da avó em Viena. O trem chega tarde. Não em Trieste, em Viena. O trio vai para um hotel. No dia seguinte, Egon Schiele é preso por seqüestro de menor. Vai passar vinte e quatro dias na prisão e será absolvido depois que o juiz Stovel tiver ordenado que um de seus desenhos de nus fosse queimado.

O jovem vai, então, escrever: "Aquele que renega o sexo e o avilta é ele mesmo um ser vil que desonra o pai e a mãe que o engendraram". Executará seu auto-retrato em Saint-Sébastien. Outros expressionistas se pintaram perseguidos, por exemplo Kirschner, o belga Ensor e o austríaco Oskar Kokoschka. Egon Schiele utilizará essa obra para o cartaz de sua primeira exposição organizada somente em seu nome.

Não há mais em ser cúmplice do sofrimento, sob pretexto de que ele arranca ao artista seu grito, do que em militar por um silabário da razão. Freud dizia que certos acontecimentos da vida produzem efeitos idênticos aos efeitos de uma psicanálise. A obra de Egon Schiele vai clamar sua reconciliação com o mundo. Sua fábrica de signos se diversifica. Suas provocações, os apelos dilacerantes de seus inícios pouco a pouco dão lugar à recompensa e às alegrias da contemplação. Ele nunca vai ser pai. Dará vida a obras consideráveis em quantidade. Fala-se de vários milhares de desenhos catalogados.

Em 1915, casa-se com Edith Harns por amor. Em sua 49ª exposição, em 1918, a Secessão o consagra. Sua mulher espera um filho. Em 28 de outubro, ela morre de gripe espanhola. Três dias depois, ele se vai da mesma doença. Dizia amar a vida e a morte. O quadro permanece o não-lugar contratual terceiro de um encontro desejante entre o artista e o amante. Um lugar-espelho tanto mentiroso quanto amante. Um significante só vale se for posto em falas. Lacan, que foi sem dúvida, para nós, esse lugar e esse vínculo, Lacan dizia: "O que olho nunca é o que quero ver". Pudéssemos acrescentar, a arte é o planeta dos sim-mas, e a histeria, um quadro.

Estas notas introduzem na discussão um debate a respeito do artista-pintor e a questão do pai sobre o qual podemos nos perguntar, afinal, se existe. Três vias se traçaram. Uma consiste em inscrever em coincidência a aurora da humanidade e o aparecimento do pintor. Dizê-lo artista, esse pintor da passagem do bicho ao homem, introduz sem grande custo no tempo presente. A outra via conduz a discorrer a respeito do olhar, do desejo, do quadro, do espelho, do nome, do pintor, do amante, etc. A terceira tenta situar a castração simbólica na obra. Tudo isto sem ter chegado a uma redução que permita, por exemplo, afirmar que "o pintor sempre pinta os mesmos significantes, em tal relação com seu nome do pai". Não se pode pintar um significante, senão de falas.

Sua obra é seu silêncio e seu corte, em seu discurso, para o sujeito que pinta. Ela é testemunha dessa evidência e, por isso, a repudia. Da honra à ternura, a trajetória de Egon Schiele "vai de pai"* com esse repúdio.

---

* Homofonia: o autor escreve "*va de père*" [pai] em vez de "*va de pair*" [par]. (NT)

(1909) Com KLIMT Auto-retrato: O FIADOR

Pai no real
pai simbólico – pai real

Alain Didier-Weil

O FATO DE O SÍTIO DO SABER SER O INCONSCIENTE, este lugar simbólico descoberto por Freud, costuma fazer esquecer que o saber pode cair num outro lugar que Lacan nomeou o Real: "Há saber no Real", lembra ele em 15 de fevereiro de 1977, introduzindo algumas linhas adiante este paradoxo que nos reterá: "O Real diz a verdade mas não fala..., foi o que chamei o saber absoluto".

Essa dimensão de um saber no Real é algo que Freud não pôde deixar de encontrar, nas várias passagens do caminho que trilhou, sem que por isso tenha estado em condição de situar, sob a disparidade de suas manifestações, a constância de uma manifestação.

Quanto a isso, podemos supor que, se Freud tivesse sido levado a nomear o Real, como tal, ele teria sido colocado em posição de discernir o fio que liga, por exemplo (esta lista está longe de ser exaustiva), estas cinco modalidades de manifestações pelas quais ele descobre que um significante pode manifestar-se: o significante de alto valor psíquico em sua função de causa do sonho (*Traumdeutung*), o significante em sua função de "*Verblüffung*" (*O chiste em suas relações com o inconsciente*), o significante no estado de *Verwerfung* ("o Homem dos lobos" e *Totem e tabu)*, o significante no estado de *Werfung* (a denegação) e, enfim, o estado "de excitação não ligada" introduzido em *Além do princípio de prazer*.

Antes de tentar abordar a maneira como o significante acaba por cair no Real, proponho-me observar e definir qual é o efeito que é induzido num sujeito por este encontro do "saber absoluto" que é o saber no Real.

Numa primeira aproximação, eu diria que este saber tem efeito traumático sobre o sujeito. Uso o termo "traumático" para indicar que o saber no Real tem, como o traumatismo freudiano, um poder de penetração, de invasão, em relação ao qual o sujeito está sem resposta. Esse saber não é dado, com efeito, como um saber suposto tendo o poder de causar a fala, mas, muito pelo contrário, como um saber impondo silêncio ao sujeito. Todos os dias pode acontecer de encontrarmos de modo fulgurante tal saber. Pode tratar-se de uma palavra que surge do discurso de nosso interlocutor e que está, repentinamente, carregada de um poder espantoso, diante do qual nos encontramos sem resposta, uma vez que ele condensa, durante um tempo, a capacidade de suspender nossa aptidão em recusá-la, em contradizê-la, até mesmo em denegá-la. A função de tal palavra, que foi identificada por Freud como o significante de alto valor psíquico causa do sonho, pode encarnar-se, no momento mais inesperado, num significante que então advém como traumático.

O exemplo mais caricatural de tal significante traumático é o insulto. Ele, de fato, se nos apresenta como um saber absoluto, incontestável, indiscutível, irrevogável. O enigma do insulto deve-se a esta questão: em que o sujeito é fundamentalmente insultável? Isto é, em que uma parte dele está disposta, contra toda lógica, a dar um assentimento obscuro ao saber veiculado pelo insulto? Digamos provisoriamente que é, entre outras coisas, porque o insulto se apreende como um saber absoluto, isto é, como um saber sobre o que escapa à simbolização: cagão, mijão, melequento, cascão... todas são palavras que se apresentam como um saber sobre o dejeto da simbolização.

Para continuar com exemplos comuns, o brotar do saber absoluto pode fazer-se a partir de uma palavra que, no discurso próprio do sujeito, de repente se emancipa, condensando nele os poderes que situamos como da ordem do incontestável, do irrecusável. É o exemplo arquiconhecido do esquecimento do nome "Signorelli", causado pelo surgimento, no discurso de Freud, do significante de alto valor psíquico: *Herr*. O que evidencia que este significante se apresenta para Freud como um saber no Real é que ele funciona um pouco como aquelas excitações não ligadas do traumatismo que, inaptas a serem ligadas pelo princípio de prazer, requerem a intervenção de um além desse princípio.

A paralisia em que está Freud, ao encontrar esse significante delicado que o proíbe de fala, não deixa de evocar, para nós, a paralisia do sujeito Moisés ao encontrar o fogo de Deus: é na medida em que o saber absoluto diz "a" verdade sem falar (Lacan) que ele aniquila a dimensão da fala, que só pode semidizer a verdade. Qual é, pois, "a" verdade dita *silenciosamente* pelo significante *Herr*? Essa dimensão do silêncio, inerente ao saber absoluto, é fundamental: é ela, entre outras, o que confere aos animais o estranho poder que têm sobre o sujeito falante.

Este sonho é, quanto a isso, esclarecedor: "Tenho que sair de casa com urgência, mas meu gato me olha e seu olhar silencioso me diz para ficar. Não consigo contradizer esta mensagem muda e fico". Associando em seu sonho, o analisando faz esta observação decisiva: "Se me tivessem falado para ficar, eu poderia ter discutido, feito valer as razões que dou. Mas, diante do silêncio daquela mensagem, só pude obedecer sem discutir e ficar".

O que faz com que ao saber silencioso do saber absoluto o sujeito não possa resistir? Que, à fixidez do saber do Real a olhar, ele só possa responder cessando de deslocar-se (pelo corpo e pela fala) para continuar fixo no lugar. Esta requisição do fixo no sujeito é, bem entendido, a requisição daquilo que volta sempre ao mesmo lugar: o Real. Este lugar único onde o sujeito está proibido de permanecer na fala é o único lugar que resta ao sujeito ao ser levado a encontrar o saber absoluto, isto é, um saber que sabe *tudo* sobre ele, que, silenciosamente, o adivinha absolutamente. Se, sob o olhar do gato, o sujeito não consegue se mexer, é que, sob esse saber a olhar, o sujeito se descobre espoliado, roubado de uma intimidade, de um incógnito radical pelo qual não sabia estar habitado no instante que precedia sua adivinhação.

Esse roubo nos põe diante do paradoxo de culpa, já que, se o ladrão costuma ser o culpado, o que se passa aqui é o contrário, pois acontece que é o ser roubado, espoliado de seu incógnito radical, quem se descobre estranhamente culpado, tendo em vista o saber a olhar. A este respeito, Lacan várias vezes indicou que aquilo de que o sujeito era culpado era, evidentemente, do Real.

O que leva, então, o ser adivinhado a ficar vermelho de vergonha? O que se mostra quando um sujeito mostra suas cores (seja a do enrubescimento ou a palidez do embranquecimento) é que esse sujeito não pode mais esconder algo. Mas o quê?

A estrutura desse "escondido" não é simples, já que procede de um triplo nível.

Num primeiro nível, o sujeito adivinhado descobre que "ele" escondia algo. Este primeiro nível na verdade se decompõe num segundo, uma vez que o sujeito descobre então: que ele (2) escondia que (1) lhe era escondido algo.

A articulação destes dois "ele" de natureza diferente* remete a este ponto que o sujeito é levado a descobrir: ele havia, em suma, preferido substituir, ao fato de que algo de que ele não podia nada saber lhe era escondido, o fato de que era ele quem escondia essa coisa escondida. Por esta substituição, o sujeito salva o Outro e preserva a transferência: ao ponto em que no Outro há uma falha de saber, o sujeito responde colocando que é ele quem está em falha, em erro de saber: este erro, fundamentalmente escondido, é o que a religião nomeou "o" erro.

Assim é que, por um esquecimento de esquecimento, o sujeito consegue esquecer (recalque originário) que há um esquecimento de saber no Outro (o não saber sexual). É a revelação desse esquecimento do sujeito que instaura, no instante da adivinhação, pelo saber do Real ao qual nada pode ser escondido, a perda de uma inocência primeira: esta perda é o primeiro componente do vermelho de vergonha.

Mas na perda dessa inocência intervém um segundo nível, uma vez que o sujeito deve esquecer seu primeiro esquecimento[1] (o do recalque originário) por um segundo (recalque secundário). Aí está o terceiro nível da estrutura do que está escondido no sujeito e que faz intervir um terceiro "ele" (3), de modo que a fórmula completa do que estava "escondido", antes da irrupção traumática do saber absoluto, é um "esquecimento de esquecimento de esquecimento" que se escreve: ele (3) não sabia (que ele (2) escondia (que (1) lhe era escondido algo)).

---

* Este segundo "ele" [*il*], numerado (1), tem em francês valor impessoal, logo, não se traduz em português: *qu'il (2) cachait qu'il (1) lui était caché quelque chose.* (NT)

[1] É, com efeito, possível não esquecer um esquecimento: pode-se, por exemplo, acordar de manhã sabendo que se esqueceu um sonho.

Esta fórmula é uma das escritas da estrutura do inconsciente, uma vez que escreve a maneira como o sujeito só pode ser desejante, já que tem a profundidade de um sujeito que esquece e que se esquece. Quando este triplo esquecimento torna-se impossível [por ser sabido pelo saber absoluto], o inconsciente e o Real desnodulam-se e o sujeito cai feito um farrapo humano. Nesta queda, o sujeito se vive como transparente, invisível sob o olhar do Outro: sua imagem especular desabada põe em evidência que, além da desnodulação Real e simbólico, há uma desnodulação Real e imaginário. Quanto a seu corpo, ele adquire nova consistência pelo fato de ficar exclusivamente submetido à lei do Real, que por excelência é a lei da queda dos corpos: pelo fato de esta lei não estar mais esquecida – já que não há mais inconsciente –, o corpo só é apreendido no nível de seu peso e esta dimensão do corpo pesado – isto é, a dimensão do cadáver que carregamos em nós à nossa revelia – cessa de ser esquecida. Por isso, a atração que ele recebe do peso torna-se tão perceptível que a lei da queda dos corpos tende a jogar esse corpo no chão: então, o $\$$ passa a pesar uma tonelada, ou, simplesmente, a sentir o maior cansaço ao se mover: este sintoma maior da depressão resulta, assim, da percepção da pressão que o corpo recebe do peso.

Existem vários termos pelos quais Freud, ao longo de seu trilhamento, introduz o processo cujo efeito de rejeição do significante está no princípio da constituição do Real. Guardo apenas, por enquanto, os termos *Verwerfung*[2] e *Werfung*[3], já que me permitem apresentar o fato de que o significante que, de modo privilegiado, é chamado a cair no Real é o pai simbólico. Estes dois termos têm o interesse de criar um par significante opondo, a uma primeira idéia de rejeição radical e sem esperança de retorno (*Verwerfung*), uma segunda idéia levando a uma rejeição de outra natureza que não seria sem esperança de retorno: a supressão do prefixo "*ver*", de fato, confere ao termo "*werfung*" o sentido de uma rejeição que não está marcada pela irreversibilidade característica da foraclusão psicótica. Assim é que o lugar onde o significante é "*werfen*" (e não "*verwerfen*") leva a uma topologia que, a reversibilidade entre Real e

---

[2] Cf. S. Freud, "O homem dos lobos" e *Totem e tabu*.

[3] S. Freud, "A denegação".

significante não sendo impossível, questiona as condições de possibilidades dessa reversibilidade.

É sob essas condições que vou tentar situar o que me intima a colocar certas questões sobre a dialética que nodula a incorporação primordial à castração primordial. O que está em jogo nessa problemática não é pequeno, já que, desde que Lacan foi levado a interpretar a psicose como efeito da *Verwerfung* do significante do nome do pai, existe entre os psicanalistas uma tendência a fazer equivaler saber no Real e foraclusão psicótica. É contra essa tendência objetivante da psicose que se deve lutar, pondo em evidência que fundar o diagnóstico de psicose implica reconhecer que o significante do nome do pai, antes de ser simbolizado, segue o caminho necessário de uma queda no Real. A compreensão dessa queda permite apreender que a foraclusão psicótica é, na verdade, uma recaída.

Em primeira aproximação, a distinção entre aparição e alucinação apresenta-se como uma das vias que pode permitir distinguir a queda do significante no Real do que se poderia chamar a recaída psicótica.

O que devemos guardar, por enquanto, dos efeitos de uma aparição sobre um sujeito é que ela nos põe diante do que nomeamos "o saber absoluto": a aparição encarna, com efeito, um modo de presença à qual o sujeito nada pode esconder, um olhar em relação ao qual ele é essencialmente transparente. Sob este olhar, o que, do sujeito, é da ordem do impossível saber (recalque originário) cessa de ser impossível.

Ponto decisivo: esse saber absoluto do espectro refere-se tanto ao impossível do qual está barrado o sujeito quanto ao impossível de que está barrado como Outro. Assim é que o espectro não é como o pai do famoso sonho, um ser que, estruturalmente, não sabe que morreu. Muito pelo contrário, o espectro sabe que morreu. Quanto a isso, o horror que habita Hamlet após seu encontro com o espectro deve-se mais ao efeito nele produzido pela revelação de um saber sobre o impossível que ao efeito do conteúdo propriamente dito desse saber.

Compreender a execração que, com muita freqüência, é induzida pela aparição de um mau espírito requer saber situar essa execração em relação à veneração suscitada pelo espírito do ancestral que, este, é um bom espírito. O modo como o par execração-veneração foi abordado por Freud, em *Totem e tabu*, deu lugar a mal-entendidos ligados ao fato de que Freud, em seu trabalho de desmatamento, utiliza de modo um pouco confuso a noção de ambivalência em relação ao pai. Sem entrar no detalhe – o que farei num trabalho ulterior –, a ambivalência que ele descreve parece ter sua origem numa posição afetiva do filho. É o fato de limitar-se a essa aparência que justifica a crítica que Lévi-Strauss endereça à concepção freudiana de uma teoria afetiva do sagrado.

Parece-me que, se alguém como Lévi-Strauss não reconheceu que *Totem e tabu* não estava organizado em torno do problema do afeto introduzido pelo sagrado, mas pelo reconhecimento de um significante (o significante do nome do pai), é que Freud colocou a dimensão de um dualismo afetivo – a ambivalência – no lugar de um dualismo topológico: execração pelo demônio e veneração pelo ancestral são apenas, quanto a isso, os efeitos induzidos no sujeito pelo significante do nome do pai conforme ele fique no Real ou no simbólico.

O mau espírito, que é sempre um espírito que permanece de maneira flutuante e circulante perto do lugar onde deixou o cadáver na hora da morte, opõe-se ao espírito ancestral no fato de que este não fica a rondar aqui embaixo, uma vez que alcançou outro lugar: lugar simbólico que está além e de onde não voltará mais. A idéia de retorno é, com efeito, um dos poderes do demônio. Quanto a isso, o real é desenhado por esse lugar onde ele volta, onde é assombração*.

Seria instrutivo fazer um trabalho de recenseamento sobre a complexidade dos movimentos pelos quais as almas dos defuntos freqüentemente acabam tendo que passar antes de alcançar um estado de estabilidade definitiva. A título de exemplo, esta observação trazida por Strelhow (*Les formes élémentaires de la vie religieuse*, Durkheim, p. 357) – e que Freud deve ter tido entre as mãos – é significativa, já que não descreve menos de cinco idas e voltas entre o Real e o simbólico: *primeira ida*, a alma deixa o corpo para ir à ilha dos Mortos.

Primeira volta: ela volta entre os vivos e faz o papel de gênio protetor junto dos filhos e netos deixados pela morte.

Segunda ida: retorna ao país das almas.

---

* Em francês, le *revenant*, literalmente, *aquele que volta* [v. *revenir*]. (NT)

Segunda volta: volta uma segunda vez à terra.

Terceira e última ida: é enfim obrigada a retomar – e desta vez sem espírito de volta – a estrada da ilha dos Mortos, onde será fulminada por um raio.

Assim é que, para não voltar entre os vivos, ela terá de deixá-los no mínimo três vezes.

O que nos interessa é a reversibilidade que existe, durante certo tempo, entre o Real, onde a alma do defunto permanece ou volta, e o simbólico, onde ela se expatria. Passado esse tempo – que é tempo de trabalho de simbolização da morte –, a reversibilidade cessa: a alma enquanto transmudada em espírito ancestral não volta mais.

O ponto fundamental é o seguinte: o movimento de desaparecimento pelo qual a alma bem quer não mais ficar entre os vivos segue necessariamente um primeiro tempo lógico segundo o qual o espírito cai e aparece entre os vivos. Aparição, logo, primordial, que nos autoriza a dizer que o mau espírito está numa antecedência lógica em relação à constituição do espírito ancestral.

Vemos, antes de ir mais adiante, em que é fecundo abordar a ambivalência afetiva como efeito secundário, induzindo-se no vivo, da ascendência que tem sobre ele o lugar topológico do pai morto, antes que situar essa ambivalência como movimento nascente de modo primário do filho edipiano rumo ao pai.

Não podemos agora eludir esta questão: por que o modo inaugural como aparece a alma do defunto se apresenta como espírito fundamentalmente "ruim", como demônio causa de temor?

Esta questão nos intima a levar em conta uma hipótese formulada por Freud em *Totem e tabu* e que merece reter nossa atenção por mais de uma razão[4]. Antes de mais nada, ela abre uma perspectiva inteiramente inovadora sobre a estrutura da consciência enquanto causada pelo Real. O fato dessa inovação não ter, a meu conhecimento, sido retida pelos psicanalistas mostra que persistem, no trilhamento de Freud, pontos de densidade que ainda não foram reconhecidos e que devem advir.

---

[4] S. Freud, *Totem et Tabou*, P.B.P., pp. 65 a 85.

A hipótese de Freud parte da insatisfação que lhe é proporcionada pela primeira interpretação da execração dada por ele, na qual é mantida a assombração. Essa primeira interpretação consiste em dizer que esse afeto negativo viria de uma agressividade recalcada contra o pai e projetada sobre sua assombração.

Mas essa noção de projeção não satisfaz Freud[5]. De um lado, porque a projeção é um processo patológico de defesa e ele não reconhece na constituição do mau espírito uma formação defensiva comparável, por exemplo, a uma fobia. De outro, Freud afirma que haveria uma diferença radical entre a projeção neurótica (uma vez que ela é retorno do recalcado) e o mecanismo psíquico dando nascimento à aparição da assombração. Desse mecanismo que permanece enigmático, Freud[6] diz: "Em condições ainda insuficientemente elucidadas, nossas percepções interiores de processo intelectual e afetivo são como percepções sensoriais projetadas para fora".

Devem ser distinguidos, nessa fase, dois elementos: primeiro, a idéia de uma enigmática "percepção interior" que apreenderia um certo "processo intelectual e afetivo". Essa "percepção interior" e esse "processo intelectual e afetivo" se esclarecem, quatro páginas mais adiante[7], quando Freud afirma que: "a consciência moral é a percepção interior da '*Verwerfung*' de certos desejos que experimentamos".

Em outras palavras, o enigmático "processo intelectual e afetivo" na origem da "percepção sensorial projetada para fora" do mau espírito corresponde a uma "*Verwerfung*" do desejo de incorporação do pai.

Segundo ponto: essa "*Verwerfung*" seria objeto de uma "percepção interna" causa da consciência.

Nessa perspectiva, o que chamamos a "consciência" seria o efeito da persistência no $\not{S}$ de um significante especial, pois especialmente inapto a ser recalcado: inaptidão que se deve ao fato de que, enquanto ""*verwerfen*", ele escapa ao poder do princípio de prazer. Inacessível ao esquecimento, esse significante tem o poder de ser inesquecível e, por aí,

---

[5] S. Freud, op. cit., p. 78.
[6] Ibid.
[7] Ibid., p. 82.

de impedir o sujeito de esquecer, de esquecer-se, de adormecer. Ele é, nisso, o significante que mantém o despertar e que, a rigor, impede o adormecimento: sejam quais forem as idéias que nos deixam insones, há, velada por trás delas, a presença de uma idéia fixa, a qual resulta de uma fixidez que é desprovida de qualquer sentido, uma vez que é a própria fixidez do Real, isto é, daquilo que, no sujeito, permanece no mesmo lugar em razão de um deslocamento tornado impossível.

Parece-me que essa "*Verwerfung*", com a qual Freud qualifica esse significante em *Totem e tabu*, transforma-se, sete anos mais tarde (na denegação), em "*Werfung*", isto é, numa possibilidade de reversibilidade entre Real e simbólico. Uma idéia clínica dessa reversibilidade pode ser dada ao meditarmos no que distingue a insônia banal da insônia psicótica: no primeiro caso, o que mantém o sujeito desperto consegue inverter-se e advir ao esquecimento trazido pelo princípio de prazer. No segundo caso, em que se observam insônias absolutamente rebeldes, o advindo à inconsciência é impossível, o Real tem a última palavra.

Acabamos, assim, por interpretar aquilo que é chamado a "consciência" como a "má" consciência, a saber, como o efeito do "mau espírito" cuja função seria, portanto, arrancar o sujeito ao sonho do princípio de prazer e acordá-lo. Nessa perspectiva, talvez o além do princípio de prazer fosse o que seria requerido para sustentar esse despertar sem adormecer de novo. Não é impossível, a este respeito, que a tensão dialética que opõe o princípio de prazer a seu além seja aquela que opõe a incorporação à castração.

Abordar a relação entre incorporação e castração implica enfrentar esta questão: a que se deve o fato de os efeitos da incorporação se prestarem tão particularmente à usura do tempo? Por que a degeneração das forças vitais induzida pelo festim totêmico, ou a comunhão cristã, é seguida de uma degeneração da energia incorporada, que requer uma nova festa totêmica? Em suma, o que faz com que a enigmática substância paterna não tenha o poder de persistir em seus efeitos ao ser comunicada ao filho pela via da incorporação?

Sem pretender esgotar esta questão, minha tese é que a castração é uma certa resposta à corruptibilidade dos efeitos da incorporação.

Essa corruptibilidade vem do desconhecimento em que se encontra o sujeito, uma vez que quer açambarcar a potência fálica do pai: desconhecendo o fato de que essa potência fálica é o efeito de uma metáfora, à qual ele só pode chegar por uma mediação metafórica, ele tenta incorporar para si, de modo imediato, o falo paterno por este processo metonímico que é a incorporação, uma vez que a absorção de parte do corpo do pai supostamente pode conferir "todo" o seu poder. O que ele não prevê é que algo de imprevisto acontece assim que o pai é incorporado.

Essa coisa imprevista é que uma parte do pai escapa à incorporação e é expulsa (*Ausstossung*) para fora. Neste "fora" – que é um dos nomes do Real –, esse significante do pai vai doravante persistir diante do fato de que o pai morto surge enquanto infatigável. O ponto crucial deve-se ao fato de que a maneira como o pai morto surge dessa primeira operação é como pai não simbolizado. É enquanto tal que este pai infatigável, este morto vivo, não cessará de voltar no Real, isto é, nesse lugar onde está sofrendo e de onde grita vingança por essa falha de simbolização. Quanto a isso, o rito funerário é o primeiro trabalho de simbolização, cujo efeito é permitir ao morto vivo poder morrer aqui embaixo para poder reviver "alhures" como este "vivo morto" que é o espírito ancestral: significante do Nome do Pai.

Se o pai no Real é esse mau espírito tão temível, é que ele persiste em reclamar vingança, a reclamar o ato simbólico que não pôde ser cumprido para com ele. E, se o filho se reconhece, quanto a isso, culpado, é que percebe (é essa a famosa percepção interna do foracluído) nele este impossível de simbolizar que é base de sua culpa para com o Real. Essa dívida simbólica deve-se, assim, ao fato de que o $\cancel{S}$ alivia o simbólico, uma vez que o significante paterno aparece primordialmente – com todas as características da aparição – como que expulso da simbolização. É assim, pela negativa, pelo que pode ser um ente não advindo à existência (a assombração está do lado da "essência", ele não existe), que o significante do pai, enquanto não-ser-simbólico, faz surgir à revelia a presença do simbólico como por-vir.

Esse advir do Outro é que será posto em perspectiva com o processo da castração pelo qual será substituído o sacrifício do pai pelo sacrifício *ao* pai.

É, com efeito, extremamente redutor situar a castração como um processo pelo qual o $ se separa solitariamente de uma parte de si mesmo. Se o que o $ perde com angústia na castração é inteiramente diferente do que ele perde no temor, ao encontrar o morto-vivo, é que não há com o morto-vivo nenhuma troca simbolizada, ao passo que o que é perdido na castração entra num circuito de troca simbólica com um outro cuja presença é convocada – até mesmo invocada – pelo $ ao se separar de uma parte de si mesmo.

A separação castrativa implica um terceiro-outro em presença do qual ocorre uma negativação simbólica do falo – esse outro não é mais o outro que pode ser posto à disposição do $ contanto que tenha sido executado (incorporação metonímica), mas um outro à disposição do qual o $ repõe aquela parte dele mesmo com a qual ele só pode reatar metaforicamente se ela chegar a ele, num só-depois, do lugar do Outro.

A transmutação pela qual um $ pode passar da incorporação à castração primordial supõe, portanto, a transmutação deste morto-vivo, que é o significante do pai no real, neste vivo-morto que é o significante do nome do pai.

Por causa dessa transmutação de um inominável-inomeante para um nome-nomeante, o anonimato do pai real[8] é remanejado por seu patronímico.

---

8 "Nenhum ser consciente sabe o que é um pai" (Lacan, 12-2-64).

Memória(s)

Christian Simatos

Freud deve ter querido, com *Totem e tabu*, dar uma espécie de alicerce ao Édipo, quando sustentou sua dimensão de fato universal. Pode-se acrescentar, sem muito risco, que esse alicerce devia consistir num monumento à memória "do pai". Então, juntos como estamos sob essa bandeirola do pai, esperamos que ela faça passar em seu discurso um tom de circunstância que lhe dê um ar de *Laio**. Em todo caso, a história da palavra, se for verdadeira, nos leva a pensar isso. Acontece, com efeito, que seu nascimento coincide com o primeiro tema de composição francesa submetido aos alunos da Escola Politécnica: escrever sobre o pai de Édipo. Era, em 1804, extraordinário o bastante para que logo se pusessem a escrever sobre isso uma palavra e para que, ao mesmo tempo, o velho Laio fosse recalcado fora de seu próprio nome.

É sobre esta indicação que se orientará minha proposta. Para melhor ressaltar o que na memória do pai joga com uma perda de memória, eu ia intitulá-la "Pai-a-memória"**, mas, o que quer que se faça, um nome leva consigo uma figura e trata-se, aqui, de abster-se de evocar a sempiterna "figura do pai". Mesmo assim, "Pai-a-memória" vindo aos ouvidos de J. Allouch, motivou-o a espicaçar-me para que eu também entrasse no joguinho que consiste em fazer preceder ou em fazer seguir

* *Un laïus* [um laio] tornou-se sinônimo de alocução, "palavrinha", até "conversa fiada". (NT)

** Jogo homofônico: *Père* [pai] e *Perd* [perde] a memória. (NT)

"Do pai" por uma oração coerente. Quanto ao (s) que prolonga *meu** "Memória", ele marca simplesmente a reserva de um plural possível e até provável: se é verdade que a memória não funciona sem uma parte perdida, é preciso então que ela se recupere dela, de sua perda, em outras palavras, que se pluralize.

Algum tempo antes da saída de *Totem e tabu*, Freud está atravessando uma fase de desânimo. Está tomado por uma dúvida penosa que se refere não à qualidade de seu trabalho, mas à sua capacidade de ser bem acolhido pelo público científico. Será rejeitado, pensa, por ter ido longe demais; pois, dirigindo-se a Jones: "eu estava até então falando do desejo de matar o pai, e agora acabo de descrever o fato real". Freud começa, então, a aplicar a si mesmo a censura-desânimo e duvida. Depois disso, encontrará de novo a íntima satisfação que lhe era especialmente proporcionada por essa obra; satisfação ligada ao sentimento de ter conseguido, pois, como ele se exprime: "Afinal, há um grande passo a ser dado entre o desejo e o ato".

Embora seja algo um pouco artificial extrair uma fórmula, uma frase de seu contexto, vou autorizar-me a demorar-me neste "grande passo a ser dado entre o desejo e o ato". Observemos, antes de mais nada, que o partido de *Totem e tabu* consiste em dar esse passo em marcha a ré, se posso dizer, já que toda a história se conclui num reportamento do ato à origem. Daí esta nova e estranha fórmula que podemos arriscar: há muita diferença entre o ato e o desejo. A questão que se coloca, então, é saber se Freud sustenta uma ou outra das fórmulas, ou as duas. Para dizer em outros termos: será que Freud, em sua versão da questão do pai, em sua maneira de nos contar a história, limita-se a nos conduzir até o memorial, o monumento do Pai morto? Será que estamos por aí convidados a comemorar indefinidamente, a nos servir e servir pai como fazemos hoje, neste grande banquete totêmico? Ou então estamos prevenidos, ao mesmo tempo, para ter que considerar a memória como um empreendimento sem esperança, a história como uma religião e a religião como uma ilusão?

---

* O francês distingue *un mémoire* (masculino) para memória, no sentido de dissertação acerca de assunto científico, e *une mémoire* (feminino) para memória, faculdade de reter as idéias. (NT)

Outra luz. Em agosto de 1912, ele escreve a Jones – é interessante notar que Jones fez questão de seguir bem de perto todo o caso de *Totem e tabu*. É que este, com efeito, acabou na ruptura com Jung, num sério questionamento das esperanças de ver Freud tratar seus alunos como filhos e, finalmente, na formação do Comitê onde os anéis vieram selar esta coisa curiosa: os alunos em bando assegurando a proteção máxima de Freud, o que bem poderia ter sido uma maneira de neutralizá-lo –; assim, em 1912, ele escreve isto: "Toda barreira interna de recalque resulta historicamente de uma obstrução externa. Assim, há interiorização das resistências. A história do gênero humano (*sic*) está consignada nas presentes tendências inatas ao recalque". Quando se diz que há muita diferença entre o desejo e o ato, é que algo resiste. A decisão de passar ao ato não é tomada. Mas, justamente, a expressão "passagem ao ato" indica um forçamento do desejo: a resistência encontrada pelo desejo provocou um recorte, uma solução de continuidade, ela perfurou uma passagem por onde o ato se engolfou e vê-se bem que ela ocorreu às expensas do desejo – reduzido no momento de chegar ao fim.

Se o ato é tão difícil de atingir na ordem do desejo, é que o Pai, protótipo da barreira externa interiorizada, diz Não!... – disso sabíamos, mas, se a lógica do mito for rigorosamente seguida, então aprendemos também que o Pai, mais exatamente, diz: Não, este ato não é o bom... porque o bom já aconteceu; este ato é segundo; ele está em excesso na conta... É mesmo porque o ato aconteceu que o Pai passou do exterior ao interior: é daí que ele mantém em dia a memória de tudo o que se assemelha a um ato. Não está ele bem colocado para saber que "o fato real" é história antiga, que acabou e não se voltará a isso? De fato, ele esquece, não se mexe mais, até o momento em que de novo o implicam, o chamam para testemunhar, o perseguem, o acordam repetidamente. Ele diz então : "Não, há erro"; acalma o jogo, aconselha ir dormir; suscita a troca dos anéis, forma a corrente... a corrente da fraternidade. Em suma, ele não faz nem um pouco questão de saber que está morto, menos ainda que morreu conforme meu voto. A memória do pai larga-me ali, junto com meu desejo, mas me espera na virada de meu ato.

Esta virada, vou dirigi-la para o que ela quer dizer exatamente: uma versão. A história é orientada de tal ou tal maneira, o que lhe dá um sentido a cada vez diferente, uma orientação. A virada do ato é o que engaja num sentido; em outras palavras, é o instante em que se concilia a fé com uma versão em vez de outra. Por isso é que a tendência – inclusive em Freud – é de tudo fazer para a universão: é possível, assim, comemorar todos os dias, já que todos partilham a mesma versão. Como dizia uma eminente colega, quando se acabou a análise todos os dias são Domingo. Eis o que se poderia conotar da palavra de Lacan: uma *Père-version* e o fato de estar sustentado por uma mulher não bastam para fazer disso uma *Mère-version*.

Quanto a esse ponto, O. Mannoni faz uma observação muito bem vinda: "Se Freud coloca uma realidade na pré-história, certamente não é para introduzi-la na análise, é evidentemente para afastá-la dela". Da mãe – a mãe edipiana –, temos vontade de dizer que ela se coloca um pouco ali e que ela nada tem a fazer com a análise. Não é o princípio da análise afastá-la dela? Prescrevemos ao analisando deixar falar nele uma voz que não é reputada excitar o analista ao ponto de transformá-lo em mãe glutona. E, como o analista tampouco é um puro espírito, é preciso crer que há, no funcionamento de uma análise, algo que afasta a mãe e que não é um interdito. Este ponto comporta um desafio importante, já que temos que responder à questão do manejo do interdito. De modo algum podemos nos contentar em remeter o interdito ao que seria sua origem e nos conduzir como criado ou como porta-voz do pai. Parece, no entanto, que o próprio funcionamento da análise comporta um aparelho especialmente adaptado à regulação – para não dizer ao regulamento – desse problema.

Para resumir, pergunto-me como o ato analítico sai do aperto, considerando os traços que se ligam ao ato, ao menos em *Totem e tabu*.

Mas talvez seja preciso olhar um pouco atrás de *Totem e tabu*, retornar ao Édipo, e mesmo ir até se perguntar se *Totem e tabu* não é construído para "esquecer" o Édipo. Vemos bem que o pai edipiano não é nem um pouco da espécie do pai primordial. Para o pai primordial, o assunto está resolvido. Para o pai edipiano, ele está em instância. Está dito que é preciso matá-lo para chegar à mãe (mas não acabamos de afastá-la?). Digamos, antes, que se trata de chegar ao poder, mais precisamente ao poder do esquecimento.

Ao chegar ao cruzamento dos caminhos, Édipo é um ser sem memória. E, se o supomos prevenido – ele conhece o oráculo –, só está mais claro que esse saber é alienado. Na verdade, ele está ausente de seu ser de Édipo edipiano e, sobretudo, preocupado em não ser Édipo. Observação banal com certeza, mas motivada, já que se trata de algo tocante ao universal do Édipo. O que convém marcar aqui é que o esquecimento começa a datar do ato. Não o esquecimento do ato cumprido – que não é, aliás, nem um pouco esquecido –, mas o cumprimento do esquecimento no ato, uma vez que o ato assinala, de certo modo, o acesso de Édipo à memória. O ato não funciona sem seu forro de esquecimento, sem que uma parte dele mesmo escape à representação. Poderíamos dizer: nascimento do esquecimento no forro do ato.

Assinalo que Freud parece ter ficado muito sensível a essa modalidade da memória. Ele nota que, nas análises, há sempre a queixa de que o esquecido não é encontrado e que quase sempre a obra da memória é julgada trivial. Por exemplo, esta formulação: "eu sempre soube isso, não é realmente novo para mim"... É possível imaginar um ser que não esquecesse seu ato? Que não o forrasse com o esquecido, de modo que o ato acabaria sendo "chamado" e poderia bem surgir de pé, diante dele, tal um comandante de pedra? O que fazer, então, a não ser acompanhar esse ato constituir-se ele mesmo em forro? Não é necessário fazer aqui intervir a angústia, nem a inquietante estranheza, e Dom Juan não parece mais, nesse instante, atormentado pelo remorso. Vemos bem que ele chama para si mesmo algo que só tem a significação de castigo para seu criado. Ele, por sua vez, avança para enfim cumprir esse ato adiado, até esse instante, mil e três vezes.

Quando se trata de remorso e de castigo, é uma memória bem diferente que entra em jogo. Parece-me que as visões, as manchas indeléveis, os retornos ao lugar do crime funcionam ao inverso da estátua do comandante. O banquete de Macbeth nada tem a ver com o festim de pedra. Aqui, a apresentação é para um ato futuro. Ali, é um ato *realizado* que deve ser apagado.

Somos, então, levados a considerar duas modalidades do esquecimento, orientadas de acordo com as duas versões de *Totem e tabu*. Se há muita diferença entre o desejo e o ato, então Dom Juan ilustra orgulhosamente a fórmula e demonstra que ela não era totalmente o lugar comum que se havia imaginado entender. Ele efetivamente produz o "grande passo" que vai selar definitivamente o esquecimento no ato: o infinito, neste caso, precede o ato.

Se há muita diferença entre o ato e o desejo, temos então que nos convencer de que a fórmula não é tão bizarra e que talvez se aplique, afinal, ao caso geral. Não se trata, com efeito, da culpa que faria, segundo Freud, o cimento das sociedades humanas? A culpa é o inesquecível. É a representação, uma vez que não cede o lugar a uma outra, a uma outra, a uma outra mais. Na culpa, estamos incomodados pela representação a ponto de ela *destoar.* Daí a função tão privilegiada do olhar em tudo o que se refere ao remorso. Para dizer melhor, seria preciso lembrar que a memória era concebida por Freud – e não só por ele, sem dúvida – como exclusiva da percepção. Lembrem-se de seus esforços no *Entwurf* para inscrever essas questões numa ordem lógica. Ele as retoma e as ilustra com o bloco mágico no momento da segunda tópica. Para nós, conduzidos a considerar a culpa como uma estase da representação, vemos nisso a expressão de um erro lógico. Um ato que não foi contado foi realizado – há erro de conta. Assim, a representação, em sua universão, consiste em cobrir um ato que não conta, e esta é uma forma, talvez paradoxal, do esquecimento. Em todo caso, é a forma que Freud faz valer: se as coisas acabam se arranjando entre os irmãos, é por terem reconstituído o pai. Uma reconstituição feita para celebrá-lo, sem dúvida, mas que não conta para um ato. O ato é ter comido esse Pai, e esse ato continua não sendo contado, já que continua sendo conservado por dentro – interiorizado. Interiorizado é o termo de Freud, mas estamos seguros de poder considerá-lo um termo freudiano? Em todo caso, isso quer dizer que não se acaba de acabar com o pai. Esquece-se o ato representando-o, ao preço de não mais encontrar a prova onde arriscar o desejo. A sorte está lançada, como se diz. Por isso é que, do ato ao desejo, se instala uma representação que, nesta hipótese, evoca irresistivelmente um infinito teológico.

Estas poucas observações foram-me evidentemente inspiradas pelo nome escolhido para este colóquio: "Do pai"! De fato, já deu para entender tudo! Vemos o templo, o frontão, ... a inscrição... Já estamos nos inclinando, mas, pela graça de Lacan, este "do", que o instante anterior fazia radiar em torno "do pai" os fios de nossa memória – onde quer que nos coloquemos, com efeito, há sempre um fio puxado do pai até nós –, eis que ele vira "tolo*" e nos incita à desconfiança, à reserva pelo menos. Hesitação, volta atrás?... É o momento da paródia: *Do pai... ou não do pai... That is the question!* Minha memória está me enganando ou dizendo a verdade? Este golpe é para rir ou para valer? Como saber a verdade de meu desejo?

Não tendo nem um pouco a intenção de prosseguir neste registro, aproveitarei aqui apenas a oportunidade para dizer que a "questão do pai" é também uma questão de *medida*. Trata-se de não fazer enquanto o resultado for acordá-lo. Celebrá-lo com certeza, mas à boa distância. Não mais que para a regulação do interdito, não está aqui em questão assunto de conveniência. A medida requerida é de ordem lógica e responde ao erro lógico que faz o osso da culpa. Para um ato que não foi contado, não se deve perder a oportunidade de reintroduzi-lo na conta. É o que se espera de uma análise, a saber: tratar "do pai" com medida. Parece-me que esta formulação pode contribuir para dar uma certa idéia do que é a regra analítica, uma vez que ela consiste em utilizar o jogo das versões da história. De uma versão à outra, há resistência e esta resistência exprime o que é versão "essencialmente", a essência da versão, a versão do pai.

Em vez de avançar-me ao apelo dessa triplicidade, um pouco borromeana demais, para ser honesto..., disso concluirei apelando para os estudos de Freud sobre os distúrbios de memória. Elas permitirão que se faça entender melhor o que está em questão nessa "boa distância" em relação ao pai, já que, com efeito, aparece nessas análises uma espécie de relação natural entre o distúrbio de memória e a viagem. Para muitas delas, a viagem constitui o *background* do relato, da anedota que serve de suporte ao caso. Mas, se quase sempre ela realiza assim um elemento do contexto mencionado como uma circunstância contingente, às vezes Freud relata a determinação essencial do sintoma. Ele mesmo diz isso, a viagem é o que permite afastar-se do pai, é também o que exprime esse desejo. Já

* Em francês, jogo de palavras entre "*du père*" (do pai) e "*dupe*" (tolo). (NT)

em 1899, relatando o caso *princeps* de lembrança-tela – não precisamos nem saber que se trata de seu caso pessoal –, ele reencontra, ao longo de uma viagem aos lugares da infância – a qual é o inverso da viagem quase inaugural de sua biografia –, ele reencontra "os bosques onde era possível passear longe do pai assim que se aprendia a andar!". Ele diz isso de novo, quase nos mesmos termos, em 1936, em *Um distúrbio de memória na Acrópole*, o qual distúrbio de memória é inteiramente determinado pela significação da viagem.

De Freiberg a Atenas, passando por Ragusa e Roma, a viagem certamente não deixou de assegurar, na teoria de Freud, uma tamisação, uma calibragem, um meio de tomar a medida da questão do pai. A memória, na medida em que podemos considerá-la como um fio que nos liga "ao" pai, a memória é viajante, fujona mesmo, imprevisível. A memória que conta em Freud é a da Lembrança-Tela, a do Falso Reconhecimento, do *déjà vu*, a do esquecimento dos nomes e dos números: notaram isso? É uma loucura o que se viaja na *Psicopatologia da vida cotidiana.*

As lacunas, os erros, os efeitos de ultraclaro e de penumbra, as interpolações e deslocamentos incessantes, ao mesmo tempo que nos descreve e nos revela todas essas coisas, Freud cria para elas o campo próprio que é o da análise. Para isso foi preciso renunciar à hipnose e a seus avatares. A memória então se torna o que desgarra e, como tal, é preciso segui-la de perto. Está quase escrito nestes termos em *Rememoração, repetição, translaboração.* O que se chama, na linguagem de Freud, a análise das resistências, e é também o que chamarei, se me permitem, por necessidade da causa: seguir o fio "do pai". Ora, cremos entender que esse fio, ao ser cortado, deixa o barco seguir sem propulsão; isso quer dizer que, nessas condições, estamos, como se diz, desgovernados? Certamente... O problema é que fora da análise isso não quer dizer mais nada, já que, para qualquer outro campo, a formulação "*les non-dupes errent*" significa precisamente saída do campo. É, portanto, algo que nos dá o campo da análise antes que acabemos por nos perguntar, do interior deste campo: como se sabe com certeza que o fio está rompido?

Companhia de Freud
editora

OBRAS PUBLICADAS

Psicanálise e Tempo
Erik Porge

Psicanálise e Análise do Discurso
Nina Leite

Letra a Letra
Jean Allouch

Mal-Estar na Procriação
Marie-Magdeleine Chatel

Marguerite ou "A Aimée" de Lacan
Jean Allouch

Revista Internacional nº 1
A Clínica Lacaniana

A Criança na Clínica Psicanalítica
Angela Vorcaro

A Feminilidade Velada
Philippe Julien

O Discurso Melancólico
Marie-Claude Lambotte

A Etificação da Psicanálise
Jean Allouch

Roubo de Idéias?
Erik Porge

Os Nomes do Pai em Jacques Lacan
Erik Porge

Revista Internacional nº 2
A Histeria

Anorexia mental, ascese, mística
Éric Bidaud

Hitler – A Tirania e a Psicanálise
Jean-Gérard Bursztein

Littoral
A Criança e o Psicanalista

O Amor ao Avesso
Gérard Pommier

Paixões do Ser
Sandra Dias

A Ficção do Si Mesmo
Ana Maria Medeiros da Costa

As Construções do Universal
Monique David-Ménard

Littoral
Luto de Criança

Trata-se uma Criança – Tomos I e II
Congresso Internacional de Psicanálise e suas Conexões – Vários

O Adolescente e o Psicanalista
Jean-Jacques Rassial

— Alô, Lacan?
— É claro que não.
Jean Allouch

A Crise de Adolescência
Octave Mannoni e outros

O Adolescente na Psicanálise
Raymond Cahn

A Morte e o Imaginário na Adolescência
Silvia Tubert

Invocações
Alain Didier-Weill

Um Percurso em Psicanálise com Lacan
Taciana de Melo Mafra

A Fantasia da Eleição Divina
Sergio Becker

Lacan e o Espelho Sofiânico de Boehme
Dany-Robert Dufour

O Adolescente e a Modernidade – Tomos I, II e III
Congresso Internacional de Psicanálise e suas Conexões – Vários

A Hora do Chá na Casa dos Pendlebury
Alain Didier-Weill

W. R. Bion – Novas Leituras
Arnaldo Chuster

Crianças na Psicanálise
Angela Vorcaro

O Sorriso da Gioconda
Catherine Mathelin

As Psicoses
Philippe Julien

O Olhar e a Voz
Paul-Laurent Assoun

Um Jeito de Poeta
Luís Mauro Caetano da Rosa

Estética da Melancolia
Marie-Claude Lambotte

O Desejo do Psicanalista
Diana S. Rabinovich

Os Mistérios da Trindade
Dany-Robert Dufour

A Equação do Sonhos
Gisèle Chaboudez

Abandonarás teu Pai e tua Mãe
Philippe Julien

A Estrutura na Obra Lacaniana
Taciana de Melo Mafra

Elissa Rhaís
Paul Tabet

Ciúmes
Denise Lachaud

Trilhamentos do Feminino
Jerzuí Tomaz

Gostar de Mulheres
Autores diversos

Os Errantes da Carne
Jean-Pierre Winter

As Intervenções do Analista
Isidoro Vegh

Adolescência e Psicose
Edson Saggese

O Sujeito em Estado Limite
Jean-Jacques Rassial

O que Acontece no Ato Analítico?
Roberto Harari

A Clínica da Identificação
Clara Cruglak

A Escritura Psicótica
Marcelo Muniz Freire

Os Discursos e a Cura
Isidoro Vegh

Procuro o Homem da Minha Vida
Daniela Di Segni

A Criança Adotiva
Nazir Hamad

O Transexualismo
Henry Frignet

markgraph
Rua Aguiar Moreira, 386 - Bonsucesso
Tel.: (21) 3868-5802 Fax: (21) 270-9656
e-mail: markgraph@domain.com.br
Rio de Janeiro - RJ